Jonathan Passmore 엮음

권수영, 김상복, 박순 옮김

Σ 시그마프레스

코칭 수퍼비전

발행일 | 2014년 10월 13일 1쇄 발행

엮은이 | Jonathan Passmore
옮긴이 | 권수영, 김상복, 박순
발행인 | 강학경
발행처 | (주)시그마프레스
디자인 | 송현주
편집 | 문수진

등록번호 | 제10-2642호
주소 | 서울특별시 영등포구 양평로 22길 21 선유도코오롱디지털타워 A401~403호
전자우편 | sigma@spress.co.kr
홈페이지 | http://www.sigmapress.co.kr
전화 | (02)323-4845, (02)2062-5184~8
팩스 | (02)323-4197
ISBN | 978-89-6866-203-4

SUPERVISION IN COACHING
Supervision, Ethics, and Continuous Professional Development by
The Association for Coaching and edited by Jonathan Passmore

* 책값은 뒤표지에 있습니다.
* 이 도서의 국립중앙도서관 출판시도서목록(CIP)은 서지정보유통지원시스템 홈페
  이지(http://seoji.nl.go.kr)와 국가자료공동목록시스템(http://www.nl.go.kr/
  kolisnet)에서 이용하실 수 있습니다.(CIP제어번호 : CIP2014028194)

20 07년 국내 최초로 대학에서 코칭아카데미를 개설하고, 비즈니스와 스터디/라이프 영역에서 전문코치를 배출하기 시작하자 대기업에서 문의전화가 오기 시작했다. 역량 있는 인증코치를 보내달라는 요청이었다. 이미 국제코치연맹(ICF)에서 전문코치(PCC)로 인증받은 협력코치나 아카데미에서 강사로 강의하는 전문코치를 소개하곤 했다. 대기업에서 집요하게 묻는 질문 중 하나는 이 코치들을 누가 지도감독하냐는 것이었다. 당시 추천된 코치들은 모두 이미 자신의 코칭기관을 가지고 활발하게 현장에서 활동하는 분이거나, 기업 경험은 물론 일대일 임원코칭 경험도 충분한 분이라고 설명하고 추천을 해도 소용이 없었다. 기업에서는 오히려 역자가 속해 있는 학교 기관이나 상담코칭센터에서 지속적인 수퍼비전을 제공하고, 보수교육을 통하여 계속교육의무를 준수하도록 감독하지 않느냐며 의아해했다. 코칭 분야에 대해 잘 몰라서 그런가 보다 혹은 업무평가와 감독을 철저히 하는 기업의 눈에서 보면 어쩌면 당연한 반응이라고 쉽게 넘길 만한 일은 분명 아니었다.

한국 사회에 코칭 분야가 자리를 잡기 시작한 지 이제 10여 년이 훌쩍 지나가고 있다. 빠른 시간에 코칭은 각 영역에서 그 명백한 효과와 파급력을 자랑하면서 성장해가고 있다. 불과 2000년 초만 해도 코칭은 주로 스포츠 영역에서만 사용되었던 개념이었지만, 2014년 현재 코칭은 기업과 산업현장, 정부나 지자체, 초·중·고등학교 및 대학 등 교육기관, 가정과 종교기관, 병원이나 상담전문기관 등에서 폭넓게 쓰이고 있다. 코칭 분야의 영역이 확장되고 전문코치의 위상이 높아진다고 마냥 좋아하기만 할 일은 아니다. 코칭이라는 단어가 사방에서 범람하는 어느 순간 각 영역의 개별 코치가 하는 실무의 내용과 그 평가방식에 대하여 모두가 의문을 갖기 시작할 수 있기 때문이다.

아직까지는 한국에서 코칭을 전문적으로 하는 코치들이 꼭 협회에 소속되어야 하거나, 자격증을 유지하기 위해 필수적인 보수교육을 이수하면서 윤리강령을 철저하게 서약하고 전문직에 임해야 할 필요는 없다. 소위 비규제산업(unregulated industry)인 것이다. 현재 코칭을 연구하고 가르치는 역할과 전문코치들을 배출하는 일을 해온 코칭

훈련 프로그램 운영자 혹은 관련 연구자나 교수들이 하나같이 지적하는 한국 코칭산업의 미래는 질 높은 코치들을 배출하고 이들을 지속적으로 성장시킬 수 있는 코칭 수퍼비전 제도의 확립이라고 목청을 높여왔다. 최근 한국심리학회 산하 코칭심리학회에서는 코치의 자격인증에 있어서 가장 중요한 요소로 수퍼비전 시간을 요청하고 있다.

코칭 수퍼비전은 멘토코칭(mentor coaching)이나 코치더코치(Coach the Coach)와는 다르다. 한 코칭기관에서 코칭 대화 모형을 숙지하고 코치가 된 이들은 이러한 모형을 자신이 적절히 실시하는지 해당 기관의 숙련된 코치에게 코칭을 받는다. 이렇게 숙련된 코치가 초보코치의 코칭스킬을 점검하고 지도하는 멘토코칭이나 코치더코치는 배운 코칭스킬의 숙지 과정과 대화 모형의 현실적인 적용에 초점이 맞추어져 있다. 코칭을 목표지점을 향해 가는 여행길로 비유하자면, 멘토코칭이나 코치더코치는 다분히 코칭 프로세스에 필요한 지도(map)에 더 많은 강조점을 두어왔다. 교육기관마다 가지고 있는 코칭 대화 모형은 누구에게나 어디에서나 전천후 사용이 가능한 만능 기법(지도)으로 소개되는 경우가 태반이다. 이에 반해, 코칭 수퍼비전은 회기를 마친 후 코칭의 실제 경험을 다양한 관점에서 살펴보면서, 현장에서 코치와 고객이 실제로 어떻게 상호작용했는지 면밀히 성찰한다. 지도에는 직선도로라 표기되어 있으나, 현장을 경험하다 보면 우회도로거나 공사 중인 곳도 있기 마련이다. 수퍼비전은 다음 회기를 위한 성찰된 실천을 이어가는 순환적인 교육 및 피드백의 과정으로, 수퍼비전을 받는 코치와 고객이 함께 만나 만들어내는 상호적인 현장 경험, 즉 지형(territory)에 더욱 민감한 과정이다. 코치가 숙지한 경청 스킬을 잘 구사하는지도 중요하지만, 해당 코칭 회기 중 고객이 진술하는 이야기의 톤과 비언어적 표현들을 주의 깊게 다루어야 한다. 수퍼바이저는 코치가 구사하는 스킬뿐만 아니라 스킬을 구사하는 코치의 내면도 들여다볼 수 있어야 한다. 고객의 태도에 왜 자꾸 짜증이 나는지, 왜 경청이 연습할 때처럼 되지 않고 자꾸 답을 주려고 하는지 함께 탐색한다. 그래서 임상가들은 '지도는 지형과 다르다(Map is not territory)'는 말을 자주 한다. 수퍼비전은 바로 그 지도와 지형의 '미묘한 차이'를 민감하게 다루는 전문직의 필수 과정이다. 지도와 지형 사이를 조율하는 과정 중에 수퍼비전을 받는 코치나 수퍼바이저는 함께 성장한다. 이러한 수퍼비전의 과정을 통해서 고객은 한결 질 높은 코칭을 제공받는 수혜자가 되는 것은 말할 나위도 없다.

코칭서비스의 수퍼비전은 매우 복합적이고 전문적인 노력이 필요한 영역이다. 타 서비스 분야에 비해 비교적 긴 수퍼비전의 역사를 가지고 있는 상담 및 심리치료 영역의 도움도 필요하지만, 코칭 영역에는 산업심리학, 조직심리학, 경영학, 교육학, 아동가족학 등 다양한 전문직 종사자들이 함께 참여하는 다학제간 영역이 되어 가고 있다는 점이 고려되어야 한다. 일대일 코칭이라 할지라도 비즈니스 영역에서는 코칭비용을 제공하는 회사와 이해관계자들과의 상호적인 역동이 있다는 점도 일반 개인 상담이나 심리치료와는 상이한 부분이다. 코칭을 제공하는 이들이나 코칭을 받는 이들이 상호 신뢰를 가지고 최적의 서비스를 받을 수 있는 가장 중요한 기초가 되는 작업이 순환적인 코칭 수퍼비전의 기능이라고 할 때, 본 역서의 출간은 매우 고무적인 일이라고 확신한다.

함께 번역에 참여한 두 분의 공역자는 수퍼비전 분야의 최고의 전문가들이다. 박순 박사는 현장에서 오랫동안 활동해온 상담 및 심리치료 분야의 상담 수퍼바이저이고, 김상복 코치는 코칭 현장에서 코칭 수퍼비전의 필요성을 피부로 느껴온 코칭 수퍼바이저(KSC)이다. 모든 전문직이 그렇듯이 지속적인 발전과 공신력을 유지하기 위해서는 전문가의 꾸준한 계속교육 이수, 자기계발 노력과 병행하여 수퍼비전의 역할은 필수적이다. 역자들은 북미와 유럽 코칭학계에서 출간된 다양한 수퍼비전 관련 연구서들을 검토하면서, 전 세계 40여 개국의 회원들을 확보하고 있는 코칭협회(Association for Coaching)가 기획하여 북미와 유럽에 있는 29명의 전문 필진의 글들을 편집하여 펴낸 이 책을 선택하게 되었다. 본 역서는 장마다 코칭 수퍼비전의 다양한 접근, 코칭윤리, 코치들의 전문성의 지속적 개발, 자기계발과 성찰의 다양한 방식에 대하여 알기 쉽게 소개하고 있다. 비록 내용을 한국적인 상황에 그대로 대입할 수 없는 문화적인 차이를 고려하고라도, 코칭서비스를 먼저 도입한 북미나 유럽의 문화에서 코칭 종사자들이 전문적인 수퍼비전 제공을 통해 코칭 분야의 전문적인 성장을 지속하기 위하여 얼마나 열심히 연구하고 실천적인 노력을 경주하고 있는지 안내와 자극을 제공하는 것만으로도 본 역서는 충분히 그 역할을 다하리라고 본다. 아무쪼록 이 책이 수퍼비전의 역할을 명확히 인식하면서도 그 구체적인 방법을 갈구해온 국내 코칭 수퍼바이저들과 수퍼비전의 방식과 원리에 대한 지적 호기심을 가진 코칭전문가들은 물론 이제 막 코칭에 입문하고자 하는 이들에게도 필수적인 교과서가 되기를 간절히 소망한다.

끝으로 본 역서의 중요성을 함께 인식하고 출판을 위해 애써준 (주)시그마프레스의 강학경 사장님과 편집부 직원 여러분에게 심심한 감사의 마음을 전한다.

2014년 9월 연세대학교 상담코칭지원센터에서

역자대표 권수영

코칭 분야는 이제 명확히 성년기에 접어들었다. 이제부터 이어질 시대에는 코칭 분야가 미성숙한 신흥 전문영역의 모습에서 벗어나 글로벌한 차원에서 그 입지를 확고히 다지게 될 것이다.

나는 성장 중에 있는 이 분야가 그토록 매력 있게 느껴지고 보람을 느끼는 것이 우리가 우리의 고객들을 상대하면서 우리 스스로도 지속적인 발전을 이룰 수 있다는 사실 때문이라고 믿는다. 우리가 알고 있듯이 코치가 된다는 것은 우리에게 보다 높은 수준의 학습 기회와 함께 자기 자신에 대한 이해의 기회를 제공해준다.

달리 표현하면, 우리가 코칭이라는 여행을 시작할 때 처음 지니고 있었던 모습과 지금 우리가 지니고 있는 모습에는 큰 차이가 있다. 이는 바로 우리가 성장한 것이다! 이 점은 우리가 고객들과 함께 추구하는 목표 및 여정과도 크게 다르지 않다. 코칭의 경험으로부터 우리는 주기만(give) 하지 않고, 무언가를 얻고(get) 있다.

코치로 하여금 보다 심오한 수준의 학습과 전문가로서의 지속적인 발전을 이루도록 이끄는 메커니즘이자 중요한 학문 영역 중 하나가 바로 성찰적 프랙티스(reflective practice)와 코칭 수퍼비전이다. 그래서 이 책은 코칭 분야의 많은 리더들이 제시한 의견을 바탕으로 하여 코칭 수퍼비전에 관한 내용을 풍부하게 다루어보고자 했다.

더불어 이 책은 코칭에 관한 기준들을 보다 폭넓은 차원에서 규정하고 구체화해 제시하는 작업을 시도했다. 오늘날 여러 곳에서 이러한 노력들을 쉽게 만날 수 있는데, 이는 다양한 코칭 단체, 학술/교육 기관, 현장 전문가들 사이에 관련 연구자료와 문헌들이 공유되고 있기 때문이다. 우리는 여기서 과연 질 높은 코칭(good coaching)의 실천을 가능케 하는 요소들이 무엇인지에 대한 **보다 명확한** 그림을 파악해보고자 한다.

코치에게 있어 코칭산업 내 전문가들의 건전한 '밀기(push)'와 조직 내 코칭 구매자들의 '당기기(pull)'는 상호 보완관계에 있다. 전자의 경우 코칭을 지속적으로 확산시키면서도 수월성을 촉진하여 코칭이 지속가능한 발전을 할 수 있도록 촉구하고, 후자의 경우에는 코칭 수행평가, 일관성, 가치에 대한 보다 광범위한 평가방법을 찾아 국제적 수준의 코칭 프로그램들에 대한 검증을 요청한다.

다양한 형태의 수퍼비전 과정에 참여하는 코치의 수가 갈수록 증가하고 있다는 사실은 매우 고무적이고, 해당 과정은 이제 수많은 코치 인증기관에서 필수 과정으로 자리 잡아가고 있다. 코치들은 수퍼비전 과정에의 참여를 통해 코치로서의 효율성 증진뿐 아니라, 무엇보다 자신들이 코칭을 수행할 때 바로 얻게 되는 이득에 대하여 인식해가고 있다.

우리가 코칭은 모든 참여자들에게 하나의 배움의 순례(learning journey)라는 사실을 받아들이고, 우리 자신이 충족감과 행복감을 느끼는 것은 물론 고객이 최고 수준의 성과를 달성하도록 돕는 것이 코치로서 우리가 지닌 책임이라는 사실을 받아들인다면 비로소 코칭 수퍼비전의 역할은 그 의미를 발한다.

덧붙여 기업, 사회, 개개인의 삶 등 여러 영역에 걸쳐 코칭에 대한 수요와 요구가 가시화됨에 따라 우리가 전문가 집단으로서 지켜야 할 도덕적이고 윤리적인 의무도 생기기 마련인데, 그러한 의무는 우리가 우리의 능력을 최대한 발휘하고, 직무를 올바르게 수행하며, 우리에게 서비스를 받는 이들을 보호하는 데 있어서 반드시 필요하다.

이상의 관점에서 볼 때, 이 책은 코칭 분야가 현재 직면하고 있는 핵심적 요구 및 쟁점 사항들을 다루고 있다는 점에서 확실히 읽어볼 만한 가치가 있다. 우리가 이전에 발표한 저서들과 마찬가지로 이 책 역시 코칭이라고 하는 중요한 분야에서 사용되는 다양한 접근방식들을 다룸으로써 독자들로 하여금 다양한 시각을 파악하고, 자신들의 현실에 가장 적합한 시각을 선택할 수 있도록 하는 데 그 목적을 두고 있다.

끝으로 나는 Kogan Page와 코칭협회(Association for Coaching)가 발표하는 모든 저서들의 편집을 맡아준 Jonathan Passmore에게 감사를 표하고 싶다. 특히 Passmore는 소중한 가치를 지닌 이 책을 다시 한 번 완벽하게 구성하고 편집함으로써 글로벌 시대를 향해 학습 여정 중에 있는 많은 코치들과 코칭 분야에 도움을 주셨기에 이에 감사를 드린다.

Katherine Tulpa
코칭협회 CEO 겸 창립회장

차례

제2부   코칭윤리와 법률

제9장 코칭에서의 **윤리적인 체제**   135

제10장 **코칭윤리 − 코칭 프랙티스의 질적 향상을 위한 모형 개발**   155

1

수퍼비전 접근법

제1장

코칭 수퍼비전과 전문성의 지속적 개발

Jonathan Passmore

서론

전문성의 지속적 개발이 전문직 수행의 핵심적인 요소가 되고 있다. 코칭학이 아직 전문직으로서 충분히 부상하지 않았지만 지난 10년간의 발전상은 상담학과 대등한 수준의 전문직으로서 여러 가지 면모를 보이고 있다. 그러나 전문직이 되기 이전에 극복해야 할 많은 과제가 있다.

여러 가지 과제 가운데 첫 번째는 변별력 있고 독특한 통일된 지식의 필요성이다. 우리는 코칭학의 계보를 1930년대까지 거슬러 올라갈 수 있다(예 : Bigelow, 1938; Gorby, 1937 참조). 1990년 이전 코칭학의 초기 역사에는 연구가 거의 없었다(예 : Grant et al., 2010 참조). 1995년부터 실제로 코칭을 하는 코치와 연구자들이 연구기반을 수립하기 위해 노력해 왔다. 초기(1995~2001년 사이)에는 사례연구, 이야기, 그리고 코치들이 자신들에게 유용했다고 여겼던 것에 대한 기술에 집중되었다(Kampa-Kokesch and Anderson, 2001). 보다 최근에는 양적연구의 성장과 함께 좀 더 양식을 갖춘 질적연구 방법론이 사용되고 있다. 또한 근거이론, 해석학적인 현상학적 분석(IPA), 정교하게 기술된 형식과 같은 공인된 방법론을 사용한 논문과 더불어 연구 방법론에서의 발전을 목격해 왔는데, 이는 연구풍토가 성숙해지는 특징이기도 하다(Passmore and Fillery-Travis, 2011).

두 번째 과제는 인증되고 공식화된 훈련 과정의 발전이다. 전문직이라는 직위는 종종 요청되는 수련의 차원에 의해서 평가되기도 한다. 높은 수준의 전문직은 종종 훈련 과정 중인 수련생에게 5~7년의 연구기간을 필요로 하며, 이 기간 중에 대학원 졸업 자격증을 취득할 것을 요구한다. 이러한 사례에는 엄격한 대학과정과 전문자격시험을 통해서 입문하게 되는 의사와 회계사가 있다. 이와 대조적으로 건강 돌봄 직종과 회계사무원은 보다 제한적인 수련을 필요로 할 것이며 이는 그들이 획득하는 사회적 직위와 재정적인 보수에 반영되어 있다.

세 번째 과제는 윤리규정과 같은 합의된 행위규약이다. 이러한 규약은 전문직 회원에게 요청되는 기준을 공적으로 설정한다. 이러한 규약은 공적 기대치를 설정하며 또한 공식적인 불만 기제를 통해서 회원을 공적으로 보호한다. 이러한 불만 기제는 궁극적으로 전문가 회원의 프랙티스 금지로 이어지게 된다.

네 번째 과제는 자신들이 프랙티스에 관한 공유된 정의를 갖는 하나의 그룹에 속한다는 인식을 갖게 하는 것이다. 일반 대중과 마찬가지로 치과의사는 자신의 역할과 임상의 경계를 알고 있다. 이는 분야나 경계에 모호한 부분이 없다고 말하려는 게 아니라, 치과의사는 서로를 묶어주는 하나의 정체성을 갖고 있음을 말한다.

다섯 번째 과제는 전문성의 지속적 개발(continuous professional development, CPD)이라는 역할에 있다. 간단히 말해서 여기에는 공식적인 수련을 마친 이후의 지속적인 발달 과정의 시작이 포함된다. CPD는 코칭 수행자들에게 중요한 과정으로 받아들여져 왔다. 코칭 수퍼비전, 코칭 훈련과 출판물에 있어서 성장이 이루어져 왔다. 이 책은 코칭을 직접적으로 수행하는 코치들에게 자신들의 수행을 반성하고 발전시키는 데 있어서 유용한 모델 및 널리 인정받은 접근으로서의 수퍼비전에 대한 특별한 관심과 더불어 코칭 CPD에 있어서 부상되는 분야에 초점을 맞춘다.

이 장에서는 이 책의 각 부에 대해 개관하며 코칭 CPD와 수퍼비전의 발전적인 속성에 대해 간단한 통찰을 제공할 것이다.

코칭 수퍼비전

이 책의 1부는 이제까지 거의 저술된 적이 없는 수퍼비전 프랙티스의 여러 대안적인 모델에 관하여 초점을 맞춘다. 단 하나의 예외가 Peter Hawkins(2007)의 *Excellence in Coaching*에 요약된 '일곱 눈 모델(Seven-eyed Model)'이다. Hawkins의 모델을 포함한 대부분의 모델은 사회복지학, 간호학 혹은 상담임상에서 만들어졌다. 이러한 전문직 간에는 명백한 병행 현상이 있으며, 또한 코칭학의 요구에 알맞은 임상 모델의 개발에 의해서 반영되어야 하는 중요한 차이점이 있다.

1부의 각 장에서는 액션러닝을 통한 성찰적인 수행에서부터 게슈탈트나 인본주의적인 코칭에서 사용된 보다 전통적인 심리적 접근에 이르기까지 다양한 수퍼비전 접근법에 대한 관점을 제공한다. 우리는 코칭 분야의 다수에게 비교적 생소한 수퍼비전에서의 상상된 장과 프레젠스의 역할에 관한 장들을 포함시켜서 논의를 촉구할 수 있기를 희망한다.

떠오르는 전문직으로서 코칭은 이 분야의 고객과 독특한 요구에 적합한 지식의 집합체를 발달시킬 필요가 있다. 이러한 지식은 물론 임상의 다른 영역으로부터 영향을 받을 수도 있고 근거할 수도 있지만, 코칭 자체를 하나의 전문직으로 기술하기 위해서는 이러한 지식이 변별력 있어야 한다. 독특한 지식과 모델을 만들어내지 못한다면 코칭학이 상담학이나 멘토링의 하위 군집으로 간주될 것이다.

우리는 아직 보편적으로 동의한 임상 모델을 갖고 있지 않다. 수퍼비전의 타당성조차 의문시되고 있다. 코칭학의 다양한 속성으로 인해서 CPD의 다양성이 강점으로 간주될 수도 있다. 이러한 다양성으로 인해 코칭은 직장 안의 개인들로부터 외부인에 이르기까지, 건강과 교육을 위한 개인코칭, 일대일에서부터 그룹을 대상으로 하는 다양한 범주에서 효율적이다.

코칭 윤리와 법

1부의 3개 장은 윤리적 기준과 법의 발달에 초점을 둔다. 첫 장에서는 Claire Townsend가 코칭 임상에서의 윤리적 규정의 발달을 검토한다. 이러한 규정의 발달은 비교적 새로운 현상에 속한다. 코칭 전문직 집단 규정의 대부분은 21세기 초까지만 거슬러 올라갈 수 있고, 일부는 이보다 더 최근의 일이다. 더 나아가 규제를 받지 않는 코칭의 속성으로 인해서 공적인 불만이나 회원 제명의 필요에 의해서 검증된 규정이 거의 없다. 이 장에서는 코치의 임상을 규정하는 미묘하지만 중요한 차이에 대해 이해할 목적으로 주요한 코칭 전문직 집단에 의해 채택된 규정을 비교하고 대조한다.

둘째 장에서는 윤리적 의사결정의 모델을 제시한다. 윤리적인 프랙티스에 관한 규정의 복합성과 변화무쌍하며 모순적인 속성, 이 외에도 그러한 규정의 내용에 대한 코칭 전문가들의 자각 수준 차이로 인해서 윤리적 의사결정을 나타내주는 모델을 발달시키려고 노력하였다. GROW 모델과 같은 ACTION 모델은 쉽게 기억되도록 고안되었으며, 코칭임상가들의 연구에 근거하고 있다. 이러한 방식으로 코칭은 점진적으로 자체적인 고유한 지식 분야를 구축하고 있다.

셋째 장은 정보의 보호에서부터 비밀보장까지 코치에게 영향을 미칠 수 있는 법률적인 주제에 초점을 맞추고 있다. 이는 문헌에서 거의 논의된 적이 없으나 윤리적인 프랙티스의 기초를 이룬다. 왜냐하면 코치는 자신들이 활동하는 정부나 주정부에서 최소한의 요건으로 시행되는 법률적인 요구사항에 맞춘다는 것을 확증할 필요가 있기 때문이다.

위의 세 장을 묶어서 코치가 당면하는 이슈를 검토하고 CPD를 위한 구조를 제공하는 것을 목표로 한다.

전문성의 지속적 개발

3부에서 우리는 두 그룹의 저자들, 즉 영국과 미국 저자의 전문성의 지속적 개발(CPD)에 관한 생각에 접근한다. 첫째 장에서 David Hain과 그의 동료들이 코칭에서 CPD의 역할에 관한 사례에 대해 논의한다. CPD가 시간의 제약을 받는 세계에서는 때로 추가적인 압력으로 간주될 수도 있다는 점에 주목하지만, 코치가 첨단을 걷도록 돕는 데 있어 결정적인 역할을 한다. 우리는 이러한 관점을 공유한다.

전문성의 지속적 개발은 코칭이 스스로 독립적인 전문직으로 확립되고자 한다면 코칭의 결정적인 부분이다. 일부에서는 코칭이 하나의 전문직이 된다는 것은 이미 필연적인 결론이라는 견해를 가질 수 있다. 이에 대한 판단은 아직 시기상조라고 본다. 코치들과 코칭협회(Association for Coaching, AC), 국제코치연맹(International Coaching Federation, ICF)과 같은 코칭단체는 몇 가지 선택을 할 수 있다. 첫째 경로는 지속적 성장과 전문화의 양상에는 이르지만 전문적인 지위에는 이르지 못한다. 둘째 경로는 코칭을 인정받고 존경받는 전문직이 되게 한다.

1950년대 미국의 학계는 경영의 역할과 점차 증대하는 전문화에 대해서 논의하였다. 지난 60년간 경영은 다른 사람을 지도하는 사람을 위한 가장 중요한 기술로 인정받았다. 경영은 독특한 지식의 집합과 MBA 같은 대학원 수준에 있는 훈련 과정을 발달시켰으나 직업이 되지는 못했다. 우리는 왜 이렇게 되었는지 고려해볼 수 있다.

경영이 구별되는 하나의 직업으로 확립되지 못한 이유 중 하나는 경영이 다양하다는 점에 있다. 이 용어는 마이크로소프트(Microsoft)의 최고 경영자의 역할을 돕는 일을 하는 개인으로부터 많은 경우에 적용될 수 있다. 둘 다 실무자일 수 있지만 그들의 역할은 서로 다르다. 경영학은 이러한 다양한 그룹을 하나로 묶는 결속력이 부족하다.

'경영'이 아직 극복하지 못한 두 번째 장애물은 전문직에 입문하는 훈련에 대한 합의이다. 회계학 혹은 의학은 그 전문직에 들어가는 합의된 자격요건을 제시한다. 자격요건과 등록 없이 인정된 지위는 사용되지 못한다. 그러한 직위는 종종 직위를 보호하기 위하여 어떤 사례에 대해 왈가왈부하는 통상단체에 의해 생겨나게 되며, 그 결과에 따라서 법의 보호를 받게 된다.

경영이 전문적인 지위가 되는 것을 방해한 세 번째 과제는 그들의 이익을 한 목소리로 대변하는 단체가 없었다는 것이다. 한편 다양성이 긍정적인 조치가 될 수도 있다. 예를 들면 회계학은 서로 다른 수많은 단체를 갖고 있어 회원들은 실제와 개념 정의에 있어 공통의 주제로 연합하기보다는 서로 간에 구별하기 위한 내부 갈등이나 내성적 성찰로 이어질 수도 있다.

코칭도 이와 유사한 도전을 받고 있다. 지금까지 전문적인 단체를 함께 모으고 합의를 이루어내고자 하는 노력은 실패했다. 노르웨이 같이 비교적 작고 보다 규제가 잘 이루어지는 국가에서조차도 협력을 위한 경험이 성과가 없는 것으로 판명되었다(Svaleng and Grant, 2010). 단일 전문직을 확립하고자 할 때 비교적 많은 수의 전문단체의 난립은 약점으로 비춰질 수 있으며, 특히 그러한 단체의 회원들이 자신들이 유일하며 다른 단체의 회원과 다르다고 생각한다면 더욱 그러하다.

게다가 코칭학은 아직 훈련 문제와 전문직으로의 접근 문제를 충분히 해결하지 못하고 있다. 거의 모든 전문단체는 인증협약을 수립하고 있다. 코칭학 분야에는 전문위원회 안에 개업코치와 독립코치들이 주를 이루고 있음을 생각해볼 때, 인증협약은 대체로 개업코치 중심이다. 앞으로의 발전을 위해 코칭은 추구하는 자격수준을 학부에서 대학원으로 올릴 필요가 있으며, 실습시간과 같은 실습기반 자격에서부터 이론적 지식과 기술에 근거하는 자격요건으로 이행할 필요가 있다. 이러한 논의에 대한 한 가지 도전은 코칭은 실천이지 이론에 기반한 '전문직'이 아니라는 것이다. 그러나 외과의는 임무를 수행하는 방법론에 대해서 훈련을 할 필요가 있지만, 그 전문직은 또한 인체에 대한 확고한 이론적 지식과 임상에 적용할 근거를 사용할 것을 요구하는데, 이는 처음에는 공식적인 훈련을 통해, 후에는 저널, 비디오, 저술을 통해서 서로 간에 공유된다.

3부의 마지막 장에서는 David Lane과 Max Bloomberg가 코칭학 연구의 성격에 관한 방법론과 접근법을 검토한다. 여기에서 두 저자는 코칭학 연구의 가치에 주목하면서 실습기반 연구가 갖는 특별한 역할에 관해 강조한다. 이러한 방식으로 연구는 이론에서 해방되어 모두로부터 사랑받게 된다. 코칭학과 같은 영역에서는 실천가가 순수한 임상가에서 숙련되어 증대되는 자신의 지식과 경험을 타인과 나눌 수 있는 성찰적인 임상가로 변모할 필요가 있다. 마찬가지로 이론가는 코칭의 본질에 연결되는 하나의 수단으로서 코칭과 고객업무를 지속적으로 수행해나가면서 실제에 기반할 필요가 있다.

그리하여 이러한 일들은 전문적 지위를 향하는 코칭학의 포부를 어디로 데려가는가? 이는 수많은 업무와 극복하기 어려운 난제로 이끌지만, 학습과 발전을 향한 에너지와 열망을 가진 전문가들에게는 성장하는 기반이 된다.

개인적 성찰

이 책의 4부에서는 개인적 성찰을 통한 CPD를 돕는 연속적인 몇 장을 제공한다. 첫 장에서 Declan Woods는 학습을 위한 성찰적 기록과 다이어리가 CPD를 위해서 할 수 있는 역할을 검토한다. 나는 앞에서 일부 사람들에게는 자신의 작업에 대해서 공개적으로 토의함으로써 가치를 획득하게 되므로 수퍼비전이 유용하고도 본질적인 과정이라고 주장하였다. 그러나 다른 사람들에게는 수퍼비전과 병행하여 성찰적 기록이 매우 유익한 역할을 할 수 있으며, 일부 코치에게는 수퍼비전을 대신할 수 있다. 무슨 일이 발생했는지 돌아보고, 정보를 검토하며, 앞으로의 행동에 대한 견해를 수립하기 위해서 기록물에는 공식적인 시간과 장소를 제시한다.

다음 장에서 Peter Hawkins는 코치들이 어떻게 자신의 윤리적인 성숙성을 고양할 수 있는지에 대해서 논의한다. Hawkins는 코치들의 참조체계가 그들이 코칭하는 사람들의 발전하려는 능력을 고취하기도 하고 제한하기도 한다는 점에 주목하였다. 보다 효율적이기 위해서 코치는 자신의 코칭 수행능력을 발전시키고 또한 자기 자신을 발전시킬 필요가 있다. 이는 코치들이 복합적으로 받아들이며 일하기 위해서는 관계 수립 역량, 윤리적 역량, 인지적 역량이라는 세 가지 측면에서의 개인적 발달을 위해 동시적으로 노력할 필요가 있다는 것을 의미한다.

이 책의 마지막 장에서는 일련의 사례연구를 제시한다. 사례연구는 강의실의 토론이나 개인적인 성찰 모두를 위해서 매우 중요한 자료를 제공한다. 사례연구는 상담과 교육에서 광범위하게 사용되고 있다. 전적으로 나만의 경험에서 이러한 구상들을 모으기보다는 영국, 미국, 유럽의 여러 다른 저자와 전문가로 하여금 사례연구와 사례에 대한 코멘트를 공유하도록 요청하였다.

결론

코칭 프랙티스의 속성이 변화하고 있다. 코치가 뒤떨어지지 않으며 자신의 지식과 기술을 계속해서 성찰하고 최신 정보를 갖기 위해서는 기제를 필요로 한다. 이 책은 코치가 이러한 목표를 달성하는 다양한 방법에 대한 견해를 제공한다.

이와 함께 코칭학은 하나의 전문직이 되는 포부를 갖고 앞으로 전진하고 있다. 이 장에서는 그 길에 놓여 있는 수많은 도전과 그러한 도전이 어떻게 이전 사람들을 제지해왔는지에 대해서 문제를 제기한다.

참고문헌

Bigelow, B (1938) Building an effective training program for field salesmen, *Personnel*, 14, 142–50

Gorby, C B (1937) Everyone gets a share of the profits, *Factory Management & Maintenance*, 95, 82–3

Grant, A M, Passmore, J, Cavanagh, M and Parker, H (2010) The state of play in coaching, *International Review of Industrial & Organizational Psychology,* 25, 125–68

Hawkins, P (2007) Coaching supervision, in (ed) J Passmore, *Excellence in Coaching,* Kogan Page, London

Kampa-Kokesch, S and Anderson, M Z (2001) Executive coaching: a comprehensive review of the literature, *Consulting Psychology Journal: Practice and Research*, 53 (4), 205–28

Passmore, J and Fillery-Travis, A (2011) A critical review of executive coaching research: a decade of progress and what's to come, *Coaching: An International Journal of Theory, Practice & Research*

Svaleng, I and Grant, A (2010) Lessons from Norwegian coaching industry's attempt to develop a joint coaching standards: an ACCESS pathway to a mature coaching industry, *The Coaching Psychology,* 6 (1), 4–13

제2장

성찰 코칭 전문가 모델

Francine Campone

서론

성찰 전문가는 의도적으로 자신의 지식과 기술을 세련시키고 확장하기 위해서 임상 경험에 관심을 기울인다. 실제 기술과 이론적 토대의 조합과 함께 어느 정도의 예술성을 가미한다는 점에서 코칭학과 의존관계를 이루는 여러 분야의 전문직 준비 과정에 성찰적 프랙티스의 발달은 오랫동안 없어서는 안 되는 것이었다. 이 장에서는 성찰적 프랙티스의 핵심원리를 탐색하여 코칭 전문가의 지속적 발달에 적절한 하나의 모델을 제시한다.

성찰적 프랙티스의 학습적인 잠재능력은 이론적 문헌이 발생 초기 단계에 있는 비교적 새로운 분야의 전문가인 코치에게 중요하다. 성찰적 프랙티스는 코칭 전문가에게 코칭 참여를 판단기술의 발달을 위한 기회로 간주하도록 요청한다. 이러한 판단기술은 '고객의 상황과 맥락에 바람직한, 고도로 숙련된 미시적이며 거시적이고 고차적인 판단능력'(Paterson et al., 2006)이라고 정의될 수 있을 것이다.

성찰 전문가(Schön, 1983)는 프랙티스에 적용된 기술적인 전문지식을 맥락화하기 위한 어떤 상태에서 대화에 참여한다. Schön의 최초의 공식화 이후에 그 모델은 교육학,

심리치료, 간호학, 사회복지학을 포함하는 여러 분야의 전문직 준비에 활용되도록 채택되고 연구되며 수정되었다. 이 장에서는 Schön의 원래 이론과 일치하는 맥락에서 코치의 작업을 구조화하는 행위의 반복적인 순환과 내재하는 인지적이고 정서적인 과정을 포함하는 성찰적 프랙티스 모델을 제시한다. 여기에 제시된 3단계 모델은 학습의 기회가 되는 서류작업 경험과 의미부여의 체계적인 전략의 적용으로 시작한다. 과정의 둘째 단계에서 전문가는 내재하는 정신모델을 표면화하고 가설, 기대치, 의사결정 의례(프로토콜) 체계를 구조화하고 수정하기 위한 성찰적이고 비판적인 판단의 원리들을 적용하는 경험에 보다 깊이 참여하게 된다. 셋째 단계는 전문가로 하여금 새롭게 얻은 통찰과 지식을 포함하는 코칭 과정과 전략을 공식화하도록 요청한다. 이 장에서는 모델의 각 단계를 위한 이론과 실제로 출발하며 성찰적 프랙티스 일지의 예시로 결론을 맺는다.

성찰 전문가의 기원

성찰적 프랙티스는 통찰을 얻기 위해서 개인의 경험을 면밀하게 검토하는 구조화된 의도적 과정이다. 성찰적 프랙티스는 전문가에게 전문적인 프랙티스에서 선택을 인도하는 암묵적 지식과 정신적 모델을 표면화하는 방법을 제시한다. 여기에서는 Schön(1983)의 모델 및 코칭학의 현 상태와 관련 분야의 1980년대 초기 상태 사이의 병행현상 탐색에 대한 개관을 제공한다.

Schön(1983)이 저술 당시에 관찰한 대로 심리학, 공학, 교육학은 견고한 과학적 지식 및 학문과 그 훈련 과정상의 유연한 예술적인 지식 사이에서 간극을 경험하고 있는 것으로 보였다. 이에 따라 기술적인 지식(이론이든 혹은 구조화된 전략이든 간에)이 효율적인 개인적 행위로 옮겨질 수 있는지에 대한 이해가 필요하게 되었다. 그 당시에 교사, 사회복지사, 산업관리인 등이 때때로 전문적 깊이와 고도의 기술 및 고객의 복지와 투자의 신속하고도 의미 있는 회수 요청 가운데서 어디에 더 헌신해야 할지 경합하기도 하면서 그 화해작업에 참여하였다. 한 가지 결과는 전문적인 프랙티스의 최상의 방식과 조치에 관한 업계의 다양한 의견 수렴이었다. 이는 임원코치들이 때로 개인과 조직 내 고객, 서비스의 한계와 전달 과정, 외부적으로 결정되는 개입 방식과 적당한 결과에 대한 기대치 사이의 모순되는 욕구를 조화시킬 때 발견하게 되는 상황과 매우 유사하다.

추가적인 도전으로 자신의 내재적인 코칭이념이나 이론적 가정을 인지하지 못하는 코치들은 이론으로 정립되지 않은 사고방식이 프랙티스에 커다란 타격을 준다는 것을 발견하게 된다. 일례로 향상에 대한 지속적인 관심은 고객 소진으로 이끌 수도 있다. 미묘한 형식과 코치의 영향력에 대한 명확한 이해가 없다면 관계에서의 힘의 역동이 감추어질 수도 있다(Askeland, 2009). 다른 잠재적인 위험도 존재하며, 여기에는 개인 및 조직의 관점과 고객이 복잡한 상황을 처리하도록 돕는 능력 사이의 갈등이 포함된다. 따라서 코칭 전문가는 때로 모순되는 기대치와 역할의 의미에 부딪히기도 한다. 이에 덧붙여 각각의 독특한 고객 및 코칭계약은 코치로 하여금 사용할 최고로 적절한 과정과 도구에 대한 근거 있는 의사결정을 공식화하는 일련의 암묵적 혹은 명시적인 프로토콜을 가질 필요가 있도록 한다.

그 이상의 병행현상은 성찰적 전문가 모델이 상담학, 교육학, 행정학 직종이 전문적인 지식에 대한 확신에 위기를 맞고 있었던 시기에 개발되었다는 것을 고려할 때 발견할 수 있다. 이러한 위기는 여러 공적인 분야에서 전문적 행위의 가시적 실패로 인해 촉진되었다. 위기라는 증거에는 대외 규정 요청도 포함된다. 현재 다양한 견해를 가진 코칭학파가 있고 코칭과 치료의 경계에 대한 논의가 지속되며 코치와 코칭의 규정에 대해 주기적으로 새로운 조치(예 : Svaleng and Grant, 2010 참조)를 하는 현상은 코칭학 분야에서의 유사한 위기의 가능성을 시사한다. 코칭이 하나의 전문직으로 인식되지 않았음에도 불구하고 국제코치연맹(ICF), 유럽 멘토링 코칭 협의회(EMCC), 코칭협회(AC)를 포함하는 여러 기관이 코치들의 전문적인 지식을 확증해주는 긍정적인 접근을 볼 때 이러한 협회들이 조성하고자 하는 기대감을 충족시키기에 충분함을 시사해준다.

코칭맥락의 복합성을 생각할 때, 임원코치는 학습된 하나의 코칭기술에 의지하거나 모두에게 맞는 프로토콜을 따를 수 없다. 오히려 코치에게는 자신의 프랙티스 분야에서 지식에 관한 적극적인 숙고에 참여하고 과학과 기술의 통합으로서의 예술성에 지속적으로 참여할 의무가 주어진다. 이러한 성찰적 코치 전문가 모델은 전문 프랙티스의 인식론으로 제안되었다. 즉 이는 가장 적절한 수행 과정을 결정하기 위해 주어진 상황 속에서 알려지거나 알려지지 않은 것을 명확하게 하기 위한 방식이다.

성찰적 코칭 프랙티스 사례

코칭은 사람들이 스스로를 발전시키며 자신의 목표를 달성하도록 돕는 상호작용적이고 맥락의존적인 과정이다. 코치가 실제 프랙티스에서 당면하는 도전은 훈련기간에 학습한 잘 구성된 문제, 해결 방식 패턴과 일치하는 경우는 드물다. 이러한 프랙티스에 참여하기 위해서 코치는 이전의 전문직 분야에서 학습한 실제, 이론 및 모델은 물론이고 자신들의 코칭훈련에 의존한다(Liljenstrand and Nebeker, 2008). 코칭학이 독보적인 전문 프랙티스로서 지위를 확보하기 원하므로 이런 현상에 자체적인 약점이 없는 것은 아니다. 전문가에 대한 전통적인 견해는 기술의 능숙함을 지닌 사람, 예를 들면 컨설팅, 치료, 훈련과 구별되어 '방대한 지식에 대한 전문가의 선언은 대부분 고등교육기관에서 수행한 과학적 연구로부터 나온 기술과 이론에 근거한다'(Schön, 1983). 기술에 대한 의존은 코칭훈련과 평가에 있어서 이론과 지식기반 기준보다는 기술기반 기준에 대한 강조에 근거하므로 코칭에 있어서 특히 그러하다. 이론지향적 전문가가 참고할 경험적 연구의 집적이 매우 빈약하며 합의된 이론적 지식의 집합이 부족한 코칭학에서 과학적 연구에 의해 파생한 이론에 대한 교육과 의존은 뚜렷하다. 신중한 성찰이라는 의도적인 프랙티스에 대한 프랙티스 인식론은 개별 전문가가 수용한 모델과 이론의 적용으로 인한 단편적인 기술에 대한 과학습 혹은 반복적인 경험에 의한 습관적 프랙티스에 대해 자각하고 나서 반사적이고 적절한 변화를 이루는 하나의 수단이 될 수 있다.

성찰적 프랙티스는 습관적인 코칭행동을 수정하는 것뿐만 아니라 코치의 인지적 발달 지원책으로서도 유용하다. Basseches(1984)는 성찰적 프랙티스는 스스로를 유능하고 자기발견의 능력이 있다는 인식을 발달시키며 또한 문제해결을 위한 균형 있고 기능적인 체계를 만들어내어 서로 다른 관점을 조화시키는 능력을 강화함으로써 자기관리에 있어 필수적이라고 제안했다.

코칭이라는 분야는 전문가로 하여금 공식적인 전문성 발달에 참여하는 많은 기회를 제공한다. 그러나 코칭 프랙티스 그 자체가 코치로 하여금 의미 있는 자기개발과 잠재적으로 변형시키는 힘이 있는 학습의 기회를 제공한다. 두 가지 특징이 이를 가능하게 한다. 첫째로 코칭업무의 속성은 Basseches(1984)에 의해서 비판적 성찰을 지지하는 업무 맥락으로 정의된 업무 조건과 일치한다. 예를 들면 다음 업무에 관련되는 직원들은 그러하다.

1. 새로운 환경(예 : 계약과 상황, 고객의 특징)에 대한 적응을 위한 서비스와 과정
2. 상호 의존적인 체계 사이의 관계 증진
3. 조직 내에서 직원의 활동 조정

이에 덧붙여서 코칭관계는 사적이고 종종 의미 있는 관계이며, Brookfield(1987)가 제시하는 '의미 있는 개인 학습'의 이상적인 기회를 제공하는 상황이다. 특히 사적인 관계

는 '학습자 자신에 의해서 매우 중요하다고 자의식적으로 인식된' 것이며 자아의 어떤 측면에 대해서 재정의를 수반할 수도 있는 관계이다. 특히 한 개인은 자신이 사적인 관계를 맺는 방식에 내재되어 있던 가정에 대해서 물음을 제기하는 그러한 관계에 의해서 변모될 수도 있다(Brookfield, 1987).

코치를 위한 성찰적 프랙티스 모델

성찰적 프랙티스는 성인학습이론가가 제기하는 변형적 성인학습의 원리와 일치한다. 이 부분에서는 코치로 하여금 코칭과정에서 내재적인 정신모델을 바꾸고 보다 인지적 복합성을 발달시키도록 돕기 위하여 하나의 이론적 모델을 제시한다. 비판적인 성찰적 프랙티스에 의한 결과로 얻는 변화는 전문가로 하여금 다양한 코칭맥락과 상황에 대응하는 데 보다 큰 유동성을 가질 수 있게 한다. 그러한 유동성은 이론과 기술과학, 인간관계의 직관적 순간을 연결하는 '판단의 예술'(Paterson et al., 2006)의 한 가지 형태로 간주될 수 있을 것이다.

성찰적 프랙티스는 의도, 목적, 구조에 의해 특징지어졌다는 점에서 단순히 '수행 실제를 생각함'과는 다르다. 의도에는 성장 기회에 관한 열린 마음과 호기심을 갖고 그 과정을 학습의 기회로 접근하는 결정이 포함된다. 성찰적 프랙티스의 구조에는 체계적인 기록 경험에 대한 접근과 의미부여를 위한 특수한 일련의 전략이 포함된다. 그러한 전략에는 언제 어떻게 경험을 기록할지와 성찰적 프로세스에 누가 포함될지를 명시하는 것이 포함된다.

여기에 제시된 모델은 코치로 하여금 행동과 그에 부수적인 성찰적 과정이 각기 따르는 세 단계로 구성되는 구조화된 성찰적 프랙티스를 이해하고 개발하도록 돕는 데 초점을 맞추고 있다. 이 과정의 첫 단계에는 코칭적 개입에 참여하여 그 개입을 통해 의미 있는 성찰을 위한 기초가 될 수 있는 관련 자료를 수집하는 연구 행동이 포함된다. 이 단계의 성찰적 과정은 호기심을 지니는 사고방식과 정보에서 의미를 창출하는 방법 찾아내기로 구성된다. 둘째 단계는 자신의 코칭 정신모델의 명명화와 설계로 구성된다. 이 단계에는 비판적이며 성찰적인 판단을 적용하는 자신과의 대화와 증대되는 복합성을 능가할 참조체계의 재구성이 포함된다. 이 과정의 셋째 단계에는 변증법적 정신체제를 그다음의 코칭 개입으로 가져가는 새로운 실험적 행동을 만들어내기가 포함된다.

1단계 : 행동 연구

성찰적 프랙티스는 인지적(분석적) 과정과 예술적(직관적) 과정(Schön, 1987)을 통합하는 사고과정을 성찰하는 의도적이고 체계적인 프랙티스이다. 성찰적 프랙티스의 핵심은 전문가의 선택과 그 결과에 대해 종종 정규적이고 경험적인 학습에서 도출된 암묵적 지식기반에 의거하여 독특한 순간에 적용된 의식적 혹은 무의식적 의사결정에 대한 회고적 분석에 있다. 사건을 기록하고 분석함으로써 성찰적 전문가는 둥지를 틀고 있는 역설을 밝혀내기 위해 자신의 문제해결 논리와 그에 연관된 감정을 탐색한다. 성찰적 프랙티스에 대한 체계적인 접근에서는 행동 연구의 기회를 규정하고 측정 기준을 만들며, 기록의 방식도 만들고(문서 혹은 언어적 형태의 기록), 성찰 과정의 참여자 혹은 참여집단의 명단을 명확히 한다. 후자는 개별 전문가(자기성찰)에 국한되거나 혹은 동료 집단, 멘토 혹은 수퍼바이저와 함께하는 성찰적 과정을 포함할 수 있다.

코칭대화에서 코치의 기술적 전문성은 고객의 독특한 의미부여체계 내에 자리매김한다. 코치는 자신을 고객의 삶에 대한 전문가가 아닌, 코치 기술에 있어서의 전문가로 보여준다. 그러한 평가를 받으려면 전문가로 하여금 코치의 레퍼토리 중에서 의식적인 선택을 하여 그 고객과 일하면서 알게 된 그 무엇에 대한 반응 속에 그것을 맞춤으로써 가능한 최상의 서비스를 전달할 필요가 있다. 그러한 배움은 코칭 개입 가운데 발생할 수 있는 '행동 연구'의 네 가지 유형에 대한 의도적 성찰에 의해 일어날 것이다.

Schön(1983)은 전문가는 의식적 혹은 무의식적으로 행동 연구에 참여한다고 하였다. 고객의 도전을 구조화하면서 코치는 어떤 정보는 제외하고 어떤 정보에는 초점을 맞추며 마음으로 사건에 이름표를 붙이고 정보와 경험을 해석하고 대화를 열어간다. 구조 분석은 전문가가 자신의 암묵적 구조, 즉 주의를 기울이는 대상, 목표라고 생각하는 그 무엇, 자신의 역할을 정의하고 기대치를 설정하는 방법, 과정과 도구에 대한 자신의 선택에 대해 지각하고 분별하도록 돕는다. 자신이 어떻게 이미지를 묘사하고 사건을 범주화하며 다른 사례, 선례와 본보기를 참조하는 방식을 자각하게 되면 전문가는 사건의 즉각적인 해석에 더욱 능통하게 된다. 고객의 입력 내용을 평가하고 그 모든 것을 아우르는 이론을 공식화하는 방식에 대한 분석은 전문가로 하여금 보다 반사적이고 즉각적인 다양한 반응을 만들어내도록 도와준다. 성찰 행동 과정 그 자체에 대한 연구(개인의 사고과정에 대한 관찰과 성찰)는 암묵적이고 습관적인 심리과정을 표면화하고 그러한 습관이 갖는 잠재력 및 제한점에 대한 통찰을 얻도록 할 수 있다. 성찰적 프랙티스는 코치에게 종종 고객과 함께하는 순간에 일어난 참여 성과에 대한 성공 혹은 도전을 위한 잠재적인 촉매로서 보지 못한 직관적인 시도를 기록하는 전략을 제공해준다.

2단계 : 정신모델의 명명화와 재구성

둘째 단계는 자신의 코칭 정신모델의 명명화와 재구성으로 이루어진다. 그 내적인 과정은 비판적이고 성찰적인 판단을 적용하고 복잡성을 능가하는 구조를 재구성하는 자신과의 대화로 이루어진다. 정신모델은 '그것을 통해서 감각적 인상을 걸러내는 가설과 기대감으로 이루어진 구조이며, 여기에는 인식과 인지, 감정과 성향을 형성하고 제한하는 정서적이고 인지적인 차원이 포함된다'(Mezirow, 2000)고 하는 복합적인 참조체계이다. 정신모델은 일생의 경험을 통해서 구성되고 형성된다. Schön의 암묵적 구조와 유사하게 Mezirow의 참조체계는 정신의 습관과 그 결과적인 견해라는 두 가지 차원을 갖고 있다. 정신적인 습관에는 사회언어학적인 습관, 즉 문화와 언어적 규범, 관습, 소통 방식, 도덕적·윤리적 규범, 학습 양식과 형식의 선호, 철학적 기호, 특징과 같은 성격 특성, 자기인식과 기타 심리적 차원, 미학적 가치가 포함된다. 견해는 '의미 조직의 덩어리', 즉 인식된 사건의 해석을 위해서 렌즈로 사용되는 기대감, 신념, 태도와 판단으로 구성된다. 견해는 '수용되고 사회화된 지식의 실천적 통합과 일치하는'(Brookfield, 1987) 하나의 지지받는 이론으로서 선언될 것이다. 자기주도적인 학습은 지지받는 이론을 변화시키거나 대응하기도 하며 '새롭고 독창적인 학습자 고유의 이해방식 형성을 증진하기도 한다'(Brookfield, 1987).

자신의 고유한 정신모델에 대한 이해는 특히 잘못 구조화된 문제로 해석될 수 있는 코칭 프랙티스와 상관이 있다. 문제의 구조는 '문제가 완벽하게 기술되는 정도, 그리고 해결책이 진실하고 정확한 것으로 규명될 수 있는 확실성'이라고 정의될 수 있다(King and Kitchener, 1994). 잘못 구조화된 문제는 완벽하게 기술될 수도 없고 확실하게 해결될 수도 없으며 전문가 사이에 최상의 해결책에 대한 불일치가 있게 된다. 다양한 고객과의 코칭에서 코치와 맥락의 특성이 이러한 기술에 적합한 것으로 간주된다.

성찰은 '비판적으로 분석하고 감정과 경험에 물음을 던지고 평가하며, 궁극적으로 우리가 사고하고 작동시키는 새로운 이해와 평가의 성과를 생성하기 위한 일련의 사고 활동 혹은 다양한 차원의 사고 활동'이라고 할 수 있다(Rutter, 2006). 성인으로서 우리의 가장 심오한 학습 경험에는 '비판적 성찰 ─ 우리가 문제를 제기한 방식을 재평가하고 인식, 배움, 신념, 감정과 행동에 대한 우리 자신의 지향에 대한 재평가가 포함된다'

(Mezirow, 2000).

정규교육과 형식적 프랙티스 규정을 따르도록 주입된 지식에 근거한 모델로부터 벗어나기 위하여, 우리는 지식이 '다양한 자원(객관적이고 주관적인)으로부터의 정보에 근거하여 잘못 구조화된 문제에 관한 개인적인 결론으로 구성되었음이 틀림없고 여러 맥락에 맞지 않는 평가에 기반함'을 수용해야 한다(King and Kitchener, 1994). 성찰적 사고의 유동적인 성격은 잘못 구조화된 문제에 대한 하나의 해결책이 '현재의 증거상 가장 합리적이거나 혹은 그럴듯한 것에 의해 평가될 뿐만 아니라, 타당성 있는 새로운 증거, 관점 혹은 조사도구가 가능할 때의 재평가'까지도 요청한다(King and Kitchener, 1994).

성찰적 과정은 전문가의 자질, 프랙티스 기술과 창의적인 상상력 과정의 어울림을 포함하는 전문적인 예술성의 발달에까지 도움이 된다. 그러한 예술성은 전문적 지식(이론적이고 실제적인)과 개인적인 경험의 통합에 있다. 코칭 개입에서 코치는 상호작용과 변화역동의 한 요소이다. 사건에 대해 성찰적으로 고려할 때 코치는 자신의 자질(영적, 정서적, 인지적 신체적 특징을 포함해서), 프랙티스 기술(특정 코칭 능력, 대인 간 및 관계기술, 분석적 기술, 의사소통기술을 포함하기도 하는), 창의적인 상상력 과정(즉 성과를 예상하고 촉진하기 및 바라는 성과를 위한 창의적인 전략을 개발하는 능력)을 고려해야 한다(Paterson et al., 2006).

3단계 : 변화 실행

과정의 셋째 단계에는 다음 개입에 투여할 정신의 변증적 구조를 갖고서 새로운 실험 행동을 만들어내기가 포함된다. 익숙한 사고와 행동을 떠나서 새롭게 구성된 개념을 고려하는 것은 변형적 학습이 일어나고 있음을 의미한다. 변형적 학습은 세 가지 주요한 방식에서 정보 습득적 학습과 다르다. 첫째로 변형은 돌이킬 수 없는 사고방식의 전환과 마찬가지임을 이해하는 것이다. 변형적 학습은 단순한 행동의 변화만이 아니라 인식론적 변화를 만들어낸다. 전문가는 자료, 권위와 타당도를 구성하는 생각과 기준의 자원이 되는 형식이나 모델에 있어서의 근본적인 변화를 경험하게 된다. 변형적 학습은 당면하는 도전에 대한 인식론적 복합성에 대한 이해와 사회화된 정신에서 자기권위적 정신으로 변화하는 능력을 요청한다(Kegan, 2000).

그러한 학습에는 자기비판적 참여가 포함되므로 행동화하려면 '알아차림, 공감, 조절'(Mezirow, 2000)이 필요하다. 그 과정 자체는 누진적이고 비선형적이며 저항, 분노 혹은 수치의 감정을 만들어낼 수도 있다. 그러한 감정은 그 자체로서 변형적 학습의 자원이 될 수 있으므로 집중하고 성찰하게 하는 근거가 된다. 성인학습에 대한 연구는 비판적 성찰과 정서적 학습의 상호 의존적인 정도를 보여준다. '체험학습의 필수적 측면으로서 감정과 정서를 인지하고 인정하며 처리하는 능력의 획득'은 비판적 성찰의 전제 조건이다(Mezirow, 2000). 감정에는 성찰적 학습을 촉발하는 도발성과 의미구조를 더 크게 자각하여 변화로 이끄는 환기적 역할 두 가지 모두가 들어 있다. 경험에서 배우려면 의미 생성과 관점의 가장 근본적인 기저에 주목하도록 이끌어주는 감정에 집중할 필요가 있다. 정서적 학습을 통해 보다 확고한 자신감과 자기가치감을 갖고 모호성을 관용하며 차이를 수용하게 된다. 성찰 과정에서 일어나는 감정과 성찰기록에서 발견하게 되는 감정에까지 주의를 기울일 필요가 있다는 의미이다. 분석적 사고와 정서적 경험에 접근함으로써 성찰적 코치는 보다 통합적이고 직관적이며 유동적인 코칭 도전과 관계 및 과정의 구조를 만들어낼 수 있게 된다. 그러나 새로운 의미구조를 내면화하는 도전에는 익숙한 의미구조 상실에 대한 부정적인 애도의 감정도 있을 수 있다.

성찰적 코치 모델 — 과정과 표본

1단계 : 행동연구 — 자료 발견과 의미 생성

코칭에서 학습기회를 기록화하면 프랙티스 상황에서 한 단계 높은 지각의 발달이 수반된다. 이렇게 하면서 코치는 실제 삶의 경험적 자료로 모델을 구성하거나 혹은 기존 모델을 개별 사례(어떤 두 고객의 맥락, 관계가 유사하지 않다)에 맞도록 수정하는 전문가-연구자로 변모한다. 실제 삶의 경험적 자료는 성찰적 정기 기록을 사용하여 발견하고 조사할 수 있다. 성찰적 코칭 전문가 모델의 이론적 개요를 제시하였으므로, 여기에서는 코치가 이러한 일지에 적응하고 사용하는 방법과 함께 성찰적 일지의 표본(표 2.1 참조)을 제시한다.

무엇을 기록해야 하는가? 경험을 통해 배우게 되는 여러 요소가 있다. 특히 도전적인 사건들은 작동되거나 되지 않는 창을 보여주어서 종종 개입하는 다중적 차원을 명확히 하는 효율적인 도구로서 기여한다. 딜레마를 통해서 전문가의 가치와 외부적으로 어떤 목표를 달성할 필요 사이에 놓인 대립에 대한 통찰을 얻을 수 있게 된다. 불확실성의 경험을 통해 우리는 업무에 대해서나 혹은 주어진 상황 속에서 무엇을 할지 불분명한 부

표 2.1 성찰적 코칭 저널의 표본

외부 사건	내부 사건	의미부여	구성/재구성
(상황 : 고객이 일과 가정 사이에서 균형을 잃음. 아내 및 자녀와 더 많은 시간을 갖는 목표.)	이미 시도한 것 ― 계획 세우기, 기록하기를 성찰함. 행동 수정에 대한 검토가 필요하다고 생각함―점에서 공학 기술을 중단하기 위해서 '그냥 해보기' 접근	대안을 더 만들기 위해서 행동과 질문에 너무나 매달려 있음. 그가 어떻게 다르게 할 수 있을까? 상담하려고 하고 내가 문제가 무엇인지 알고 그룹을 위해서 해결하는 방법을 알고 있다고 생각하려는 경향성에 주목하라.	혹시 나는 교장이 행동 변화라고 생각하는가? 만일 고객이 변화하기 원하면 그냥 할 수 있다. 고가행동―욕망=행동?
고객은 업무 목록을 나열하고 이메일, 음성 메시지를 통해서 가정사를 돌린다. 불때까지, '돌아버리고 싶어요'라고 말한다, 이자 앞쪽으로 보였느다. 목소리가 날카롭다.	질문―중단하는 것은 어떤 결과를 가져올까?		
고객은 아이디어에 동의하는 것처럼 보인다―머리를 끄덕인다. 나는 저녁 7시에 집에 가서 그 신호를 느꼈고 잠잘 때까지 가버릴 수가 있어요. 잠잘 때까지 기다리지 않고요.	효과가 있는 듯함. 지난 주에 어떤 팀에게 이 행동을 가르쳤을 때 그들은 유익하다고 했음. '어떤 결과가 생길지 다시 한번 물어보자.'	OK―나는 '당신이 할 수 있는 것을 계속 묻는' 접근에 매달려 있다. 이 실제 이슈에 대해서 명확하게 했는지 확신이 없음.	속도조절은 어떻게 되었는가? 어떤 해결책을 얻으려고 너무나 빨리 움직이고 있지는 않은가? 내가 이런 식으로 하도록 몰아붙이는 것은 무엇인가?
하지만 '무슨 일이 일어날지 모르니까 그들이 나를 필요로 할 수 있어요.'라고 말한다.	다시 반복한다! 당신의 선택은 무엇입니까? 혹시 나는 인지와 행동이 도움이 되리라고 생각하고 있는가?		

표 2.1 (계속)

외부 사건	내부 사건	의미부여	구성/재구성
고객은 다른 선택을 제안한다—'아마도 사무실을 떠나기 전에 이메일 회신하기, 집에 가는 기차에서 블랙베리를 단어버리는 것을 '생각할 수 있었다'	이전과 다른지 확신이 없음. 매우 잠정적인 듯하다. 이제 어떻게 해야 하는가?	마침내 반복적 패턴 발견—이 점 근은 도움이 안 됨. 무엇을 할지 모르겠음.	아마도 나는 좀 더 충격적 해결 책—생성 역할을 벗어났다. 나는 지금 어디에 있지? 여기 있는 나는 누구지? 왜 편안하지가 않지? 여기서 고객이 나에게 무엇을 원한다고 생각하고 있지?
'나는 개비될 필요가 있다'고 다시 말한다.	생각하는 동안 오랫동안 침묵함.	기어 변속—안전지대 외곽	
	같은 구절을 두 번 사용함. 아마도 단서가 될 것 같다. 질문—무엇이 계속 그렇게 만드나? 약간 꼬인 것 같다—우우!		
고객이 한숨을 쉰다. 긴 침묵 후에 말하기를—정말 나에 관한 것인 데—사무실에서 가장 열심히 일하는 사람으로 보이고 싶어해요. 밤에 꼬만 상사가 내가 게으르고 헌신하지 않는다고 생각할까 봐 두려워요. 나는 이번 기회에 고려받기를 원하고 있어요.	오! 여기서 약간 심리적인 내용에 걸린 것 같다?	갈팡-질팡—안전지대 외곽, 여전히 변화를 고려 중.	내가 부족하면 어떻게 하지? 그에게는 되는데 왜 나는 이것을 편안하게 하지 못할까?

문에 대해 집중하게 된다. 긍정적 경험으로 통찰을 얻게 되는데 성공과정은 성공을 낳는 전략을 드러내며 창의성으로 유도하는 조건을 내부적으로 밝혀냄으로써 정서적 차원에 대해서도 알려준다. 중대한 학습이 불확실한 상황과 규범적 훈련 모델과 '최상의 프랙티스' 밖에 놓인 다양한 상황을 통해서 일어날 수 있다.

긍정적이든 혹은 스트레스 유발적이든 간에 비판적인 사건은 다음과 같이 범주화할 수 있다.

1. 개인이 자신의 개발에 중대한 영향을 갖고 있다고 믿는 상황, 사건 혹은 경험
2. 설명되지도 않고 예상되지도 않았던 명백히 기억되는 사건
3. 참여자에게 심오한 영향을 주는 살아 있는 경험
4. 의미 있는 연결을 밝혀주는 '동시적인 사건'

이상의 경험은 종종 축하와 인정 혹은 쑥스러워 머리를 긁거나 회복하기 위한 짧은 순간을 위해서든 간에 궤도 중에서 우리를 멈추게 한다. 그러한 사건에 덧붙여서 혹자는 Schön(1983)이 실험행동이라고 생각한 그 무엇과 유사한 경험에 주목하기를 원할 것이다. 이 중에서 코치에게 가장 흔한 것은 탐색적 실험인데 만일 해석하지 않고 경청만 하거나 다른 사람으로부터 전해 듣지 않고 고객이 이야기하게 함으로써 상황이 전개되도록 놓아두면 어떤 일이 일어나는지 발견해보는 것이다. 두 번째 실험에서는 '만일'과 같은 다른 종류의 행동을 시험해본다. 여기에서 코치는 마음에 예상되는 성과를 갖고 특수한 행동, 예를 들면 내가 만일 긍정적인 것만 성찰한다면 어떻게 될지를 실험한다. 그렇게 하면 고객이 해결지향으로 전환하는 데 도움이 될까? 만약 고객에게 즉시 자신의 비언어적 언어에 주목하도록 요청한다면 어떻게 될까? 그러면 올라오는 감정을 가라앉히는 데 도움이 될까? 세 번째 유형의 탐색은 가설검증이다. 예를 들어 어떤 코치는 고객이 부정적 피드백하기를 꺼리는 데는 가족 역동의 어떤 유형에 그 뿌리가 있다는 가설을 세울 수 있다. 코치는 이 가설을 검증하기 위해서 고객으로 하여금 자신에게 중요한 타인으로부터 언제 칭찬을 받았는지 생각해보게 할 수 있다. 반응 결과는 고객의 문제에 대한 코치의 해석에 유용한 정보를 추가하게 될 것이다.

학습사건 자료는 사건 후나 사건 중에 만들어진 기록에 대한 재구성을 통해서 가급적 빨리 획득되어야 한다. 근본적으로, 탐구하는 생생한 자료는 이야기, 즉 사건에 대한 담론, 타인 혹은 자기와의 대화에서 포착된다. 이야기가 어떻게 구성되었는지, 즉 관찰 내용, 기술 방법, 저자나 타인의 특성에 의한 구성을 살핌으로써 의미를 만들어낸다. 성

찰적 학습을 위해 포착된 이야기에는 사고(예 : 해석, 기대감, 기억된 정보)와 감정(예 : 호기심, 혐오감, 예상), 행위(예 : 말과 행동)에 대한 기술이 들어 있다. 가급적 이런 내 러티브는 예상된 행동경로와 기대 반응을 실제 사건에 대한 전개와 함께 명확하게 규명 한다.

자료는 코칭 개입의 어떤 국면에서라도 수집될 수 있다. 맥락적 자료에는 고객의 신상, 코치와 코칭의 맥락에 대한 정보가 담겨 있다. 맥락적 자료에는 인구학적 정보(나이, 성, 조직의 직책), 과정 정보(코칭 약속을 시작하고 동의서를 작성하며 회기를 진행하는 방식)는 물론이고 평가 결과도 포함된다. 맥락적 자료에는 또한 조직에 대한 서술, 코칭목표와 여타의 관련있는 자료가 포함될 수 있다. 가능한 한도 내에서 '주안점'은 당신이 발견하는 것을 할 수 있는 한 확고하게 하기 위하여 '삼각화하기' 혹은 증거가 수렴되는 선을 확립하는 것이다(Yin, 2006). 환언하면, 일지에서 발견한 것은 객관적 정보와 주관적인 정보를 나타내며 가능한 한도 내에서 그 둘을 구별해낸다. 일례로 표 2.1에서는 고객의 축어록 대화, 내부적 대화, 신체언어, 추론적 판단과 맥락 요약을 기록으로 자료화한다.

서로 다른 인지방식, 전문적 경험, 교육과 훈련 배경을 가정할 때 서로 다른 개인이 상이한 방식으로 프랙티스하고 성찰할 것이라고 예상하는 것은 합리적이다. 하나의 성찰적 학습 모델(Thorpe, 2004)은 성찰자와 비판적 성찰자를 구별하고 프랙티스와 수행에 미치는 영향력의 차이를 제시한다. 성찰자는 자신의 자료 내용과 내용에 제시된 프로세스, 즉 행동과 사고와 감정에 대한 기술과 어떻게 수행했는지를 성찰하는 경향이 있다. 비판적 성찰자는 자기 행위의 내재적인 전제를 그 행동의 효과성에 대한 평가와 함께 대안적 설명과 대안선택을 찾아내면서 면밀하게 검토한다. 기록화된 사건을 고려하면서 성찰자는 감정에 주의를 기울이고 연상을 만들어내고 비공식적 혹은 암묵적 가설을 검증한다. 비판적 성찰자는 과정을 한 단계 더 가져가서 맥락 안에서 문제의 구조에 주목하고 학습이나 발달의 기회를 명확하게 한다. 비판적 성찰자는 '복합적인 주제와 딜레마에 관한 사고와 감정을 포함하여 자기와 상황의 중요하고 상관있는 국면에 대해 알아차린다'. 더 나아가 그들은 선택에 대한 세부사항과 이유를 탐색하여 그러한 가설의 근거가 되는 지식과 경험뿐 아니라 자신의 내재적 가설도 인식하게 된다(Rutter, 2006). 의미부여를 통해서 전문가는 경험으로부터 물러나 질문하는 도약을 경험하도록 인도된다. 경험의 기록물을 바라보면서 비판적 성찰자는 실제와 예상된 사건 사이에서 사고, 감정, 행위와 반작용 사이의 연결과 유형을 표면화하는 질문을 하기 시작한다.

효과적이었던 것과 그렇지 않은 것에 대한 실마리를 찾기 시작하며, 경로와 성과에 영향을 주었을 법한 조건을 규명하고자 한다.

성찰적 전문가는 또한 전문적인 판단을 내리는 유형을 찾을 수도 있다. '판단의 예술성'이 전문가의 전문적 판단기술을 여러 차원에서 능가한다. 미시적 차원에서는 전문가가 프로세스 과정(무엇을 할지)을 검토하거나 과정 결정을 위해서 의사결정 프로토콜의 정확성이나 타당도를 검토하게 한다. 거시적인 차원에서 전문가는 진단, 중재 혹은 행동계획의 내재적인 평가, 의사결정과 프로토콜의 효율성이라는 성과 결정 혹은 결론을 검토한다. 상위 차원에서 전문가는 내담자의 단서와 변화 감지, 자각과 자기검증, 의사소통의 효율성과 문제와 같은 자신의 성찰적 결정 과정을 평가한다(Paterson et al., 2006). 프랙티스 경험의 기록물을 참조함으로써 예술성의 정도를 측정하기 시작하며 강점과 함께 기회의 유형을 명확하게 규명할 수 있다. 표 2.1의 예에서 코치는 고객이 실행가능한 행동을 만들어내는 데 집중하는 경향성에 주목한다. 코치는 또한 자신이 안전지대와 자기지식기반의 어떤 불확실성에 고착되어 있음을 주목한다. 예상된 성과 및 예견되는 갈등 형식의 맥락에 대한 문제는 표면화된다. 회기가 규칙에 맞게 진행되었는가 하는 기술적 고려는 제쳐두게 된다. 프랙티스 행동 만들기는 경험 뒤의 심층에 있는 의미에 대한 이해에 도달할 때까지는 지연된다.

2단계 : 정신모델의 명명화와 재구성

정신모델을 표면화하면 다음 차원으로 비판적 성찰이 뒤따른다. 다시 돌아가서 투입(경험하는 동안 주의를 기울인 것과 간과된 것 모두)한 것을 판단하며 작용과 반작용을 포함하는 사건의 궤도와 유형을 추적하고 평가하는 기회가 부여된다. 비판적 평가에는 그 사건의 기록에서 드러나는 지식, 경험, 가치, 역할, 전문적 형태와 위험에 주의를 기울이는 것이 포함된다. 본질적으로 비판적 성찰자는 여러 가지 질문에 대해 답변을 찾도록 요구받는다 — 내가 무엇을 기대하였던가? 이 사건의 전개에 대해 내가 생각한 암묵적인 작용가설은 무엇인가? 확인된 것은 무엇이며 확인되지 않은 것은 무엇인가? 증거는 무엇인가?

암묵적 정신모델은 그 속성에 따라 자각의 표면 저 아래에 숨어 있다. 그들은 그 형태가 오직 관찰 자료에 남긴 발자국을 세밀히 측정함으로써만 짐작할 수 있는 눈에 띄지 않는 파악하기 어려운 특징을 지닌다. 발자국을 눈에 띄게 하기 위해 성찰적 코치는 인지적, 정서적, 대인관계적, 개인내적인 네 가지 차원에 대해 생각하기를 원할 것이다.

그 상황에 대해서 나는 무엇을 알았던가(혹은 안다고 생각했던가)? 그것을 어디에서 배웠던가? 그 상황에 대한 나의 이론적 혹은 가설적 입장이 무엇이며 그 영향은 무엇인가? 정서적 차원을 조사하면서 코치는 자신의 정서적 반응과 감정과 사고의 있을 수 있는 상호작용을 살핀다. 예를 들면 코치는 어쩌면 심리적 영역으로 들어가는 데 대해서 불편함을 느끼고 그런 감정이 행동적 경로를 따라서 지속될 수 있다고 생각한다. 세 번째 차원은 대인관계 차원이다. 코치-고객 관계에서 힘의 역동이란 무엇인가? 주고받는 유형은 어떠한가? 일지에 동등한 관계의 대화가 나타나는가 아니면 미묘하게 지배적이거나 혹은 유도적인가? 네 번째 차원은 개인내적 차원이다. 코치의 자각과 자기관리의 유형은 어떠한가? 코치는 내적으로 일치하는가 아니면 내부 갈등을 경험하고 있는가?

비판적 사고과정은 개인마다 특수하며 개인의 능력과 경험 및 성격과 문화에 따라서 다양하다. 비판적 사고는 종종 고차원적으로 정서적이다. 체계적이고 논리적인 비판적 사고과정에서도 개인의 고유한 정신모델은 쉽게 수면 위로 올라오지 않는다. 통찰은 예기치 않게 일어나며 코칭경험을 반복적으로 다시 성찰하여 각성할 때에만 찾아온다. 그러한 변형을 정확하게 마음에 그리기 위해서는 여러 사건을 기록하고 질문과정을 반복적으로 이행하는 것이 도움이 된다. 여기에서 코칭에 대한 코치의 개념을 위한 보다 복합적이고 다차원적이며 이전의 모든 것을 능가할 수 있고 그런 일을 만날 때 더 잘 수용하는 더 큰 컨테이너가 만들어진다. 이러한 계속 확장하는 정신모델이나 참조체제는 자신과 타인 그리고 코칭 업무의 성격에 대한 코치의 견해를 결합시킨다.

3단계 : 변화의 실행

성찰적 전문가는 손에 잡히지 않는 순간적인 코칭에 대한 자신의 구조를 인식하면서 그럼에도 불구하고 학습을 행동으로 변화시킴으로써 가치 있는 의미부여를 만들어내야 한다.

주의 깊은 질문을 통해서 두 사람 사이에 프랙티스 공동체로서의 관계가 형성된다(Bentz and Shapiro, 1998). 코칭을 탈근대주의적 프랙티스로 생각한다면 그러한 분야는 중대한 도전에 부딪힐 줄 알아야 한다. 주된 도전은 무엇이 타당한 지식을 구성하는지와 타당한 지식의 자원은 무엇이고, 어느 정도까지 그러한 지식에 도전할지에 대해 공유된 합의의 부재이다. 코칭학 분야에 Schön(1983)이 다른 분야에 발생하였다고 말한 그런 공적 확신의 위기 경험의 증거는 없으나, 핵심지식과 최상의 프랙티스에 대한 확고하고 적절한 근거는 부족하다. 그러므로 아래의 질문을 통해서 자신의 지식을 어떻게 평가할지 하는 과제가 개별 전문가에게 속하게 된다.

- 코칭훈련에서 배운 내용이 지속적으로 전문적 프랙티스를 발달시키는 근거로 충분한가? 나의 배움의 끄트머리는 무엇인가?
- 나는 자기평가 과정을 통해서 새로운 통찰과 배움을 얻고 있는가?
- 나는 도덕적·실질적으로 고객과 합의한 기대치를 성취할 수 있는가?

지속적인 성찰적 프랙티스의 결과로 코칭현상에 대한 새로운 이해, 자기자각의 증진, 다방면으로 배운 지식과 그 지식의 실제 경험에 통합되고 있는지에 대한 인식의 변화가 나타날 수 있다. 성찰 전문가는 '고객의 고유한 욕구를 만족시키기 위해서 새로운 이해와 관점을 창출하고 평가하며, 프랙티스 모델과 가치관을 변화시키려고' 노력한다 (Rutter, 2006). 전문적 예술성을 '연결하는 가닥을 잡으려면'(Paterson et al., 2006) 전문가는 '이미 제기된 지식에 의지하면서 어떻게 현재의 이론과 실제가 미래의 이론과 실제에 관계될지' 신중하게 고려할 필요가 있다. 성찰적 프랙티스를 위해서는 개별적인 프랙티스에서 이러한 연결 요소를 발달시키는 것이 필수불가결하다.

'기존 체계 안의 긴장과 모순을 변증법적으로 분석하고 그러한 모순점이 발달적 변형을 통해서 어떻게 변할 수 있는지 살피는' 능력에 의해서 업무 관련 추론이 만들어진다 (Basseches, 1984). 변증법적 참여에 의해 코치는 경험으로 되돌아가서 분석에 나타난 유형이나 선호에 대해 질문을 제기한다. 특히 성찰적 코치는 네 가지 질문에 대답을 찾아낸다.

1. 나타난 선호(친근감, 철학적/가치 정렬, 학습된 습관, 이전의 성공, 기타)에 대한 근거는 무엇인가?
2. 이러한 유형의 기초를 이루는 가설은 무엇인가(즉 임원이 코칭에서 행동 변화에 대한 기대감을 갖고 있다, 행동의 변화는 신념을 변화한다, 행동을 변화하기 위하여 사고의 변화는 필요하지 않다)?
3. 코칭에서 어떤 상태가 되면 내재하는 가설을 약화시키고 역행할 수 있는가?
4. 코칭 정신모델을 확장하거나 다양하게 하기 위해서 코치가 변화(내적으로 혹은 외적으로)할 필요가 있는 것은 무엇인가(예 : 특별한 기술을 연마함)? 이 질문에 대한 대답은 코치가 이어지는 코칭 개입에서 시험해볼 수 있는 구체적인 인지적 혹은 행동적인 변화를 창출한다.)

예를 들어 코치에게 있어서 행동을 위한 변증적 구조에는 판단을 유도하며 고객의 문제에 대한 구조화 및 코칭전략 선택을 제한할 수도 있는 코칭 목적과 경계에 관한 정신모델의 재평가가 포함될 수 있다.

결론

성찰적 프랙티스는 스스로의 프랙티스를 세워나가기 원하는 코치에게 매우 유용한 전략이다. 전략은 다양한 형태로 코칭과 병행하는 분야에서 전문성의 지속적 개발의 오래된 요소 중 하나이다. 비판적 성찰을 적용하고 새로운 관점을 형성하면서 실제 경험에서 나온 자료를 수집하는 조치는 코치로 하여금 폭넓은 레퍼토리를 개발하고 고객과 맥락에 따라 전략을 선택하고자 하는 기대에 맞추어준다.

코치는 코칭의 중대 순간이나 코칭의 순차적 상호작용 가운데서 의미 있는 자료를 수집할 수 있다. 기술한 것을 비판적으로 조사하고 유형과 주제를 분석함으로써 코치는 기대감과 선택한 코칭전략이 미치는 영향력을 관찰할 수 있다. 자기 정신모델의 가능성과 잠재력을 이해하면 코치의 성장에 유용하고 실질적인 기회를 얻게 된다.

참고문헌

Askeland, M K (2009) A reflexive inquiry into the ideologies and theoretical assumptions of coaching, *Coaching: An International Journal of Theory, Research and Practice,* 1 (1) 65–75

Basseches, M (1984) *Dialectical Thinking and Adult Development,* Ablex, Norwood, NJ

Bentz, V M and Shapiro, J J (1998) *Mindful Inquiry in Social Research,* Sage, Thousand Oaks, CA

Brookfield, S D (1987) *Developing Critical Thinkers: Challenging adults to explore alternative ways of thinking and acting,* Jossey-Bass, San Francisco, CA

Kegan, R (2000) What 'form' transforms? A constructive-developmental approach to transformative learning, in (eds) J Mezirow and Associates, *Learning as Transformation: Critical perspectives on a theory in progress,* Jossey-Bass, San Francisco, CA

King, P M and Kitchener, K S (1994) *Developing Reflective Judgment,* Jossey-Bass, San Francisco, CA

Liljenstrand, A M and Nebeker, D M (2008) Coaching services: a look at coaches, clients and practices, *Consulting Psychology Journal: Practice and Research,* 60 (1) 57–77

Mezirow, J (2000) Learning to think like an adult: Core concepts in transformation theory, in (eds) J Mezirow and Associates, *Learning as Transformation: Critical perspectives on a theory in progress,* Jossey-Bass, San Francisco, CA

Paterson, M, Wilcox, S and Higgs, J (2006) Exploring dimensions of artistry in reflective practice,

Reflective Practice, 7 (4) 455–68

Rutter, L (2006) Supportive reflective, practice-based learning and assessment for post-qualifying social work, *Reflective Practice,* 7 (4) 469–82

Schön, D A (1983) *The Reflective Practitioner: How professionals think in action,* Basic Books, New York

Schön, D A (1987) *Educating the Reflective Practitioner,* Jossey-Bass, San Francisco, CA

Svaleng, I L J and Grant, A M (2010) Lessons from Norwegian coaching industry's attempt to develop joint coaching standards: an ACCESS pathway to a mature coaching industry, *The Coaching Psychologist* 6 (1) 4–13

Thorpe, K (2004) Reflective learning journals: from concept to practice, *Reflective Practice,* 5 (3) 327–43

Yin, R K (2006) Case study method, in (eds) J L Green, G Camilli and P B Elmore, *Handbook of Complementary Methods in Education Research,* Lawrence Erlbaum Associates, Hilldale, NJ

제3장

코치를 위한 액션러닝 수퍼비전

Roy Childs, Martin Woods, David Willcock, Angy Man

서론

이 장에서는 더 넓은 영역의 공동체를 대상으로 보다 질 높은 코칭을 할 수 있도록 돕고자 한다. 이는 코칭의 이점에 대한 강력한 믿음과 그 목적을 달성하는 선제작업을 만들고 지지하고자 하는 열망에서 비롯된다. 그러나 코칭, 특히 조직코칭은 '가치'가 통상적으로 급여의 의미로 개념화되는 곳의 고액연봉자에게 집중되어 왔음이 분명하다. 이해할 법도 하고 여러 가지 면에서 정당화할 수도 있지만, 조직은 보다 다양한 차원의 사람들에게 코칭이 가능하게 함으로써 이익을 볼 것이라고 확신한다. 그러나 여기에 대한 결정적인 장애물은 바로 비용이다. 코칭은 주로 일대일로 이루어지기 때문에 어쩔 수 없이 고비용의 인적자원이 투입되기 마련이다. 코칭에 대해 확신하는 우리는 이익이 비용이 능가할 것이라고 주장하지만 설득받는 사람들이 반드시 지갑을 여는 것은 아님을 알고 있다. 그러므로 코칭으로 이익을 증대시키는 기관을 확장하고자 하는 우리의 목적은 길고도 어려운 전투가 될 것이다. 그리하여 우리의 목적을 촉진하기 위한 하나의 방편으로 액션러닝 수퍼비전(action learning supervision, ALS) 개념을 발전시켰다. 이 방식을 따르면서 우리는 ALS가 차선의 선택이기보다는 분명한 가치를 지니며 수퍼비전의 전통적 접근과 함께 있어야 함을 알게 되었다. 바른 방식으로 행해진다면 ALS는 고도로 전문적인 수준의 목표달성을 희생시키지 않으면서도 초보코치를 저비용으로 프랙티스하는 기관에서 출발시키는 방법론이라고 확신한다.

코칭 수퍼비전의 배경

수퍼비전이라는 개념과 실제는 상담과 심리치료에 뿌리를 두고 있다. 이러한 훈련 과정에서 전문가는 심리적이고 정서적인 차원의 범위에 포함되는 심층적이고 오래된 여러 가지 주제를 언급한다. 그러한 상황에서는 전문가가 고객과 정서적으로 얽히게 되는 위험이 있으므로 수퍼비전은 관계에 대해 새로운 관점과 거리감을 두게 하는 방식 중 하나로 간주된다. 심리치료와 상담학 관점의 수퍼비전 목적은 Kadushin(1992)이 사회복지학 맥락의 수퍼비전에 관해 논의하여 요약한 아래의 세 가지이다.

1. 교육 : 성찰을 격려하고 작업을 탐색하며 과정에 대한 새로운 사고, 힌트, 기술과 지식을 제공함으로써 지식, 기술, 태도의 발달과 상급화를 확증하는 것
2. 지지 : 역할의 책임을 끝까지 수행하도록 하는 실제적이고 심리적인 지지. 코칭은 하나의 부담스러운 과정이며 업무에서 오는 스트레스와 압력은 잠재적으로 코칭 수행에 영향을 미치고, 극단적인 상황에서는 탈진에 이르기도 한다. 수퍼바이저의 역할은 코치가 압력을 관리하고 필요한 정서적 지원을 공급받도록 지원하는 것이다.
3. 행정과 관리 : 적절한 업무 수준, 정책의 준수, 최선의 프랙티스의 발달과 유지. 수퍼바이저는 최선의 프랙티스와 코치의 존재 가치 영역에서 지지와 안내를 제공한다. 여기에는 기준, 윤리, 경계의 측면이 포함된다.

코칭이 상대적으로 새로운 훈련/직업이므로, 관련 전문직에서 빌려오는 것이 유익하기도 하다. 그러나 얼마나 순수하게 관련이 있고 그 병행현상이 코칭에 적절하거나 부적절한 모델을 제공하는지에 대해서 중대한 질문을 제기할 필요가 있다. 코칭의 경계에 대한 일치된 견해의 부족으로 인해서 그러한 문제는 매우 복잡하다. 일부에서는 퍼포먼스의 주제와 행동의 변화에만 국한해야 한다고 한다. 다른 쪽에서는 비록 퍼포먼스와 행동의 변화가 목적이지만, 이것이 심층적인 심리적, 정서적, 동기적 주제에 의해 심각하게 영향을 받으며 이런 것들이 좋은 코칭 관계의 과정에서 필연적으로 발생함을 주장

한다.

이러한 이슈와는 별개로 수퍼비전(Kadushin이 정의한 대로)의 핵심이 전문직으로서의 코칭에 유익할 뿐만 아니라 그것을 희망하는 사람들이 좋은 프랙티스로 유익을 얻으리라는 것을 논박하는 사람은 거의 없다. 그럼에도 문제는 여전히 남아 있다. 한 가지 중요한 것은 코치에게, 보다 구체적으로는 코치 수퍼바이저에게 어느 정도의 심리학적 배경, 훈련과 지식이 필요하며 조언을 주어야 하는지다. 상담 혹은 치료적 맥락에 옹호적인 수퍼비전에서는 일반적으로 이런 것들이 기초에 필수불가결하다고 생각하며 코치는 (심리학적으로) 훈련받지 않은 파트너 고객보다 앞서서 그리고 보다 명료하게 퍼포먼스 주제에 대한 심리적·정서적 차원을 보아야 한다는 것이 일반적 견해이다. 코치는 또한 고객과 다른 영역 및 깊이에서 작업을 할 수 있으므로 수퍼비전을 심리적인 과정으로 간주할 수도 있다. 그러나 코치와 멘토 중에는 상담 및 심리치료적 배경을 갖고 있거나 그것을 지닌 타인으로부터 지도감독을 받아야 할 필요를 주장하지 않는 사람들이 많이 있다. 그들의 업무는 행동적이라기보다는 전략적일 수 있어서 수퍼비전을 컨설팅 과정으로 여길 수도 있다. 여기에 수퍼비전의 형식과 선택사항에 대한 논쟁이 첨예하다 (Salter, 2008).

액션러닝의 배경

액션러닝은 명칭 그대로 항상 일어나는 그 무엇이다. 우리가 참여하는 어떤 행동이든 간에 학습의 기회를 제공할 수 있다. 어린이에게 있어 이런 일이 현상적 비율로 일어남을 볼 수 있다. 성장함에 따라 빠른 학습은 덜 일어나고 보다 의식적인 접근이 요청된다. 현재 액션러닝이라고 불리는 개념은 1930년대 케임브리지대학의 과학자였던 Reg Revans에 의해서 형성되었다. 그는 동료들이 동일한 훈련을 받지 않았음에도 불구하고 서로 간에 상당한 배움이 일어남에 주목하였다. 단순히 문제를 공유하고 서로 질문하고 다른 사람의 견해와 코멘트를 들음으로써 모든 과학자가 자기의 전문 분야가 아님에도 불구하고 유익한 공헌을 하였다. 이로써 강조점이 지식과 전문적 기술로부터 발견과 탐색으로 옮겨갔다. 따라서 국가석탄위원회의 교육 및 훈련기관장으로서 그는 이제 전 지구적으로 적용되는 접근을 개발하였고 조직을 넘어 모든 부문에 대내외적으로 광범위하게 적용하였다. 일찍이 1985년에 전적으로 액션러닝에 기반한 MBA가 시작되었고, 1995년에 Revans는 런던에서 제1차 액션러닝 컨퍼런스를 주최하였다. Revans는 '지속적인 행동 변화는 새로운 지식의 습득보다는 과거 경험에 대한 재해석에 이어짐'에 주목하였다. 이로써 강조점이 액션러닝으로 전환되었다. 아래의 행동에는 발생한 일, 효과적이었던 것, 어떻게 하면 더 좋았을지를 성찰하고 고려하며, 그리고 나서 어떻게 다르게 할 수 있을지를 고려할 필요가 있다. 어떤 시점에서 이렇게 함으로써 새로운 행동 실험으로 이어지고 주기가 다시 시작될 수 있는데, 이 모든 것이 Kolb의 학습주기에 서는 매우 불분명하였다. Revans(1982)는 이 과정을 단순한 공식으로 요약하였다.

$$학습(L) = 프로그램된 지식(P) + 통찰적 질문(Q)$$

이는 액션러닝의 핵심이 다음과 같음을 의미한다.

1. 서로 공유하며 실수를 인정하고 배우려는 의욕적인 환경
2. 질의 과정 ─ 통찰적인 질문하기에 의해서 분명하게 공급받음
3. 정규적인 프랙티스의 기회와 그 프랙티스에 대한 검토
4. 필요하다면 지식의 간극을 메울 수 있는 자원(인력, 서적 혹은 전자정보)에 대한 접근성

액션러닝은 그룹 촉진, 그룹코칭, 팀코칭, 동료코칭(그룹 차원에서의)과 같은 여러 가지 그룹 프로세스와 함께 병행한다. 이 모든 것이 서로 중첩되는 모델이며 모든 것이 발달에 유익할 수 있다. 그러나 우리는 '현명하고 경험 많은' 수퍼바이저의 필요를 덜 강조하기 위해서 우리의 접근법을 액션러닝에 자리매김하기를 원했다. 이는 지혜와 경험이 줄 수 있는 것을 평가절하해서가 아니라 ─ 매우 크지만 ─ 주변에 많지 않고 또한 매우 고비용일 수 있기 때문이다.

왜 액션러닝 수퍼비전 접근법을 사용하는가

ALS의 한 가지 이유는 전통적인 수퍼비전처럼 비용 때문이라기보다는 항상 효율적이지 않다는 사실 때문이다. 예를 들면 심리치료 수퍼비전에 대한 한 가지 비평(Myler, 2007)은 다음의 논점을 제기한다.

1. 대부분의 수퍼비전은 비효율적이다(그는 개인의 경험과 일화적인 증거에 의해 주장한다).

2. 수퍼바이저 자체가 문제가 많다(좋은 전문가가 반드시 좋은 수퍼바이저가 되는 것은 아니라는 점을 지적하면서).

3. 수퍼비전은 돈 만드는 활동이다(수퍼비전이 자격증의 필수요건이 되었다는 것은 '고상한 지지'를 넘어서 그 동기를 말해준다).

4. 가장 유명한 치료자들은 현대 개념의 수퍼비전을 결코 받지 않았다.

5. 부모-자녀 관계처럼 힘의 관계이다.

6. 다른 방법(이를테면 그룹/동료의 지지)으로 쉽게 대체될 수 있다.

물론 비효율적인 프랙티스의 사례를 발견하는 것은 어렵지 않으나 잘 수행될 수 있는 프랙티스를 비난하는 데 사용되어서는 안 된다. 그러나 바라는 것을 항상 성취하지는 못하는 하나의 접근에 의존하는 약점을 드러내준다. 우리는 ALS를 보다 전통적인 접근에 대한 대안으로 제시하지는 않는다. 함께 가는 것('그대신에'라기보다는 '마찬가지로')이 이상적이라고 본다. 그러나 우리가 ALS를 차선의 선택으로 생각하지 않음을 아는 것은 매우 중요하다. 우리는 ALS가 여러 면에서 코칭의 기본 원리와 잘 맞기 때문에 동등한 입장을 갖는다고 생각한다. 어떻게 외관을 갖추었든 간에 전통적 접근은 지식, 지혜와 훈련(즉 통상적인 기대는 바로 '보다 훈련된 동료가 보다 아래의 동료에게 배움을 주고 도전하고 지지하는 실습과정'과 같은)에 근거한다. ALS는 이러한 접근에 대해 두 가지 면에서 도전한다. 첫째는 일대일 관계보다는 그룹 프로세스를 제안한다. 둘째로 코치이(coachee)가 이미 자신의 중대한 질문에 대한 기술과 답을 갖고 있다는 모든 코칭의 근본적인 철학을 존중한다. 수퍼비전에 대한 전통적 접근에 대한 비판은 Berne의 교류분석에 개념화되어 있다. Myler(2007)는 다음과 같이 기술하고 있다.

> 수퍼바이저로서 당신은 상담사의 어린이 자아 상태에 대해서 부모의 역할을 한다. 이는 수퍼바이저가 코치나 멘토라기보다는 지도하는 데 있어서 보다 판단적이고 부모와 같은 상급자로서 활동함을 의미한다. 수퍼바이저가 비판적 부모의 역할이나 양육적 부모의 역할을 하는지에 상관없이 힘의 관계는 마찬가지다. 상담사는 수퍼바이저와 동일한 부모에게 어린 시기의 경험을 통해서 복종하는 것이다. 이는 건강하지 않고 제한적이어서 대부분의 상담사는 수퍼비전을 자식들의 부모(수퍼바이저)를 행복하게 만드는 방식으로 복종한다는 점에서 적응적인 어린이의 역할을 하게 될 것이다.

Myler가 이것이 모든 수퍼비전 관계에서 있어서 사실이라고 주장할 수는 없겠지만 우리에게 조심하도록 조언을 준다. 또한 ALS는 보다 경험이 많은 수퍼바이저의 기술과 경험에 의존하지 않기 때문에 (여전히 그럴 수도 있지만) 코칭의 기본철학과 더 쉽게 일치함을 의미할 수 있다. 그 대신에 좋은 질문으로 함께 탐색하는 과정을 창조하기를 신뢰한다. 이것이 바로 최상의 학습이 보장될 수 있는 액션러닝 접근의 기본이다.

관련 사항 : 세부사항의 확정

훈련의 일부로서 참여자는 각 그룹에서 활동하는 원칙에 서명하도록 되어 있다. 이것은 아래에 요약되어 있으며, Module 1 이전에 전달되고 그룹으로 나누기 이전에 다시 한번 전달된다. 각 훈련생은 아래에 서명하도록 되어 있다.

- 실제적인 문제, 질문과 주제를 그룹에 가져오기
- 코칭 과정에서 일어나는 자신의 경험, 실수, 희망, 두려움은 물론이고 과정과 감정 및 대인관계에 관심이 주어질 것임을 인식하면서 기꺼이 개방적으로 나누기
- 훈련받는 코치에 대한 모든 개방된 정보와 그들의 코치이의 모든 정보를 비밀보장 한다는 확고한(서명된) 위임 — 그룹 밖으로 가져갈 수 있는 유일한 것은 학습뿐이 다(이러한 서명된 위임에는 심각한 불법 혹은 상해 위험에 관련된 통상적인 단서 가 포함된다).
- 자신의 학습과 발달에 대해 전적인 자기책임의 수용
- 가능한 '나는'이라는 말을 사용하기
- 다른 주제에 관해서도 동일한 관심과 책임을 갖고 자기 사례에서 배우듯이 학습하 기 — 이는 받을 뿐만 아니라 주기도 함을 의미한다.

촉진자의 역할 — 각 그룹에는 그룹이 형성되고 과정을 이해하도록 돕는 촉진자가 있다. 초기 단계에는 촉진자가 과정을 관리하는데 이는 형식과 시간의 확정, 모두가 참여하게 하기, 아이디어나 해결책을 제공하기 전에 문제와 명료화에 관해서 적절하게 질문하기를 확실히 하기, 질문이 그 문제를 제기한 사람에게 가장 유용한지 검토하기, 각 단계에서 과정의 유용성 여부에 관해 다른 참여자에게 확인하기를 의미한다.

어떻게 이루어지는가

전형적인 액션러닝 회기에서는 다음과 같은 아홉 가지 순서가 포함된다.

1. 그룹 체크인 : 정해진 회원들이 지난 모임 이후의 어떤 성찰이나 행동을 포함한 간략한 자기보고와 더불어 회기에 내놓으려고 하는 것에 대해 간단히 설명한다.

2. 그룹은 누가 주제를 내놓고 각각에서 얼마의 시간이 할당될지를 결정한다.

3. 첫 번째 사람(발표자)이 선정되면 방해받음 없이 문제, 경험 혹은 주제를 발표한다. 발표는 때로 짧은 문장으로 요약되어 플립 차트(도해용 카드)에 기록하는 것이 유익하다.

4. 그룹은 문제의 요인을 충분히 이야기하고 이해했다는 것을 확증할 수 있도록 명료화 질문을 한다. 이러한 질문은 발표자가 주제의 심층적 의미를 이해하도록 돕기 위해 고안된 것이며 그룹원이 조언을 제공하거나 판단을 말하거나 자기 자신의 일화를 말하는 기회가 아니므로 천천히 이루어져서 성찰에 도움이 되어야 한다. 발표자는 자신이 적절하다거나 상관이 있으며 유용하다고 느끼는 질문에 대해서 언급하도록 짧은 설명 시간이 주어진다.

5. 충분한 이해에 도달하였을 때 적절하다면 그 문제는 '어항' 속에서 행동으로 옮겨질 수 있다. 여기에는 그룹원 중 한 사람 혹은 몇몇이 관련된 인물의 역할연기가 포함된다. 예를 들면 한 사람이 발표자의 역할(코치로서)을 하고 다른 발표자가 코치이의 역할을 한다.

6. 발표자는 문제를 성찰하고, 확장 혹은 재진술하고, 그러고 나서 대안과 행동을 만들어낸다.

7. 그룹은 발표자가 그러한 대안을 검토하도록 돕고, 희망한다면 그가 특별한 행동(아주 작더라도)을 취하기 위한 해결책을 만들 준비가 될 때까지 제안을 해볼 수 있다.

8. 그룹은 과정을 되돌아보고 일어난 일에 대해서 피드백을 준다. 몇몇 중요한 순간과 통찰을 포착하고 특히 무엇이 유용했는지를 명확히 하는 것이 도움이 된다. 특별히 어떤 질문이 도전이 되고 통찰을 주었는지 명확히 하는 것도 도움이 될 수 있다.

9. 같은 과정이 다음 발표자에게 반복된다.

이러한 과정으로 활동하기 위해서는 그룹원이 발표자에게 진지한 존경을 나타내고 그가 문제를 이야기하고 이해하며 주제를 탐색하도록 돕는 사람으로서의 자신의 역할을 아는 것이 중요하다. 그러한 모든 상황에서 핵심 기술은 경청과 질문이다. 제기된 질문을 분석하고 그 질문을 사용할 수 있는 더 큰 영역을 위한 범위나 다르게 사용될 수 있는지를 성찰하도록 요청하는 것은 유익할 수 있다. 초기 단계에서는 촉진자가 이에 대한 주요한 역할을 할 것이지만 때로 질문자에게 질문을 보다 개방적으로 재진술하도록 함으로써 중재할 수도 있다. 그러나 이 모든 것은 그룹원들이 점차적으로 스스로 이를 잘할 수 있도록 과정을 모델링하는 데 목적을 두고 있다. 그룹원이 제기한 질문에 대해서 그것이 발표자에게 도움이 되었는지 생각해보도록 하는 몇 가지 방법은 아래와 같다.

- 상황, 대안 혹은 전개 방향을 명료화한다 — 이것이 '알아내는' 질문이다.
- 심층적 통찰을 달성한다 — 이것이 '도전하는' 질문이다.
- 새로운 사고와 대안을 생각한다 — 이것이 '촉진하는' 질문이다.
- 과정을 막는 감춰진 감정을 명료화하거나 드러낸다 — 이것이 '해소하는' 질문이다.

사례연구 1(촉진자 : David Willcock)

아주 초기에 대두된 핵심 주제는 좋은 경청과 질문의 발달이었다. 아마도 이는 이번 액션러닝 그룹원의 배경 때문에 특히 그러했을 것이다. 모두가 매우 바쁜 조직 관리자로서 조직이 코칭과 멘토링 능력을 개발시키도록 돕는 프로그램을 위해서 선발되었다. 그들의 일반적인 스타일은 (오늘날까지의 경력에서 성공의 기초이기도 한) 충고와 견해를 제시하면서 신속한 결정을 하도록 빠른 속도로 일하는 것이었다. 그러므로 조직에서의 자신의 역할에 대한 기대는 해결책을 (촉진하기보다는) 제시하는 것이었다. 이는 그들이 맡고자 하는 코칭 역할의 요구와는 완전히 대조된다. 그들은 느린 속도와 다른 종류의 질문, 즉 코치이가 자신에게 알맞은 의미와 실행 경로를 성찰해보도록 격려하는 질문의 필요성을 존중하는 깨달음이 요청되었다. 그러나 그룹의 초기 역동은 그들의 낡은 습관처럼 빠른 속도로 급하게 대화하며 대표적인 질문에 대해 서로 간에 의견과 견해를 주고받는 특징을 드러냈다. 모든 의도가 좋았으나 코칭 과정과 기술(훈련 모듈에서 습득한)에 대한 지적인 이해가 아직 자연스럽지 않았다. 액션러닝 그룹에서 그들이 사용한 방식이 습관적이고 그들의 코치/코치이 상호작용에서 필연적으로 작동되고 있음이 곧바로 명확해졌다. 촉진자의 도움으로 그들은 그들이 어떻게 활동하였고 어떤 변화가 필요한지, 말하자면 판단하거나 자신의 경험에 의해서 충고하거나 자신의 사례를 갖고 벗어나기보다는 현재의 주제와 관련있게 배우고, 경청하고, 질문하기를 성찰해보도록 도움을 받았다.

그러므로 액션러닝 그룹은 병행과정 — 그룹에서 접근한 방식과 코치이와 작업한 방식으로부터 학습의 맥락을 제공하였다. 모든 그룹원은 그룹 초기에는 다소간 제안을 하거나 혹은 '유도성' 질문을 하는 충고하기로 흘러가는 경향이 있었다. 이것에 대해 그룹과 작업해서 직접적으로 — 질문하고 중심인물이 성찰하는 공간을 마련해주고, 침묵에 무엇을 가득 채워넣기보다는 그대로 머무는 코칭 접근의 이점을 경험하도록 도왔다. 촉진자가 적절하게 시연할 수 있었기에(역할 모델) 모두가 적절한 접근법을 학습하고 곧바로 서로 간에 잘잘못을 살피기 시작하여 그룹 안에서의 경청과 질문의 양을 늘려나갔다. 프로그램 초기에는 종종 '일시 중단'을 갖고 그룹 과정과 그 영향력 및 코칭 프랙티스에 미치는 의미를 검토해볼 수 있다. 지식의 투입은 좋은 경청이나 질문의 재강화와 코칭 관계에서의 힘과 통제의 문제에 대한 설명과 같이 상관이 있을 경우에 제공되었다.

촉진자의 관점에서 핵심적인 학습 포인트는 과정이 얼마나 잘 정의되고 행동의 기본 원칙이 있든 간에 상관없이 과정이 초기에는 '울퉁불퉁'하다는 것이다. 그룹코칭 및 때때로의 '전문가' 투입과 병합하여 과정에 대한 역할 모델을 인내하면서 하는 것은 점차로 액션러닝 과정을 지속가능한 자기관리 과정으로 이끌어 갔다. 가벼운 터치와 유머 감각을 유지하는 것도 도움이 되었다. 프로그램 기간 동안 그룹이 이룬 발달은 통제 소재의 변화를 비유적으로 촉진자에서 액션러닝 그룹원에게로, 다시 코치로서의 그들로부터 그들의 코치이에게로라고 말할 수 있다. 프로그램 기간 중 나타난 핵심 교훈은 "나의 코치이와 합의된 모든 행동 중에서 그들이 약속대로 끝까지 지속한 유일한 행동은 바로 그들 스스로가 도달한 행동이었습니다. 프로그램 초기에 내가 제시한 모든 행동은 끝까지 지켜지지 않았습니다. 이것이 바로 내게 강력한 배움이 되었습니다."라고 말한 어떤 그룹원에 의해 집약되었다.

사례연구 2(촉진자 : Martin Woods)

이 사례연구의 배경은 대규모의 지방정부 관료를 위해서 일하는 5명의 개인으로 구성된 액션러닝 그룹이다. 참여자들은 지방정부 관료들의 파트너를 넘어서 내면적인 코치가 되기를 목표하고 있었으며 — 이는 관료들에게 코칭 문화를 소개하는 과정의 일부였다 — 훈련코치는 24명의 대규모 그룹으로 참석하였지만 액션러닝 수퍼비전은 보다 작은 그룹에서 이루어졌다. 훈련자 중 한 사람(로즈 — 가명)의 권한 내의 주요한 역할은 훈련자이며 부수적으로는 훈련관리자였다. 그녀는 이 역할에 대해 매우 열정적이었으며 즐기기도 하였지만 자신의 기술들과 효율성을 확장하는 데 코칭훈련과 수퍼비전을 맡는 이점을 알고 있었다.

첫 회기에서 촉진자는 액션러닝의 과정(앞부분 참조)과 다음 회기에 실제 코칭 사례와 이슈를 가져오는 것이 얼마나 중요한지 설명하였다. 이를 촉진하기 위해서 다른 4명의 그룹원은 서로를 코치이로 하기로 합의하였다. 덧붙여 그들은 회기 사이에 충분한 프랙티스를 하기 위해서 다른 코치이를 구하기로 합의하였다. 그룹은 각자의 프랙티스 회기와 검토를 기획하는 개인적인 책임을 맡고 ALS 회기를 공식적으로 자신의 진보를 검토하고 어떻게 가장 잘 배우고 발전할지 질문을 제기하는 하나의 방법론으로 사용하였다.

두 번째 ALS 회기에서 로즈는 자신의 주제, 즉 자신의 '매듭짓는' 경향을 인식하였기 때문에 어떻게 더 '문의하는' 태도를 갖게 될지를 제기하였다. 그녀는 여러 해 동안 훈련자로서뿐 아니라 실제로 행동기반 문제해결자로서의 성격을 갖고 있었으므로 자신의 코치이에게 문제를 해결하는 방식을 제시하는 것을 멈출 수가 없었다. 그녀는 코칭 과정이 다르며 그녀로 하여금 코치이가 자신의 방식을 명확히 하도록 돕는 것을 요구한다는 것을 인식하였다. 그리고 이것이 어렵다는 것을 깨달았다.

그리고 나서 로즈는 자신의 '문제'를 '문제해결에서 질문으로'라고 요약하였다. 그리고 나서 그룹원이 마지막 코칭 회기에 대해서 질문하기 시작하였다. 이로서 그녀는 자신이 언제 질문하기보다는 문제의 해결로 빠지는지에 관한 구체적인 본보기를 명확히 볼 수 있었다. 그 과정에서 촉진자는 그룹이 폐쇄적인 질문으로 옮겨가거나 조언을 주려고 할 때 '호루라기를 불어' '심판자'의 역할을 할 필요가 있었다. 일단 로즈가 자신이 한 일과 어떻게 했는지에 대한 명확한 그림을 갖게 되자 어떻게 하는 것이 최상이라고 느꼈는지 질문을 받았다. 그녀는 '그룹원 앞에서 프랙티스함으로써 다르게 해보기'로 결정하였다. 이는 그룹원 한 명을 코치이 역할을 하도록 선택함을 의미한다. 역할 시연 중에 촉진자는 '일시 중단'을 몇 차례 요청하여 여러 각도에서 발전을 살피도록 하였다.

로즈는 얼마나 자주 그녀가 무의식적으로 '손질하기'로 가는지에 대해서 놀랐다. 흥미롭게도 일시 중지 동안에 그룹도 그녀에게 어떻게 다르게 해볼 수 있었는지 질문하기보다는 어떻게 다르게 질문할 수 있었는지에 대해서 제시해주는 똑같은 경향을 보였다. 이는 로즈의 경향성이 그룹에 의해서 재연된 '병행현상'에 대한 하나의 극단적인 예이다. 그녀도 그룹원에게 언제 순수하게 호기심(충고를 주기보다는 질문하는)을 보여주었는지 피드백을 줄 수 있었으며 보다 이완되어 성찰하고, 사려가 깊어지고 실험적이 되는지 스스로를 볼 수 있었다. 그녀는 어떻게 더 조절이 되고 존중하며 자신의 생각과 의식을 신뢰하게 되는지를 설명하였다. 다시 말해 코칭 과정이 재연되고 있었다.

당연하게도 로즈는 모든 필요한 변화를 당장에 할 수 있었다기보다는 2~3회기의 ALS 동안에 그녀의 프랙티스가 극적으로 진보하고 있음이 명백해졌다. 로즈는 다른 그룹원의 학습을 촉진하였다. '어항' 속에서의 코칭 과정에서 그룹원과 함께 하나의 주제를 추구해 질적인 성과(개입이나 일시 중지 없이)를 만들 수 있었다. '코치이'는 그러한 진보를 만드리라고 기대하지 않았으며 이 점이 로즈와 그룹원이 그녀가 발전했다는 것을 깨달은 점이었다. 따라서 로즈는 코칭 평가팀에게 아주 유능한 코칭의 증거를 제시할 수 있었으며 신속하게 인증된 코칭자격을 획득할 수 있게 되었다.

이 액션러닝 그룹의 성공은 다음과 같이 요약할 수 있다.

- *신뢰* : 그룹원 간의 개방성과 신뢰의 발달이 분명하였다 — 초반의 주저하는 태도로부터 그룹이 존중해주고 지지해준 두려움, 불확실성과 취약성에 대한 어떤 매우 개방적인 선언까지, 그룹은 판단받는다는 두려움 없이 거의 모든 것을 논의할 수 있게 되었다.
- *책임감* : 그룹 촉진자에게는 전문가/부모 역할을 할 수 있는 성향이 있을 수 있다. 과정에서는 촉진자에서 자기관리로 인도하는 신속한 변화가 있을 수 있고 — 이 그룹은 자기들의 시간과 학습을 관리하는 책임을 조기에 맡았다. 두 번째 ALS 후에 그들은 촉진자(비용 관계상 매우 제한될 필요가 있는) 없이 회기를 진행하기 시작하였다.
- *다양한 과정* : 과정은 학습 형태에 따라서 융통성이 있다 — 시각적(그룹원은 ALS 회기에 행해진 상호코칭의 시나리오에서 서로의 행동을 본다), 청각적(그룹원은 좋고 나쁜 프랙티스의 본보기에 대해서 듣는다), 근육감각적(그룹원은 무엇이 '효과적'이라고 느끼는지에 관해서 작업해보고 반응하는 새로운 방식을 시도하는 기회를 갖는다).
- *다양한 투입* : 과정 자체가 비전문가를 격려한다. 어떻게 가장 소박한 질문까지도 커다란 배움을 일으키는지 보게 되는 일은 강력한 경험이 된다.
- *행동을 통한 학습* : 초점은 판단이 아니라 학습에 있다. 이것은 훈련받는 코치에게 실제로 실험할 수 있는 기회를 준다. 또한 다른 사람의 행동을 볼 수 있는 드문 기회도 제공한다. 이는 관찰을 통해서 질문과 스타일에 대해 풍부한 사고의 자원을 줄 뿐 아니라 안전한 환경에서의 실제 프랙티스를 제공해준다.

ALS가 유용한 이유 : 이 접근의 장점은 무엇인가

이 장을 출발하면서 언급한 대로 ALS의 핵심적인 이점 중 하나는 낮은 비용에 있다. 외부 코치나 수퍼바이저를 활용하는 것은 비용이 많이 든다. 사람들에게 ALS 기술과 이를 그룹에게 역할 모델하기를 가르침으로써 '홀로 서기'를 위한 프로세스 기술이 구축되는데, 이는 매우 효율적인 모델이 된다. 그러므로 효율성과 비용이 이 접근의 주도적인 원인이었지만 이점이 훨씬 광범위하게 나타난다. 여기에는 다음의 것들이 포함된다.

- 학습과정의 일부가 되기 위하여 다중의 관계와 관점을 허용하는 과정
- 비공식적인 소통의 연결망을 확장하는 관계의 발달로 코칭발달에 업무 이상의 효과를 가져온다 — 때로 조직 코칭에 참여한 사람들이 느끼는 고립감으로부터의 해독제이다.
- 모든 그룹원이 공헌하고 새로운 훈련생이 '전문가'가 아닐 때에도 타인에게 도움을 줄 수 있다는 소중한 관점을 배우기 때문에 역량을 강화하는 신호이며 접근법이다.
- '훈련'문화로부터 '액션러닝'으로 전환하여 안전한 환경에서 모험을 해보게 하는 기회를 주고 사람들로 하여금 실험하게 하며 서로 다른 접근과 행동으로 '확장하도록' 허락해준다.
- 모든 회원이 적극적으로 개입하므로 학습의 책임이 '교사'로부터 '학습자'로 옮겨가며 '사회적 상층'이 없어진다.
- 사람들이 경청된다고 느끼고 감정과 정서가 표현되고 탐색될 수 있는 하나의 광장
- 자립적 유지 과정 — 재정이 바닥났을 때도 그룹원이 지속적으로 만나고 지원할 수 있다.
- 사고와 원칙이 집중적인 개별적 개입에서보다는 조직 안에서 널리 공유되고 촉진되도록 허락해주는 프랙티스 공동체 만들기

우리가 경험한 바에 의하면 ALS는 아주 효율적이며 개인 수퍼비전보다 더 이점이 있다. 우리는 개인 수퍼비전을 경험한 사람들이 그룹 상황에서 얼마나 배울게 될지 의심할 수도 있다는 것을 알고 있다. 어떤 그룹이 최상의 ALS 그룹의 특징이기도 한 그러한 정도의 개방성과 도전성을 갖고 작업하기 위해서는 고도의 신뢰 수준을 발달시켜야 한다는 우려가 사람들에게 흔히 있기 때문이다. 이는 아마도 어떤 그룹에게는 ALS가 적절한

접근법이 아님을 의미한다. 그러나 우리의 경험에 의하면 코치가 되기 원하는 사람들은 개방성, 학습 및 지지에 대해 강한 성향을 갖고 있다.

결론

코칭에 대한 전통적 접근은 고도로 효과적일 수 있다 — 그러나 모든 상황, 모든 시대에 그런 것은 아니다. 우리는 수퍼비전의 목적이 사람들에게 문을 닫기보다는 이러한 기회를 열어주는 환경에서 자신감과 유능감과 배움을 발달시키는 것으로 알고 있다. '수퍼비전'이라는 용어는 전문가 세계의 일방통행과 '옳고 그름'의 의미를 가질 수 있다. 일부 제한점과 비판을 볼 때 대안적 접근을 하는 것이 유익하다. 개인치료와 그룹치료의 필요가 있는 것과 마찬가지로, 개별 수퍼비전과 그룹 수퍼비전의 가치가 있다. 그룹 수퍼비전에 관심이 있는 사람들에게는 여기에 인용한 액션러닝에 의해 촉진되는 접근이 코칭 윤리에 근접하게 맞으므로 하나의 도구로서 더 장점이 있다.

참고문헌

Kadushin, A (1992) What's wrong, what's right with social work supervision, *The Clinical Supervisor*, 10 (1) 3–19

Myler, S (2007) Supervision for Therapists – A Critique, **http://ezinearticles.com/?Supervision-for-Therapists--A-Critique&id=561830**, accessed 5 July 2010

Revans, R W (1982) *The Origin and Growth of Action Learning*, Chartwell-Bratt, Brickley, UK

Salter, T (2008) *International Journal of Evidence Based Coaching and Mentoring*, Special, 2, November (**www.business.brookes.ac.uk/research/areas/coaching&mentoring**)

제4장

게슈탈트 수퍼비전 모델

Marion Gillie

서론

게슈탈트 원리를 코칭에 적용하는 데 관심이 증대하고 있으며, *International Gestalt Journal*의 코칭에 관한 특별판을 포함하여(Magerman and Leahy, 2009) 많은 기사 (Gillie, 2009; Siminovitch and Van Eron, 2006; Simon, 2009)가 있다. 그러나 그 글을 기록하던 당시에는 임상 수퍼비전만이 있었고, 코치 수퍼비전에 관한 게슈탈트 이론의 적용에 관한 문헌은 한 건도 없었다. Siminovitch와 Van Eron(2006)은 게슈탈트 코칭은 '취약성, 강한 감정이 있는 곳에 안전한 영역을 제공하며, 실패 그 자체가 학습과 성장에 기여한다'고 이야기한다. 나는 이 말에 동의하며 게슈탈트 지향 수퍼비전에서 특히 그러한데, 거기서는 수퍼바이지가 '즉석' 프랙티스를 동료 전문가 앞에서 하기 때문에 특별히 취약하다고 느낄 수 있다고 생각한다.

 게슈탈트의 이론과 실제에 대한 정확한 기원은 명확하게 집어 말하기가 어렵다. Frederick 'Fritz' Perls(베를린, 프랑크푸르트, 비엔나에서 훈련받은 정신분석가)와 그의 부인, 그의 공동저자 Paul Goodman은 일반적으로 우리가 알다시피 게슈탈트 치료의 창시자로 인식되고 있고, 게슈탈트 프랙티스는 여러 가지 다양한 영향력을 통합한다.

이 장에서 나는 어떻게 게슈탈트의 핵심원리가 코치 수퍼비전의 논리적인 모델을 만들고 다른 수퍼비전 모델을 완성할 수 있는지를 보여준다. 나는 수퍼바이저-수퍼바이지 대화의 본보기를 제공하며 이 대화들은 모두 나의 개인 프랙티스에서 발췌한 것이다.

게슈탈트의 핵심원리

코치 수퍼비전은 임상 수퍼비전의 실제로부터 발전했다. Resnick과 Estrup(2000: 125)은 임상 수퍼비전에서 분명하게 설명할 수 있으며 수퍼바이저가 자신의 프랙티스와 개입을 위해 고려할 수 있게 해주는 이론적 참조체계가 필요하다고 믿었다. 나는 이것이 코치 수퍼비전에서도 마찬가지라고 믿는다. 그러한 구조에는 다음 사항에 대한 수퍼바이저의 이론적 입장이 포함될 필요가 있다.

- 인간 기능의 속성
- 인간 발달과 변화의 과정
- 이러한 원리와 일치하는 개입의 방법론

인간 기능의 속성

코치가 개인적으로 성장하고 전문적으로 발달하도록 돕는 수퍼바이저는 인간의 기본적 행동과 기능, 즉 무엇이 성장을 촉진하고 무엇이 발달과 학습을 방해하는지에 대한 이해를 필요로 한다.

인간 기능에 관한 게슈탈트 이론은 사람들이 어떻게 경험을 조직하여 자신의 세계를 이해하는지를 연구한 게슈탈트 심리학자들의 노력으로 만들어졌다. Perls는 인간의 지각에 대한 연구에 흥미를 가졌는데, 인간은 전체를 보기 위해 '배선에 의해서'만 보는 것 같고 자료가 빠져 있으면 그 결핍을 메워 의미를 만들려고 애쓴다는 결론을 내렸다(유명한 음악을 마지막 '소절' 전에 꺼버리면 머릿속에서 조용히 그것을 완성하지 않는 사람이 어디 있는가?). 우리는 타인을 볼 때 팔을 보고 나서 다리를 보거나 하지 않고 그냥 하나의 다른 사람을 본다. 그리고 이 전체가 게슈탈트('Gestalt'를 번역하면 대체로 형태, 모양, 유형을 이루는 것이다)이다. Perls는 이러한 생각을 정서와 심리내적 세계에 적용하여 중요한 욕구가 채워지지 않으면 '게슈탈트'가 불완전한 상태이며 에너지는 '미완성된 과제'를 해결하려는 지속적인 시도에 투입된다고 결론을 내렸다.

결정적으로 영향을 받은 한 가지는 Kurt Koffka(1935)가 우리가 시각적 인식을 구성하는 과정을 **물체와 배경**(figure and ground)으로 기술한 일이었다. 사람들이 시각적 영역이 희미한 짙은 안개에 있지 않는 한, 사람들은 한 번에 한 가지에 초점을 맞추고 (물체와) 모든 것은 그 물체가 나타나는 기반이 된다. 관심이 옮겨가면 그 물체는 배경으로 사라지고 새로운 물체가 나타난다. 사람들로 꽉 찬 방을 돌아볼 때도 나는 모든 사람이나 방의 모든 것을 한 번에 보지는 않는다. 나는 한 번에 한 사람 혹은 한 가지씩 초점을 맞추면서 확인하게 된다(그리고 나의 세계를 이해한다). 또 다른 예는 다음과 같다.

이 장에 대한 나의 생각을 타이핑을 하면서(현재의 물체), 나는 춥다는 것을 느끼기 시작한다. 그러나 나는 글쓰기를 멈추지 않는다. 그러나 추운 감각(새로운 생각)이 더 이상 글쓰기에 집중할 수 없는 정도가 되어, 나는 행동을 취하여 나의 재킷을 찾아야 한다. 이제 다시 따뜻해졌고 (욕구의 충족) 나는 배가 고프다는 것(새로운 느낌)을 느끼기 시작한다.

수십 년 동안 이 과정은 순수하게 심리생물학적인 것으로부터 우리의 정서적, 심리적, 사회적 욕구를 충족시키기 위하여 환경과 상호작용하는(다른 사람의 세계를 포함하여) 과정을 기술하는 이론으로 발달해왔다. 그림 4.1은 지속적 흐름을 강조하고 만일 중단되면 항상 허사가 되는 **경험의 게슈탈트적 연속성**[1](예 : Melnick and Nevis, 2005)를 보여준다. 이는 바로 Perls가 **자율규제**(self-regulation)와 '심리학적 건강과 안녕은 우리가 이러한 결코 멈추지 않는 흐름을 통해 주저함 없이 움직이느냐(혹은 움직이지 않느냐)의 측정'이라고 지칭하였다(Gillie, 2009: 34).

물론 그렇게 단순하지는 않다. 건강한 자율규제는 개인에게 (1) 욕구가 형성된다는 것을 암시하는 감각이 일어날 때 알아차려서, (2) 정확하게 그 욕구를 규명하고, (3) 어떠한 행동이 그 욕구를 만족시킬지를 알아내고, (4) 적절한 행동을 취할 능력과 자원을 갖출 필요가 요청된다. 누구라도 스스로 기운을 내기 위해서 초콜릿 바를 먹어본 사람

---

[1] 원래는 클리블랜드 게슈탈트 연구소의 교수에 의해서 경험의 게슈탈트적 순환이라고 명명되었고, 케이프코드에 있는 게슈탈트 국제연구센터에 의해서 게슈탈트 경험의 연속으로 발전되었다. 이는 연속적인 장과 개인이(혹은 체계가) 보이는 에너지 수준의 관계를 보여준다. 클리블랜드와 GISC 모델 모두는 내가 '해결(solution)'을 사용하는 곳에 '접촉(contact)'이라는 용어를 사용한다. 둘 다 어느 정도 할 수 있는지 간에 욕구가 충족되는 지점을 지칭한다. 이는 새로운 통찰의 진정한 '아하'의 순간이 될 수 있으며 혹은 개인의 관심을 막고 있던 어떤 것으로부터 움직일 수 있게 해준다. 어떤 경우든지 게슈탈트가 완결되는 순간을 나타낸다.

혹은 '슬픔을 잠재우기 위해서' 술을 너무 많이 마셔본 사람은 이러한 과정이 뒤범벅될 수 있다는 것을 알 것이다. 그러므로 게슈탈트 수퍼바이저 역할의 비판적인 측면은 수퍼바이지가 자신의 **진정한(real)** 욕구[우리 모두는 이것을 **관심 물상(figure of interest)**이라고 한다]를 명확하게 하고서 어떤 행동이 적절할지 탐색하여 그 행동을 동원하기 위해서 무엇을 할 필요가 있는지 알아내도록 돕는 것이다.

> 제인은 수퍼비전 회기에 와서 좋은 소식이 있다고 말한다. 역경에도 불구하고 지방관료와의 코칭 계약은 1년 더 연장되었다. 그녀는 열심히 노력해서 이 협상을 이루어냈다. 그녀의 말투는 낮고, 어깨는 처지고, 우울하게 보였다. 내가 이에 대해서 어떻게 느끼느냐고 질문하자, 그녀는 대단한 일이라고 말하며 왜냐하면 그녀가 생활의 다른 변화를 갖고자 할 때 경제적으로 엄청난 도움이 될 것이기 때문이라고 하였다. 그녀는 자신의 다리를 내려다보면서 말했고 이는 하나도 대단해 보이지 않았다. 나는 그녀에게 자세와 톤을 과장하고서 그 말('대단해요…')을 다시 말하도록 요청하였다. 잠깐 그렇게 해보려고 하다가 그녀는 발로 마루를 치면서 고개를 들어 '하나도 대단하지 않아요…'라고 소리쳤다.

그림 4.1 경험의 연속

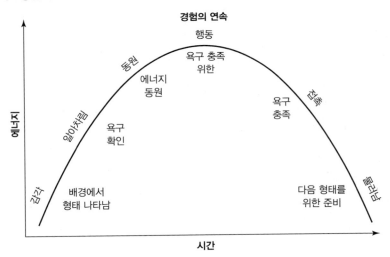

우리는 그녀가 더 이상 그 일을 즐기지 않는데, 자신이 곤궁한 처지에 몰려서 '돈 때문에 머물러야 한다'고 믿는다는 것을 알게 되었다. 이 설명에서 '제시된 문제'(그녀의 좋은 소식)는 분명히 진정한 관심 물상이 아니다. 경험의 게슈탈트적 연속성에서 수퍼바이지의 에너지 수준(몸, 음색 등)은 얼마큼 순수하게 그 사람이 '관심을 갖고 있는지'에 관한 커다란 단서가 되는데, 왜냐하면 진정한 관심 물상(욕구)이 명확해지면 에너지는 언제나 부풀어오르고, 그때에 당신은 중요한 일을 하고 있다는 것을 알게 되기 때문이다. 이 예에서 수퍼바이저는 수퍼바이지가 자신의 욕구에 대해 보다 명확해지도록 도우며, 다른 차원에서는 수퍼바이지가 이런 것을 자신의 고객과 할 수 있는 능력을 개발하고 있다.

의미부여

Perls는 사람들이 어떻게 의미를 부여하고 자신의 세계를 '이해하는지'에 대해 깊은 관심을 가졌다. 그는 선불교, 실존철학, '현상학적 방법론'을 연구하였고 그 모든 것이 개인의 즉각적 살아있는 경험을 '지금 여기에서' 순간순간 이해하는 게슈탈트의 핵심에 기여하였다. 그는 모든 개인이 전적으로 자기에게 고유하며, 자기의 세계관을 형성하는 복합적인 맥락 안에 존재한다는 사실을 발견하고 매혹되었다. 더 나아가 어떤 개인의 살아있는 경험도 그 맥락에 대한 어떤 이해 없이는 알 수 없다는 것을 인식하였다. 그는 Kurt Lewin(1951)의 장 이론에 이끌렸는데, 이 이론은 개인 맥락의 전체성을 그의 '현상학적 장'이라고 부르며, 여기에는 개인의 즉각적인 상황, 개인의 역사와 사고, 감정, 의식적 및 무의식적 신념, 불안과 공포, 과거 경험에 대한 기억, 희망과 강렬한 소망이 포함된다. 어떠한 상황에서도 우리 앞에 서 있는 것, 우리가 주목하는 것, 듣는 것, 우리가 가정하는 것[즉, 물상적(figural)이 되는 것]은 우리 자신에게 고유한 많은 것들의 기능이다.

　앞의 예에서 제인은 자신의 '좋은 소식'을 이야기하고, 나는 그녀의 말을 듣고 이 계약에 관한 앞의 대화를 기억하며 그 결과로 그녀의 상황에 대한 나의 해석을 적용하여 그녀를 축하하는 행동으로 재빨리 옮겨가기가 매우 쉬웠다. 나와 제인의 맥락은 서로 다르다. 나는 제인이 보낸 힘든 세월과 성공하려는 열망을 알고 있다. 그러나 비록 같은 수퍼바이지와의 다섯 번째 회기라 할지라도 지금 여기의 맥락은 매번 새롭다. 제인은 4개월 전이라면 이 계약에 대해서 기뻤을 수도 있었을 것이나, 그녀의 맥락은 변화했고, 나는 그녀의 입장에서는 어떠할지에 대한 나의 선입견적인 생각을 제쳐 놓을 필요가 있었다. 나는 그녀가 **자기만의** 의미를 찾도록 도와야 하며, 진정한 물상이나 관심이 떠오르도록 도움으로써 그렇게 할 수 있다.

보다 넓은 분야

개인이 자신의 고유한 현상학적 장을 수퍼비전에 가져오는 한편, 모든 것은 보다 넓은 분야의 일부이다. 여기서 몇 가지만 말하자면 민족성(수퍼바이저, 수퍼바이지, 고객)과 문화(조직, 나라), 사회(성과 성적 정향 및 계급에 대한 역사적 및 현재의 지배적인 관점들), 경제적 및 정치적 기후가 포함된다. 그 누구도 보다 넓은 세계의 모든 국면을 의식적으로 알아차리도록 기대할 수는 없지만, 게슈탈트는 그럼에도 불구하고 모든 부분이 상호 연결되어 있고 이해될 수 있으며 개인을 그의 내면의 보다 넓은 맥락에서 보아야 한다고 주장한다.

> 피터는 젊은 아시아 여성을 코칭하는데, 그녀는 투자은행에서 방금 과장으로 승진했다. 피터는 그의 고객이 자기 자신의 욕구를 주장하기를 주저하는 데 대해서 좌절감을 느낀다고 이야기한다(그를 화나게 하는 부분. 이것과 그녀가 동료에게 주는 영향 사이에 어떤 병행현상이 있을까). 우리는 그의 '과정', 즉 그가 과장의 행동에 대해서 주장하는 '해야 한다'(이제 그녀는 과장이며, 자신의 마음을 이야기할 수 있어야 한다)를 탐색하였다. 그런데 갑자기 내게 보다 넓은 문화의 주제가 단순히 내 수퍼바이지의 의식에 있지 않다는 것이 떠올랐다… 그녀의 고향의 문화에서는 어떠한 방식이 수용될까? 자기의 문화에서는 여성이 얼마나 주장적일 수 있는지에 관해서 그녀가 고수하는 원칙은 무엇일까?

이 회기는 게슈탈트 관점이 일곱 눈 모델(Hawkins, 2006)을 완성할 수 있는지 설명해 주며, 진실로 우리의 수퍼비전 초점이 코칭 관계(Mode 3)로부터 피터의 고유한 과정(Mode 4), 그리고 보다 넓은 맥락(Mode 7)으로 이동하였다. 그 회기는 피터로 하여금 자기 '렌즈'의 사각지대를 인정하고 사고를 확장하여 코치로서의 프랙티스를 끌어올리도록 하였다.

인간의 성장과 변화 과정

변화의 역설 이론

코치 수퍼비전의 모든 모델은 어떻게 변화가 일어나며 어떻게 수퍼비전이 이 과정을 지원하는지에 대한 일관적인 이론을 필요로 한다. 변화에 대한 게슈탈트 접근은 Perls가 살아 있던 그 시대의 정신의학 및 심리학 체제와의 갈등에서 성장하였고, 그의 방법론은 거칠게 말하자면 '수리'가 필요한 사람으로 판단되는 사람들을 변화시키는 것을 목적으로 하는 하나의 모델에 뿌리박고 있었다.

Perls는 변화하도록 강요하는 것은 변화가 바람직할 때조차도 그 변화에 저항(반드시 의식적으로는 아니다)을 불러일으킨다는 것을 발견했다. Arnod Beisser는 처음에 Perls 가 변화의 역설 이론을 설명하였을 때 그 입장에 대해 자기가 이해한 바를 기록하였다. '변화는 자기가 될 때 일어나며, 자기 자신이 아닌 것이 되려고 할 때는 일어나지 않는 다'(Beisser, 1970: 77). Perls의 경험은 고객들이 탐색하고 그대로에 머물 때(staying with what is) 새롭게 유기체적인 방식으로 변화가 일어나며 이는 거꾸로 고객에게 자신의 진 정한 욕구를 발견하게 하였고 다시 건강한 자율규제(위에 요약한 대로)의 과정을 촉진 하였다는 것을 보여주었다. '변화를 강요하려고' 애쓰는 사람, 특히 어떤 외적으로 부과 된 기준(실제 혹은 상상으로)을 충족하려고 하는 사람은 필연적으로 각각에 대해서 충 분히 규명하지도 않고서 어떻게 되어야 하는지와 실제로 어떠한지의 두 가지 입장 사이에 놓이게 된다. 누군가 다른 사람들(부모, 배우자, 의사, 사회)이 압력을 가하기 때문에 체중감량/금연/운동을 시작하려고 하는 사람들은 반항-양심의 가책의 순환('제기랄, 한 번만 더'를 '내가 또 날려버렸군'에 이어서)에 익숙할 것이다. 이것이 Perls가 top-dog/under-dog 이분법이라고 명명한 것이다(Perls, 1969). Beisser의 전제는 '개인이 변 화하고자 하는 확고한 기반을 위해서는 한 곳에 서야 한다. 그러한 기반 없이는 변화하 는 것이 불가능하다'는 것이다(p.77). 확고한 기반 없이는 '나는 해야 한다…와 나는 하 지 않을 것이다' 사이의 널뛰기는 피할 수 없으며, 역설적으로 한 개인이 현실의 자리에 확고하게(fully) 서면, 반항으로 우회하던 에너지가 방출되고 어떤 진솔한 선택(genuine choice)을 향해 움직이게 된다. 앞의 제인의 사례를 기억하라.

제인은 그녀의 온몸이 내게 다르게 말하고 있었으나 행복하다고 말한다. 나는 그녀의 신체 메 시지(그녀의 실제 입장이라고 내가 상상하는)에 함께 머물기 위해, 실제로는 과장하기 위해 노력한다. 그렇게 하면서 얼굴색이 빨개지고, 발로 차면서 소리를 지른다(참으로 어마어마한 에너지의 방출이 있었다). 나는 그녀에게 다시 한 번 '하나도 대단한 게 아닙니다…'라고 소리 지르게 했고, 그녀는 '네, 정말 맞아요. 나는 더 이상 그곳에서 일하고 싶지 *않아요*.'라고 말했 다. 그녀는 이렇게 말하면서 매우 근거가 있는 것처럼 보였고, 그녀가 자신의 진실을 충분히 인정하였다는 것이 명백하였다. 에너지의 방출이 가라앉자 우리는 어떤 대안이 있는지, 무엇이 가능하게 느껴지고 파트너 로부터의 압력을 어떻게 처리할지에 대해 대화를 할 수 있었다.

관계를 통한 변화

게슈탈트는 또한 관계를 통해서 일어나는 변화를 주장한다. 수퍼바이저/수퍼바이지 사이의 관계의 질의 중요성은 물론 게슈탈트에만 그런 것은 아니지만(예 : De Haan, 2008), 게슈탈트는 틀에 박힌 지혜와는 전혀 다른 관점을 가져왔다. Perls에게 '자기 (self)'는 시간을 견디는 반고정된 총체가 아니다. '자기'는 언제나 유동하는 전적으로 맥락적인 하나의 과정이다. 자기는 독특한 상황에서 특별한 상호작용을 하는 개인 간의 상호작용에서 생생하게 재현되는 어떤 것의 한 가지 기능이다(Perls, 1978). 단순하게 말하자면 상사와 함께 있을 때 내가 경험하는 '나(me)'는 가장 친한 친구와 있을 때의 '나'와는 다를 것 같다. 이에 대한 수퍼비전에서의 의미는 수퍼바이저로서의 당신은 수퍼바이지의 경험의 비판적 측면이며 당신이 어떻게 '나타내는가'는 수퍼바이지가 말하고자 하는 것에 대해 (반드시 의식적으로는 아니지만) 정보를 제공할 것이다. 당신이 게슈탈트 수퍼바이저로 일하는 두 가지 측면, 즉 당신의 **현존(presence)**과 **대화 (dialogue)**에 참여하는 능력은 매우 결정적이다.

현존은 수퍼바이저로서 어떻게 '전문적'이냐 그 이상이다. 당신이 당신 자신으로 그리고 당신의 업무에 얼마나 근거를 갖고 있고, 고객을 접촉하기 어려울 때에도 '접촉'할 수 있는지를 포함한다. 그것은 **지금 여기**에 있는 능력이며, 즉 당신 자신 안에 일어나는 일(수퍼바이지에 대한 당신의 반작용, 당신 안에 불러일으키는 것, 마음에 떠오르는 이미지, 어떤 감각이 자극되었는지)에 영향을 받을 때, '접촉하기 위해서' 이 중의 몇몇과 접촉을 끊기 위하여 끊임없이 조율하는 것이다.

> 나는 피터가 유산하고 돌아와서 전문적인 서비스를 하는 회사에서 새로운 파트너로서 애쓰고 있다고 자신의 고객이 이야기하는 것을 경청하고 있다. 피터는 즐겁고 가볍게, 신나는 듯이 이야기하고 나는 내가 현재에 머물려고 노력하고 있다는 것을 알아차린다. 갑자기 새의 이미지가 떠오른다. 나는 새가 관목더미 꼭대기를 따라서 미끄러지듯이 걸어가고 결코 땅에 내려앉지 않는 것을 본다. 나는 이 이미지를 피터와 나누고 이것은 *나의* 이미지이며 혹시 그것이 그 혹은 고객과 그의 관계와 어떤 의미가 있는지를 질문한다.

나는 이러한 생생한 이미지가 나와 나의 수퍼바이지의 상호작용 가운데 일어났기에 수퍼바이지의 어떤 상황과 상관이 있을 수 있고 확인할 필요가 있다고 가정하는 것이 합리적이라고 믿는다. 당신은 물론 그 남자 혹은 그 여자(his or her)의 알아차림을 살피느라 이렇게 할 것인데 과정의 일부는 당신이 드러낸 것이 그에게 미친 영향을 발견하는 것이다.

> 피터는 잠시 동안 깊은 생각에 잠기더니 나를 바라보고 이 고객과 일하면서 몇 번 떠올랐던 이미지인 두꺼운 커다란 잔. 표면 아래는 검은색인데 위에는 거품이 이는 흰색에 대해서 좀 당황했었다고 이야기했다. 그는 나를 뚫어지게 바라보았고, 훨씬 더 몰두하고 있다는 느낌을 감지했다.

이것을 기회로 문이 열려 몇 가지의 일곱 눈 방식(Seven-eyed Modes)을 망라하는 결실 있는 탐색이 이어졌다—그가 매우 감정적인 어떤 것을 말하기가 두려워서 표면층에서만 작업을 하고 있으며(그의 과정, Mode 4), 그의 고객이 '만사 오케이'인 척한다는 것(고객 상황, Mode 1), 그녀에 대한 자신의 이미지를 어떻게 나눌 수 있었는지(그의 개입, Mode 2), 그와 내가 '가볍고, 거품이 이는' 자리에 머물렀는지(병행과정, Mode 5) 살폈다.

내가 발표를 함으로써 피터와 나는 접촉을 할 수 있었다. 즉 다른 방식으로 관계해서 '표면만 미끄러지듯 걷기'로부터 그와 우리에게 도움이 되는 어떤 방향으로 변하였다. 이것이 '나와 너'의 상호작용(두 사람이 개방적이고 상호 존중하는 방식으로 자신의 의지를 타자에게 부과하려고 함 없이 몰입하는 것)과 한 사람 혹은 두 사람이 타자를 어떤 바라는 결과를 위해 변형시키려고 시도하는 '나와 그것' 상호작용을 변별하는 Buber(1970)의 실존주의 철학에 뿌리를 두는 '대화'에 대한 게슈탈트의 개념이다. 순수하고 감동적인 접촉은 억지로 일어나게 할 수 없다. 이는 수퍼바이저가 만남에서 무엇이 일어날지에 대한 아무런 집착 없이 그 자신이 되려는 의지로부터 흘러나온다. 게슈탈트 수퍼바이저로서 나는 특별히 두 사람의 관계의 질에 대해서 집중한다. 내가 교육자나 윤리적 실천에 대한 도전자의 역할로 들어갈 때조차도 내가 작업하는 무엇보다 중요한 정신은 상호 존중하고 깊은 마음에서 직접 접촉하는 대화의 정신이다. 나는 결코 내가 심리학 이론에서 대단한 '전문적 기술'을 갖거나 나의 수퍼바이지보다 경험이 많다 해도 그들은 자기 경험에 대한 전문가라는 것을 결코 놓치지 않는다.

이 절에서 나는 게슈탈트 접근법의 핵심적인 이론적 원리를 개괄하였다. 다음 절에서는 그러한 원리에서 흘러나오는 명확한 개입 방법론을 제공한다.

수퍼비전에서 게슈탈트와 함께 작업하기

수퍼바이지에게 '있는 그대로'(역설적인 변화 이론) 있도록 하거나 당신 자신의 감정, 관찰, 이미지 등(현존과 대화)을 발표하든 간에 무엇보다도 중요한 근거는 연속적 경험을 통해서 건강한 흐름인 자율규제의 과정을 지원해주는 것이다. 초기 저술에서 Perls는 건강한 자율규제의 경로는 자기 알아차림이라고 주장했고 알아차림 그 자체로―홀로 스스로―성장을 가져올 수 있다고 믿었는데, 왜냐하면 우리가 자신을 얼마나 제한하는지를 알고 이해하게 되면, 우리는 개방적으로 선택하기 때문이다(Perls, 1969). 그 후에 그는 알아차림만으로는 변화를 이루는 매우 느린 방식이 될 수 있다는 것을 인정했고, 성장을 가속하는 창의적인 방법으로서 적극적 실험이라는 아이디어를 개발하였다(Perls, 1973). 적극적이라는 말로 그는 어떤 새로운 알아차림이나 그 알아차림이 새로운 학습을 이끌어냈는지 보기 위해서 고객으로 하여금 회기 중에 어떤 것을 시도해보도록 격려하였다.

이 절에서는 게슈탈트 수퍼바이저가 보완적인 현상학적 탐색 방법론과 적극적 실험을 사용하여 수퍼바이지의 알아차림을 불러일으키고 그것을 동원하여 적절한 행동으로 이끄는 여러 가지 방법을 탐색한다.[2]

현상학적 탐색

이 놀라운 용어는 단순히 수퍼바이지가 방으로 갖고 들어오는 '순간적' 자료와 함께 수퍼바이저로부터의 어떤 해석, 코멘트 혹은 판단 없이 작업하는 것을 의미한다. 전형적으로 수퍼바이저는 수퍼바이지의 동작, 호흡패턴, 피부색의 변화(붉은 점, 창백해짐 등)에 세심하게 주의를 기울이고, 거듭해서 나오는 패턴을 따라간다. 수퍼바이저는 이러한 관찰을 공유하고 수퍼바이지에게 자신의 '지금 여기' 반작용에 주목하도록 요청하는데 여기에는 감각, 감정, 이미지 혹은 생각이 들어간다.

　수퍼바이저 : 내가 보니 당신은 그 기관에서의 코칭에 관해서 말할 때마다 고개를 숙이고 머리를 흔드네요(수퍼바이저는 언어적 해석을 주기보다는 현상에 집중하는 한 가지 방법으로 그 순간을 비춰줄 것이다). 그 기관을 다시 생각할 때에, 그 순간을 다시 생각해보는 것이 좋겠는데, 무슨 느낌이 드

---

[2] '실험'이라는 용어를 좋아해서 나의 수퍼바이지에게 사용한다. 이 말은 어떤 특정한 성과에 대해 집착함 없이 '시험삼아 해보는' 정신을 전달한다.

는지요…?

수퍼바이지의 실제 경험에 가까이 다가가면서 그들은 강렬한 감정을 점점 더 자각하게 되는데, 이것이 그 상황에서의 실제적인 욕구에 보다 명확하게 다가가게 한다. 더 나아가 수퍼바이지가 자신의 '조급증'에 머물 수 있고 그것을 충분히 경험하며 종종 그것을 과장함으로써 통상적으로 해결되거나 변형될 것이다. 현상적 자료를 갖고 작업하면 발견을 위한 여정에 도움이 된다.

> 랄프는 여러 해 동안 내부코치로 일해 왔는데 자신의 코칭 비즈니스를 새로 열었다. 그는 이제 막 의약회사에서 일하는 고령의 여성을 코칭하기 시작하였다. 2회기에 대해 자세히 기술을 하였는데, 곤경에 빠진 듯이 보였다. 그는 다리를 질질 끌고 손을 비비며 고개를 숙이며 말하고 있었다.

그의 장황한 설명에서는 아무것도 드러나지 않고, 특별히 흥미를 느낀다는 명백한 그림도 없이 재미가 없지만, 그의 몸에는 그가 알아차리지 못하는 정보가 나타난다. 나는 그에게 실제 경험에 더 가까이 접근하는 방법으로서 '말하기'에서 벗어나 '재경험하기'로 옮겨가도록 요청하였다.

> **수퍼바이저** : 거기 있다고 상상하고 그 회기에 그녀가 당신 앞에 있고… 자세히 바라보세요. 무엇을 보나요? 어떻게 보나요? 음색이며…자신의 반응과 감정, 감각, 사고에서 무엇을 감지하나요?
>
> **랄프** : 긴장합니다. 위 근육이 딴딴해지는 것을 느낍니다.
>
> **수퍼바이저** : 당신이 이야기할 때, 내가 숨을 멈추고 있다는 것을 알아차렸고, 당신이 몸을 팔로 감싸고 있는 것을 봅니다. 그 몸동작을 강조하면 어떻게 될까요?
>
> **랄프** : (긴 숨을 내쉬며) 예, 나도 숨을 멈추고 있었어요… (팔을 단단하게 하면서) …내가 나 자신의 마음을 평정하려고 하는 것 같습니다…(그 동작에 머문다). 네, 나 자신을 보호하려고 함을 알 수 있습니다.

수퍼바이지는 경험 주기의 초기 국면에 빠져 있었고 그 상황에서의 자신의 욕구를 충분히 알아차리지 못하고 있었다. 수퍼비전의 첫째 과제는 그의 관심의 **실제적인** 그림을 명료화하도록 돕는 것이었다. 고객과의 '그 순간의' 경험을 재구성하고 생겨나는 감각에(과장까지 해서) 머물면서, 랄프는 고객이 유도하는 것과 발생하는 매우 분명한 그림(자신을 보호할 필요와)에 접근할 수 있었고, 이로써 다음 단계로 이어졌는데, 이는 고객과의 업무와 관련해서 이것이 그에게 어떤 의미인지 하는 것이었다.

일단 알아차림의 차원에 도달하면, 많은 수퍼바이지는 자연스럽게 그다음에 의도하는 것을 명료화한다. 랄프의 사례에서 그는 자기 고객이 회사에서도 다른 사람들에게 유사한 반작용을 불러일으킬 것이며 이 자료는 그녀에게 유용할 수 있을 것이라는 점을 감안하면서 고객에 대한 자신의 통찰을 말하기로 결정하였다.

적극적 실험

그러나 알아차림의 수준에 상관없이 수퍼바이지가 어떻게 할 수 없다고 느껴서('예, 할 수는 있지만…') 곤경에 빠지는 경우도 있다. 이럴 때 수퍼바이지는 경험 연속성 동원 상태에 막히게 되고 적극적 실험(active experimentation)이 수퍼바이지로 하여금 에너지를 적절한 행동으로 유동화시키도록 도울 수 있다. 만약에 랄프가 이 지점에 걸렸더라면 그녀와 머물기 위해서 '시도해보도록' 요청하거나, 그녀의 입장에 들어가보도록 (나중에 더 이 방법으로) 제안하였을 것이다. 언제나 여러 가지 선택이 있고, 게슈탈트 수퍼바이저는 수퍼바이지에 대해서 얼마나 알고 있느냐에 따라서 나아가며, 어느 정도의 도전이 적절할지에 의해 제안에 대한 '등급을 매기고', 언제나 실험을 해보도록 진실된 동의를 구한다.

은유를 통한 적극적 실험

실험에 대한 생각은 당신이 스스로 이완하여 '거기에 있는다면', 수퍼바이지가 제시한 자료에서 자연스럽게 흘러나올 것이다. 그러나 게슈탈트가 생소한 (혹은 실험을 만들어내기에는 창의성이 부족하다고 믿는) 수퍼바이저에게는 가능한 실험을 명확히 해주는 효율적인 길이 은유를 통하는 것이다. 게슈탈트 수퍼바이저로서 나는 수퍼바이지가 사용하는 은유와 이미지에 세심한 주의를 기울이며 내 마음속에서 떠다니도록 한다. 예를 들면 랄프가 처음에 '곤경에 빠진'이라는 단어를 사용하였을 때 나는 그의 몸이 예를 들면 의자에 '빠져 있는', 혹은 서 있으나 움직일 수 없는 그림을 그려보았다. 최근에 다른 수퍼바이지가 어떤 기관과의 계약을 자유롭게 벗어나고 싶으나 방법을 알지 못하는 '구속복'으로 서술하였다. 나는 우연히 매우 두터운 스카프를 갖고 있었는데, 그렇게 하기로 약속을 하고 나서 그녀의 팔을 옆으로 묶으면서 스카프로 그녀를 둘러싸고, 그녀에게 '벗어나보라'고 하였다. 처음에는 약하게 시도하였는데, 내가 더 강하게 잡자 그녀가 움직이기 시작하였다. 그녀가 씨름을 하고 애쓰자 무슨 일이 일어나고 있는지 말로 표현해보라고 하였다. 그러자 그녀는 '난 더 이상 참지 못해요'라고 소리치며 내 팔을 제치고 뛰쳐나갔다. 그때 우리는 이 기관과 계약에서 에너지를 어떻게 발휘할 수 있는지를 탐색할 수 있었다.

사람들은 은유를 자기가 아는 것보다 훨씬 더 자주 사용한다. 때로 은유는 단순하게 잘 조합된 구어체의 절(예 : 나는 얇은 얼음 위에 있었다, 그는 그의 심층 바깥에 있었다)이기도 하고, 때로는 전혀 새로운 알아차림으로 들어가는 문이기도 하다. 그러나 너무나도 자주 우리는 은유를 듣고 수퍼바이지에게 의미하는 바가 우리에게 의미하는 바와 같은 것이라고 가정한다.

준은 마크를 코칭하고 있는데, 마크는 미디어 회사의 창조성 넘치는 국장이다. 준은 그와 어떻게 최상으로 일할 수 있을지 약간 곤경에 빠져 있다고 느낀다. 그녀는 나에게 그와 일하는 것은 '언덕에 올라가는 것과 약간 비슷한 것 같아요. 잔 돌이 많아서 쉽지 않아요.'라고 말한다. 공감을 잘못 시도하여 그 말을 들으니 힘들겠다고 말한다(나의 해석). '아녜요. 정말 재미 있어요… 가파른 언덕에 올라가는 것처럼 도전이 돼요!' 나의 가정을 인정하고(그녀가 등산가였음을 잊었다) 그 은유를 탐색할 것인지 묻는다. 나는 언덕길을 상상하게 하고 그녀가 거기에 있다고 생각하도록 한다.

준 : … 절반쯤 왔어요. 마크는 정상 가까이에 있어요.

수퍼바이저 : 거기 서서 바라보니 어떤가요? 무엇이 보여요? 어떤 느낌이에요? 하고 싶은 대로 해보세요.

준 : 나는 마크를 바라보는데, 엉성한 돌들 때문에 약간 미끄러질 것 같아서… 조금 무서워요(일어나서 동작을 흉내낸다). 균형을 잡기가 어려워요.

수퍼바이저 : 오케이. 거기 그대로 머물면 어떻게 되지요?

준 : 흠. 잠깐 똑바로 설 수가 있고 다시 균형을 잡아요. 기분은 좋고, 이전보다 강하게 느껴요.

수퍼바이저 : 그래서 꼭대기에서 아래를 바라보면 어떻게 되나요?

준 : 내가 산 길을 걸어서 올라가고 있는 그림이 보여요. 그리고 점점 더 가팔라져요.

수퍼바이저 : 그렇게 하고 싶어요?

준 : (몇 발 걸으면서) 네. 내가 하고 싶은 그것이라는 것을 알아요. 그리고 나는 할 수 있어요. 나는 정상으로부터의 경치를 상상할 수가 있고, 정말 가치 있는 일이에요.

수퍼바이저 : 당신이 원한다고 생각하는 '그 무엇'을 할 수 있고 보상이 있을까요?

준 : 나는 꼭대기에 갈 수 있어요.

수퍼바이저 : 마크는요?'

준 : (긴 휴식) 알겠어요. 그가 나에게 도전하고, 나는 때때로 미끄러운 경사 위에 있는 것처럼 느껴요. 그러나 나는 그에게 필요한 만큼의 도전을 하지 않았다는 것을 알았어요. 내가 쉬고 속도를 늦추면 확고하게 되고, 우리 둘 다 정상에 갈 수 있어요.

그녀가 주제를 이야기할 때 그녀의 은유를 갖고 작업함으로써, 고객과의 업무에서 무엇을 할 필요가 있는지 새로운 알아차림에 도달하였다. 물론 게슈탈트만이 은유를 사용하는 접근은 아니지만, 확실히 게슈탈트는 은유를 갖고 수퍼바이지와 관계하는 특별한 방법을 갖고 있는데, 지금 여기에서 가능한 가장 근접한 경험을 하게 함으로써 인지를 넘어서는 알아차림의 수준을 불러일으킨다.

전형적인 두 의자/빈 의자 접근에 의한 적극적 실험

많은 사람들이 '게슈탈트'를 생각할 때 종종 마음에 떠오르는 것이 이러한 작업 방식이다. 두 의자/빈 의자 접근은 수퍼바이지의 이야기에서 어떤 '이중성'이 들릴 때 특히 유용하다. 수퍼바이지가 딜레마('한편으로는 할 수 있고, 다른 편으로는…')에 처했을 때와 같은 형태이다. 혹은 당신의 수퍼바이지가 자신의 서로 다른 측면과 내부적인 전투를 하고 있는 것을 들을 수도 있다. 이는 종종 수퍼바이지에게 이렇게 되어야 한다(should be)고 그가 얼마나 부적절한지 이야기하는 비판적 'top-dog'의 형태를 취할 수가 있고, 그리고 수동적으로 저항하는 절망적인 곤경 측면으로 Perls(1969)는 이를 'under-dog'이라 불렀다.

두 경우 모두에서 이중성의 어떤 쪽도 충분하게 인정이 안 되고, 수퍼바이지는 딜레마의 두 뿔 사이에, 혹은 내면의 두 목소리 사이에서 요동칠 때 곤경에 빠져 있게 되고, 에너지는 계속해서 2개의 선택 사이에 끼어 있게 된다. 각 쪽이 완전하게 알아차림이 일어났을 때 움직이게 되고(분리) 서로 간에 접촉(통합)이 일어난다.

앨런은 내부 컨설턴트로서의 보수 좋고 안전한 직책을 떠나서 자신의 사업을 시작해야 하나 고민하고 있다. 나는 그가 공연히 애만 쓰고 맴돌고 있음을 듣게 된다. 이는 쉽고 분명한 응답이 없는 전형적인 딜레마이다. 나는 앨런에게 2개의 의자를, 각각의 선택에 대해서 제안하며, 그에게 각각의 의자에 번갈아 앉고 이점에 관해서 이야기하도록 제안한다. 이러한 신체적인 분리는 순수한 딜레마에 따라오는 사고와 감정을 푸는 데 도움이 된다. 나는 앨런이 말할 때 에너지에 어떤 일이 발생하는지를 주의 깊게 관찰한다. 그가 현재의 역할을 이야기할 때는 음색이 아주 낮은데, 오직 좋은 동료들을 이야기할 때만 예외이다. 의자를 바꾸자 훨씬 더 활기차다.

나의 경험에서 보면, 수퍼바이지는 통상 다른 것보다 한 가지에 더 에너지를 갖고 있고, 알아차리지 못하지만 신체 언어에서 나타난다. 나의 과업은 앨런으로 하여금 그가 '무의식적으로' 알고 있는 것을 의식하도록 돕는 것이다. 나는 관찰한 것을 공유하면서 앨런에게 두 의자에 다시 가서 하면서 에너지를 과장해보라고 요청하여, 한 가지에는 납작하게 하고 다른 것에는 활기차게 해보라고 한다. 앨런은 이미 결정했다는 것을 알게 된다. 우리는 그러면 다음 단계에 대해서 논의할 수 있게 되는데, 특히 사회적 접촉을 원하는 그의 필요를 어떻게 채울지에 관해서 논의한다.

이러한 작업 방식은 또한 수퍼바이지가 다른 사람과의 어려움을 경험할 때 특히 유용하다. 상황에 따라 여러 가지 변수가 있다.

- 수퍼바이지는 상대방(예 : 고객)을 '빈 의자'에 앉게 하고 정말 하고 싶은 말이 무엇인지 실험한다(한 단계 더 나아가서 수퍼바이지에게 과장하고 화를 내고, '수퍼 코치'가 되라는 등을 할 수 있다).
- 수퍼바이지는 의자를 바꾸어서 고객처럼 이야기한다. 예를 들면 수퍼바이지의 말에 고객은 어떻게 반응했는가? 수퍼바이지는 고객처럼 이야기한다. 그들은 코치에게 무엇을 바라는가?
- 수퍼바이지에게 두 의자에서 물러나서 코치-고객의 교류를 바라본다고 상상하게 한다. 그러면 무엇을 보는가? 만일 그들 자신이 코치(자신들에게)에게 조언을 한다면 어떤 내용이겠는가?

이런 작업이 생소한 수퍼바이지에게는 매우 도전적인 실험이 될 수 있고, 미리 제안을 명료화하여 진지하게 동의하거나 혹은 순수하게 거절하게 하는 것이 매우 중요하다. 그러나 다른 사람의 입장이 되어봄으로써 얻는 통찰은 어마어마하다.

마지막으로 어떤 실험을 하든 간에 회기 중에 충분한 시간을 가져서 그들이 경험을 이해하고 상황을 앞으로 어떻게 가져가고 싶은지 선택을 명료화하도록 돕는 일은 매우 중요하다.

전체 체계와 작업하는 적극적 실험

수퍼비전은 코치가 기관과 일할 때 발생하는(일곱 눈 모델의 Mode 7) 복합적인 체계와 경계의 문제를 탐색할 수 있는 귀중한 공간이다. 코치는 여러 관계를 교묘히 양립시켜야 하는데 예를 들면 코치이, 코치이의 상사, 다른 연장의 후원자, 인사과, 같은 하위체계에 있는 다른 코치이 등이다. 수퍼바이지에게 체계를 현장으로 가져오게 해서 이러한 복합성을 탐색하도록 적극적 실험을 할 수 있다.

다양한 실행 방식이 있다. 만일 '가공품이 많은' 환경에서 작업을 한다면, 나는 수퍼바이지에게 자신, 고객, 상사, 다른 관련 인물들 혹은 하위 체계 등을 나타내는 물체를 선택하도록 한다. 그러나 그런 흥미로운 물체가 없으면, 수퍼바이지에게 각 사람이나 하위 그룹을 그림이나 이미지로 나타내도록 요청한다. 이렇게 하면 당장 관련된 문제에 대한 가능한 실험의 범위가 밝혀진다.

체계의 각 사람이 당신의 수퍼바이지에게 불러일으키는 것을 탐색할 수 있다. 나의 사무실에는 전 세계에서 수집한 돌을 담아두는 그릇이 있다. 어떤 수퍼바이지는 자기 체계 내의 각 사람을 대표하기 위해서 돌을 하나씩 선택하였다.

수퍼바이저 : 돌을 들고 각 사람이 나타내는 바를 돌과 관련하여 묘사해보기 바랍니다.

수퍼바이지 : 네, 이건 결정적으로 나이젤입니다. 끝이 매우 날카롭고 옆은 어둡구요.

화강암 한 조각에 사람이 투사할 수 있는 내용이 놀랍다. 이제 여러 가지 선택이 있다. 수퍼바이지에게 각 사람에 대해서 그 물체에 의해서 도출된 단어를 사용하여 말하도록 요청할 수 있다. 예를 들면 위의 수퍼바이지는 '나이젤'인 것처럼 말한다, '나는 예리한 끝과 어두운 옆면이 있습니다'. 이 말은 (1) 나이젤이 체계 속에서 갖는 느낌, (2) 수퍼바이지가 나이젤 속에서 보는 자신의 어떤 면에 대한 흥미로운 대화로 이어질 수 있다.

수퍼바이지에게 각 물체/사진에 목소리를 부여하도록 해볼 수 있다. 그것이 말할 수 있다면 무엇이라고 할까? 이렇게 하면 수퍼바이지가 체계 속에서 다른 사람을 어떻게 보는지와 다른 사람들이 서로를 어떻게 보는지에 대한 통찰이 드러날 수 있다.

이 주제가 방심할 수 없는 관계로 보이면 수퍼바이지에게 각각 물체의 위치를 정하고, 상호 간의 관계에서의 이미지 혹은 그림을 묻고, 물체 간의 거리는 관계의 강도, 신뢰도, 가장 가까운 사람 등을 물을 수 있다. 그리고 나서 수퍼바이지에게 각각의 위치에서 그 위치에 있는 것과 관련하여 말하고 그가 어떤 욕구를 갖고 있는지 등을 말하도록 요청한다. 실제의 체계가 아니라 수퍼바이지의 체계에 대한 투사에 대해 작업한다는 것이 중요한데, 나는 이것이 보다 넓은 체계의 문제를 탐색하는 창의적인 방법임을 알게 되었다.

게슈탈트 수퍼비전 대 게슈탈트 심리치료

수퍼비전은 코칭의 전문가 발달에서 핵심적인 역할을 명백하게 담당하며 나의 경험으로 보면 코치의 개인적인(personal) 인생 여정과 분리될 수 없다. 탁월하게 코칭을 하려면 고도의 자기 알아차림, 자기가 하는 '과정'에 대한 성찰 능력(효율적인 때와 덜 그럴 때 모두, 즉 자신의 편견과 어떻게 '곤경에 빠지고' 어떻게 고객 혹은 고객 관련 자료에 열중하게 되는지 등)을 필요로 한다. 이 말을 뒤집으면 수퍼바이저는 탐색에서 이러한 차원을 촉진하는 방식으로 작업할 필요가 있다.

게슈탈트 수퍼비전은 이런 작업에 특히 잘 맞는다. 그러나 게슈탈트 접근법이 게슈탈트 심리치료에서 나온 점과 인간의 몸이 수퍼바이지의 감정으로 들어가는 관문임을 감안할 때, 게슈탈트 지향 수퍼바이저는 수퍼비전과 심리치료의 경계에 특별히 세심한 관심을 기울일 필요가 있다. 나의 게슈탈트적 지향이 특별한 방식으로 작업하도록 만든다는 것을 인식하고 있으며, 그로 인해서 나는 Hawkins의 Mode 4, 5, 6(각기 수퍼바이지의 과정, 수퍼바이저-수퍼바이지 관계 및 수퍼바이저의 과정)에 기울게 한다. 경력 코치는 바로 이러한 이유에서 종종 심리치료적으로 잘 훈련된 수퍼바이저를 찾게 된다. 나는 계약 과정에서 나의 작업 방식, 나의 배경과 수퍼바이지가 코칭 고객과의 관계를 어떻게 '형성(shape)'(의식적 알아차림이기는 하지만)했는지 탐색하기 위해서 우리가 함께 만드는 '지금 여기'의 정보를 사용할 것임을 분명히 한다. 임상적으로 다르게 훈련된 수퍼바이저와 마찬가지로, 나는 수퍼바이지에게 코치-코치이 관계의 심리적 역동에 관해서 교육할 수 있다. 그러나 게슈탈트에서 '건강한 기능'을 욕구 알아차림에서 욕구 만족으로 자연스럽게 흐르는 에너지로 구조화하듯이 게슈탈트 수퍼바이저는 내부 고객을 '병리화'하는 일(예 : 그는 약간 자기애적/경계선적/피해망상적이다 등)에 참여하지는 않는다. 오히려 수퍼바이지를 격려하여 낙관적 견해를 갖게 하고 그들의 고객이 '환경(그 분야의 조건) 내에서 할 수 있는 최선을 하고 있다'고 보도록 격려한다. 수퍼바이저는 또한 수퍼바이지가 어떻게 그들의 차례에 자기 고객이 고정된 게슈탈트를 통해서 스스로를 제한하고 있는지 파헤치도록 지원할 수 있는지를 탐색하도록 돕는다.

게슈탈트 지향 수퍼바이저로서 나는 수퍼바이지의 감정세계에 대해서 작업하며 나의 개입이 그때에 영향을 주려는 의도만 아니라면 '치료적'이 될 수 있다는 것을 알고 있다. 게슈탈트 코칭에 대해서 어디선가 다른 곳에서 말한 것처럼(Gillie and Shackleton, 2009), 게슈탈트 수퍼바이저는 수퍼바이지의 발달적 여정 내에서 그 실험이 어떤 새로운 알아차림을 주었고 그들 내부 고객과의 작업의 맥락에서 어떤 의미를 갖고 있는지 성찰하도록 촉구함으로써 작업의 성과를 '정착'시킬 줄 알아야 한다는 것은 결정적으로 중요하다. 마지막으로 게슈탈트 수퍼바이저는 특히 임상적으로 훈련되었다면 언제 수퍼바이지의 성격구조에 초점을 맞추기 시작할지와 수퍼바이지의 개인 심리치료에 효율적으로 들어갈 수 있을지에 대해서 세심한 주의를 기울일 필요가 있다.

결론

게슈탈트는 풍부하고도 논리적인 모델을 코치 수퍼비전에 제시한다. 게슈탈트는 다음에 대해서 분명한 이론적 입장을 제공한다.

1. **인간 기능의 속성** : 경험의 연속성은 수퍼바이지의 에너지가 있는 곳, 알아차린 것/알아차리지 못한 것, 에너지가 행동을 향해 움직이는지/움직이지 못하는지 등을 이해하는 데 훌륭한 나침반이 된다.

2. **인간의 성장과 변화의 과정** : 역설적 변화 이론은 수퍼바이지로 하여금 그 자신을 사랑하고 자신이 아닌 것이 되려고 하지 않도록 격려한다. 수퍼바이저는 프레젠스를 통해 자신의 프로세스를 관계 안으로 가져오며 대화에 참여하는데, 여기에서 수퍼바이저와 수퍼바이지가 어떤 특별한 성과에 대해 집착하지 않고 진지한 물음의 정신으로 충분히 함께 있고 접촉한다.

3. **개입의 방법론** : 현상학적 탐색, 알아차림을 일으키는 '그 순간'의 자료로 작업한다. 적극적 실험으로 수퍼바이지가 회기 중에 새로운 알아차림을 가져오고 그 에너지를 행동으로 옮기는 창의적인 방식을 시도하도록 격려한다.

마지막으로 게슈탈트 지향은 어떤 기술의 집합이라기보다는 훨씬 더 '존재 양식'에 가깝다. 프랙티스에 있어서 수퍼바지이와 보고 듣는 것에 대한 자신의 내적 반응 사이의 끊임없는 알아차림(그의 이야기, 음색, 동작), 선택과 행동의 과정이다. 이것이 삶의 방식이 된다.

참고문헌

Beisser, A R (1970) The paradoxical theory of change, in (eds) J Fagan and I L Shepherd, *Gestalt Therapy Now*, pp 77–80, Science and Behaviour Books, Palo Alto, CA, available via **www.gestalt.org/arnie. htm**

Buber, M (1970) *I and Thou*, Scribner's Sons, New York

De Haan, E (2008) *Relational Coaching: Journeys towards mastering one-to-one learning*, Wiley and Son, Chichester

Gillie, M (2009) Coaching approaches derived from Gestalt, in (eds) D Megginson and D Clutterbuck, *Techniques in Coaching and Mentoring, Volume 2*, Elsevier, Oxford

Gillie, M and Shackleton, M (2009) Gestalt coaching or Gestalt therapy? Ethical and professional considerations on entering the emotional world of the coaching client, *International Gestalt Journal*,

32 (1)

Hawkins, P (2006) Seven-eyed model of supervision, in (ed) J Passmore, *Excellence in Coaching*, Kogan Page, London

Koffka, K (1935) *The Principles of Gestalt Psychology*, Brace and World, Princeton, NJ

Lewin, K (1951) *Field Theory in Social Science*, University of Chicago Press, Chicago, IL

Magerman, M H and Leahy, M J (eds) (2009) The lone ranger is dying: Gestalt coaching as support and challenge, *International Gestalt Journal*, 32, 1, Spring, 173–96

Melnick, J and Nevis, S (2005) Gestalt methodology, in (eds) A Woldt and S Toman, *Gestalt Therapy: History, theory and practice*, pp 101–14, Sage, Thousand Oaks, CA

Perls, F S (1969) *Gestalt Therapy Verbatim*, Real People Press, Utah

Perls, F S (1973) *The Gestalt Approach and Eye Witness to Therapy*, Science and Behavior Books, Palo Alto, CA (republished by Bantam Books in 1976)

Perls, F S (1978) Finding self through Gestalt therapy, *Gestalt Journal*, 1 (1) 54–73

Resnick, R and Estrup, L (2000) Supervision, a collaborative endeavour, *Gestalt Review*, 4 (2) 121–37

Siminovitch, D and Van Eron, A M (2006) The pragmatics of magic. The work of Gestalt coaching, *OD Practitioner*, 38 (1) 50–55

Simon, S N (2009) Applying Gestalt Theory to Coaching, *Gestalt Review*, 13 (3) 230–39

제5장

동료 그룹 모델을 활용하는 자기수퍼비전

Barbara Moyes

서론

코치와 고객은 스스로를 코치할 수 있으나(예 : Ellison, 2009), 수퍼바이저는 스스로를 수퍼비전할 수 있는가? Hawkins와 Shohet(1998)는 조력 전문직에 건강한 내부 수퍼바이저를 개발하기 위한 수퍼바이저의 필요성을 옹호하였으나, 정신건강 전문가와의 예술치료 작업으로부터 이끌어낸 자기수퍼비전을 기술한 Lahad(2000) 외에는 코칭 수퍼바이저를 위한 자기수퍼비전은 대체로 탐색되지 않은 프랙티스로 남아 있다.

수퍼비전의 목적을 논의하면서 Hawkins와 Schwenk(2006)는 수퍼비전이 코치로 하여금 자신의 내부 수퍼바이저를 개발하고 보다 성찰적 전문가가 되도록 돕는다고 주장하였다. 수퍼비전은 코치에게 고객과 고객의 체계에서 흡수한 것을 조사하고 분류하는 공간을 제공함으로써 그렇게 하며, 또한 코치로 하여금 객관적일 수 있게 한다.

코치는 이렇게 하도록 도움받기 위하여 점점 더 수퍼바이저에게 향하고 있다. 그러나 코치가 어떻게 내부 수퍼바이저를 개발할 수 있을까? 이 장에서는 수퍼바이저가 어떻게 게슈탈트 모델의 질문에 접근함으로써 자신의 수퍼비전 프랙티스를 스스로 발달시킬 수 있을지 탐색한다. 이는 수퍼바이저와의 수퍼비전을 대치할 목적으로 의도된 것이 아니라 자각과 능력을 증진하는 하나의 방법으로 제시되는데, 개인적 성찰 혹은 수퍼비전 회기에서 수퍼바이저와 나눌 의견을 풍부하게 한다.

이 장은 수퍼비전이 무엇을 하려고 하는지에 대한 간략한 고찰로 시작한다. 그리고 게슈탈트 질문 접근의 핵심요소에 대해 기술한다. 이 자료는 수퍼바이저가 그룹 수퍼비전을 계획하고 검토할 때 어떻게 이 접근을 자기수퍼비전에 사용할 수 있는지 보여준다. 이 장은 이 모델과 이것이 전문 수퍼바이저가 자기자각, 성찰적 능력과 프랙티스를 증진하려고 할 때 제공하는 가치에 대한 비판으로 끝맺는다.

코칭 수퍼비전

수퍼비전은 치료적 전문직에서 긴 역사를 갖고 있으나 코칭에서는 여전히 상당히 새롭다(Moyes, 2009). Hawkins와 Smith(2006: 142)는 코칭 수퍼비전은 '코치가 보호받는 공간에서 특정 고객의 상황과 관계 및 이런 것이 자신에게 불러일으키는 반작용과 유형에 대해서 성찰하고 이를 수퍼비전에서 변형함으로써 고객에게 크게 유익을 줄 수 있다'고 말한다. Bluckert(2006)는 이를 조금 더 구체적으로 말한다.

> 첫째로, (수퍼비전은) 선배 동료이든, 지도자가 있는 그룹이든, 동료와 함께든 간에 자신의 업무에 대해서 성찰할 수 있는 시간과 공간이다. 성찰의 목적은 어렵고 복합적인 업무 상황에 대한 보다 큰 이해와 앞으로의 진전에 대한 명료성을 더 많이 획득하는 데 있다. 둘째로, 수퍼비전은 아이디어와 제안 및 정서적 형식과 문제를 공유한다는 의미 모두에서 적절한 확증이 필요할 때 실질적인 지지를 받는 기회이다. 셋째로, 수퍼비전은 지속적인 학습과 전문직 발달의 자리가 될 수 있다.

수퍼비전의 기능에 관한 질문은 수십 년간 논란이 되어왔다. Kadushin(1976)은 사회복지 수퍼비전에 관한 저술을 통해 이 논란에 특별하게 영향을 주는 목소리가 되어왔다. 그는 사회복지 수퍼비전의 교육적, 지지적, 관리적 기능을 규정하였다. 코칭 수퍼비전의 두 지도적인 사상가인 Hawkins와 Bluckert는 이전에 사회복지사이기도 했으며, Kadushin(Bluckert, 2006; Hawkins, 2006)에 의해서 영향을 받았다. 실제로 Hawkins와 Smith(2006)의 개요는 오직 Kadushin의 것을 가볍게 적용한다(표 5.1 참조).

코칭 수퍼바이저에게 가르친 가장 대중적인 모델은 일곱 눈 모델(Seven-eyed

표 5.1 수퍼비전의 기능

Kadushin	Hawkins	Hawkins의 정의
교육적	발달적	고객과의 업무에 대한 성찰을 통한 기술의 발달
지지적	자원공급적	고객 접촉에서 발생하는 감정이 코치에게 어떻게 영향을 미치는지에 대한 이해
관리적	질적	질적인 통제, 코치의 맹점을 알게 하고, 규준과 윤리가 유지되도록 확증하면서 기관의 의제도 놓치지 않음

Model)인데, 이는 Hawkins와 Smith(2006)가 Hawkins의 치료적 모델로부터 개발하였고 Hawkins와 Shohet(1998)가 돌봄 전문직 회원들을 위해 이보다 더 일찍 개발하였다.

코칭의 자기수퍼비전에 관한 일치된 모델은 없다. 이 장에서 기술하는 모델은 연구 전문가로서 게슈탈트적 질문 접근을 사용하는 Barber의 사고와 경험에 의존하고 있다. 그는 교사, 훈련자, 치료사, 상담사, 관리자, '실제로 직업의 일부로 질적인 대인관계적 탐구를 촉진하는 사람들'을 인용하면서 연구 전문가를 전문직의 의무의 일부로서 탐구를 수행하는 어떤 사람으로 기술한다(Barber, 2006: 6). 이러한 접근은 진행되고 있는 일을 이해하기 위해서 성찰, 자기검토, 연구에 기반하는 구조적인 과정을 사용한다. 그러므로 내가 보기에 이는 수퍼바이저로서의 개인의 능력을 향상하기 위하여 자기검토를 촉진한다는 의미에서 자기수퍼비전의 훌륭한 기초를 제공한다. 이는 '근본적으로 수퍼비전은 자기검토의 촉진에 관심을 둔다'(2006: 99)는 단순한 말에 요약된 대로 수퍼비전에 대한 Barber의 정의와 마찬가지이다. 다음 절에서는 모델의 이론적 기초에 대해서 논의한다.

게슈탈트 — 간단한 개요

게슈탈트와 그 배경은 4장에서 충분히 논의가 되었다. Barber는 게슈탈트 접근을 '개인이 사고하거나 해석하는 것보다는 주로 직접적인 인식과 개인이 이 세상에 대해서 감지하고 느끼고 투사하는 것'을 작업하는 것으로 요약한다(Barber, 2006: 2). 게슈탈트는 알아차림을 일으키는 것을 목적으로 하며, 그렇게 하는 과정에서 사람들이 변화하도록 한다.

- 자신 — 신체, 감정, 환경 — 에 대한 더 큰 자각을 향해 움직이기
- 이러한 감정을 타인에게 투사하기보다는 자신의 것으로 소유하는 것을 배우기
- 자신의 욕구를 알아차릴 줄 알게 되기와 타인을 침해함 없이 자신을 만족시키는 기술 개발하기
- 환경이 자기를 위해서 이렇게 해주기보다는 스스로를 지원하기(Zinker, 1978)

게슈탈트는 모든 것에 주의를 기울이고 모든 것이 의미가 있기에 아무것도 무시하지 않고 '지금 여기'에 대한 모든 감각과 집중을 사용한다. 중요한 게슈탈트 원리는 개인은 오직 자기 환경의 일부로만 이해될 수 있다는 것이다.

만족감은 오직 상호작용을 마감할 때 찾아온다. 게슈탈트적 대인관계의 질은 방법론보다 변화에 미치는 영향에서 더 중요하다. 게슈탈트의 목적은 할 수 있는 한 상호작용을 충분히 완결하기 위하여 당신은 다른 사람과 할 수 있는 최상의 접촉을 하는 것이다(Leary-Jones, 2007). 수퍼바이저는 이를 명심하는 것이 중요하다. 그룹 수퍼비전 회기에서 어떤 일이 발생했는지를 이해하기 위해서 자기수퍼비전을 사용하면 수퍼바이저가 합의점을 얻는 데 도움이 된다.

게슈탈트 탐구 모델을 이용하는 자기수퍼비전

게슈탈트 탐구 모델을 차용한다는 것(Barber, 2006)은 수퍼바이저의 주된 관심이 경험하고, 느끼고, 보고 듣는 것에 있다는 것을 의미한다. 이론과 해석은 중요하지만 감각된 경험에 대해서 이차적이다. 수퍼바이저는 그룹에서 나타나는 유형, 즉 게슈탈트를 감지하려고 노력한다. 연구 전문가의 역할을 준수하면서 자신이 인식하는 유형과 경험하는 것에 기반한 가설을 발달시킨다. 그들은 이러한 가설을 성찰하고 시험하고 결론을 내린다. 이 과정은 수퍼바이저에게 Zinker(1978)가 말한 '보다 큰 자기자각', '그룹원에게 투사하기보다는 자신의 경험을 갖고 있는 것', '더 좋은 질적 프랙티스'라는 언급을 향해서 움직일 수 있게 한다. 이 모델은 수퍼바이저가 그룹 수퍼비전의 여러 순환적 장면에서 스스로에게 한 일련의 질문에 기반한다.

세 가지 질문이 있다. 첫째는 수퍼바이저의 프랙티스와 그의 선호도에 대해서 모델이 제공하는 내용을 명확하게 하는데, 착수할 때 그룹과의 첫 회기 전에 자문하는 것이다. 둘째는 첫째 그룹 회기 이전에 제기된다. 이 질문은 수퍼바이저에게 자신의 기술, 경험,

그룹과 관계 맺는 형태 등에 관한 알아차림에 도움이 된다. 세 번째 질문은 그룹 그 자체에 집중한다.

1차 질문 : 자기수퍼비전의 시작

이 단계에서 수퍼바이저가 스스로 묻는 3개의 질문이 있다(Barber, 2006). 첫째, 어떤 모델과 이론이 자신의 프랙티스에 정보를 제공하는가? 예를 들면 자신들이 체계적으로 일곱 눈 모델(Hawkins and Smith, 2006)과 같은 모델을 따르고 있는가, 아니면 카드, 돌, 장난감과 같은 창의적인 수퍼비전 기술을 사용을 선호하는가(Lahad, 2000)? 수퍼비전 프랙티스에 관해 정보를 제공하는 다양한 분야에 기반한 여러 범위의 이론이 있다 — 정신역동, 인지행동, 게슈탈트, 긍정심리학, 체계, 신경언어학 프로그램은 수퍼바이저가 사용할 수 있는 몇 가지 접근법이다(Peltier, 2010). 수퍼바이저에게 중요한 문제는 자기가 사용하는 모델과 이론이 어떤 방식으로 그들이 보고 해석하는 일 — 그리고 그 결과로 놓칠 수도 있는 것 — 에 영향을 주는지 알아차리는 것이다.

이와 관련하여 두 번째 질문이 있다. 이는 수퍼바이저가 주의를 기울이기 원하는 종류의 정보에 대해 언급한다. 실제로 일어나는 일을 발견하기 위해 특별한 정보와 사실에 관심 갖기를 선호하는가? 마이어스 브릭스 유형검사(MBTI, 2000)는 이런 사람을 감각(Sensing, S) 선호를 갖고 있는 사람으로 묘사한다. 이러한 선호 경향을 가진 수퍼바이저는 자기 주변에 일어나고 있는 것에 대한 훌륭한 관찰자이기 쉽다. 그들은 사실적이고 분명한 정보에 조율하기를 선호하고 정보가 간명하기를 바란다. 그들은 세부사항을 보고 구체적인 것을 기억하고 상황의 실제적인 현실에 초점을 맞춘다.

그러나 다른 수퍼바이저는 사실 자체보다는 사실의 유형과 그 사실 간의 내적관계에 관심 기울이기를 선호할 수도 있다. MBTI 용어(2000)로, 이러한 사람들은 직관(Intuitive, N) 선호형으로 묘사되어 있다. 그들은 주제와 연관성에 관심이 있고 그들의 초점은 있는 것에 초점을 맞추는 S 선호보다는 있을 수도 있는 '큰 그림'과 가능성에 있다.

셋째로, 수퍼바이저는 어떻게 정보를 해석하고 의사결정에 도달하는가? 그들은 관련된 사람들의 입장이 되어 그들의 눈을 통해 세계를 보고 그들과의 공감을 통해서 결정하는가? 행동 혹은 선택의 논리적 결과를 분석하여 분리된 관점에서 의사결정을 하는가? 이는 마이어스 브릭스의 용어 중에서 각기 감정(Feeling, F)과 사고(Thinking, T)에 기반한 의사결정의 선호도와 일치한다.

F 선호도를 지닌 수퍼바이저는 공감하면서 자신들을 상황 내에 위치시키면서, 그리고 개인적인 가치와 확신에 이끌려 연관된 관점에서 결정 내리기를 선호할 것이다. T 선호도를 가진 수퍼바이저는 이와 반대로 논리적 흠을 찾아내고, 의사결정에서 원인과 결과 모델을 사용하면서 객관적인 기준을 적용하는 경향이 있다. 그들은 사람과의 관계에서 F 선호도를 가진 수퍼바이저가 그렇게 하기를 좋아하는 것처럼 각 사람을 고유한 존재로 대하기보다는 지속적인 원칙을 적용하기 좋아한다.

이러한 질문은 맨 처음 그룹 수퍼비전을 시작할 때 수퍼바이저가 가져오는 것과 그 결과 어떻게 작용하는지에 대한 알아차림을 일으킴으로써 자기수퍼비전의 과정을 시작하게 한다. 이러한 질문을 성찰하면 수퍼바이저는 작업의 핵심적 선호 방식과 편견의 일부를 생각나게 할 수 있다. 예를 들면 S 선호도를 가진 수퍼바이저는 자신의 경험을 신뢰하기를 선호하는 반면에 N 선호도를 가진 수퍼바이저는 영감과 직관을 더 신뢰할 수도 있다.

자기수퍼비전의 과정은 또한 수퍼바이저의 전형적인 약점 레퍼토리의 영역을 제시해 줄 수 있어서 그룹 생활에서 후에 어려움이 발생하면 다른 접근법을 채택할 잠재적인 욕구에 기민하게 한다. N 선호의 수퍼바이저는 예를 들면 사실과 세부사항(무엇을 알고 있고 그것을 어떻게 알고 있는가?)과 토론 중인 상황의 실제적인 측면에 충분한 관심을 갖도록 스스로를 끊임없이 상기할 필요가 있을 수 있다. S 선호의 수퍼바이저는 수퍼비전 기간 동안에 제공하기 위해서 어떤 아이디어나 이론을 가져올 수 있는지 혹은 어떤 새로운 접근을 취할 수 있는지를 생각하는 것이 유익함을 알게 될 수도 있다. F 선호도를 가진 수퍼바이저는 상황의 전후와 논리적인 결과에 관해서 생각하도록 상기할 수도 있고, 종종 과격한 입장을 취할 필요가 있는데(왜 지금 끝까지 발전시키지 않는가?), 반면에 T 선호를 지닌 수퍼바이저는 수퍼바이지나 고객이 좋아하는 것, 싫어하는 것, 느끼는 것을 이해하기 위해서 공감을 사용할 수도 있다. 그러한 검토는 수퍼바이저가 잠재적인 사각지대를 피하도록 돕고 프랙티스를 향상하는 데 중요한 역할을 할 수 있다.

2차 질문 : 수퍼바이저와 그룹의 관계

프랙티스와 작업 선호 방식에 대해 정보를 주는 내용을 성찰하였고, 이제 수퍼바이저는 작업을 시작하고자 하는 그룹과의 관계에 대해서 초점을 맞추는 것이 유익할 것이다.

기술과 경험

수퍼바이저는 자신이 그룹에 어떤 기술과 수준을 가져오는지를 명확히 할 필요가 있다. 여기에는 비즈니스, 변화 관리, 조직발달, 심리학, 스포츠와 같은 영역의 훈련과 실제적인 경험을 포함한다. 이들이 수퍼바이저의 전문성 타당도를 구성한다. 얼마나 확신이 있고 그들의 기술과 경험이 그룹의 기대에 얼마나 대등한지 — 그리고 어떻게 이것을 검토할 수 있을까? 여기에 이어서 만일 자신감이 부족하다면, 어떤 내부적인 '개입' (Gallwey, 1979)으로 수퍼바이저가 이 그룹과 낙관적으로 일하는 방식에 들어가며, 수퍼바이저는 이 개입을 어떻게 다룰 수 있는가라는 질문이 뒤따른다.

그룹에 대한 느낌

둘째로, 수퍼바이저는 자기의 시야를 어둡게 할 수 있는 어떤 편견이나 전이도 표면화할 필요가 있다. 그들은 수퍼비전 그룹의 참여자에 대해서 어떻게 느끼는가? 그룹에 대한 기대는 무엇인가? 수퍼바이저는 전형적으로 수퍼비전 동안에 여러 가지 다양한 역할을 하게 된다(Moyes, 2007). 그룹에 관해서 생각할 때, 그룹에 대해서 어떤 관계를 취하고 있다고 스스로 생각하는가 — 예를 들면 교사, 도우미, 부모, 구조자, 예술가, 마술사, 성자처럼 느끼고 있는가?

수퍼바이저의 동기

셋째로, 이 그룹을 수퍼비전하는 동기는 무엇인가? 이 일은 얼마나 주목받고 있는가? 자신의 경력 및 평판과 관련하여 얼마나 중요한가? 그룹이 잘하고 있는지 누가 알게 되는가? 이 부분의 일을 함으로써 얼마나 배우게 되겠는가? 이 일을 맡아야 한다고 어느 정도의 의무감을 느끼는가? 자기수퍼비전 과정 동안에 수퍼바이저에 대한 지속적 집중은 어떻게 연구자/수퍼바이저가 출발부터 거기에 있는 상황을 경험하는지를 사용하는 게 슈탈트의 강조를 의미한다.

악마의 옹호자

넷째로, Barber가 표현한 대로 '맹점을 흔들어대도록' 악마의 옹호자로 행동할 누군가가 있는가? 이는 공식 수퍼바이저가 할 수 있는 역할이지만 믿을 만한 동료나 친구에 의해서 마찬가지로 행해질 수 있다. 이로써 시초부터 개인적 편견을 신중히 고려하려는 이러한 자극은 수반되는 왜곡을 줄이도록 돕는 데 특히 유익하다.

계약하기

마지막으로 그룹의 욕구와 관련하여 어떤 형태의 계약이 적절할까? 계약을 훌륭히 하면 수퍼바이저와 그룹원이 모임의 목적에 대해 같은 생각을 공유하고, 각각의 역할과 책임이 명백하게 된다(Hay, 2007). 시작부터 명백한 계약이 나중에 일어날 수도 있는 문제를 예방하거나 처리하는 데 도움을 줄 수 있다.

그룹과 계약을 체결하는 일은 흔하다. 수퍼바이저가 사용할 수 있는 한 가지 방법은 수퍼바이저가 그룹이 필요로 하는 문제의 목록을 준비하도록 하여 첫 회기 전에 서로의 욕구를 이야기할 필요가 있고, 그룹에게 어떤 순서로 이야기할지 결정하게 하는 것이다. 나는 이런 일이 그룹원이 어느 정도의 융통성을 귀하게 여기면서 사전에 규정된 접근을 싫어하는 경우에 잘 되는 것을 발견했다. 문제는 모임의 빈도와 기간과 같은 실제적인 것, 이 그룹에게 비밀보장이란 어떤 것인지에 관한 경계의 문제, 치료와 관련한 관계의 경계, 그룹원이 회기에 바라는 형식과 방법론적 접근법, 작업하는 맥락을 포함한다. 후자에는 기관(모든 코치가 한 기관에 소속되어 있거나 기관을 위해서 일하고 있을 수도 있음)과 그룹이 작동하는 내부적 윤리 구도가 포함된다.

마지막으로 책무와 그룹이 갖고자 하는 일종의 작업 동맹에 대해서 토의하고 동의하는 것이 중요하다. 내가 수퍼비전한 어떤 그룹은 자신들의 작업 동맹을 생각하면서 자기들의 최초의 생각을 다음과 같이 전개하였다.

- 성공이 무엇처럼 보이는가? 우리 모두는 열려 있고 우리 자신이 되어 이완되고, 흥분하고, 지지적인 분위기를 만들 수 있고, 시간이 지남에 따라 더욱 도전적이 되며, 비난하거나 저주하지 않고 모두가 소중하다고 느낀다. 모두가 참여하고 우리 모두는 배우고 발달한다.
- '내가 수퍼비전에서 일어날까 두려워하는 것은…' 가치를 전달하지 않는 것 — 분리하고, 지루하고, 도전하거나 정보를 충분히 제공하지 않으며, 허튼 소리가 방해하는 것.
- 어떻게 평가하는가? 서너 회기 이후에는 상당히 공식적으로, 매 회기의 마지막 5분에 비공식적으로 회기가 어떠했는지 검토한다. 우리의 기준은 다음과 같다.
  - 고객에게 새로운 것을 시도했는가 — 그렇게 할 자신감을 증진했는가?
  - 곤경에 빠진 사례를 '곤경에서 빼냈는가?'
  - 전문성 발달의 증진

— '제대로 하기'에 대한 불안 다루기

3차 질문 : 그룹에 대한 수퍼바이저의 인식

그룹에 대해서 생각할 때 대답할 첫 질문은 그들이 어떻게 가까워졌는지다. 관계가 어떠한가? 서로 얼마나 잘 아는가? 그러면 이 그룹의 특징은 무엇인가? 예를 들어 그룹원이 같은 기관에서 왔다면, 이 그룹의 문화는 기관 내의 다른 그룹의 문화와 다른가? 그렇다면 그 의미는 무엇인가?

둘째로, 이 그룹의 명기된 목표는 무엇인가? — 그리고 어떤 감추어진, 말하지 않은 목표가 있는가? 이 사이에 얼마나 차이가 있는가? 이 질문에 명료함을 얻게 되면 잠재적인 문제 영역을 규명하는 데 도움이 된다. 현재 행동에 영향을 미치는 것은 무엇인가? 말하지 않은 목표가 어느 정도 영향력을 행사하고 있는가? 휴식을 방해하는 지배적인 그룹원이 있는가? 혹시 조직의 상위 문화가 그룹 행동에 영향을 미치고 있는가?

마지막으로 그 되어가는 과정 가운데서 그룹이 무엇인가를 자문하면 깨달음이 온다는 것을 발견하였다(표 5.2 참조). 그룹은 무엇을 창조하고 있는가? 이런 것을 하나의 이미지와 관련하여 생각하면 내가 그룹에서 일어나고 있는 일을 밝혀내는 데 도움이 되는 그룹의 기능에 관한 직관적인 느낌을 표면화하는 데 도움이 되었다. 이에 대해 명료해지면 잠재적인 문제 영역에 대해서도 경고의 소리를 낼 수 있다.

4차 질문 : 수행 검토하기

수퍼비전 동안과 이후의 질문은 평가와 질의 조절에 모아진다. 기대와 다르게 어떻게 진행되었는지, 판단이 어떻게 이루어지고 행동화되었는지, 어떤 대응전략이 선택되고 적용되었는지에 대한 질문이 포함된다(Barber, 2006). 수퍼바이저는 자신의 접근법의

표 5.2 수퍼바이저의 그룹 인식에 대한 질문

1. 그룹이 어떻게 조직되었는가 — 그룹원이 어떻게 함께 모였고 관계는 어떠한가?
2. 그룹의 독창성은 무엇인가?
3. 현재의 어떤 영향력이 그룹원의 행동에 영향을 미치는가?
4. 그룹의 진술된 목표는 무엇인가?
5. 숨겨진, 감추어진 그룹의 목표는 무엇인가?
6. 그룹은 무엇이 되어가는 과정에 있는가?

이점이 불리한 점을 성찰하고 다음에 프랙티스를 향상시키기 위해서 어떻게 다르게 접근할지 스스로에게 물을 것이다. 내가 특히 유익하다고 생각한 질문은 '내가 이때 보지 못하는 것 혹은 배제하고 있는 것은 무엇인가'이다. 여기가 바로 악마의 옹호자가 결정적인 역할을 할 수 있는 지점이다. 수퍼바이저가 그룹과 까다로운 문제로 애를 먹고 있다면, 이러한 강력한 질문이 유익한 빛을 비춰줄 수 있다.

그룹 수퍼비전

이 절에서는 내가 내부코치 소그룹을 수퍼비전할 때 위의 질문을 어떻게 자기수퍼비전을 위하여 사용하였는지 기술한다.

그룹 수퍼비전에서 수퍼바이저의 역할은 복합적이다. 성찰적 수퍼비전을 촉진하는 핵심 기술은 일대일 수퍼비전과 유사하다. 그러나 그 외에도 수퍼바이저는 그룹의 반응을 촉진하고, 이를 다시 논의 중인 사례로 연결하고, 그룹의 계약과 조직의 경계를 다룬다. 또한 그룹의 역동을 알아차리고 다룬다. 그룹 지도자에게는 그룹의 역동이 인지되지 않은 채로 진행되지 않도록 하며 역동을 알아차리게 하는 방법을 발견하여 그룹의 초점을 빼앗지 않으면서도 이에 관심을 기울이고 배울 수 있도록 하는 것이 필수적이다 (Hawkins and Smith, 2006 : 180).

Stoltenberg와 Delworth(1987)는 상담사와 심리치료사의 그룹 수퍼비전에 대해 논의하면서 그룹 수퍼비전에서 가장 어려운 일은 서로 수준이 다른 그룹원의 다양한 욕구를 개별적인 관심을 갖고 충족시키는 것이라고 제시한다. 그러므로 그룹 수퍼비전에서 수퍼바이저의 역할에 대한 요구는 지나치게 많다.

사례연구_1차 및 2차 질문의 적용

여러 해 전에 이제 막 내부코치를 사용하기 시작한 작은 회사에서 코치 그룹을 수퍼비전하였다. 이 사례연구는 첫 회기를 기술한다. 그룹은 지속되지 못했다. 실패한 경험을 검토하는 것은 배움을 주어서 빨리 안도하게 하므로 특히 가치가 있다고 생각한다. 이 사례를 통해 자기수퍼비전을 사용함으로써 그룹의 표면 아래에서 어떤 일이 일어나는지 이해하고 어떤 이유로 그룹이 지속되지 않았는지에 대한 결론에 이르게 하며 나의 실수로부터 배울 수 있었다.

처음으로 그룹과 만나기 이전에 1차 및 2차 질문을 숙지하면서 나는 다음의 주제를 표면화하였다.

- *기술과 선호하는 업무 방식* : 나의 작업을 떠받치는 모델은 정신역동이며, 마이어스 브릭스 선호는 N 과 F이다. 일대일 수퍼비전을 경험하였지만 아직 그룹을 수퍼비전한 경험은 없다. 나의 기술과 경험이 그룹의 기대치와 일치하는지 확신이 없었다. 그래서 마음이 불편하였고 할 수 없는 일을 맡았는지 고민하기 시작하였다.
- *그룹에 대한 나의 느낌* : 일하기 쉽지 않은 그룹이리라고 예상했고, 이 일을 하는 데 자신감이 없었다. 그래서 처음부터 내 머릿속에 상당한 혼선이 있음을 알았다.
- *나의 동기* : 그룹에 대한 동기는 매우 높았다. 나의 전문성에 대한 신뢰도 및 평판과 관련하여 중요하다고 느꼈다.
- *악마의 옹호자* : 나중에 알고 보니 충분히 고려해야 할 만큼 하지 않았고, 악마의 옹호자를 지명하지도 않았다.
- *계약하기* : 회기를 위한 세 가지 사용할 수 있는 형식을 확인하고 그룹에게 선택을 맡기기로 하였다. 뒤늦게 보니 그게 실수였고, 자기주장과 자신감 결여에 대해서 성찰하였다.

그룹 수퍼비전 회기

그룹이 만날 때에 서너 명의 그룹원이 비디오 컨퍼런스로 이 모임에 합류한다는 것을 알고 당황하였다. 그들과 매우 멀게 느껴졌다. 클레어만이 나와 같은 방에 있었다.

모임의 목적은 어떻게 함께 일할지 방법에 합의하는 것이었다. 그들에게 코칭의 감각을 주기 위해서 그들의 코칭과 훈련에 대해서 물었고, 클레어를 빼고는 그룹원이 적극적이지 않았다. 다른 코치들은 코칭에 대해서 열광적이었고 그냥 경청하고 사람들이 자기결정에 이르게 하는 것이 얼마나 대단한지 이야기하였다. 코칭의 이상화된 그림이라고 느끼고 나는 그것에 대해 도전하였다.

클레어는 자기가 하는 코스에서 최근에 시작한 참만남집단에 대해 언급하였다. 그녀는 불편했고 어디로 가는지를 이해하지 못했다. 개방하고 울었던 유일한 사람이었던 그녀는 매우 당황하였고 다시는 말하지 않겠다고 결심하였다. 비록 피드백은 항상 기대 이상으로 매우 긍정적으로 받았으나 그녀는 코칭할 때 때때로 '거기에 있지 않은' 느낌에 대해 설명했다.

자신을 보호하기 위해서 이렇게 느낄 수도 있지 않을까 생각해보았다. 그리고 이 그룹에서 클레어가 이야기를 시작하고 다른 사람들은 뒤로 앉아서 그녀가 하도록 하는 방식으로 같은 패턴이 일어난다고 지적했다. 성찰하면서 이에 관해서는 나중에 클레어 하고만 다시 이야기하기로 결정하였다. 내가 취했음 직한 다른 접근은 다른 코치들에게 이 주제에 연관지을 수 있는지 질문하는 것이었다. 이렇게 했더라면 개인의 주제를 보다 보편적인 주제, 전체 체계의 주제로 다룰 수 있었을 것이었다(Kepner, 1980). 그러나 나는 초기 단계에 있는 이 그룹에게는 위험한 전략일 수 있다고 의심하였다.

수퍼비전에서 무엇을 얻기를 원했느냐고 질문하였을 때 보호의 주제가 다시 수면에 올라왔음을 감지했다. 한 코치는 이미 외부의 지원을 받고 있고 조직의 관점에만 집중하기를 원한다고 하였다. 다른 코치는 우리가 사용하리라고 말한 모델과 이미 친숙하고 필요한 코칭 기술을 갖고 있다고 말했다. 감정적으로 매우 좌절되는 것을 나는 알아차리고 있었다. 그들이 수퍼비전에서 사용하기 원할 것이라고 생각한 세 형식에 관해서 질문하였을 때, 그룹은 하나에 동의할 수 없었다. 모든 것에서 일부를 원했다.

회기 마지막에 그룹원이 긍정적으로 반응하면서 계속하고 싶다고 하였지만, 나는 의심스러웠다.

3차 질문으로 되돌아보기

그룹에 대한 나의 인식

그룹은 서로 잘 알고 있었다. 그들은 조직에서 코칭 훈련을 맡고 있는 소수의 사람들이 었기에 함께 왔다. 최고의 모양새를 갖추어 수퍼비전을 요청하였지만(수퍼비전을 요청하는 최상의 관례로 나를 대했지만), 말하지 않은 목표가 있는지, 만일 그렇다면 무엇일지 잘 알 수가 없었다. 그 조직에서 이런 종류의 업무로 최초라는 점에서 그 그룹은 독보적이었다. 거기에서 이루어진 그룹 수퍼비전 모임의 유형은 일반적인 공식 모임과는 아주 달랐다. 내가 충분히 대답하지 못한 질문은 현재의 영향력이 그룹의 행동에, 특히 개방하고자 하는 그룹원의 욕구 혹은 능력에 영향을 주었는지에 관한 것이었다.

여기에서는 사람과 사건이 어떻게 조직화되었는가?

비록 그룹원을 사전에 알고 있었지만 밀접한 관계는 아니었다.

지금 일어나고 있는 장(場)의 어떠한 영향이 현재의 행동을 설명하는가?

그룹이라는 무대가 중요한 영향을 미쳤다. 우리가 개인별로 이미 알고 있다는 사실을 허용하여, 그룹원이 수용되고 소속될지 혹은 거절당할지에 관해서 질문할 때 그룹으로는 여전히 처음의, 포함 단계(Katzenbach and Smith, 1993)라는 사실을 최소화하였다. 이러한 염려는 그룹원과 마찬가지로 수퍼바이저에게도 적용된다. 게슈탈트의 핵심 목표는 다른 사람과 할 수 있는 한 최상의 접촉을 해서 상호작용이 가능한 충분히 이루어지게 하는 것이다(Leary-Lones, 2007). 그룹원이 그룹에 소속되었다고 느끼도록 돕는 일에 더욱 집중했더라면 그들과 나 사이에 더 좋은 접촉이 이루어졌을 수도 있었다.

　그룹의 역동은 행동에 강력한 영향을 미쳤다. 명백한 목표로는 계약 문제에 관한 과제에 집중되었으나 때로 그룹 역동이 우선시되어 나는 계속해서 과제에 집중하려고 애를 썼다. Bion(1968)의 그룹 역동에 관한 이론은 나로 하여금 무엇이 일어나고 있는지에 대한 가설을 개발하는 데 도움이 되었다. Bion의 논문은 어떤 그룹이든지 성취하려는 과업이 그룹 내의 집단적인 힘에 의해 위협을 받는데, 이러한 힘은 제멋대로가 아니고 어떤 결합 혹은 정서적 상태에서 의식적으로 구성된다는 것이었다. 이러한 결합에는 (1) 투쟁/회피, (2) 의존성, (3) 편가르기(Karterud, 1989)가 있다. 그룹은 이 기본 가정 중 하나가 전체에 의해서 공동으로 정해진 것처럼 행동하고, 이것은 하고자 하는 어떤 합리적인 작업에도 영향을 미친다. 나의 견해에 의하면 리즈, 폴과 재닛은 도피하고 있었다.

　　Bion은 또한 각 사람의 의존 욕구도 분리되어 한 사람에게 투사된다고 주장한다. 클레어의 경우가 이러했다고 생각한다. 내가 감지한 그녀의 취약성을 그녀에게 투사했는데, 왜냐하면 내게는 그녀가 자신을 투사할 수 없을 것이라고 느꼈기 때문이다. Bion은 이러한 '의존적인 지도자'는 종종 '가장 직관이 없는 사람'이며, 이는 그녀가 왜 화가 났는지 자신을 이해 못하는 것과 일치할 수 있다. 그룹은 공식 지도자가 이러한 사람을 돌보기를 원한다—내가 바로 이렇게 했는데, 그룹을 떠나 그녀의 상황에 대해서 더 탐색하고, 일대일 회기로 가져간 것이다. 그렇게 하면서 나의 보호와 구조의 필요에 의해서 행동하였고, 클레어에 의해서 구조를 받았다. 회고해보니 클레어는 다른 그룹원을 보호했을 뿐 아니라 나까지 보호했음을 알게 되었다. 이 마지막 자각으로 인해서 나 자신의 욕구와 경험을 그룹원에게 투사하지 않고 더 잘 이해할 수 있게 되었다(Zinker, 1978).

현 상황은 어떻게 독특한가?

이 모임은 조직에서 정상적으로 열리는 것과 전적으로 다른 유형이었다. 조사에 나타난 것처럼 이 조직에서의 문화는 신뢰의 부족이었고, 이는 그룹의 행동에 영향을 주었을 것이다—앞에서 말한 것처럼 한 가지 게슈탈트 원리는 한 사람은 오직 그의 환경의 일부로만 이해될 수 있다는 것이다.

　　그러므로 내가 보호를 주요 주제로 느낀 것은 아마도 놀랄 일이 아니다. 세 그룹원이 비디오 회의 기능을 사용함으로써 자신들을 보호하고, 마음을 열지 않고, 이상적인 코칭 그림을 제시하였다. 이에 덧붙여 클레어를 보호하기 위하여 나 또한 역시 다른 동료가 그룹에 합류할 수 있을 것이라고 제시함으로써 나 자신을 보호하려고 하였다. 왜냐하면 나는 그녀가 나에게 지지적일 것임을 알았기 때문이다.

언급된 목표와 언급되지 않은 목표

자기보호라는 언급되지 않은 목표는 수퍼비전이 그룹원의 코칭 프랙티스를 향상하리라는 초기의 언급된 목표와는 상당한 차이를 보였다.

되어가는 과정 안에 무엇이 있는가?

그룹을 가족으로 생각하면서 내 마음속에는 우리가 사산할 위험에 처했다는 이미지가 떠올랐다. 이는 나의 비판주의의 심각성을 알려주었고 옳은 생각으로 판명되었다. 그룹은 다시 만나지 않았다.

내가 보지 못한 것 혹은 이때 배제한 것은 무엇인가?

동료의 우연한 코멘트 한 마디가 이것을 깨닫게 해주었다. 나의 동료는 그룹원 중 한 사람이 나를 믿지 못하므로 결코 성공하지 못할 것이라고 말해주었다. 이런 식으로 나의 동료는 자신도 모르게 악마의 옹호자 역할을 하고 내가 보지 못하는 것을 드러내주었다. 나의 일반적 경험으로는 사람들이 나를 신뢰하였으므로, 누군가가 그렇지 않을 수 있는 가능성을 배제하였다.

결론

이 장에서 기술한 자기수퍼비전 모델은 그룹 수퍼비전을 하는 수퍼바이저가 프랙티스 성찰을 위해 사용하는 과정을 제공해준다. 이 모델은 '지금 여기'에 초점을 맞추고 수퍼바이저가 서로 다른 감각의 입력에 주의를 기울이도록 격려한다. 각 그룹 회기 전후에 하는 일련의 질문은 수퍼바이저에게 자신이 그룹에 가져가는 것을 성찰하도록 자극하고 그룹에 대한 인식과 감정을 선명하게 하고 그룹 수퍼비전 회기에 일어난 일을 이해하는 데 도움이 된다.

진정한 강점은 모델의 체계적인 접근법인데, 수퍼바이저로 하여금 문제를 무시하지 않도록 돕는다. 외부 수퍼바이저를 가질 필요에 대한 일반적인 논쟁은 대부분의 사람들이 자신의 맹점과 이를 도와줄 객관적인 사람이 필요함을 알아차리기 어렵다는 점이다. 자기수퍼비전 모델은 편견에 대한 집중, 배제된 것, 악마의 옹호자를 사용함으로써 이러한 것을 언급해준다. 특히 수퍼바이저가 자신의 감정이나 그룹의 기능 가운데서 드러난 실패의 자기 몫을 자신의 것으로 하고 그룹원에게 투사하지 않도록 하는 데 도움이 된다. 그리고 수퍼바이저가 논란을 종결하고 경험에서 배우며 앞으로 나아가도록 한다.

자기수퍼비전 모델은 이전에 언급한 수퍼비전의 세 가지 기능을 얼마나 깊게 언급하는가? 그룹 안에서의 작업을 성찰하도록 격려한다는 점에서 확실히 발달적이다. 이는 그룹과의 접촉에서 나오는 감정이 수퍼바이저에게 얼마나 영향을 미치는지를 이해하도록 집중하는 기능에 대한 자료를 제공해준다. 그리고 수퍼바이저의 맹점을 언급해주는 몇 가지 고차원적인 기능을 충족한다. 그리고 조직의 의제보다는 수퍼바이저가 적절한 추가 질문을 통해서 이러한 간극을 메우도록 한다. 마지막으로 연구기반 모델로서, 현재 별로 연구되지 않은 코칭 수퍼비전 부분에 공헌할 잠재력을 갖고 있다.

참고문헌

Barber, P (2006) *Becoming a Practitioner Researcher: A Gestalt approach to holistic inquiry,* Middlesex University Press, London

Bion, W (1968) *Experience in Groups,* Tavistock, London

Bluckert, P (2006) Retrieved from **www.peter.bluckert.com** on 3 February 2010

Ellison, R (2009) Talk to the ego, *Coaching at Work,* 4 (1) 48–9

Gallwey, T (1979) *The Inner Game of Golf,* Pan Books, London

Hawkins, P (2006) Coaching supervision, in (ed) J Passmore, *Excellence in Coaching,* Kogan Page, London

Hawkins, P and Schwenk, G (2006) CIPD research, presented at the CIPD annual Coaching at Work Conference, 12 September, London

Hawkins, P and Shohet, R (1998) *Supervision in the Helping Professions,* Open University Press, Buckingham

Hawkins, P and Smith, N (2006) *Coaching, Mentoring and Organizational Consultancy, Supervision and Development,* Open University Press, Buckingham

Hay, J (2007) *Reflective Practice and Supervision for Coaches,* Open University Press, Buckingham

Kadushin, A (1976) *Supervision in Social Work,* Columbia University Press, New York

Karterud, S (1989) A study of Bion's basic assumption groups, *Human Relations,* 42 (4) 313–35

Katzenbach, J and Smith D (1993) *The Wisdom of Teams,* Harper Business Essentials, New York

Kepner, E (1980) Gestalt group process, in (eds) B Feder and R Rowell, *Beyond the Hot Seat: Gestalt approaches to groups,* Brunner/Mazel, New York

Lahad, M (2000) *Creative Supervision,* Jessica Kingsley, London

Leary-Jones, J (2007) Feeling groovy, *Coaching at Work,* 2 (5) 24–32

Moyes, B (2007) Supervision matters. What goes on in coaching supervision?, Unpublished Master's dissertation, Portsmouth University

Moyes, B (2009) Literature review of coaching supervision, *International Coaching Psychology Review,* 4 (2) 160–171

Myers Briggs, I (2000) *Introduction to Type,* OPP, Oxford

Peltier, B (2010) *The Psychology of Executive Coaching: Theory and application,* Routledge, New York

Stoltenberg, C and Delworth, U (1987) *Supervising Counsellors and Therapists: A developmental approach,* Jossey-Bass, San Francisco, CA

Zinker, J (1978) *Creative Process in Gestalt Therapy,* Brunner Mazel, New York

제6장

내러티브 수퍼비전
― 경험적, '상상적' 장

Sue Congram

서론

코치는 더 잘하는 법을 배우려고 수퍼비전에 자신의 사례를 가져온다(Carroll and Gilbert, 2005). 그곳은 보다 세밀하고 미묘한 업무의 특징에 대해서 성찰하고, 성찰하는 법을 배우기 위한 자리이다. 코치는 수퍼바이저를 안전한 대상으로 활용하며 수퍼바이저에게 질문, 수수께끼, 호기심, 고객과의 업무와 보다 넓은 영역의 코칭 프랙티스에 대한 업무 관련 주제를 내놓는다. 수퍼바이저가 강력한 접촉을 할 수 있는 곳에서의 이 관계는 코치 업무의 표면을 건드리는 것보다 훨씬 더 많은 가능성이 있다. 이는 심층적 학습과 통찰을 위한 공간이 될 수 있다. 나는 이러한 공간에 이르기 위해서 사용하는 두 방법 ― 어떻게 수퍼바이저, 코치, 코치의 고객에게 영향을 미칠지와 서로 어떻게 연관이 있는지 ― 에 관해서 기술할 것이다.

첫 번째 방법은 코치가 수퍼비전에 가져오는 '내러티브'를 학습의 도구로 사용하면서 이에 기초하여 만들어진다. 나는 코칭 관계의 보다 심층적인 문제는 눈에 보이는 것과 말한 것보다는 보이지 않거나 말하지 않은 것에 있다는 생각을 발전시킨다. 그러면 수퍼바이저는 말하지 않은 것과 알려지지 않는 것을 코치가 자각하도록 하면 코치의 이야기가 발전하고 그 이야기가 자신이 하고 있는 일을 밝혀보게 할 수 있다.

두 번째 방법은 '경험적 장'이다. 여기서 수퍼바이저와 코치가 프랙티스의 새롭고 종종 보이지 않았던 차원에 접근한다. 또한 '상상적'이라고 부를 부분을 기술할 것인데 이는 상상되는(imagined), 가상적(imaginary), 심상의(images) 총화이다. 말할 필요도 없이, 수퍼바이저와 코치 간의 관계의 핵심은 신뢰이다. 신뢰 없이는 이러한 심층적 수퍼비전은 일어나지 않는다.

수퍼비전에서 내러티브로 작업하기

왜 내러티브인가? 우리는 원래 이야기꾼이고, 우리의 삶은 우리가 경험한 사건을 묘사하는 이야기 말하기와 듣기로 가득하다. 내러티브 이야기(Narrative story)는 의도적인 허구인 이야기하기(storytelling)와는 다르게 사실에 근거한다. 이야기되고 또다시 다른 방식으로 다른 사람에게 이야기되어 사실상 상당한 허구처럼 보일 수도 있지만, 그 의도는 허구적이 아니다. 내러티브 이야기의 진실은 정확성에 있지 않고 그 의미에 있으며(Gabriel, 2000), 의미는 말한 것만큼이나 말하지 않은 것을 통해서 온다.

내러티브는 모든 사회와 문화에 존재한다. 인간의 구조에 깊이 뿌리박은 보편적 특성이며, 아동발달, 가족 간 유대와 학습에 결정적으로 필요하고, 사람들이 어려울 때를 지나 즐거운 경험을 축하하도록 도우며, 지식 발달, 의사소통, 문화, 다문화 의사소통, 공동체의 존속에 핵심이다. 내러티브는 우리가 배우지 않은 능력이고 세대를 넘어 문화, 국경을 초월해서 전달된다. 우리 모두는 자연스럽게 부지불식간에 매일 같이 내러티브에 참여한다. '우리가 인간이라는 정의는 우리 자신과 우리가 사는 세계에 대해서 말하는 이야기와 밀접한 관련이 있고 … 내러티브라는 선물은 너무나도 지배적이고 보편적이어서 내러티브가 '심층 구조', 유전적으로 배선되어 있는 인간의 능력이라고 강력하게 주장하는 사람들이 있다(Brooks, 1985: 3).

우리는 서로 우리의 일상 사건에 관한 작은 내러티브를 항상 이야기한다. 너무나 일상적이어서 알아차리지도 못한다.

'교통 혼잡 때문에 모임에 늦게 도착했어. 상관은 기분이 안 좋았고, 그 사람 안색으로 내가 퇴출되리라는 것을 알겠더라구.'

'파티가 굉장히 재미있었어. 올해 최고의 날이었지. 집단 물싸움으로 끝장을 냈다구.'

　'내가 시내에 들어갔을 때 누구를 만났을 것 같아?' (비록 질문이지만 시내에서의 깜짝 만남에 대한 이야기를 짤막하게 해준다.)

　'텔레코칭을 하고 있었는데 선이 나갔어. 고객이 상관과의 심각한 어려움을 말하는 중이었고, 눈물을 흘리고 있었는데, 전화로 다시 연결이 안 되더라구. 고객이 홀로 남겨졌다고 느꼈을 것 같은 데 대책이 없더라.'

우리는 우리 삶에 대한 이미지와 상상을 불러내기 위해서 여러 말을 할 필요가 없다.

　내러티브 이야기는 특히 개인의 경험에 근거하고, 화자만 말할 수 있는 이야기이다. 이 점이 바로 허구적인 이야기와 대조되는 내러티브 이야기이며 내러티브가 스스로 수퍼비전에 도움이 되는 이유이기도 하다. 말하기의 한 가지 속성은 창의성 면허로, 매일의 삶에서 우리는 가공하고 윤색하며, 장식하고, 수정하고, 상상적으로 이야기하고, 때로는 시적으로 때로는 전반적으로 이야기한다. 또한 우리에게 의미 있는 이야기를 하고 또 할 때 사실적이고 역사적이며 사변적이기도 하다. 그때 잘 경청하는 사람들은 우리가 말하는 것을 듣고 믿는다. 말하기의 이러한 특성은 수퍼비전의 결실이 되고 심층적 학습이 이루어질 수 있는 '표면 이야기 아래에 있는 이야기'에 접근하는 하나의 방법이다(Case, 2007). 내러티브 이야기가 전체성의 특성을 이끌어간다.

　수퍼비전은 실제로 책임, 윤리적 행위, 훌륭한 기준을 유지하는 것을 말하는 것이 아니냐고 물을 수 있다. 이러한 프랙티스의 기준이 코칭 관계 전반에 가득하고, 항상 명확한 것은 아니고 종종 감춰져 있으며, 우리가 상상하는 것보다 더 미묘하다. 인지적 작업만으로는 코칭 프랙티스의 심층적 측면을 드러낼 수 없을 것이다. 예를 들면 코칭에서 선택하기를 이야기해보자. 긴 여정의 각 지점에서 코치는 이리로 갈지 저리로 갈지, 이것에 대답할지 저것에 대답할지 코칭 관계 속에서 여러 작은 결정을 한다. 이런 선택은 종종 자각 밖에 있다. 좋은 코칭이란 자신이 하고 있는 선택을 알아차리고, 이러한 선택에 깔려 있는 이유, 직관 혹은 체화된 반응을 자각함을 의미한다. 그러나 코치 관계 속에서 코치가 전이와 역전이의 역동에 사로잡히는 시간이 있을 수 있다. 무의식적 과정으로서의 이러한 역동은 아래의 사례에서처럼 전적으로 고객을 보거나 듣는 일을 멈추게 할 수 있다.

　어떤 코치가 자기에게 화가 났던 고객에 관해서 이야기하였다. 그는 원상태로 되돌아가서 마치 자신에 대해서 이야기하고 있는 것이 진실이라고 믿기 시작했다. '모두가 사업이 무너지지 않았다는 확신을 위해서 여러 주 동안 과로한 후인데, '코칭'하러 들어오면서 그 코치는 자기가 누구라고 생각했는가!' 코치는 안정성을 잃어버렸고 이를 개인적으로 받아들여 방어적이 되고 곤경에 빠졌다.

그러한 상황에서는 어떻게든 빠져나올 필요가 있다. 다른 코칭 방법론으로 여러 가지 대안을 생각해볼 수 있다. 한 가지는 위기 상황에서 조직의 관리부서가 직원의 말을 잘 경청하는지, 관리부에 대한 분노가 코치에게로 향할 수도 있음을 생각해볼 수 있다. 이 사례에서는 그럴 수도 있고 아닐 수도 있다. 그러나 수퍼비전에서 나의 관심은 고객과 코칭의 관계에서의 과정에 대해서 할 일이 더 많았다. 코치가 내러티브를 다시 이야기할 때 목소리가 높이 올라가는 부분이 있었다. 왜 그랬을까? 이에 대해 자각하면서 그 부분에서 무시되었다고 느꼈으나, 동시에 자신의 기반을 다시 회복하였다고 믿었다. 나는 순간적으로 코치가 투사하지 않았나 의심하였는데, '잘못된 상태'에 있었고, 내러티브를 이야기하는 과정을 통해서 그것을 알게 되었다. 논의를 더 진행하면서 내가 주목한 목소리 변화에서 나타난 대로 투사의 찌꺼기가 아직 남아 있음을 알아차렸다.

코치는 고객과의 경험을 이야기하면서 자연스러운 의사소통의 형태에 참여하며, 이러한 내러티브를 통해서 수퍼바이저와 코치는 말한 이야기(story that is told)와 말한 대로의 이야기(story as it is told) 둘 다를 성찰해볼 수 있다. '장 인식' 수퍼바이저는 말해지는 이야기를 '부드러운 경험'을 통해서 쓸모있게 인식한다. 다시 말해 여기에서는 내러티브가 주된 초점이 아니다. 말한 대로의 이야기가 수퍼바이저가 코치를 도울 수 있는 부분인데, 왜냐하면 코치는 자기가 그 이야기를 어떻게 하는지 잘 인식하지 못할 것이기 때문이다.

수퍼바이저가 이런 방식으로 작업을 하는 데는 또 다른 이점이 있다. 내용이나 문제해결에 사로잡히는 것을 막아준다. 코치, 코치의 고객, 혹은 고객의 체계에 대한 판단 전달을 막아준다. 또한 코치에게 어떻게 영향을 받았는지와 어떻게 일에 연관시키는지에 대한 통찰을 주어 표면적인 학습을 넘어서 작업방법을 심화한다.

경험적 장

삶은 지속적으로 흐르는 경험이다. 과거를 말하거나 미래를 예견할 때조차도 우리가 경험하는 것은 오직 현재뿐이다. 수퍼비전과 코칭에서 이것이 우리가 갖는 최고의 재능이다. 1940년대에 사회과학자 Kurt Lewin(1951)은 이를 한 단계 더 높였다. 그는 삶에 대한 개인의 참여를 '경험적 장' 혹은 '심리적 장'이라고 기술하였다. 사람이 만날 때 이 경험의 장은 공동 창조된다. '장이론'이라는 결정적인 제목으로 Lewin은 한 단계 더 나아가 장은 스스로 자율규제하는 원리를 지닌다고 제시하였다. 스스로 장이론을 연구한 결과 나는 상상력, 상상된 이미지가 경험의 공동 창조에 기여하는 정도를 자각할 수 있게 되었다. 이 장의 뒷부분에서 상상의 개념을 수퍼비전에서 지니는 그 가치에 대한 설명과 함께 소개한다. 이 절에서는 경험적 장을 수퍼비전 및 코칭과 관련하여 그 핵심원리를 강조하면서 기술한다.

수퍼바이저-코치 관계

공동 창조되는 경험적 장의 첫 번째는 수퍼바이저-코치의 관계이다. 그림 6.1을 보라.

이 경험적 장 안에 두 사람 사이의 관계적 역동이 존재한다. 여기에는 수퍼바이저와 코치가 서로를 어떻게 인식하는지, 그들 간의 신뢰 수준, 설정하는 힘의 관계, 두 사람 각자의 숨겨진 측면, 세계관과 문화적 관점이 포함된다. 이 장의 역동성은 또한 함께 작업하는 방과 공간, 좌석 배치에 의해서도 영향을 받는다. 나는 고객이 걸어들어오기 편한 수퍼비전 공간을 만드는 것을 확고한 신념으로 갖고 있다. 이것이 일에 영향을 미친다. 그러나 장 관점에서 우리가 보는 것은 물리적 환경보다 그 이상의 맥락이다. 이 맥락에는 감춰진 심리적 — 개인적, 관계적, 사회적 및 문화적 — 세계의 차원을 포함한다.

이 장에는 알려진 것과 알려지지 않은 풍부한 정보가 있다. 수퍼바이저와 코치가 공동 창조한 장과 그 장에 가져오는 것(내러티브, 기억, 감정, 신체 반응)은 사실상 수퍼비전 회기 내에서 작업할 것들이다. 내러티브를 갖고 작업하면 이 장에 창조성을 가져

그림 6.1 수퍼바이저-코치 관계

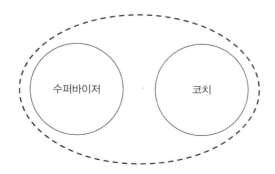

그림 6.2 코치-고객 관계

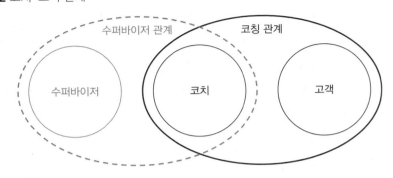

오며 전통적 접근은 이 장에 보다 주지화를 가져올 수 있다.

그러나 또 다른 '경험적 장'이 수퍼비전에 들어온다. 코치와 고객이 함께 공동 창조한 장(그림 6.2 참조)인데 내러티브를 통해서 수퍼비전으로 들어온다.

비록 이 경험적 장이 수퍼비전에서 직접적으로 드러나지 않는다 하더라도, 코치-고객 관계의 공명, 파동, 색감, 질감과 정서가 내러티브를 통해서 수퍼비전 안으로 들어온다. 더 나아가 수퍼바이지와 코치는 되돌아가서 이러한 관계를 검토할 수 있다. 장이론의 원리[장의 그 부분을 나는 상상적(imaginal)이라고 칭하는데, 곧 논의할 예정이다]는 이러한 입장에서 고려될 수 있다.

코치와 고객의 작업에 영향을 미치는 세 번째 경험적 장이 존재한다. 이는 고객의 업무 혹은 가족체계에 대한 관계이다(그림 6.3 참조).

또다시 이러한 경험적 장의 울림은 코칭작업에 어떤 색깔을 가져오며 그 파편들이 수퍼비전에서 길을 찾을 수도 있다. 수퍼바이저의 관점에서 볼 때 이러한 세 번째 경험적 장은 매우 멀리 있는 듯이 느껴져서 오직 멀리 떨어져서 보는 견해만을 취할 수 있는 것

그림 6.3 고객의 작업장 혹은 가족체계

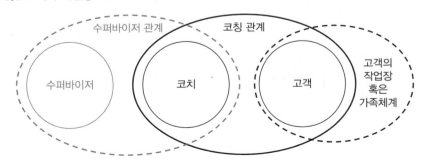

으로 보일 수 있다. 그럼에도 불구하고 이러한 장들은 그 자체로 상호 연결되어 있고, 보다 큰 전체의 부분이어서, 한 분야에 자갈이 떨어지면 다른 곳에 잔물결을 일으킨다. 내가 앞에서 사용한 사례는 코치를 향한 분노가 고객의 관리를 향해 느껴진 분노를 대치했을 수도 있다는 것을 나타내었다. 이것이 바로 코칭 외부에서의 경험적 장이 코칭의 경험적 장으로 들어오는 사례가 될 수 있다. 만일 코치가 '시간 낭비이며, 가망이 없고, 코치가 되기에 적합하지 않다'는 느낌을 수퍼비전에 가져온다면, 그 영향이 수퍼비전에서도 느껴진다. 내러티브는 이러한 심층적 현실을 담고 있고 말해지지 않은 것을 지적해낸다.

경험적 장의 원리

경험적 장의 아름다움은 그 핵심적 원리에 들어 있는데, 이는 사람들이 사회적 · 신체적으로 세계와 맺는 상호작용에 영향을 미치고 그 형태를 만들어내는 삶의 내재적인 참여원칙이다. 수퍼비전에서 이러한 원리는 수퍼바이저와 코치에게 창조적인 도약을 하도록 도와준다. 간략하게 다섯 가지 핵심원리를 기술하고(O'Neil and Gaffney, 2008; Parlett, 1991) 어떻게 이러한 일이 발생하는지 설명하고자 한다.

1. 변화
2. 전체
3. 조직
4. 동시성
5. 단일성

1. 변화의 원리

수퍼바이저-코치의 관계는 정지된 것이 아니라 신뢰가 향상됨에 따라서 항상 전환되고 변화되며 인식이 달라지고 학습이 일어난다. 또한 기억이 변화되며, 말하고 다시 말하면서 이야기가 달라진다는 것을 주목할 가치가 있다. 코치는 같은 코칭 회기에 대해서 두세 가지 다른 견해를 이야기할 수 있다. 각 견해는 각각의 타당도를 갖고, 각각의 학습잠재력을 갖고 있다.

변화가 진지하게 고려되고 있을 때 수퍼바이저가 고려해야 될 것은 바로 변화의 역설적 속성이다(Beisser, 1970). O'Neill과 Gaffney(2008)는 이것을 '통제하지 않음으로써 통제함'이라고 기술한다. 일이 일어나게 만들기보다는 일이 일어나는 대로 놓아두는 것이다. 수퍼바이저가 주목하는 것은 중요할 수도 있고 그렇지 않을 수도 있으며, 혹은 코치에 의해서 그렇게 합의될 수도 있지만, 그것에 주목함으로 인해서 코치는 성찰하고 질문하고 제기된 요점에 대해서 확장할 수 있게 된다.

2. 전체의 원리

장의 모든 측면이 서로 연결되어 있고 전체를 만든다. 경험된 것은 전체의 장에 의해서 결정되고, 부분으로 분리되지 않는다. 이러한 전체적인 관점에서 작업을 하는 것은 역설적일 수 있다. 내러티브가 이야기될 때 그 세부사항에 주의를 기울이고, 이를 다시 코치에게 반영하는 것은 통찰을 얻는 한 가지 방법이다. 인간으로서 우리는 자연스럽게 거기 실제로 있는 것에 대해 묻기보다는 우리가 거기 있다고 '생각하는' 것을 가지고 우리가 인식하는 것의 빈틈을 메운다. 이상하거나 비일상적으로 보이는 것을 다시 되돌아보면서 이러한 틈새 메우기를 위한 질문을 하게 된다.

이것의 수퍼비전에 대한 함의는 중요하지 않게 보이거나 혹은 제기된 내러티브와 무관하게 보이는 세부사항의 '가능한 타당성'(Parlett, 1991)에 주의를 기울이는 것이다. 내가 앞의 예에서 목소리의 약간의 변화에 대해 언급한 것은 탐색할 가치가 있었고, 그 사례에서는 작업에 중대한 의미를 발견하게 되었다. 우리는 타당성에 대해서 가정을 할 수 없다. 알아내기 위해서는 질문을 해야 한다. 요점은 바로 우리 모두가 너무나 자주 주목받기 위해서 소리치고 있는 바로 그것을 무시한다는 것이며, 수퍼비전에서는 그것을 지적하는 사람이 너무 많다는 것이다.

3. 조직의 원리

현재의 상태는 지배적인 주제 중심으로 조직되는데 이는 명시적일 수도 있고 암묵적일 수도 있다. 이에 대한 아주 단순한 예는 위계구조로서의 수퍼비전과 작업 동맹으로서의 수퍼비전 사이의 차이다. 수퍼바이저와 코치의 관계는 이 두 가지 협정에 따라서 상당히 달라질 것이며, 일어나는 학습도 그러할 것이다. 이러한 원리에 대해 개방적이면 수퍼바이저는 정보에 의한 선택을 더 잘할 수 있고 수퍼비전 회기에서 일어나는 미세한 변화를 더 잘 알아차릴 수 있다.

조직의 원리는 또한 형성, 재형성되는 패턴을 가져오게 된다. 내러티브 이야기는 패턴, 반복, 주제와 관련된 대화와 갈등을 드러낸다. 패턴은 또한 당연하게 내가 기술한

한 쌍의 각각의 관계에서의 전이와 역전이의 역동 중심으로 형성된다.

4. 동시성의 원리

흔히 사용되지는 않지만 '동시성(contemporaneity)'이라는 용어는 아주 단순하다. 오직 현재 시간과 현재 상황에 존재하는 것만이 현재 행동을 설명한다는 의미이다. 현재에 존재하는 것이 과거의 행동을 설명하지도 않고 할 수도 없다. 이 원리는 내러티브에 주의를 기울일 때 특히 더 타당하다. 과거에 일어난 자체로서의 사건은 그러한 실제적인 '장'의 조건이 더 이상 존재하지 않기 때문에 우리가 고려하는 대상이 아니며(Parlett, 1991), 내러티브는 과거의 기억이고, 무슨 이야기를 말하고 어떻게 이야기되는지 — 기억이 어떻게 현재에 침투하고 영향을 미치는지 — 가 수퍼바이저의 관심의 초점이 된다.

5. 단일성의 원리

단일성의 요지는 모든 상황은 유일한 것으로 보여야 한다는 것이다. 일반화하려는 경향, 예측하거나 사람들을 어떤 일정한 범주로 구분하려는 바람은 우리와 반대로 행동한다. 상황의 독특성을 보지 못하고 '마치 답을 알고 있는 것처럼 행동한다'. 그 결과 사람들을 느끼거나 경청하지 못하고 '표준화된 답'을 느끼거나 혹은 '표시'가 붙는다. 코치가 내러티브를 새롭고 유일한 것으로서 고려할 가치가 있는 것으로 반복할 때마다 수퍼바이저와 코치가 고려하고 질문하며 탐색할 새로운 관점을 제공한다.

이러한 다섯 가지 원리는 장이론의 중심에만 있는 원리가 아니며 핵심 원리로서 이러한 작업을 처음으로 시작하는 누구에게나 호평을 받게 된다.

상상적

경험적 장은 풍부한 창조적인 재료로 가득 차 있다. 상상된, 상상적인 것과 이미지는 언제나 어떤 형태로 나타난다. 이러한 상상적인 세계와 함께 작업하는 자리는 코칭 프랙티스에서 창의적인 도약이 이루어질 수 있는 곳이다.

상상된

내러티브를 이야기할 때 우리는 기억에 의존하며 전체 그림을 우리가 갖고 있지 않으므로 듣는 사람을 위한 그림을 다 그리지도 않고 그릴 수도 없다. 과거에 대해서 내러티브

그림 6.4 선 그림

요약으로 이야기할 뿐이지, 갖고 있지 않으므로 전체 이야기를 할 수는 없다. 많은 세부 사항을 놓치게 된다. 화자와 청자 모두가 이야기되는 동안에 상상력을 통해서 틈새를 메워가는데, 종종 아무 질문도 없이 그렇게 한다. 인지심리학을 통해서 이를 알 수 있는데, 인지심리학은 우리가 사물을 전체로 볼 뿐이고 단편화된 부분으로 보지 않으며, 우리 앞에 놓인 것이 전체의 부분일 때조차 그러함을 알게 해주었다. 그림 6.4의 선 그림이 이를 나타내준다. 각각의 경우에서 선이 끊어졌음에도 불구하고 완성된 이미지가 나타나며, 우리는 전체적인 이미지를 보고 끊어진 선이나 모양을 보지 않는다.

우리가 의미를 만드는 일에도 같은 일이 발생한다. 정보에 빈틈이 있을 때에도 우리 인간의 경향성은 그것을 채워 넣는다. 삶과 대인관계의 과정에서 자연스럽게 일어나는 이러한 현상은 관계를 위한 좋은 전조가 되지는 않는데, '빈칸 채우기'가 우리 자신의 삶의 경험과 지식기반을 통해서만 성취될 수 있기 때문이다. 그것이 우리가 가진 전부인데, 물론 우리가 질문을 하지 않는 한 그러하다. 그러므로 수퍼비전에서의 경험적 장은 계속 변하는 지속적인 빈틈 메우기와 의미부여의 과정인데, 이는 추측과 투사에 의해 드러나지 않는다. 빈틈을 보기 위해서 그리고 질문하기 위해서 알아차림을 하고, 애써 미심쩍어하는 마음을 갖는 것, 이것이 바로 수퍼바이저와 코치의 임무이다.

수퍼비전에서 자기 고객에 관해 충분히 이야기한 코치는 당황스럽다는 듯이 의자에 깊숙이 앉았다. 나는 이에 관해서 언급하고 나서, 그것이 바로 그가 경험하고 있는 것이냐고 질문하였다. '아니요, 그 반대입니다.'라고 그는 대답하였다. 갑자기 나는 내가 놓쳤던 부분을 깨달을 수 있었다. 그것은 언제나 내 앞에 있는데, 보지 못했을 뿐이다.

수퍼비전에서 고객의 업무에 대해 이야기하고 누군가가 그것을 듣고 그 작업에 대해서 증인이 됨으로써 종종 그 빈틈이 다른 방식으로 드러난다. 이는 마치 그림을 완성한 후에 뒤로 물러서는 것과 같다. 새로운 관점에서 드러나는 그림을 본다.

수퍼비전에서 일어나는 매우 중요한 그 무엇이 있는데, 그것이 바로 수퍼바이저에 의해서 '상상된 것(the imagined)'이다. 소설을 읽는 것과 마찬가지로 내러티브가 이야기될 때에 수퍼바이저는 반드시 배경, 관련인물, 사람들이 어떻게 보일 것인지 등을 거의 알아차리지 못한 채 상상적인 윤곽을 만들어낸다. 다음에 코치를 수퍼비전할 때 이에 관해서 주의를 기울여보고, 코치의 사례작업에 관해서 당신이 마음속에 어떤 그림을 그리는지 알아차려보라. 이상적으로는 이러한 과정이 판단이나 편견 없이 일어난다. 이것이 바로 유형화의 이점이 있는 자리로서, 유형화는 상상된 것을 지지하며 유형화를 당신과 코치의 장으로부터 나타나는 일시적이고 부정확한 승강장에서 일어나는 것으로 간주하는 한 작업이 매우 잘 된다.

가상적이고 상상력이 풍부한

오늘날의 삶은 이론, 지식, 구조, 모델, 그리고 숫자가 주도한다. 상상력이 풍부하도록 교육받지 않았다. 상상력은 종종 창의적이 되고자 할 때 불러내는 자원으로 인식된다. 사실상 우리는 이 능력을 삶에 참여하는 하나의 자연스러운 측면으로 사용한다. 지금 여기에 존재하지 않는 것은 상상력을 필요로 한다. 더 나아가 지금 여기에 존재하는 것 또한 모든 것을 볼 수는 없기에 상상력을 필요로 한다. 우리는 사람들이 말하지 않는 한 그들이 생각하거나 느끼는 것을 알 수 없다. 우리의 상상력은 항상 대기하고 있으며, 우리 삶 깊이 통합된 부분이기도 하다. 그러나 이러한 과정에 흠집이 생기는데, 사실 전체적 혹은 부분적으로 거짓일 때에도 우리가 사실이라고 믿는 방식에 의해서 '존재하는 것에 대한 상상'을 종종 떠올린다. 우리는 상상적인 엑스트라를 추가하고, 우리는 내러티브를 이야기할 때 이것은 강조하고 저것은 축소하는 식으로 굴절시킨다. 우리는 현재 우리의 욕구를 충족하기 위해서 과거를 재형성한다. 우리는 매우 상상력이 풍부한 존재이다. 그리하여 각각의 그리고 매번의 경험적 장에는 상상력의 바다가 존재한다 — 어떤 수퍼비전 회기에도 한 바구니씩 나온다. 어떻게 그것을 의도적으로 사용할지가 비결이다.

수퍼비전(코칭)을 할 때, 상상력이 그 순간의 상황에서 업무에 대한 강력한 감각과 함께 떠오른다. 나는 코치로 하여금 자기 일의 끄트머리에 오게 하여 사물을 다른 방식으로 보도록 하기 위하여 내 주변의 자료에 의지하는 경향이 있다. 나는 그 방의 물체, 단순한 예술품, 그림을 사용할 수도 있고 혹은 취미, 오락물, 그들의 무역 도구에 끌리기도 한다.

> 그 코치의 고객은 꽉 막혀서 자기 삶의 앞으로 나아갈 수 없는 배관공 같았다. 코치는 뭔가 새로운 것을 시도하고 싶어 했지만 예술적인 재료를 사용하는 데 결정적으로 흥미가 없는 배관공의 기술자 정신으로는 창의적이 되기 어렵다고 느끼고 있었다. 몇 가지 상상적 사고를 하고 나서 코치는 고객에게 그의 배관 도구를 다음 회기에 가져오도록 제안할 수도 있다고 생각하게 되었다. 그리고 이것을 사용하도록 격려하여 사생활에서의 문제를 시각적으로 똑똑히 말하도록 하였다 — 이 방법은 새로운 의미와 통찰을 가져왔다.

나는 코칭에서 구조화된 연습문제의 사용에 관해 코치들에게 전반적으로 도전할 것이며, 왜 그것을 유익하다고 보는지 질문을 제기할 것이다. 때때로 나는 확신이 서기도 하고 그렇지 않기도 하다. 통상적으로 코치는 처음에 그것을 만났을 때는 그 연습이 유익하다는 것을 발견했고, 그리하여 고객도 또한 그것으로 도움을 받을 것이라고 생각했다. 나는 코칭에서의 이러한 접근에 도전하는데, 이는 고객이 아니라 코치의 의제에 근거하기 때문이다. 코치가 고객과 잘 연결되고 고객에게 더 깊은 알아차림과 통찰을 가져오는 방식으로, 고객의 이슈에 대한 깊은 경청에 기반하여 상상력을 발휘하고, 창의적이며, 발명적이기도 하는 것이 훨씬 더 낫다.

이미지

마지막으로 나는 이미지에게로 왔고 이와 함께 은유와 상징에까지 왔다. 우리의 매일의 언어는 은유(Lakoff and Johnson, 1980)와 이미지로 가득 차 있는데 대부분의 시간에 이를 알아차리지 못한다. 이미지는 수퍼비전에서 특별한 역할을 하고, 이는 수퍼바이저의 접근에 달려있다. 구조화된 작업 방식은 수퍼비전을 수퍼바이저의 모델에 따라서 만들도록 하는 반면에, 상황의 역동에 대한 보다 개방적인 탐색은 수퍼바이저가 '성장과 발달의 생득적 과정을 신뢰하는 곳'(Case, 2007)에서 일어나며, 접근에 보다 더 개방적이다. 이미지와 자유롭게 일하게 되면 수퍼비전을 생동감 있게 하고, 코치를 위해서 의미를 심화하는 잠재력을 갖게 된다. 다음의 예가 이를 드러낸다.

코치가 그의 이야기를 다시 말하면서 회기 중의 한 지점이 '마치 차가운 안개' 같았다고 묘사하였다. 그러고 나서 그 이야기가 별 소득이 없을 것처럼 금방 넘어가버렸다. 나도 놓칠 수 있었다. 앞에서는 이 이야기를 하지 않았기에 새로웠다. 다시 이야기하기를 다 마쳤을 때 나는 코치에게 그 이야기를 다시 하면서 무엇을 알아차렸는지 이야기해보라고 요청하였다. 그가 안개 이미지로 돌아가지 않았기에 내가 다시 상기시켜주었다. 그 이미지는 작업에 대한 새로운 통찰로 이끈 감정의 폭발을 시작하게 하였다.

이 이야기가 수퍼바이저로서의 당신에게 의미하는 바는 코치의 내러티브 중에서 당신 눈에 띄는 이미지에 주의를 기울이고, 그 의미를 이해해야 한다는 느낌 없이 코치와 함께 그 이미지를 성찰적인 대화의 장으로 가져가보는 것이다.

상상력이 풍부한 수퍼비전 대화 개발하기

이러한 다층의 경험적 장 안에는 심오하고 통찰적이며 도전적인 학습의 가능성이 존재한다. 수퍼바이저와 코치가 상상된 것, 상상력, 이미지를 보다 완전하게 그들의 협력 작업의 경험적 장 안으로 가져오기 위해서 할 수 있는 일이 몇 가지 있다. 여기에서 나는 몇 가지 예를 들고 있다. 당신도 자신만의 고유한 아이디어를 가져오기를 격려한다. 가능성은 무한하다. 열쇠는 마음속에 공동 창조의 목표를 명심하는 것이다.

내재하는 내러티브 발견하기

이야기는 하나의 연극을 만들기도 하고 혹은 화자가 자기가 이야기하는 방식을 통해서 무의식적으로 연극을 가져올 수도 있다. 이런 일은 종종 눈에 안 띄게 진행된다. 사람들은 내용에 집중하고 일어나고 있는 다른 프로세스—목소리가 올라가거나 내려가는 것, 빨라지거나 느려지는 것, 서로 다른 강조점과 억양—를 거의 받아들이지 않는데, 이 모든 것이 다른 프로세스, 즉 내재적인 내러티브를 나타낸다. 여러분은 코치가 이미 내러티브 속에 연극을 가져온다는 사실만으로도 배울 필요가 있는 것을 이미 안다고 말할 수도 있을 것이다.

그러므로 코치를 내러티브가 이야기되는 동안에 변화를 알아차리게 되는 이야기의 이러한 지점으로 다시 돌아가게 하는 것만으로도 엄청난 도움을 얻을 수 있다. 별로 중요해 보이지 않는 어떤 것으로부터 가능성 있는 타당도를 발견하고 단지 코치의 관심사항으로 가져오는 것만으로도 이전에는 없을 수도 있었던 선택을 제공해주는 것이다. 내가 앞에서 사용한 코치의 목소리가 올라간 예는 단적으로 그것이었고, 궁극적으로 깊은 통찰을 가져왔다.

내재하는 내러티브를 알려주는 암시자에는 이야기 속의 은유, 이미지, 상징이 포함된다. 의미의 확장이 목적일 때 이런 것 중 몇 가지에 대해 설명을 요구하면 의미가 사라질 수도 있다. 은유, 이미지, 상징을 코치에게 다시 반영하면 반응이 일어난다. '차가운 안개' 사례의 경우 "방금 '마치 차가운 안개처럼'이라고 하는 것을 들었습니다."라고 말했다. 그런 단순한 반영이 알려지지 않은 것을 드러내게 한다.

그 안에 있는 내러티브를 발견하는 데는 상상력이 필요하다. 수퍼바이저가 자기 자신의 모델과 작업 방식을 고수하는 것이 안전하게 느껴질 것이고, 내러티브적 접근은 그런 것을 배제하지 않는다. 그러나 코치와 작업하는 장으로 들어가기 위해서는 상상력의 흐름이 요청된다.

내러티브를 다른 방식으로 다시 이야기하기

코치가 수퍼비전에 가져오는 것은 무엇이든지 말하고 다시 말할 수 있으며, 매번 새로운 정보, 새로운 이미지, 그것을 말하는 다른 방식이 도입된다. 코치에게 '다시 말하도록' 요청하는 것은 쉬운 단계이다. 수퍼바이저의 기술은 말하고 다시 말하는 사이에 일어나는 전환과 변화, 다시 말할 때(현재성) 자기와 코치와의 관계성의 변화에 대해 알아차리는 것이다. 수퍼바이저가 내용은 옆으로 놓아두고, 가볍게 들으면서, 완전하게 덮어두지는 말고 내재하는 이야기를 경청하여 이것을 코치에게 다시 반영해준다. 이러한 내재하는 이야기를 코치 스스로는 듣지 못할 수 있다.

수퍼바이저는 또한 코치에게 그 이야기를 다른 방식으로 말해보라고 할 수도 있다. 목적에 따라 여러 방식이 있으며, 예를 들면 다음과 같다.

- 고객의 상사 입장에서
- 코치가 가장 좋아하는 롤모델의 입장에서
- '몰래 남을 관찰하는 사람'의 입장에서
- 긍정적으로 내러티브를 다시 이야기하기
- 그렇게 되기를 바라는 방식, 혹은 그렇게 끝나기를 바라는 방식으로 다시 이야기하기

변화는 역설적이다. '있는 것'을 확충하고, 세부사항에 귀를 기울이고, 정서적인 반응과
연결해보고, 내러티브를 더 알려고 하면 새로운 학습이 일어난다.

내러티브 기록하기

Case(2007: 95)는 어떻게 수퍼바이지에게 고객업무의 내러티브를 기록하게 하는지에
관해서 기술한다. 요지는 바로 '기록하는 과정과 조금 옆으로 놓아두기가 벌써 성찰 과
정을 시작한다'는 것이다. 보다 상세하게 기록하는 행위에 필요한 좋은 기억 회상 과정
도 중요하다. 나의 경우에는 여러 번 내러티브 기록을 마치고 나서 기억해두었다가 몇
시간 후에 다시 돌아가볼 수도 있다. 이것이 전문적인 수퍼바이저에게 유용한 프랙티스
인 자기수퍼비전의 과정이다. 내러티브 기록하기는 코치로 하여금 자기 경험의 전체를
수퍼비전 공간 속으로 가져가보게 한다.

코치는 이 기록을 수퍼비전에 가져가서 읽는다. 수퍼바이저는 또한 복사본을 필요로 할 수도
있다. 읽기를 통해 세부사항이 더 기억되고 왜 잊어버릴 수 있었는지에 관해서 질문을 제기할
수도 있다. 또다시 이러한 과정은 코치에게 놓친 것을 보게 할 뿐만 아니라 거기에 있는 것(전
체)을 보게도 한다. 코치와 수퍼바이저는 또한 원문을 한 단락씩 읽으면서 코치와 고객 사이
의 전이와 역전이, 자기기만의 순간, 놓쳐버린 흐름을 밝혀내게 된다. 텍스트를 되돌아보는 과
정에서 나타나는 감정에 귀를 기울임으로써 이러한 코칭의 방해물들이 스스로 드러나게 된다.

내러티브를 이런 방식으로 기록하기에서 얻는 또 다른 이득이 있는데, 그것은 바로 마
음속으로 들어오는 이미지이다. 이야기 속에는 이미지가 담겨 있고, 수퍼비전에서 내러
티브를 다시 이야기함으로써 더 많은 이미지가 형성된다. Case(2007: 96)는 '고객에 대
한 우리 이해는 알아차림의 끄트머리에 떠도는 이러한 추가적인 이미지 안에 있다'고
기록한다. 기록하지 않았더라면 일어나지 않았을 풍성한 것들이 일어나게 된다. 이미지
는 종종 문자적인 단어보다 훨씬 더 많이 말을 하고, 수퍼비전에서 창의적으로 탐색할
초점을 제공하다. 회상된 이미지, 나타나는 이미지, 감정, 세부사항의 확장, 빠진 것에
주의하고, 사실 대 가상, 이 모든 것이 이 과정에 속한다. 형태는 다음과 같다.

- 고객과의 업무에 대한 내러티브의 기록을 코칭 회기 바로 뒤에 한다.
- 성찰, 작업과 이론의 연결, 일에 대한 건설적인 평가를 통한 자기수퍼비전
- 깊은 회상, 기록된 내러티브에 세부사항과 이미지를 떠오르는 대로 추가하기

- 수퍼바이저와 함께 의식적인 성찰
- 창의적인 수퍼비전 과정
- 과정 속에서 코치에게 일어나는 직관, 새로운 감정, 이미지, 통찰

결론

나는 보다 전통적이고 분석적인 접근과는 상당히 다른 하나의 수퍼비전 접근에 대해 기술하였다. 두 가지 접근이 모두 다 유익하고 코치 업무의 서로 다른 측면에 대해서 이야기한다. 내러티브와 경험적 장 방법론을 사용하는 이 접근은 지속적인 변화 가운데 일어나는 것과 코치 업무의 흐름을 존중하는 매우 개인적인 방식으로 수퍼비전에 관여한다. 이 방식은 역사적 사건을 분석하기보다는 그 사건들이 현재 어떻게 수퍼비전의 순간 속에서 촉진하는지를 다룬다. 그러므로 수퍼바이저에게 내러티브 이야기는 이야기를 하는 지점에서 드러내는 그 무엇으로 더욱 중요하다. 이야기의 내용에서보다는 그 이야기를 하는 태도에서 더 잘 발견된다.

수퍼바이저에게 경험적 장이란 수퍼바이저와 코치, 코치와 고객, 그리고 고객의 분야 사이의 관계를 드러내는 것으로 매우 중요하다. 물론 내용이 중요하지만 행위자가 서로에게 관계를 맺는 방식이 종종 모든 코칭의 성공을 위한 커다란 길잡이가 된다.

이러한 개방적인 탐색 방법을 사용하기 시작하는 것은 처음에는 위협적으로 보일 수도 있다. 그러나 코치와 수퍼바이저의 관계가 발전하기 시작하면 사라져버린다. 관계 속의 긴밀한 접촉과 신뢰는 이미지, 상상하기, 상상된 것을 코치의 업무를 밝혀주기 위해서 사용하도록 해준다. 일단 시도하면 이러한 개방적인 방식이 당신과 코치를 수퍼비전을 받는 코칭의 업무와 기술을 이해하도록 하는 여러 새로운 길로 데려가는 것을 알게 될 것이다.

참고문헌

Beisser, A R (1970) The paradoxical theory of change, in (eds) J Fagan and I L Shepherd, *Gestalt Therapy Now* (pp 88–92), Penguin, Aylesbury

Brooks, P (1985) *Reading for the Plot,* Random House, New York

Carroll, M and Gilbert, M (2005) *On Being a Supervisee: Creating learning partnerships,* Vukani, London

Case, C (2007) Imagery in supervision, in (eds) J Schaverien and C Case, *Supervision of Art Psychotherapy: A theoretical and practical handbook* (pp 95–115), Routledge, London

Gabriel, Y (2000) *Storytelling in Organizations: Facts, fictions, and fantasies,* Oxford University Press, Oxford

Lakoff, G and Johnson, M (1980) *Metaphors We Live by,* University of Chicago Press, Chicago, IL

Lewin, K (1951) *Kurt Lewin: Field theory in the social sciences, selected theoretical papers,* Tavistock, London

O'Neill, B and Gaffney, S (2008) Field theoretical strategy, in *Handbook for Theory, Research, and Practice in Gestalt Therapy* (pp 228–56), Cambridge Scholars Publishing, Newcastle

Parlett, M (1991) Reflections on field theory, *British Gestalt Journal,* 1 (2) 63–81

제7장

비지시적 코칭 수퍼비전

Bob Thomson

서론

이 장에서는 비지시적 코칭 수퍼비전 개념을 탐색하고자 한다. 우선 코치나 수퍼바이저가 사용할 수 있는 지시적인 것부터 비지시적인 것의 연속선상에 있는 행동의 범위를 살피려고 한다. 그리고 나서 주로 비지시적 코칭의 정의에 기반해서 코칭 수퍼비전의 정의를 내리고 비지시적 접근의 밑받침이 되는 Carl Rogers의 몇 가지 생각을 살피고자 한다. 계속해서 수퍼비전의 목적을 생각해보고, 수퍼비전을 성인 대 성인의 관계로 바라보며, 수퍼비전이 코치를 코칭하는 그 이상인가 하는 질문을 제기한다. 그리고 나서 내부 수퍼바이저 개념을 살피고, 어떻게 코치가 자신의 내부 수퍼바이저를 발달시키는 과정에서 대인 간의 과정 회상이나 저널 기록을 사용할 수 있을지 고찰하고자 한다. 마지막으로 독자가 성찰해볼 수 있는 몇 가지 질문을 나눈다.

시작하면서 코치나 수퍼바이저가 전적으로 비지시적이 되는 것은 불가능하다고 믿는다고 말하고자 한다. 고객이 말할 때 당신의 얼굴 혹은 신체언어는 당신의 의식적 혹은 무의식적인 반응을 드러낸다. 질문을 하거나 당신이 이해하는 대로 고객의 세계로 되돌아갈 때 당신의 용어가 원래 그들의 용어 할지라도 필연적으로 단어 선택에 있어 선택적이 된다. 반응하지 않기로 작정할 때 선택적이 되는 것이다.

그러나 다소 비지시적이 되는 것은 가능하다. 나의 프랙티스를 보면 구조에 있어서는 지시적이고 대화의 내용에서는 그렇지 않다. 코치나 수퍼바이저로서 나의 책임의 일부는 고객의 이익을 위한 대화를 해나가는 것이라고 믿는다.

한 회기 내에서 요약하기, 깔끔하게 말하기, 개방형 질문, 침묵을 흐르게 할지 여부, 연습의 제시 등과 같은 일들에 대해서 지속적으로 결정을 한다. 하나의 모델 혹은 틀 —예를 들면 부모자아, 자녀자아, 어른자아의 개념— 을 고객이 자신의 상황을 성찰하도록 돕기 위하여 소개할 수도 있다. 그러나 나는 회기의 내용에 관해서는 비지시적이다. 고객에게 그림을 그리도록 요청할 때, 그림에 무엇을 넣을지에 관해서는 그들에게 맡긴다. 질문을 할 때는 제안이나 바람직한 대답을 담고 있기보다는 순수한 개방형 질문을 답변에 대한 아무런 집착도 없이 하려고 애쓴다. 때로는 고객에게 내가 그렇게 하고 있다는 것을 명시적으로 하면서 제안을 하기도 한다. 경험으로 보면, 앞으로 나아갈 적절한 방식으로 보이는 것은 번번히 고객이 왜 그것이 잘 되리라고 생각하지 않는지 이유를 말해주는 반응에서 발견하게 된다.

지시적, 비지시적 행동

코칭이나 수퍼비전 대화에서 여러분은 끊임없이 다음에 무엇을 하고 어떻게 반응할지에 대한 선택과 마주하게 된다. 지금 무슨 질문을 해야 하는가? 이 침묵을 어떻게 다루어야 하는가? 회기가 방향성이 없는데 무엇을 해야 하는가? 수많은 반응이 가능하며 어떤 반응을 선택하느냐는 과학이라기보다는 예술에 가깝다. 말을 하거나 무엇을 할 때 명심해야 할 결정적인 생각은 바로 당신의 의도이다. 질문을 하고, 조언을 하고, 요약을 제공할 때 그 점에서 당신의 의도는 무엇인가?

코치나 수퍼바이저로 프랙티스할 때 당신은 암묵적 혹은 명시적으로 어떻게 지시적일지 혹은 비지시적일지에 관해서 매번 선택한다. 스스로 지시적이 되거나 비지시적이 되는 자신의 입장에 대해서 마음속에 분명한 것이 도움이 되고 회기 중에서 다음에 할일을 택하거나 관계를 유지하는 데 도움이 된다.

여기에 코칭이나 수퍼비전 회기 동안에 채용할 수 있는 열 가지 행동 목록이 있다. 읽어가면서 각각이 지시적 혹은 비지시적 스펙트럼에 들어가는지 성찰해볼 수 있다.

1. 알아차림을 일으키는 질문하기
2. 조언하기
3. 피드백 주기
4. 교육하기
5. 이해하기 위해서 경청하기
6. 제안하기
7. 안내해주기
8. 바꾸어 말하기
9. 성찰하기
10. 요약하기

이 목록은 코치나 멘토로서 사용할 수 있는 다양한 행위의 범위가 있다는 것을 강조한다. 또한 프랙티스 속에서 어떻게 지시적이 되거나 혹은 비지시적이 되고자 하는지 하는 당신의 바람에 대한 기본적인 질문을 제기한다. 두 가지 차원에 적용된다. 한 차원은 회기 중에 무슨 말을 할지 혹은 다음에 무엇을 할지 계속해서 선택을 하는 것이다. 보다 근본적인 차원에서는 당신이 고객을 어떻게 바라볼지와 그들을 돕는 데 사용할 접근에 대한 선택을 하는 것이다. 그림 7.1은 지시적 및 비지시적 스펙트럼에 따라서 행위를 정하는 일에 대한 한 가지 답을 제공한다. 교육하기, 조언하기, 피드백 주기와 같은 행위는 지시적인 방향에 있는 것이고 경청, 질문, 성찰은 비지시적인 쪽에 속한다.

그림은 또한 보다 지시직인 스타일로 작업할 때는 누군가의 문제를 그들을 위해서 해결하기를 바라는 것이며 당신 마음속에 있는 해결책을 향해서 그들을 강요하기 쉽다. 반대로 비지시적 역할을 할 때는 다른 사람이 그 자신의 해결책을 찾거나 그들로부터 사고를 끌어내도록 돕는 것이다.

코칭 수퍼비전에 대한 정의

코칭에 대한 나의 실용적 정의는 다음과 같다.

> 코칭은 한 사람이 경청과 질문, 자신이 들은 것으로 되돌아가보면서 다른 사람이 그들에게 무엇이 문제인지 명료화하며, 그들의 열망을 이루기 위해서 무엇을 해야 할지를 알아내도록 해주는 친밀하고 신뢰할 수 있는 관계를 형성하는 능력을 사용하는 일련의 대화를 통해서 이루어진다. (Thomson, 2009)

그림 7.1 지시적, 비지시적 코칭 행위

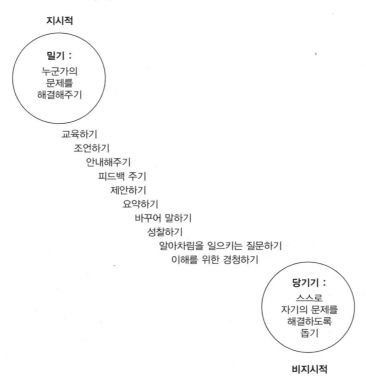

나는 이 정의에서 두 가지 측면을 강조하고자 한다. 첫째로 이 정의는 코칭을 관계로 바라보고, 효율적인 코칭 관계가 라포와 신뢰에 기반한 것이라고 제시한다. 둘째로 이 정의는 비지시적 코칭의 역할은 고객이 목적을 분명하게 이야기하고 그 목표 달성을 위해서 어떻게 시작할 수 있을지를 돕는 것이라는 나의 견해를 강조한다.

아래에 이러한 코칭 정의에 의해서 구축되는 코칭 수퍼비전에 대한 정의가 있다.

코칭 수퍼비전은 수퍼바이저가 코치로 하여금 자신의 프랙티스를 질서 있게 되돌아보고, 한편으로는 코치로서의 능력을 개발하고 자신의 효율성을 신장하며, 고객과의 업무에 대한 정서적인 반응을 처리하는 라포와 신뢰의 관계이다.

이 정의는 Peter Bluckert의 정의와 비교될 수 있는데, 그는 수퍼비전이 부분적으로 고객을 보호하는 것이라는 생각을 명시적으로 추가한다.

수퍼비전 회기는 코치가 보다 경험이 많은 코치와 함께 자기가 하고 있는 일에 대해서 성찰할 수 있는 자리이다. 코치의 지속적인 학습과 발달을 지원하는 것과 코칭받는 사람을 어느 정도 보호하는 이중의 목적을 갖고 있다. (Hawkins and Smith, 2006을 인용함)

Hawkins와 Smith(2006)는 수퍼비전을 다음과 같이 정의한다.

코치/멘토/컨설턴트가 고객과 직접적으로 일하지 않는 수퍼바이저의 도움을 받아 고객의 체계와 자기 자신을 고객-코치/멘토 체계의 일부분으로 더 잘 이해하도록 주의를 기울일 수 있고, 자신의 업무를 변화시킬 수 있도록 하는 과정.

이 정의는 체계적 사고와 수퍼바이지가 회기 내에서 '변화 감지'를 경험하는 변형적 변화를 강조한다는 점에서 나의 것과 약간 다르다.

수퍼비전 정의를 재검토하면서 Tudor와 Worrall(2004)은 '인간중심 접근의 촉진 개념과 전적으로 일치한다'고 여기는 Christian과 Kitto의 정의를 인용하였다. 수퍼비전은

사람이 아니라 역할의 명칭이다. 수퍼바이저의 역할은 작업자가 가져온 질문이 깊이 고려될 수 있음과 질문이 고려될 수 있는 방법을 보여주는 것일 수 있다. 수퍼비전은 한 사람이 다른 사람이 생각을 더 잘할 수 있게 해주는 과정이다. (Christian and Kitto, 1987)

나는 수퍼비전이 — 코칭도 마찬가지고 — 사람들이 생각을 더 잘하도록 돕는 것이라는 생각을 정말로 좋아한다.

위에서 살핀 수퍼비전에 대한 나의 정의에서 나는 수퍼비전에서 관계가 가장 첫째이며 중요한 것으로 평가하였다. 이는 또한 수퍼비전의 두 가지 목적, 즉 (1) 능력을 개발하고 효과성을 신장하는 것, (2) 코치의 역할에 부과되는 정서적인 충격을 되돌아보는 것을 나타내는 것이다. 우리는 이 장의 뒤에서 나의 정의에 포함되지 않았던 가능한 세 번째 목적, 즉 자질의 통제를 제공하는 것을 살필 것이다. 정의는 또한 경험과 프랙티스를 성찰하면서 일어나는 학습의 중요성을 강조한다. 나의 견해에 의하면

심층적으로 지속되는 학습 — 이전에는 할 수 없던 그 무엇을 할 수 있게 되는 것 — 은 오직 경험을 통해서 이루어진다. 그러나 경험 그 자체는 충분하지 않다. 경험이 성찰되고 창조적인 지식을 만들어내도록 이해되어야 하며, 이 지식이 새로운 상황에 적용되었을 때 심화된다. 그 과

그림 7.2 순환적 코칭학습

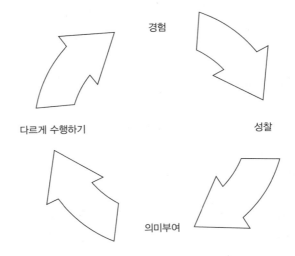

경험

성찰

의미부여

다르게 수행하기

정은 학습 사이클처럼 검토될 수 있다(Thomson, 2006). 그림 7.2을 참조하라.

수퍼비전이 코치에게 자신의 프랙티스를 성찰하고 발전시키는 공간을 제공한다는 생각은 Hawkins(2006)에게서 발췌한 다음 글에 반영되어 있다.

워크숍에서 모델을 배우고 능력을 개발할 수 있다. 그러나 이러한 것들이 스스로 탁월한 코치를 만들어내지는 않는다. 수퍼비전은 훈련생에게 자신의 유능함을 능력으로 변환시키고 자신의 개인적 코칭능력을 발전시키는 성찰적인 컨테이너를 제공한다.

Carl Rogers의 영향력

Carl Rogers와 그의 인간 중심 심리치료, 상담, 교육에 관한 접근의 사상과 철학은 나의 프랙티스의 토대 중 하나이다. 나는 그의 사상의 중요성이 코칭문헌에서 적절하게 인식되지 못하고 있다고 생각한다.

오래전에 나의 코칭과 수퍼비전 접근이 발달하는 데 심오하게 영향을 미친 Carl Rogers의 문장을 읽었다. 그 의미와 함의를 20년이 더 지난 지금에도 여전히 숙고한다. *On Becoming a Person*에서 그는 이렇게 기록하였다 — '다른 사람에게 가르칠 수 있는 것은 내게는 상대적으로 별로 중요하지 않고 행동에 별 영향을 미치지 않는다'(Rogers,

1961). '너무나 우스꽝스럽게 들리는 것을 나는 말하면서 동시에 질문하지 않을 수 없다'고 그는 덧붙였다.

사망 1년 전에 출판한 'Client-centered/Person-centered Approach to Therapy(심리치료에 대한 내담자 중심/인간 중심 접근)'의 어떤 글에서 Rogers는 그의 핵심 가설을 간략하게 기술한다.

> 개인은 자기 자신 안에 자기이해, 자기개념의 변화, 태도, 자기주도적 행동의 거대한 자원을 갖고 있으며 이러한 자원은 촉진적이고 심리적인 태도로 정의될 수 있는 분위기가 마련되어야 활용될 수 있다. (Rogers, 1987)

인간 중심 접근은 '인간에 대한 신뢰 위에 구축'되었다. 이 접근은 '모든 살아있는 유기체에 나타나는 실현 경향성, 성장하고 발전하고 충분히 기능하려는 경향성'에 근거한다.

그 글에서 Rogers는 효과적인 치유적 관계를 조성하는 데 필요하고 충분한 세 가지 조건을 기술한다. Rogers의 '촉진적이고 심리적인 태도로 정의할 수 있는 분위기'를 마련하기 위해서, 촉진자는 다른 사람에게 세 가지를 갖고 있고 보여주어야 한다.

1. **진솔성** : 순수하고, 실제적이며, 감정과 태도를 나누고, 가면을 숨기지 않음
2. **무조건적 긍정적 존중** : 조건적이 아니며 전적인 타인에 대한 비판단적 수용과 존중
3. **공감** : 타인의 감정과 경험을 이해하고 그 이해한 바를 소통함

촉진자가 이러한 품격을 소유해야 할 뿐 아니라 고객이 촉진자의 진솔성, 무조건적 긍정적 존중과 공감적 이해에 대해서 어느 정도 인식할 필요가 있다.

Rogers는 실제로 치유적인 변화를 위한 여섯 가지 필요충분조건이 있다고 설명한다. 위에 나열한 세 가지 조건과 고객이 촉진자 속에서 인식하는 네 번째 조건뿐만 아니라, Rogers는 고객의 변화와 성장을 지지하는 데 필요한 두 가지—두 사람이 서로 심리적인 접촉을 하고 있으며, 고객이 불일치성이나 균열을 경험하고 있다—는 다른 조건을 말한다. 나는 코칭과 수퍼비전에서 조력자와 고객은 참으로 서로 접촉하고 있다고 가정한다. 또한 고객은 코칭이나 수퍼비전에 어느 정도의 변화와 성장 혹은 보다 효율적이 되고자 하는 욕구를 갖고 온다고 생각한다.

수퍼비전은 치료나 심리적 변화와 같지 않다. *Freedom to Practise: Person-centered approaches to supervision*(자유로운 프랙티스 : 인간 중심 수퍼비전 접근)에서 Tudor와

Worrall(2004)은 여섯 가지 조건을 생각하면서 내가 생략한 두 가지 조건은 '수퍼비전 과정에 반드시 필요한 것'은 아니라고 논박한다. 그들은 다음과 같이 기록한다.

> 공감적으로 이해받고 무조건적으로 수용되는 수퍼바이지의 경험은 아마도 효율적인 수퍼비전에 가장 중요한 단일 요인이며, 수퍼바이지는 충분히 수용되었다고 느끼는 정도에 따라서 도움을 받을 것이라는 수퍼비전에 대한 우리의 생각을 유지하게 되었다. (Tudor and Worrall, 2004)

이러한 생각은 코칭 수퍼비전에 대해 몇 가지 중요한 시사점을 갖는다. 첫째로, 가르칠 수 있는 것은 행위에 영향력이 약간 있거나 거의 없다는 전제에 동의한다면, 수퍼바이저가 코치를 유익하게 가르칠 수 있는 것은 별로 없다. 내가 이 말을 쓰는 동안에도 얼마나 도전적인지 혹은 혼란스러울 수 있을지 나도 알고 있다. 읽을 때에 당신은 진솔성을 위해서 내가 가르칠 것이 별로 없다면 수퍼바이저로서 도대체 어떻게 해야 한다는 말인가라고 질문하게 될 것이다.

가능한 것을 명료화하는 데 도움이 될 한 가지 생각은 갈릴레오의 어떤 말에서 온다 —'사람들에게 무엇을 가르칠 수는 없다. 오직 스스로 그것을 발견하도록 도울 수 있을 뿐이다.' 그러므로 수퍼바이저의 역할은 가르치거나 말해서가 아니라 코치로 하여금 자신의 프랙티스를 성찰하고 스스로 발견하게 돕는 것이다.

Rogers 사상의 두 번째 의미는 수퍼바이저가 코치에게 지속적으로 공감적 이해, 비판단적 수용과 진솔성을 보여줄 필요가 있다는 것이다. 이런 식으로 제공되는 관계는 그 안에서 코치가 자신의 일의 세계를 이해하기 위하여 자기의 자원 속으로 진출하게 하는 컨테이너를 만들어주며, 그다음에는 태도, 행위, 자기이해의 변화로 이끌 수도 있다. 진실로 충분한 보상이 따른다. 수퍼바이저의 역할은 코치에 의한 이러한 학습을 촉진하는 것이다. 수퍼바이저는 이를 통제할 수 없고 일어나게 할 수도 없다. 오히려 코치를 신뢰하고, 과정을 신뢰할 필요가 있다.

코칭 수퍼비전의 기능

Hawkins와 Smith(2006)는 수퍼비전의 세 가지 주요한 기능을 발달적, 자원공급적, 질적 기능으로 정의한다.

1. 발달적 기능은 수퍼바이지의 프랙티스에 대한 성찰을 통한 기술, 이해력, 능력의

발달에 관한 것이다.

2. 자원공급적 기능은 수퍼바이지가 고객과의 업무의 정서적 강도에 대한 자신의 반작용을 자각하고 다루도록 돕는 것이다.

3. 질적인 기능은 수퍼바이지의 업무에 대해 그 작업이 적절하고 윤리적인지 확증해 줌으로써 질적인 조절을 하도록 한다.

수퍼비전의 이러한 세 가지 기능이 위에서 말한 코칭 수퍼비전의 정의와 고객에게 Rogers의 세 가지 핵심 조건을 보여주기에 근거하는 수퍼비전 관계의 속성과 일치하는가?

나는 발달적 기능은 직접적으로 노선을 정한다고 생각한다. 나의 정의에 의하면 수퍼비전의 목적은 프랙티스에 대한 성찰을 통해서 코치의 능력과 효율성을 고양하는 것이다. 자원공급 기능은 또한 나의 정의에서는 명시적이다. 코치가 고객과의 업무에 대한 자신의 정서적인 반응을 처리하도록 돕는 것은 코칭 수퍼비전의 타당하고 유익한 측면 중 하나라고 확실히 동의할 것이지만, 코칭 관계의 정서적 강도가 일반적으로 치료나 상담 혹은 사회복지에서보다 덜하다는 데는 회의적이다. 아마도 여기에서의 나의 주장은 코칭의 정신역동적 접근보다는 인본주의적 접근과의 친밀도를 나타낸다.

그러나 질적인 기능은 비지시적 수퍼비전 접근에 어색하게 앉아 있다고 생각한다. 코칭 업무가 적절하고 윤리적이어야 한다는 데 내가 동의한다는 것을 강조하려고 한다. 그러나 수퍼바이저가 코치의 업무의 질을 보증하고 코치가 프랙티스의 관련 코드에 응하도록 조정하는 책임을 맡는다면, 수용도 필연적으로 판단적이 되고 긍정적 존중도 조건적이 될 것이라고 생각한다. 이렇게 되면 관계 안에 설정된 라포와 신뢰의 정도가 제한되기 쉽다.

*Freedom to Practise*에서 Tudor와 Worrall은 인간 중심 수퍼바이저가 사람들 안의 자기실현 경향성에 대해 갖는 신념을 다음과 같이 기록한다.

(자기실현 경향성은) 자유로운 수퍼바이저가 수퍼바이지가 하고 있는 코칭과 수퍼바이지의 고객이 그 일을 최대한 활용하고 가장 좋은 것을 취하는 능력에 대한 높은 수준의 신뢰를 갖도록 돕는다. 따라서 수퍼바이저가 정상적으로 수퍼바이지의 일을 평가, 조정, 감독할 필요가 없게 되며, 그 대신에 자신의 관심을 수퍼바이지가 자신의 일에 대한 생각과 감정을 탐색하도록 돕는 데 헌신할 수 있게 된다. (Tudor and Worrall, 2004)

그들은 후에 직속 상사(라인 관리자)가 수퍼바이저처럼 행동하는 것은 바람직하지 않다고 언급하였는데, 부분적으로

> 고용과 파면에 대한 책임감 및 궁극적으로는 권한을 가진 라인 관리자가 수퍼바이지/직원에게 진솔하게 무조건적으로 형태형성적 혹은 회복적인 기능을 충분히 제공하는 것은 어려우며 또한 수퍼바이지가 그것을 받아들이기도 어렵기 때문이다. (Tudor and Worrall, 2004)

형태형성적 및 **회복적** 기능은 각각 이 절의 시작 부분에서 기술한 발달적, 자원공급적인 기능과 유사하다는 점에 주목하기 바란다.

나는 능력에 대한 판단과 비윤리적인 프랙티스에 대해 직면하고 보고하는 적법한 장소가 있다는 것에 동의한다는 것을 강조하려고 한다. 그러나 이는 수퍼비전 회기에서 다른 관계와 다른 작업 방식을 조성한다. 팀 상담사들의 라인 관리자인 수퍼바이저, 신참 사회복지사가 자격이나 프랙티스에 적합한지를 판단하는 상급 사회복지사, 혹은 코칭 프로그램의 학생이 인증받을 만한 질적인 기능을 갖고 있는지 결정하는 교사는 참으로 그들의 검토 과제 가운데 질적인 기능을 갖고 있다. 그들은 피할 수 없이 질적 인증 역할과 효과적인 수퍼비전 관계 조성의 중요성 사이에 균형을 맞춰야 한다 — 그리고 이는 그들이 비지시적으로 일하는 것을 방해할 수도 있다. 아무 잘못이 없지만 이에 관해서 명료한 것이 좋다.

코칭에 대한 코칭

O'Neill(2000)은 또한 코치를 위한 코칭의 중요성을 인식하였다. 그녀는 '코치가 자신의 역할을 효율적으로 할 수 있는 최상의 방법 가운데 하나는 스스로 코칭을 받는 것이다.'라고 기록한다. 임원코치로서 20년간 경험을 쌓은 후 계속적으로 자신을 위한 코치를 두면서, 그녀는 '코치를 활용하는 것은 … 현명한 투자(이다)'라고 생각했다.

수퍼바이저로서 나의 프랙티스에 관해 씨름해온 질문 중 한 가지는 어느 정도까지 — 혹시 조금이라도 — 코칭 수퍼비전은 코칭에 대한 코칭과 다른가 하는 것이었다. 이 질문에 대한 일반적인 대답은 두 가지 요점에 관한 것일 수 있다. 첫째는 수퍼비전에는 언제나 — 코치의 고객 혹은 고객이라는 제삼의 참가자가 — 수퍼비전 대화 동안에 그 방에 있다. 또 다른 참가자가 있을 수도 있는데, 예를 들면 고객의 기관도 그 방에 있을

수 있다. 둘째는 방금 토론한 대로, 수퍼바이저는 코치가 윤리적으로 활동하고 있는지를 살피는 질적인 확인을 하는 책임을 갖는다. 이는 수퍼바이저가 코칭 직업에 대해 직업 범위 내에서 좋은 프랙티스를 보장하는 책임이 있다는 생각에까지 연장된다.

나는 이러한 논란에 대해 확신이 없다. 첫째 요지에 대해서 방 안에 동석자가 함께 있음이 그 자체로 수퍼비전을 코칭과 다르게 만드는지에 대해 확신이 없다. 예를 들면 힘든 팀원을 관리하거나 상사와 보다 효율적인 작업관계를 조성하기, 혹은 모임에서 보다 주장적으로 행동하기에 관한 나의 코칭 대화에서는 방 안에 다른 동석자들이 있다. 코칭 고객이 고도로 스트레스가 많은 작업 환경을 관리하는 것 돕기는 코치가 업무에서 오는 정서적 강도를 다루는 것을 돕는 것과 유사점이 있다.

둘째 요지에 관한 반응으로, 앞부분에서 나는 어째서 수퍼비전의 질적인 기능이 비지시적 수퍼비전 접근과 맞지 않는지를 제시하였다. 더 나아가 코칭 관계에서 코치가 만일 예를 들어 고객이 위험하거나 비합법적인 일을 할 때 어떻게 반응하거나 행동할 책임이 있다는 것이 나의 견해이다. 매우 드물지만 판단적이고 비수용적인 것이 코칭 관계보다 더욱 중요할 때가 있을 수 있다. 이런 의미에서 코치는 수퍼바이저가 코칭직업에 대해 갖는 책임감과 다르지 않은 보다 광범위한 고객층에 대한 책임이 있다.

그러므로 현재 나의 생각은 수퍼바이저가 질적 보장에 관한 명시적인 책임을 갖고 있지 않을 때 비지시적 접근을 사용하는 수퍼비전은 코칭에 대한 코칭과 다르지 않다. 수퍼비전이 코칭에 대한 코칭 이상일 때는 오직 수퍼바이저가 이러한 질적인 역할을 갖고 있을 때이다.

성인 대 성인 관계로서의 수퍼비전

이 절에서 나는 비지시적 수퍼비전 접근의 핵심인 관계의 속성에 관해서 간략하게 다시 돌아가보려고 한다. 나는 관계를 교류분석 용어로 성인 대 성인의 상호작용으로 본다. 그리고 자격 보증이 있을 때에는 특히 때로 부모 대 자녀 관계가 되는 위험이 있다고 생각한다.

'수퍼바이저'라는 그 말이 어떤 의미에서 수퍼바이저가 우월함을 암시하므로 어느 정도 문제가 있다. 수퍼비전을 생각할 때 나의 워드 프로세싱 목록은 관리 혹은 돌봄이라는 두 가지 단어를 내놓는다. '관리'라는 말 아래에는 지도, 행정, 규정, 명령, 통제가 나열된다. '돌봄' 아래에는 관리, 후견, 보호, 책임, 지도가 나열된다. 전자는 비판적 부모 역할을 나타내고, 후자는 양육적 부모의 역할을 암시한다. 각각의 경우에 한쪽 당사자가 부모자아의 입장으로 나오면 다른 당사자의 자녀자아가 반응을 일으킬 위험이 있다.

코치가 실수로 제안을 하거나 해결책을 제시한 경우를 살펴볼 때 나 자신도 이렇게 하고 있는 상황을 여러 번 확인할 수 있다. 시간이 제한되어 있을 경우 빠른 해결책을 위해서 압박을 가하는 때가 한 가지 상황인데, 나도 이를 좋은 프랙티스로 생각하지 않는다. 두 번째 상황은 다음과 같이 기술하였다.

> 때로 나 자신이 제안이나 해결책을 주고 있는 것을 발견하는 또 다른 상황은 고객이 어느 정도 유능하지 않다고 생각할 때이다. 나는 때로 어떤 특별한 고객과 여러 번 이렇게 한 것을 깨닫는다. 그리고 내가 어떤 의미에서 부모자아-고객을 자녀자아 상태로 생각하면서 — 아마도 양육적인 부모로서 상호작용을 하지 않았나 생각하게 된다. 그러므로 나는 평소 나의 스타일은 성인 대 성인으로 기능하는 것이고, 대부분 비지시적이며 고객이 스스로 앞으로 풀어가도록 하는 것인데, 도대체 무엇이 이 사람과는 이렇게 행동하게 하는지 고려해볼 필요가 있다. (Thomson, 2009)

비지시적인 수퍼바이저로서 나는 성인 대 성인 방식으로 작업하는 것을 선호하며, 코치로 하여금 자신의 앞길을 스스로 해결하도록 한다. 나의 역할을 지도하고, 규정하고, 통제하며, 보호하거나 안내하는 것으로 보지 않는다. 그런데 당신은 수퍼바이저로서의 자신의 역할을 무엇이라고 보고 있는가?

내부 수퍼바이저 개발하기

수퍼비전과 프랙티스 성찰 경험을 통하여 코치는 회기 중 어떤 순간에 무슨 일이 일어나는지 보다 깊이 알아차리게 되거나 혹은 회기가 종결된 후에 비판적으로 평가하기 위해서 자신의 사고와 감정 안으로 조율해 들어가는 능력을 계속해서 개발할 수 있다. 코치는 지속적인 수퍼비전의 대체물로서는 아니지만 말하자면 자기수퍼비전의 능력을 개발한다.

Casement(1985)는 내부 수퍼바이저 개념을 소개하였다. Casement는 일찍이 사회복지사였다가 정신분석가가 되었다. 그의 책에서 그는 자기의 프랙티스에 대해서, 특히 작업 중의 실수에 대해서 깊고도 솔직하게 성찰하였다. 고객이 여러 다양한 차원에서 그에게 전달하는 것을 주의 깊게 선입견 없이 경청함으로써 고객이 그에게서 필요로 하는 것, 따라서 그가 어떻게 반영할 필요가 있는지를 배울 수 있었다. 그는 사례를 주로 정신분석에서 가져왔지만, 타인 돌봄 전문직에 있는 독자로 하여금 그의 생각을 자신들의 일의 영역과 관계지어 보기를 촉구한다.

그는 수퍼바이저의 지지가 초기 회기에서는 뒤늦은 깨달음을, 미래의 회기와 관련해서는 선견지명을 가져올 수 있다는 점에 주목하게 한다. 그러나 치료사—코치와 수퍼바이저—는 또한 회기 내에서 통찰을 필요로 한다. 그는 '회기 중에 치료사에게 주어지는 여러 압력에 대한 균형추로서 나는 내부 수퍼바이저의 관점에서 사고하는 것이 유익함을 발견하였다'고 기록한다.

내부 수퍼바이저의 주요한 측면은 Casement가 '시도 확인(trial identification)'이라고 불렀던 것이다. 그는 '이는 환자를 이해하고자 하는 공감과도 관계지어 생각될 수 있다'고 기록한다. 그는 몇 가지 방식의 시도 확인을 사용한다.

- 환자가 묘사한 경험처럼 사고하거나 느끼기
- 환자가 지칭한 어떤 사람의 입장에 자신을 놓아보기
- 환자가 분석가가 할 수 있는 코멘트를 어떻게 들을지 상상해보기
- 환자가 분석가로부터의 코멘트에 실제로 어떻게 반응하였는지 회상하기

내부 수퍼바이저는 분석가로 하여금 '한 번에 2개의 자리', 즉 환자의 구두와 동시에 자기 구두 속에 있게 한다.

Casement는 내부 수퍼바이저의 활용을 사회복지사로서의 초기 경험 중 한 사례연구를 들어서 설명한다. 그 사례는 24세의 '긴장성 정신분열증 환자' 테디에 관한 것이다. 그는 과잉보호적인 어머니와 함께 살면서 치료를 받고 있었는데, 그 어머니는 매 회기마다 마치 유아를 '놀이학교에 데려가듯이' 손을 잡고 데려왔다. 테디는 질문에 단음절적인 대답을 하기 시작하였고, 이런 식으로 Casement와의 초기 회기에서 행동하였다.

Casement는 '나는 그의 입장에서 사회복지사가 그런 식으로 발사하는 질문을 단속적으로 해대면 어떨지 상상해보았다. 곧 얼마나 처벌받는 것 같을까라는 생각이 들었다'고 기록한다. 그다음 회기에서 Casement는 의자를 옮겨가서 얼굴을 마주 보기보다는 거의 나란히 앉았다. 그는 왜 이렇게 했는지를 설명하고 자기가 여기에 있으면 테디가 어떻게 느낄지를 생각하고 있었다고 이야기하였다. 그리고 테디의 자리에 있어서 여러 가지 질문을 받게 되면 어떤 심정일지 상상해보았던 몇 가지 생각을 말했다. 테디가

Casement와 안전한 거리를 유지하기 위해서 침묵의 벽을 쌓지 않을까라는 것을 생각하지 못했었다고 이야기하였다. 이 말을 듣자, 테디가 그를 향하여 다음과 같이 대답했다.

> 그렇게 말씀하시니까 재미있네요. 나는 종종 사람들이 나를 찾으려고 애쓸 때 하수도 뚜껑 밑 하수가 흐르는 데 숨어 있는 생각을 해요. 나는 하수구가 무서워요. 냄새나는 사람과 같아요. 숨쉬기가 힘들게 만들어요. 우리 엄마는 나를 질식시켜요. 어린 사내아이 취급을 하죠. 아시다시피 내 속은 실제로 남자예요. 엄마는 그걸 몰라요. (Casement, 1985)

테디와 Casement의 작업은 '갈 길이 멀었지만' 이것이 향상의 출발점이었다. 테디는 엄마를 설득하여 회기에 혼자 오게 되었고, 회기를 '자발적으로' 활용하기 시작하였다. 치료 둘째 연도에는 장난감 가게에서 일자리를 구했는데 거기서 그는 '부모, 자녀들과 자기 방법대로 관계를 맺을 수 있었다'.

Casement는 내부 수퍼바이저 설명으로 이 사례를 제시하고 있는데, 시도 확인의 활용을 생생하게 기술한다. 이것은 또한 Rogers의 필요충분조건의 힘을 설명한다고 생각한다. Casement는 그의 진솔성, 공감능력과 무조건적인 긍정적 존중을 나타내고, 테디는 이를 경험한다. 이는 물론 Casement의 작업에 대한 나의 분석이며 그가 테디의 작업을 기술하기 위해서 이러한 용어를 사용할지에 대해서는 전혀 아는 바가 없다.

후에 Casement는 '내부 수퍼바이저의 작업이 회기 중에 너무나 활발해지고 의식적이 되도록 허용하는 것'에 대해서 경고하였다. 이렇게 하면 고객과 효율적으로 관계하는 데 방해가 될 수도 있다.

Casement는 분석가의 내부 수퍼바이저의 여러 발달단계와 다른 조력 전문직의 유사한 단계를 제시한다. 그는 '내가 내부 수퍼바이저라고 부른 것은 수퍼비전 경험 이전에 오는 것에 그 근원이 있고, 그 발달은 훨씬 멀리 지속한다'고 기록한다. 내부 수퍼바이저의 발달은 아래의 단계들이 앞뒤로 움직이는 과정이 포함된다.

1. 분석가 자신의 환자로서의 경험
2. 처음에 '학생이 수퍼바이저의 조언이나 코멘트에 크게 의존하는' 분석가로서의 초기 훈련 단계
3. 회기 내에서 자발적으로 성찰하는 능력이 수퍼바이저에 의해 내면화된 사고과정과 균형을 이루며 발달
4. 외부 수퍼바이저와 내부 수퍼바이저 간의 대화를 통해서 자동적 기능으로 옮겨감

5. 분석가가 공식적으로 자격을 준 이후에 형성되는 자동적인 내부 수퍼바이저

6. 분석가가 다른 사람을 수퍼비전하는 기회를 갖게 된 그 후의 성장

7. 분석가는 결코 완성될 수 없는 상태에 있어야 하는 것으로 인한 성찰의 갱신

어떻게 코칭을 잘할지 배우고 있는 누군가의 여정을 위해서 각색된 비교할 만한 단계는 다음과 같을 수 있다.

1. 코칭받은 경험(이는 아래 단계에서도 병행적으로 이어진다)

2. 경청, 개방형 질문, GROW 모델의 사용과 같은 것을 배우기 위하여 워크숍에서 2인이나 3인으로 작업하기 — 혹은 고객과 프랙티스하기

3. 이러한 기술과 모델을 회기 안에 일어나는 일에 대한 반응으로 융통적으로 사용하기 시작하기

4. 프랙티스에 관한 비판적 성찰과 수퍼바이저의 견해 사이에 균형을 맞추는 능력

5. 더 큰 기술, 자신감과 유능감의 발달 — 코치로서의 광범위한 프랙티스를 통해서 내부 수퍼바이저 사용하기

6. 다른 코칭의 수퍼바이저로서 활동하면서 배운 교훈을 포용하는 보다 심층적 수준의 능력

7. 보다 유능한 코치가 되기 위해서 결코 멈춤이 없는 성찰과 학습의 여정

대인 간 과정 회상

내부 수퍼바이저를 개발하는 데 공헌할 수 있는 자신의 프랙티스 성찰하기 방식 중 하나는 종종 단순하게 IPR(Kagan, 1980)이라고 불리는 대인 간 과정 회상이라고 알려진 기술이다. IPR은 코치나 다른 전문가가 고객과의 회기 중 대화의 여러 지점에서 그들에게 일어난 것을 회상하기 위하여 비디오나 오디오테이프를 사용하여 되돌아보는 기술이다. 회상을 통해 코치는 회기 중에 자신이 무슨 생각을 하고 느꼈는지를 더 잘 알아차릴 수 있고, 할 수도 있었는데 그렇게 말하거나 하지 않은 것을 인식할 수 있다. 그는 회기 중 자신의 행동에 영향을 미친 무의식적 요인 혹은 대인 간 역동을 알아차릴 수도 있다.

그 기술은 Norman Kagan과 그의 동료에 의해서 1960년대에 미시간대학에서 개발되었다. Kagan의 견해에 의하면 개인은 한편으로는 다른 사람과 함께 있음으로써 커다란 기쁨을 얻기도 하지만 한편으로는 타인과 함께 있을 때 공포나 무력감을 경험하기도 한

다. 후자의 감정은 커다란 사람들의 세계에서 한 작은 사람으로서의 어린 시절 경험의 결과이다. 이는 개인이 타인으로부터의 안정한 심리적 거리를 추구하는 접근-회피 증상으로 이어진다. 이는 코칭 회기 중에 코치가 '정치적으로' 고객의 메시지를 놓치는 행위에 의해서 드러날 수도 있다. IPR은 코치로 하여금 원래의 회기에서 정치적으로 행동했기 때문에 놓쳤던 코칭 관계 및 대화의 역동을 인식하도록 도와줄 수 있다.

내담자 중심 관점에 속하는 Kagan은 '개인은 자기 자신의 경험의 의미를 가장 잘 안다'고 생각했다. Allen(2004)은 IPR이 다음의 사고에 기반한다고 주장한다.

- 사람들은 본질적으로 학습 동기가 있다.
- 사람들은 배울 준비가 되어 있는 것만을 배울 것이다.
- 사람들은 스스로 발견한 것을 가장 잘 기억한다.
- 사람을 압박하고, 놀라게 하고, 공격하면 어떻게 여러분이 자신을 바라보지 않게 할지만을 배울 것이다.

그러므로 IPR은 수퍼비전에 대한 비지시적 접근 옆에 매우 편안하게 자리한다. IPR에서 수퍼바이저보다는 코치가 녹음된 코칭 회기 동안 코치에게 일어난 일에 대한 권위자이다. IPR 회기 중에 수퍼바이저의 할 일은 코치가 편안하게 성찰하도록 놓아두는 안전하고 지지적인 관계를 제공하여, 프랙티스에서 덜 겁먹고 더 잘 기능하도록 하는 것이다.

IPR 회기 내에서 진행될 수 있는 한 가지 방식은 다음과 같다.

1. 회기 전에 코치와 고객 간의 코칭 대화가 비디오나 오디오테이프로 녹음된다.
2. 녹음을 코치와 종종 IPR에서 '질문자'라고 불리는 다른 사람과 함께 되돌아본다.
3. 질문자가 아니라 코치가 코칭 대화 중에 자신에게 무엇이 일어났다고 회상되는 지점에서 테이프를 잠깐 멈춘다.
4. 코치는 그 순간에 가졌던 생각이나 느낌에 관해서 이야기한다.
5. 질문자는 코치의 발견과정을 촉진하기 위해서 개방형 질문을 한다.

질문자의 역할이 가르치거나 대안을 제공하거나 판단을 전하는 것이 아님을 주목하라. 오히려 질문자의 역할은 코치가 자신에 대한 이해와 수용을 심화함으로써 타인을 잘 코치하는 능력을 신장하도록 안전한 공간을 제공하는 첫 번째 그리고 가장 중요한 사람이다.

IPR 회기에서는 중간 멈춤 버튼이 질문자가 아니라 코치에 의해서 조절된다는 것이 중요하다. 수퍼비전 기술을 개발하기 위한 프로그램의 참석자로서, 멈춤 버튼이 질문자에게로 넘어가서 요청받지도 않았고 특별히 나의 신체언어에 대해서 유익하지도 않았던 피드백이 주어졌을 때 좌절감을 경험했다. 일반적으로 코칭 회기 안에는 처리할 수 있는 것보다 훨씬 많은 것이 담겨 있는 경우가 많아서 코치는 테이프의 특정 부분이나 자기 코칭 프랙티스의 양상에 집중하기를 바랄 수 있다.

　　IPR 사용은 여러분 자신의 내부 수퍼바이저 개발에 매우 유익할 수 있다. Allen(2004)은 다음과 같이 기록한다—'IPR 방식에 대한 나의 경험은 스스로 회기를 처리하는 데 유익한 지침이 될 수 있다. 나는 내 안의 역량을 평가하는 방법을 알게 되는 경험을 하였다. 종종 필요한 것이 전부이다.' IPR이 수퍼비전에서 유익한 역할을 할 수 있는 반면에 수퍼비전 회기를 완성하기 위해서 그것 자체로는 적절한 수퍼비전의 대체물은 아니다.

일지 기록하기

당신의 프랙티스를 세련시키고 내부 수퍼바이저를 개발하는 자신의 경험을 성찰하는 한 가지 매우 단순하고 비싸지 않은 방식은 일지의 기록이다. 일지는 사건을 기록하는 일기를 의미하지 않는다. 오히려 일지는 코치나 수퍼바이저로서 자신의 프랙티스를 성찰하는 시간으로 삼을 수 있는 자리이다. 개인 회기를 회상하거나 자신의 생각과 감정, 희망과 관심사에 대해 보다 성찰하면서 당신은 업무 가운데서 당신에게 무엇이 일어나고 있는지를 탐색할 수 있다. Madeline McGill은 임원 코치인데, 다음과 같이 기록한다.

> 일지는 우리가—어떤 척을 안 해도 되는—자기 자신이 되는 자리이며 중요한 생각과 사건을 기억하고 성찰할 수 있어서 그것을 삶의 파노라마로 재통합할 수 있는 자리이다… 우리에게 말하고 듣는 수단이며—우리 자신과 대화를 하는 '우리의 생각을 말하는' 수단이다. (개인적 대화)

일지는 분명하게 사적인 일이고, 일지 기록은 모두의 마음에 들지는 않을 것이다. 한 가지 양식이나 형태가 없다. 노트북이나 개인 컴퓨터로 작성할 수도 있다. 그림 혹은 인용문 혹은 시 한 줄을 담을 수도 있고, 생각을 완전한 산문으로 기록할 필요도 없다.

　　일지와 함께 작업하는 한 가지 방식은 준비가 되고 시간이 있어 제목 뒤에 무엇이 있는지 세밀하게 성찰할 수 있도록 — 일어난 일과 느낌을 요약하여 — 제목을 표현해두는 것이다. 일어난 일과 자신의 생각과 감정을 성찰하는 것은 코치나 수퍼바이저로서 자신의 경험에서 배울 수 있도록 도와준다. 반복되는 패턴이 나타날 것이며 사건의 의미를 보다 깊이 이해하고 자기의 동기, 감정과 행위를 더 분명하게 존중하게 될 것이다. 이는 다시 당신의 내부 수퍼바이저 개발을 도와준다.

결론

코칭이나 수퍼비전에 관해서 글을 쓰는 것이 나의 프랙티스와 견해를 검토하도록 돕는 것을 알게 되었다. 이 장에서 나는 비지시적 접근과 함께 우리 자신의 프랙티스를 매일매일 인도하는 내부 수퍼바이저를 개발하는 것을 가능하게 하는 방식을 사용하여 나 자신의 프랙티스에 어떤 통찰을 가져오려고 노력하였다.

참고문헌

Allen, P (2004)The use of interpersonal process recall (IPR) in person-centred supervision, in (eds) K Tudor and M Worrall, *Freedom to Practise, Person-centred Approaches to Supervision*, PCCS Books, Ross-on-Wye

Casement, P (1985) *On Learning from the Patient*, Tavistock, London

Christian, C and Kitto, J (1987) *The Theory and Practice of Supervision*, YMCA National College, London

Hawkins, P (2006) Coaching supervision, in (ed) J Passmore, *Excellence in Coaching*, Kogan Page, London

Hawkins, P and Smith, N (2006) *Coaching, Mentoring and Organizational Consultancy*, Open University Press, Buckingham

Kagan, N (1980) Influencing human interaction: Eighteen years with IPR, in (ed) A Hess, *Psychotherapy Supervision: Theory, research and practice*, Wiley, New York

O'Neill, M B (2000) *Executive Coaching with Backbone and Heart*, Wiley, San Francisco, CA

Rogers, C (1961) *On Becoming a Person*, Houghton Mifflin, Boston, MA

Rogers, C (1987) Client-centered/person-centered approach to therapy, in (eds) I Kutash and A Wolf, *Psychotherapist's Casebook*, Jossey-Bass, San Francisco, CA

Thomson, B (2006) *Growing People*, Chandos, Oxford

Thomson, B (2009) *Don't Just Do Something, Sit There*, Chandos, Oxford

Tudor, K and Worrall, M (eds) (2004) *Freedom to Practise, Person-centred Approaches to Supervision*, PCCS Books, Ross-on-Wye

제8장

코칭 수퍼비전에서의 **프레젠스**[1]

Elaine Patterson

서론

코칭 수퍼비전에서 '프레젠스(presence)'라는 용어가 자주 사용된다. 그러나 그것이 무엇을 의미하는가? '프레젠스'가 어떻게 수퍼비전을 풍부하게 하는가? '프레젠스'가 수퍼바이저의 '하기'보다는 '있기'에 관한 것인가? 수퍼바이저가 어떻게 수퍼비전을 하고 수퍼바이지가 수퍼비전을 어떻게 경험하는지에 관해서 무엇을 의미하는가?

이 장에서 프레젠스가 '있으면 좋은' 혹은 '고급스러운 디자이너'가 아님을 주장한다. 오히려 프레젠스는 코치 수퍼바이저로서 수퍼바이지와 새롭고 참신하며 열정적인 방식으로 일을 하는 우리 자신의 능력의 핵심에 자리한다. 그럼으로써 자신의 프랙티스를 풍부하게 하고 거래 제안을 확장하는 성찰적인 전문가로서의 수퍼바이지의 발달을 지지해준다.

이 장은 논쟁으로 시작하며 매우 새롭고 발견적인 분야로서의 새로운 정의를 찾고, '프레젠스'가 잠재적으로 수퍼비전의 역할과 임무에 무엇을 제공할 수 있는지 탐색하

---

[1] 역주 : 'presence'를 우리말로 옮기는 과정에서 그 본래의 의미를 충분히 전달하기 위해서 대체로 '프레젠스'로 옮겼다. 그리고 문맥의 필요에 따라서 '현존, 현존함, 현존감'을 혼용하였음을 밝힌다.

며, 수퍼비전 프랙티스에서 '프레젠스'와 '프레젠스의 부재'가 무엇을 의미하는지 탐색하고, 수퍼비전이 어떻게 자신의 업무의 모든 측면을 벗어나서 자신의 '프레젠스'를 높일 수 있는지에 대한 약간의 실질적인 힌트와 비결을 제공한다.

'프레젠스'의 정의를 위해서

코칭과 코칭 수퍼비전에서 '프레젠스'라는 단어는 무엇을 의미하는가? 의도적인 정의는 추상화, 희석화, 엉킴의 위험이 있다. 그러나 전문가로서 그 개념을 이해하기 위해서 우리가 의미하는 바를 시도할 필요가 있다.

문헌 조사에 의하면 '프레젠스'라는 말은 여러 가지 방식으로 나타난다. 예를 들면 *The English Oxford Dictionary*(6판, 1976)는 1. 참석하는 것(당신의 참석이 요청됩니다…) 2. 존재하는 사람이나 사물, 3. 마음, 고요함, 자기통제가 있음으로 정의하며 '여기' 그리고 '지금'의 감각을 불러일으킨다.

이 용어는 또한 코칭에서 '충분히 의식하며 개방성, 융통성, 확신하는 자세를 가짐으로써 고객과 자발적인 관계를 조성하는 능력'으로 정의되어 왔으며(ICF 웹사이트, 2010) 핵심적인 코칭 능력의 한 가지로 간주되어 왔다. 이는 의도성, 관심, 민감성의 감각을 불러일으킨다. Silsbee(2010)는 프레젠스는 '시의적절함, 연결성, 보다 큰 진실로서 경험되는 것으로 특징지어지는 순간의 각성 상태'라고 제시하였다. 이는 우리와 타인 사이의 보다 넓은 연결성을 가능하게 하는 '존재의 상태'로서의 프레젠스의 차원을 더한다.

사람 사이에서 '여기에 있는' 능력에 대해서는 새로울 것이 없다. 우리 모두는 자신이 있는 그대로 경청되고 있다고 느껴지는 다른 사람과의 놀라운 연결의 순간을 경험하였다. 그러나 코칭 수퍼비전 전문직에서 우리에게 새로운 것은 이러한 '프레젠스'의 일상적 정의를 적용하고 확장하며, 어떻게 코칭 수퍼비전 프랙티스의 효율성을 신장시키기 위해서 바로 그 정교한 행위를 어떻게 의도적으로 개발할 수 있는지다. 이것이 이제부터 탐색하려는 것이다.

무엇이 코칭 수퍼비전 '프레젠스'에 대한 우리의 이해를 형성하는가

코칭 수퍼비전에서 프레젠스의 중요성을 이해하는 데 현재 여러 범위의 저술이 영향을 미친다. 여기에는 이 개념 혹은 병행현상에 대해서 저술한 Tolle, Csikszentmihalyi와 Scharmer와 같은 모든 저자의 노력이 포함된다.

Tolle(2005)는 오늘날의 문제는 정신, 우리의 자아에 뿌리박고 있는데, 이는 '우리의 물리적인 육체, 변화하는 감정, 소란스러운 정신 그 옆에 혹은 그 너머' 지금 여기에 프레젠스하는 순간을 경험하는 능력의 부재 때문이라고 주장하였다. 그는 평화와 행복은 '존재와 하나됨을 느끼는 자연스러운 상태', 측량할 수 없고 파괴할 수 없는 그 무엇과 연결되어 있는 상태, 이름과 형태를 넘어서 우리의 진실한 속성을 발견하고, 이러한 연결성이 분리라는 환상을 줄 수 없음을 깨닫는 상태를 발견하는 데 있다고 주장한다.

Csikszentmihalyi(2002)는 에너지의 이동에 관한 저술로 아주 잘 알려져 있다. 에너지 이동이란 '… 기쁨, 창조성, 전적인 관여의 행복한 상태'이다. 에너지 이동은 개인이 전적으로 지금 여기에 참여할 때 일어나며 현재의 경험, 혹은 과업과 하나 되며, 일시적인 시간의 제약으로부터 자유로워서 새로운 관점과 암묵적인 가능성과 감춰진 가능성으로 향하는 문을 열어줄 때 일어난다.

달라이 라마(Lama and Cutler, 1998) 역시 프레젠스의 병행적 주제에 대해 관심을 일으켰다. 그는 인간 존재의 목적은 행복을 추구하는 것이며, 이는 '마음 수련', 공유된 인간 정신의 연결성, 측은지심, 관용, 친절을 갖고 행동함으로 이루어질 수 있다고 주장한다. 이는 행복의 복잡성과 서양의 과장 광고를 벗겨내고, 어떻게 우리 자신에게, 타인에게, 우리의 경험에 대해 존재할지에 대해서 본질적인 핵심을 알려주며, 우리를 타인에게로 다시 데려간다.

Scharmer(2007)는 U 이론을 개발하였는데 이는 '여기에 있음'의 이론으로서 어떻게 사람들이 관찰에 대한 자신의 습관적 사고 형태를 넘어서서 실재로 바라보고, 감각하고, 놓아버리고, 그가 '개방적인 마음, 개방적인 정신과 개방적 의지'라고 기술하는 것을 갖고 일함으로써 새롭고 다른 그 무엇을 창조할 수 있는지를 보여준다.

이러한 참조물은 다른 여러 가지와 함께 존재에 대해서 탐색하는 서로 다른 훈련, 전통, 대륙의 광범위함을 넘어서는 작가와 연구자들이 암시하려고 하는 것이다. 그러한 작업은 우리로 하여금 인간 존재와 서로 다른 활동의 효율성을 높이는 존재의 상태에 관해서 보다 주의 깊게 사고하도록 돕는다.

'신중한 알아차림(mindful awareness)'과 '프레젠스(presence)'를 혼동하기 쉽다. 차이는 미묘하지만 중요하다. 알아차림이 그 순간에 일어나는 것에 대한 전적인 인식으로 정의되어 있을 때 프레젠스의 상태는 전제조건이지만, 그 자체로 프레젠스를 보장하지

표 8.1 프레젠스 – 자기평가

질	수퍼비전 프랙티스에 적용된 정도(1~10점)	삶의 전 영역에 적용된 정도(1~10점)
자유롭고 생동감 있는 느낌?		
관대한 느낌?		
열정적이라는 느낌?		
신중하게 깨어 있는 느낌?		
여기에 있는 느낌?		
보다 큰 그림에 열려 있는?		
보다 광범위한 연결감각에 개방되어 있는?		
가능성과 잠재력에 대해 보다 광범위한 감각에 개방되어 있는?		
즐거운 느낌?		

는 않는데, 프레젠스는 전체적 자기와 존재를 ─ 모두 우리인 그대로 ─ 그 일에 가져오게 하는 보다 광범위하고 심층적이며 포괄하는 상태이다. 이를 더 가져가보면 마음챙김의 전제조건은 우리가 우리 자신에게, 또 타인에게, 우리 경험에 가져오는 고독함, 사적이고 개인적인 각성일 수 있는데, 반면에 코칭 수퍼비전에서 프레젠스의 상태는 마음챙김이 보다 광범위하게 체화된 행위지만 수퍼바이저와 수퍼바이지가 관계와 학습의 파트너십 속에서 공동 창조한 연결성 때문에 일어난다.

이러한 전제를 가지고 프레젠스를 다음과 같이 정의하려고 한다.

프레젠스는 우리 존재에 대해 지금 여기 타인과의 관계에서 ─ 느껴지고 경험되는 ─ 관용, 측은지심, 신중한 알아차림이 생동감 있고 자유롭도록 하는 상태이며, 우리의 마음과 생각과 몸을 보다 넓은 실재와 연결되는 가능성과 잠재력의 즐거운 영역을 향해서 열도록 한다.

아주 짧은 자기평가가 당신이 어느 정도까지 이러한 프레젠스의 상태를 수퍼비전과 전체적인 당신의 삶에서 체화하는지를 평가하도록 도와준다. 표 8.1을 참조하라.

프레젠스 배우기 : 몇 가지 단순한 연습

프레젠스에 우리 모두 접근할 수 있다. 그 가장 근본에 있어서 우리의 끊임없는 마음의 소란스러운 흐름을 벗어나 지금 여기에 대한 비판단적 집중으로 돌아가는 것이다. 프레젠스는 보다 넓은 세계와 조화됨으로써 의식적 각성의 다른 차원으로 들어가는 입구이다. 이를 탐색하는 한 가지 방법은 두 가지 연습을 해보는 것이다 — 지면에 닿고 집중하여 숨쉬는 연습, 마음으로 들어가는 연습. 시도해보고 어떻게 되는지 살펴보라.

1. 지면에 닿고 집중하여 숨쉬는 연습

우리 각자가 프레젠스에 들어가는 방식은 매우 개인적이지만, 가장 흔한 방법은 머리를 벗어나서 몸으로 들어가는 것이다. 명상과 호흡 연습은 우리가 속도를 늦추고, 마음을 깨끗이 하고 공간을 조성하도록 돕는 위대한 능력을 갖고 있다(Marianetti and Passmore, 2009; Passmore and Marianetti, 2007).

1. 지면에 닿음 : 당신의 몸이 접촉하는 바닥에 대해 과도하게 느낀다. 이를 관심과 깨달음 속으로 가져온다. 지금 당신 발밑의 바닥을 느껴본다.
2. 집중 : 모든 감각을 지금 몸체로 가져온다. 몸의 중심이 된다… 몸체를 바로 하고 그 힘을 느껴본다.
3. 호흡하기 : 이제 감각을 숨에 집중하고, 숨이 스스로 쉬어지도록 놓아둔다. 가슴에서 숨의 일어남과 사라짐을 알아차린다.

2. 마음으로 들어가는 연습

이 연습의 목적은 인간성과 친절, 측은지심과 사랑의 중심인 마음을 이완하고 확장하는 것이다.

1. 당신에게 영감을 주고 감동시키며 어떤 면에서 당신 자신을 가잘 잘 표현하는 데 결코 실패하지 않는 그 무엇을 발견한다… 그것을 당신의 부적처럼 사용한다. 이는 예술작업, 음악, 시, 이미지, 인용문, 사진, 특별한 시간에 대한 기억, 친구, 가족, 멘토, 친절한 행동일 수 있다.
2. 당신의 마음과 당신 자신이 문을 닫는 것 같거나 혹은 다른 방식으로 수축되는 것을 느낄 때마다 그것과 다시 연결하는 프랙티스를 개발한다. 그것으로 하여금 당신을 다시 풍부함, 관용, 즐거움, 호기심과 소통하도록 한다.
3. 그것을 기억, 가방 혹은 주머니 속에 넣고 회기에 가져가도록 한다.

'코칭 수퍼비전'에 대한 정의를 향해서

코칭 전문직은 여전히 코칭 수퍼비전의 속성과 그것이 프랙티스에서 무엇을 의미하는지를 탐색하고 있다. 이 책은 그러한 과정의 일부이다. 실용적인 정의는 다음과 같다—코칭 수퍼비전은 수퍼바이지 업무의 모든 차원에 대한 성찰적 질문을 위한 안전하고 훈련된 창조적인 공간을 제공한다.

수퍼비전은 '탁월한 시각'을 위한 독특한 공간을 제공한다. 안전하고 지지적인 환경에서 프랙티스에 대한 질문과 호기심, 비판적 성찰을 위한 공간을 제공한다. 이는 수퍼바이저가 그 자신의 모든 것이기도 하면서 그것을—그들의 프레젠스의 상태를—수퍼비전 작업과 수퍼비전 관계로 가져올 때 가장 잘 성취된다. Beisser(1970)가 관찰한 대로 '변화는 우리 모두가 우리 자신이 될 때에만 일어난다.'

코칭 수퍼비전은 대화를 통해서 배운다—이는 수퍼바이지가 코칭 관계에서 그들에게 방해가 될 수도 있는 장벽, 장애물, 혹은 불안을 명백하게 하기 위해서 프랙티스에 대한 이야기를 통해서 작동되는 경험적인 대화-기반 학습 파트너십이다. 프레젠스는 근본적으로 현재 지각된 제약, 습관적 사고 유형, 과거사, 될 수 있거나 해야만 하는 것으로부터 해방시키면서, 될 수 있는 것과 가능한 것을 탐색하도록 '멈춤' 단추를 누른다. 프레젠스는 개인적 사례의 세부사항 너머에 있는 큰 그림을 탐색하도록 변형적으로 일할 수 있는 가능성을 제공한다.

코칭 수퍼비전은 하나의 관계이다. 작업은 관계 안에서 대화를 통해 일어난다. 수퍼바이저와 수퍼바이지 간에 양자가 배우고 있고 배움의 첨단에 있어서 개방적이고 동등한 학습 파트너십이 조성된 곳에서 새로운 생성적 학습이 자연스럽게 일어난다.

초점은 수퍼바이지에게 있다. 수퍼바이지의 프랙티스와 그 프랙티스에 영향을 미치는 모든 것에 집중하며, 미래의 성과를 향상시키기 위해서 수퍼비전 대화 안에 조성된 학습을 활용한다. 이런 방식으로 코칭 수퍼비전의 중요한 네 가지 핵심 업무에 주의를 기울이는 것이 가능하며, 그 네 가지는 다음과 같다.

1. 수퍼바이지의 전문성, 통합, 윤리적 프랙티스를 확증하기
2. 수퍼바이지의 개인적, 전문적 학습과 발달
3. 수퍼바이지의 휴식, 재충전, 회복
4. 수퍼바이지의 업무를 축하하고 영예롭게 하기

프레젠스는 수퍼바이지의 프랙티스 안의 거대한 복합성과 그림 8.1에 나타난 대로 그들이 작업하는 체계 분야 속에 표현된 모든 관계의 역동을 유지하고 포함한다.

두 가지 정의를 수렴하기

실용적 정의와 함께 '프레젠스의 프레젠스'가 효과적인 수퍼비전 프랙티스의 핵심에 놓인다는 것은 명백하다. 이는 '수퍼바이저로서 우리가 누구인지가 우리가 어떻게 수퍼바이지를 코치하는가'이기 때문이다(Murdoch, 2010).

우리는 우리의 사고, 감정, 정서, 행동, 우리의 과거사와 만든 사람들의 혼합 그 이상이기 때문이다. 우리의 가치와 철학이 우리 행동에 영향을 미친다. 프레젠스는 우리에 대한 이해를 심화하여 이러한 측면을 탐색하고 이러한 측면을 수퍼바이지에 대한 서비스에 첨가할 수 있도록 도와준다. 수퍼바이저로서 '우리 그대로의 모두'가 되는 것은 수퍼바이지가 또한 '그들의 고객에게 최상의 서비스를 할 수 있도록 그들 그대로의 모두'가 되는 것을 돕는다. 이는 코칭과 코칭 수퍼비전에서 주된 도구나 연장은 코치나 수퍼바이저이기 때문에, 그리고 수퍼비전의 바퀴에 기름을 공급하는 것은 전체적인 진솔한 자아를 수퍼비전에서 사용하는 것이기 때문에 전적으로 필수적이다.

'우리가 누구인가'는 수퍼바이저가 수퍼비전 관계에서 자신의 수퍼바이지들과 함께 충분히 현존하려고 스스로에게 현존하는 능력에 의해서 개발된다. 그리고 우리 자신 및 타인과 함께 현존하는 능력이 우리의 공유된 인간성의, 인간이라는 무엇인가와 다른 인간 존재와의 관계가 어떻게 되어야 하는가의 핵심으로 들어간다.

이는 수퍼바이저에게 자기 자신과 수퍼바이지에게까지 확장되는 엄청난 헌신, 용기, 측은지심을 요구한다. 이는 우리가 배타적으로 기술적으로 전문가 지향으로 되기보다는 진솔한 학습 파트너십으로 우리의 인간성의 차원에서 일하는 것이다. 그러므로 코칭 수퍼비전은 인간 발달의 심리적 차원, 학습 이론, 변화 이론, 조직심리학, 대인 간 역동과 체계적 관점을 포함하는 튼튼한 지식의 기반과 함께 프레젠스에 대한 이해를 요구하는 독특한 프랙티스다. 비유, 도구와 기술을 사용하는 것은 융통성을 제공하고, 대역너비와 현존은 우리에게 알아차림 바로 밖에 있으면서 드러나기를 원하는 그러한 신호를 알아내는 레이더를 우리에게 제공한다.

그림 8.1 코칭 수퍼비전 아카데미의 통합 스펙트럼 모델

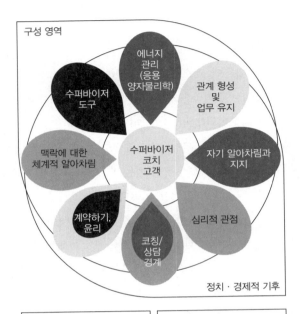

코칭 수퍼비전 통합 스펙트럼 모델

구성 영역

에너지 관리 (응용 양자물리학)

관계 형성 및 업무 유지

수퍼바이저 도구

수퍼바이저 코치 고객

자기 알아차림과 지지

맥락에 대한 체계적 알아차림

계약하기, 윤리

코칭/상담 경계

심리적 관점

정치 · 경제적 기후

 사고/인식

양자물리학 체계

심리학 :
• 발달
• 변화
• 집단
• 조직

사회화 :
• 조직

 상위 기술, 자료, 성찰

에너지 관리

프레젠스/마음챙김

내부 수퍼바이저

병행현상

사람됨이 곧 수퍼비전 방법

저술과 기사

서평

 관계 형성 및 업무 유지

작업동맹 만들기

지지하고 도전하기

가르치고 개발하기

윤리적 · 전문적 기준의 확정

 도구와 행동

심리측정

다수와 계약하기

예술기반 접근

일곱 눈 모델(Hawkins)

성찰적 프랙티스 개발하기

코칭심리학

프레젠스는 어떻게 성찰적 학습을 열고 성찰적 전문가의 발달을 지원하는가

그러므로 프레젠스는 우리가 코치 수퍼바이저로서 새롭고 참신하며 열정적인 방식으로 수퍼바이지와 일하는 능력의 바로 그 핵심에 자리하며, 역으로 성찰적 전문가로서의 발달을 지지해준다.

'프레젠스'하는 행위는 본질적으로 성찰적인 질문을 통한 변화를 지지하고 그러한 성찰적 질문으로부터 배움으로써 배려하고 존중하는 질문을 통한 전체 학습 사이클을 유지한다. 수퍼비전이 실제로 효과적이기 위해서 수퍼바이저는 경험에 참여하고, 또한 일어나는 모든 것을 관찰하고 알아차리기 위해 뒤로 물러날 수 있기 위해서는 의도적으로 참여할 필요가 있다. 그들은 주체와 객체 사이로 이동할 수 있어야 하며, 스스로 영향을 받기도 하면서 한편으로는 측은지심을 가진 현명한 관찰자로 남아 있도록 해야 한다.

프레젠스는 수퍼바이지의 자연스러운 학습과정과 사람들이 어떻게 가장 잘 배우고 발달할 수 있는지에 대한 이해와 — 거슬리게가 아니라 — 맞기 때문에 사람들이 가장 잘 배울 수 있고, 사람들이 알맞은 수준의 적절한 지지와 도전을 줄 때 가장 잘 배울 수 있으며, 희망을 필요로 하고, 생득적으로 자원이 풍부하고 호기심이 있으며, 새로운 신경의 통로를 만듦으로써 배우고, 배운 것을 지우고, 재학습할 수 있는 자연적이고 생득적인 학습 능력을 갖고 있고, 우주는 잠재적인 가능성과 잠재력으로 충만하다는 사실을 뒷받침한다(Lucas, 2003; Parsloe and Leedham, 2009). 이는 수퍼바이지가 행동뿐 아니라 행동 도중에도 성찰할 수 능력을 뒷받침하는데, 전자는 경험 이후이며 후자는 경험 도중이다.

프레젠스는 판단의 목소리 없이 환영하는 질문, 내부적인 비판, 냉소적인 목소리, 공포의 목소리와 비교의 목소리를 낼 수 있는 능력을 주며, 그 모든 것을 우리와 거리를 두게 하고 분리하고 독립하게 하므로 프레젠스는 수퍼바이지가 성찰적 전문가로서 발달할 수 있도록 지지해준다. 프레젠스는 더 잘 알아차리게 하고 그 알아차림의 내용을 성찰하도록 하므로 수퍼바이지가 보다 성찰적인 전문가가 되도록 돕는다. 모호함과 역설 속으로 우리를 들여보내는 보다 큰 신축성이 있는 공간으로 향하는 문을 여는 것과 같다. 프레젠스는 또한 우리로 하여금 습관적이고 선형적인 사고를 떠나보내도록 돕고, 이제 나타나고자 하는 것과 일하도록 한다.

수퍼비전에서 프레젠스는 수퍼바이지가 사건을 경험으로, 새로운 알아차림과 통찰로, 새로운 실현과 배움으로 정리할 수 있도록 한다. 이러한 수용적 공간에서는 수퍼바이저가 나눌 수 있는 가능성의 보다 넓은 영역에 접근할 수 있도록 하면서도 수용과 관용으로 대해주기에 수퍼바이지는 자신의 동기, 의제, 촉발요인, 가설, 맹점, 그림자 측면, 습관과 유형에 대해서 개방적으로 작업할 수 있게 한다. 이는 수퍼바이지의 깨달음 끄트머리에 도사리고 있어서 고객과의 일을 방해하는 내재적 불안과 공포를 없앨 수 있다.

가혹함 없이 — 우리 자신과 타인을 향한 배려심을 갖고 — 성찰하는 능력의 발달은 우리의 프랙티스로부터 배우는 능력을 심화한다. 이는 우리를 계속 나아가게 하고, 참신하고 개방적이 되게 한다. McCongagill(2000)은 성찰적 전문가가 다음과 같은 품성을 업무에 가져오는 것으로 기록한다.

- 의미부여를 위한 자신의 필터에 대한 인식
- 자신의 가설, 방식, 도구에 대한 인식
- 자신의 효율성에 대한 질문자의 입장에 전념
- 모든 새로운 고객을 참신한 도전 및 모델과 그 외의 것이 지속적으로 진화하고 있는 핵심으로 존중하는 능력

프레젠스는 수퍼바이지가 매 코칭 순간 동안에 정신과 마음과 몸의 경험 및 정보와 조화를 이루고 있는 수퍼바이저인 자신의 내부 수퍼바이저를 형성하는 것을 돕는다. 수퍼바이지의 개인적 내부 수퍼바이저의 개발은 수퍼바이지가 코칭하는 순간에 성찰하는 능력을 신장해 내부와 주위에서 이루어지는 모든 것에 개방적이 되도록 돕는다. 이는 코칭은 더 이상 엄격하게 과업 혹은 전적으로 성과 중심적인 표면층이 아니고 에너지의 흐름, 수행, 효과 혹은 효율성을 막고 있던 실제적인 내재적 이슈에 도달하는 것임을 의미한다. 프레젠스는 수퍼바이저와 수퍼바이지 양자가 서로 다른 차원과 서로 다른 영역에 대해 경청하고 주의를 기울일 수 있게 한다. 이는 프레젠스가 수퍼바이지로 하여금 자기인식을 갖고, 충분히 집중하고, 자신의 감각을 통해서 주목하고 발견하는 여러 가지 많은 직관적, 인지적, 심리적 정보에 개방적이 되도록 하여서, 그것으로부터 무엇을 사용하고 유지하며, 파일을 없애거나 버릴지에 관해서 선택하게 할 수 있다. 이로써 주체에서 객체로, 관찰자에서 피관찰자로, 전경에서 배경으로의 전환이 촉진된다.

프레젠스는 보다 넓은 의식에 대한 접근을 제공하기 때문에 수퍼바이지에게 생성적이고 변형적인 학습의 가능성을 제공한다. 프레젠스는 우리의 생각으로부터 자유롭게

하며 이를 통해서 경쾌함, 놀이, 기쁨과 즐거움의 세계로 이끈다. 프레젠스 안으로 들어가는 것은 앎과 통제받는 것을 놓아버리게 하고, 장벽과 장애로부터 해방되기 위해서 실험적이고 창의적인 공간 안으로 들어가게 한다. 여기에는 우리 배움과 경험의 끄트머리에 앉을 수 있는 겸손, 정직, 용기가 필요하다. 이는 우리가 우리 그대로 될 때에 변화가 일어난다는 보다 폭넓은 진리에 연결된다(Beisser, 2000). 여기서부터 분석적 정신은 검토와 시험 및 분석의 자리에 있지만 만나는 모든 것을 지배하기보다는 결정적인 지지 체계가 된다.

도구상자 전체가 예를 들면 다음의 것을 포함하는 다양한 범주의 창의적인 탐색에 개방적이다 ─ 호흡 연습, 명상 훈련, 시각화 훈련, 감동적인 이미지와 인용문의 활용, 게슈탈트 의자 작업, 마술 상자, 제삼자 관점.

프레젠스는 재미와 즐거움, 경쾌함과 유머의 기회를 제공함으로써 관점, 기회, 도전, 위협을 바꾸도록 돕는 접근들을 창의적으로 혼합하도록 한다. 프레젠스 안으로 들어감은 수퍼바이저가 현명하고 배려하는 관찰자의 자리, 호기심과 질문의 자리에서 일하며 자신의 자아를 벗어나는 것을 가능하게 해준다. 이런 식의 일은 실제로 수퍼바이지가 새로운 인식과 학습이 일어나면 종종 연상되었던 죄의식과 수치심에서 벗어나 자신의 자연스럽고 풍부한 자원, 창의성 및 학습과 재연결할 수 있도록 돕는다.

프레젠스는 수퍼바이저와 수퍼바이지가 자신들이 느끼고 감지하는 것에 접근하는 것을 배우는 롤 모델링과 일의 풍부한 결과에 대한 가능성을 제공한다. 이는 그 자체로서 변형적일 수 있는, 매우 강력하게 가슴으로 느껴지는 실질적인 진정성의 경험을 만들어 낸다.

강화된, 새로운 자질 개발하기

그러므로 '현존 능력'은 전문직이 다음의 자질을 포함하는 핵심적인 자질을 개발하고 동의할 것을 요청한다.

코칭 수퍼바이저의 자질

- 경험과 수퍼비전 순간에 일어나는 모든 것을 — 지금 여기에 — 개방적으로, 지적으로, 창의 적으로 만나고 대하고 작업할 수 있는 능력
- 수퍼바이지가 자기 자신의 경험에 충분히 참여하는 것을 배우도록 아무런 대답을 알지 못 하면서 진실로 수퍼바이지와 함께하는 그러한 공간을 창조할 수 있는 능력
- 수퍼비전 회기에서 무엇이 나타날 필요가 있고 그렇게 하기를 원하는지에 대해서 진실로 개방적임
- 몸과 정신은 물론이고 가슴의 지식으로 일할 수 있는 능력

모든 개입의 우수성은 개입자의 내적 상태에 달려 있기 때문에 수퍼바이저의 개인적·직업적 발달에 있어서 이의 중요성은 아무리 강조해도 지나치지 않는다. 우리가 우리의 가장 강력한 도구이다. 이는 또한 Haan(2008)의 연구에서 재강화되었는데, 모든 코칭 관계에서의 성공(의미상 수퍼비전 관계에까지 확장될 수 있다)에 가장 주요한 열쇠가 관계의 질에 있지 코치가 훈련받은 특수한 학교 혹은 지식의 집합체에 있지 않음을 보여주었다. 또한 수퍼바이지는 오직 안전하다고 느끼는 만큼만 그리고 그 안전감이 수퍼바이저 자신의 입장과 개인적 발달과제에 대한 민감성으로 정의된 곳에서만 작용을 할 것임을 증거하는 일화가 수퍼바이저와 수퍼바이지 사이에 많이 있다.

프레젠스 안 혹은 밖에서 일하고 있는 때를 인식하기

프레젠스가 활발하게 일어나고 성과가 일어나기 위해서 안전한 환경을 조성하는 것은 수퍼바이저의 책임이다. 네 가지 핵심적인 구조적 과정이 의도적인 설정에 도움이 된다.

1. 수퍼비전 관계와 학습 파트너십에 대한 계약
2. 매 회기 초기에 계약하기
3. 회기 과정을 이해하기 위해서 Scharmer의 U 이론을 사용하기
4. 자기평가와 피드백

성공적인 학습 파트너십이 형성되어 그 안에서 공식적인 수퍼비전의 임무가 이루어지기 위한 성공적인 계약의 열쇠는 명료함(clarity), 예의바름(courtesy), 헌신(commitment), 의사소통(communication)의 4C이다. 본질적으로 이는 공식적이고 심리적인 계약이며 질문과 발견과 탐색을 위한 컨테이너나 안전한 공간을 조성하는 데 핵

심적이다. 피드백 요청하기 ― 수퍼바이지에게 작업 약속을 언제든지 종결할 수 있다는 선택을 주면서 ― 는 신뢰를 구축하는 결정적인 요소이다.

또한 폭넓은 계약의 틀 안에서 매 회기에는 그 회기의 의제에 관해서 진솔한 계약이 필요하다. 이는 단순한 과정을 따를 때 가장 잘 이루어진다.

- 환영하고 관계 맺기 : 서로가 여기에 있다는 몸짓을 건넨다(예 : 침묵의 순간, 일을 하기 전에 잠깐 멈춤, 혹은 함께 명상을 나눔).
- 초대하기 : 예를 들면 '오늘 시간을 어떻게 사용하고 싶으신가요…?', '오늘 무엇을 살피고 싶은가요…?', '질문이 무엇인가요…?'라고 질문한다.
- 의도를 명료화하기 : 예를 들면 '회기 끝에는 어떻게 되기를 바라나요…?'라고 질문한다.
- 무엇이 가장 좋을지 확증해주기 : 예를 들면 '당신에게 어떻게 하기를 바라나요 …?'라고 질문한다.

실제 수퍼비전 과업으로 들어가기

- 종결 : 예를 들면 '오늘 무엇을 배웠나요…?'라고 질문함으로써 학습 요점에 대해 집중한다.
- 분리 : 일에 대해 감사하고 종결한다.

Scharmer의 논문(2007)은 수퍼비전 회기에서 작용하고 있는 프레젠스를 이해하기 위한 매우 엄격한 틀을 제공한다. Scharmer는 '프레젠싱(presencing)'[2]이라는 용어를 쓰며, '프레젠스(presence)'와 '감각(sensing)'의 합성어라고 정의한다. 그는 개인과 그룹이 그들의 작업으로부터 내면의 장소로 이동하도록 하는 주의력이 고조된 상태라고 제시한다.

Scharmer는 우리가 습관적인 다운로드로부터(U의 왼쪽 꼭대기) 프레젠싱(U의 바닥) 상태로 바꾸는 것을 학습하는 것이 가능한 장소로서 'U'의 과정을 기술하는데, 프레젠싱함 상태는 일곱 가지의 서로 다른 움직임 안에서 새로운 가능성과 해결책(U의 오른쪽 꼭대기에 나타나는)을 만들어낸다. 이는 멈추어 중단하고 그리고 실제로 경청하기 시작함, 새로운 눈과 열린 마음으로 주목해보기, 우리의 가슴으로부터 전체를 느끼기,

---

[2] 역주 : 'presence'를 우리말로 '현존'이라고 옮길 때 'presencing'은 우리말로 '현존함'으로 할 수 있을 것이다. 그러나 여기에서는 의미의 정확한 전달을 위해서 '프레젠싱'으로 하였음을 밝혀둔다.

그림 8.2 U 이론

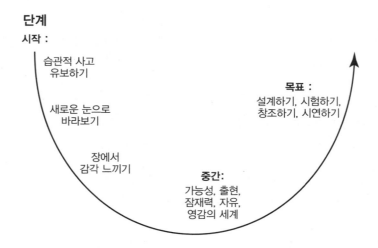

단계

시작 :
습관적 사고
유보하기

목표 :
설계하기, 시험하기,
창조하기, 시연하기

새로운 눈으로
바라보기

장에서
감각 느끼기

중간:
가능성, 출현,
잠재력, 자유,
영감의 세계

현존하여 보다 넓은 본질적인 진리 혹은 자원과 연결하기 — 오게 하기 위해서 가게 하는 것 — 나타나는 전체로부터 새로운 가능성과 행동을 상상하고 느끼는 것, 공식화하기, 실험하고 시연하기이다. Scharmer(2007)를 인용하여 그림 8.2에서 이를 보여준다.

수퍼바이저의 자기평가와 수퍼바이지의 피드백은 또한 양자의 참여를 고조시키도록 돕는 데 결정적이다. 수퍼바이저와 수퍼바이지가 얼마나 충분하게 서로에게 참여하였는지를 탐색하는 데 도움이 될 수 있는 두 가지 단순한 자기평가가 뒤따른다. 첫째로 자기평가는 이 장 앞부분의 표 8.1에 나타나 있다. 이 표는 프레젠스 상태에서 일할 때 무엇을 경험할 수 있는지를 탐색한다. 둘째로는 표 8.2에서 수퍼바이저와 수퍼바이지가 함께 혹은 수퍼바이지가 프레젠스로부터 멀어지거나 벗어나거나 될 때 보일 수 있는 위험신호를 강조한다. 셋째로는 표 8.3에서 기술 연습에 대한 동료의 관찰 형식을 제공한다.

느끼고 준비됨

- 집중 : 물리적인 위치, 움직임, 몸의 자세 및 호흡을 살핀다.
- '이 회기에 무엇이 필요한가요?', '무엇이 가장 좋겠습니까?', '어떻게 (나의) 수퍼바이저의 행동과 개입이 최고로 도움이 될 수 있을까요?'라고 질문한다.
- 수퍼바이저와 수퍼바이지가 자기 내면의 목소리와 지혜를 들을 수 있도록 침묵, 공간, 속도 조절을 민감하게 활용한다.
- 편안하게 있다.

연결점 찾기

- 수퍼바이지와 잘 연결하기
- 충만한 현존감으로 접촉하기
- 존경심과 충분히 주의를 기울이며 경청하기
- 신뢰, 공간, 안전감을 조성하기
- 수퍼바이지의 작업을 예우하기

학습대화를 하게 함

- 호기심을 따라간다. 작업 과정 내내 질문의 분명한 실마리를 제공한다.
- 이야기 들을 때 수퍼바이지와 자신에게 주관적인 것과 객관적인 것을 분리하여 듣는다.
- 적절하게 지지하고 도전한다.
- 개입방법, 도구, 과정을 적절하게 선택한다.
- 그 순간에 개입하고 또한 눈에 띄는 것을 사용한다.
- 대화와 작업을 유지해나간다.
- 직접적이고 개방적이며 솔직한 대화를 사용한다 : 흐름을 촉진하기 위해 검토하고 성찰하며 피드백을 사용한다.
- 적절하게 일한다.
    - 심리적 관심
    - 체계에 대한 인식
    - 성인의 학습과 변화의 원리
- 안전하고 적절한 종결, 연결 종료와 물러나기

수퍼바이저와 수퍼바이지가 연결을 잃을 수도 있다고 느낄 때 취할 수 있는 다양한 교정적인 단계가 있으며 아래의 것을 포함할 수 있다.

- 멈춤
- 숨쉬기
- 성인 대 성인의 상호작용임을 확증하기
- 수퍼바이지와 무엇이 가장 도움이 될지를 다시 검토하기

표 8.2 프레젠스 상태에서 작업하기

경험	0~10점
1. 자아와 정신이 지배하였다	
2. 물러나기, 계약하기, 종결하기	
3. 공포, 저항, 결핍	
4. 낮은 신뢰감과 정직성	
5. 낮은 안전감	
6. 낮은 에너지	
7. 성인 대 성인의 상호작용에서 전환하기	
8. 비난의 목소리	
9. 판단의 목소리	
10. 비교의 목소리	
11. 신념을 제한하기	
12. 공모	
13. 이름 없는 심리적 게임 혹은 맹점	
14. 진솔한 연결의 결핍	
15. 진정성의 결핍	
16. 힘의 문제와 통제력의 발동	
17. 옳고 그름을 찾기, 절대적인 혹은 비난하기	
18. 선형적 사고와 '해야 한다', '꼭 해야만 한다', '할 수밖에 없다'는 표현	
19. 수퍼바이저가 너무나 열심히 일하려는 과욕이 있다	

- 혼란에 이름붙이기
- 동물적 본능과 직관을 따라가기
- 미안하다고 말하기
- 재구성을 위한 은유와 이미지 사용하기
- 제공될 수 있는 개입 도구 일체를 꼼꼼히 살펴보기

표 8.3 경계 및 위험 지대

경험	1~10점
1. 관대함	
2. 배려심	
3. 풍부함	
4. 용기	
5. 존경	
6. 호기심	
7. 관용	
8. 허용	
9. 진정성	
10. 정직성과 개방성	
11. 자기, 타인, 과정에 대한 신뢰	
12. 관심과 의도의 우수성	
13. 안전감	
14. 공간과 여유 있음	
15. 가능성과 잠재력	
16. 연결점과 연결됨을 조성하기	
17. 그 순간에 유용한 것만을, 가장 도움이 되는 것만 사용하는 수퍼바이저	
18. 자발성	
19. 적절한 곳에 가벼움, 즐거움, 유머와 재미	
20. 동등한 학습 파트너십	

'프레젠스'는 다른 수퍼비전 모델과 어떻게 연결되는가

프레젠스는 수퍼바이저가 어떤 수퍼비전 모델을 가지고 작업하기로 선택했든지 간에 틀림없이 보완해주는 전적으로 참여하는 특성을 제공한다. 이는 프레젠스 상태의 특성이 관계와 작업을 생동감 있게 하는 지하의 흐름처럼 작동하기 때문이다.

이 책에서 당신은 여러 다양한 모델에 관해서 읽을 수 있을 것인데, 코칭 프랙티스도 그렇게 발달하여 여러 가지 코칭 수퍼비전 모델이 있다. 가장 중요한 영향력을 미친 것은 Hawkins와 Smith(2006)의 일곱 눈 과정 모델, Murdoch과 Orriss(2010)의 코칭 수퍼비전 아카데미 종합 스펙트럼, Carroll(2005)의 5단계 모델, Carroll(2001)의 포괄적 통합 상담 모델, Inskipp과 Proctor(1993)의 작업 동맹, Stoltenberg와 동료들(1987)의 상담사 발달 단계, Wosket과 Page(2001)의 창조성과 혼란의 컨테이너로서의 순환적인 수퍼비전 모델이다.

코칭 수퍼바이저로서 우리 자신을 돌보기

현존감을 갖고 일하려면 수퍼바이저는 자기돌봄에 관심을 기울일 필요가 있다. 소진과 피상성은 우리가 자신의 안전, 개인적·전문적 발달, 선순환적인 휴식과 회복에 주의를 기울이면서 우리 자신을 적절하게 돌보지 않을 때 발생한다. 우리가 일을 더 심도 있게 할수록 이것이 더 중요해진다.

여기에 수퍼바이저가 자신을 얼마나 잘 돌보고 있는지 검사해볼 수 있는 간단한 자기 평가지가 있다.

'건강' 검사 자기평가지 : 0~10점

우수성과 안전성
- 나의 유능감에 대한 한계를 갖고 일하고 있는가?
- 항상 전문성과 통합성을 가지고 일하고 있는가?
- 항상 전문적 윤리와 가치에 맞게 일하고 있는가?
- 스스로 정규적인 수퍼비전을 받고 있는가?
- 한 번이라도 고객, 대인관계 혹은 업무에서 타협한다고 느낀 적이 있는가?

개인적·직업적 발달
- 나를 행복하게 하는 것에 관심을 두는가?
- 어떤 면에서 소진되고 있다고 느끼는가?
- 지루하고, 막히고, 좌절된다고 느끼고 있는가?
- 불안하거나 두려워지고 있는가?
- 나의 자아와 정신이 너무 많이 이야기하고 있지 않은가?
- 나는 나 자신과 편안하고 평화로운가?

- 너무 열심히 일하려고 하는가?
- 내가 너무 많은 책임을 맡아서 '간단히 해버리는' 식으로 되지는 않았는가?
- 나의 개인적 발달을 위해 충분한 투자를 하고 있는가?
- 나의 전문적 발달을 위해 충분한 투자를 하고 있는가?

휴식과 회복
- 나의 에너지 수준은 어떠한가?
- 나 자신을 위한 공간을 충분히 마련하고 있는가?
- 나의 일에 영향을 미치는 특별한 가족 혹은 일의 압력이 있는가?
- '고맙지만 됐습니다'만을 얼마나 잘 이야기하는가?
- 너무 쉽게 화가 나거나 조바심이 나거나 분노하게 되는가?
- 잘 먹고 있는가? 잘 자고 있는가? 운동을 충분히 하는가?
- 친구와 가족에게 충분한 관심을 보이고 있는가?
- 나의 마지막 휴일, 수련회, 완전히 쉰 것은 언제인가?

결론

현존감을 갖고 일하기는 쉽지 않지만 노력할 가치가 있다. 프레젠스는 우리의 일, 삶과 관계의 모든 측면을 풍성하게 해주는 가능성을 제공할 수 있는 존재의 상태이다. 이것이 없다면 우리는 우리 자신과 고객이 사고방식과 관점을 전환할 수 있는 힘을 지닌 창조성, 영감, 배려심, 가능성과 잠재력으로 짜여진 풍요로운 태피스트리에 접근하는 것을 거부하는 것이다.

참고문헌

Beisser, A (1970) The Paradoxical Theory of Change, p 1, **www.gestalt.org/arnie.htm**, first published in, (eds) J Fagan and Shepherd, I, *Gesalt Therapy Now. Theory techniques and applications*, Gestalt Journal Press, Gouldsboro, ME

Carroll, M (1996) *Counselling Supervision: Theory, skills and practice*, Continuum International Publishing, London

Carroll, M (2001) *Counselling Supervision: Theory, skills and practice*, Sage, London

Csikszentmihalyi, M (2002) *Flow: The classic work on how to achieve happiness*, Rider, London

de Haan, E (2008) *Relational Coaching: Journeys towards mastering one-to-one learning*, Wiley, Chichester

Gilbert, M (2005) *On Being a Supervisee: Creating learning partnerships*, Vukani Publishing, London

Hawkins, P and Smith, N (2006) *Coaching, Mentoring and Organisational Consultancy Supervision and Development*, Open University Press, Maidenhead

His Holiness The Dala Lama and Cutler, H C (1998) *The Art of Happiness: A handbook for the living*,

Riverhead Books, New York

Inskipp, F and Proctor, B (1993) *Making the Most of Supervision and Being a Supervisee,* Cascade, East Sussex

International Coach Federation (ICF) (2010) Coaching Core Competencies, **www.coachfederation. org/research-education/icf-credentials/core-competencies**

Lucas, B (2003) *Power up your Mind: Learn faster, work smarter,* Nicholas Brealey Publishing, London

Marianetti, O and Passmore, J (2009) Mindfulness at work: paying attention to enhance well-being and performance, in (ed) A Lindley, *Oxford Handbook of Positive Psychology and Work,* Oxford University Press, Oxford

McCongagill, G (2000) The coach as reflective practitioner notes from a journey without end, ch 3, in (eds) C Fitzgerald and J G Berger, *Executive Coaching: Practice and perspectives,* Davis Black Publishing, Palo Alto, CA

Murdock, E (2010) Who you are is how you coach, *Personnel Zone Integration Training Journal,* also published on the coaching supervision website thought leadership page: **www.csa.com**

Murdock, E and Orriss, M (2010) *The Coaching Supervision Academy's Full Spectrum Model:* **www.csa. com**

Page, S *et al* (1994) *Supervising the Counsellor – A cyclical model,* Routledge, London

Parsloe, E and Leedham, M (2009) *Coaching and Mentoring: Practical conversations to improve learning,* Kogan Page, London

Passmore, J and Marianetti, O (2007) The role of mindfulness in coaching, *The Coaching Psychologist,* 3 (3), 131–8

Scharmer, O (2007) Theory U; Leading from the future as it emerges. The social technology of presencing, *Society of Organizational Learning,* 8

Silsbee, D (2010) *Presence-based Coaching; Cultivating self-generative leaders through mind, body and heart,* p 8, Jossey Bass, San Francisco, CA

Stoltenberg, C D, Mcneill, B and Delworth, U (1987) *Supervising Counselors and Therapists: A developmental approach,* Jossey-Bass, San Francisco, CA

Tolle, E (2005) *The Power of Now: A guide to spiritual enlightenment,* Hodder and Stoughton, London

Wosket, V and Page, S (2001) The cyclical model of supervision: a container for creativity and chaos, ch 1, in (eds) M Caroll and M Tholstrup, *Integrative Approaches to Supervision,* Jessica Kingsley, London

2

코칭윤리와 법률

제9장

코칭에서의 윤리적인 체제

Claire Townsend

서론

코칭이 보다 전문적으로 성장하기 위해서는 코치들이 윤리적인 체제 가운데 일하는 것이 중요한데, 이는 코치들이 그들의 코치이는 물론 그 코칭 고객이 고용되어 있는 조직과 같은 이해관계자와의 상호관계를 뒷받침하기 때문이다. De Jong(2006)은 질 좋은 코칭의 본질이자 토대는 올바른 윤리라고 주장한다. 수퍼비전이 '상호적인 성찰과 해석적 평가, 그리고 전문지식의 공유를 통하여 코치에게 지속적인 성장과 코칭행위의 효율성'(Bachkirova et al., 2005)을 높이면서 코칭 분야에서 윤리의 활용과 발전에 중요한 역할을 담당하는 것은 명백하다. 또한 Nicklen은 코칭 현장에서 윤리를 개발하는 방법 중 하나로 수퍼비전을 중요하게 여겼다. '윤리적인 문제들은 점점 더 복잡해지지만 코치들의 자기관리에 관한 것은 꼭 도움이 필요한 영역이다. 기본적인 일대일 관계든 순환적인 코칭 과정에서의 한 부분이든 수퍼비전은 매우 중요하다'(Sparrow, 2007).

2008년 '코칭과 멘토링 수퍼비전 프로젝트'에서 한 일은 수퍼비전의 목적 중 하나가 윤리적인 이슈나 딜레마들에 관해 인정하고 이에 관해 토의하며 함께 고심할 수 있는 장소를 제공하기 위함임을 강조한 것이다. 이에 수퍼바이저에게 있어서 현재의 윤리 체계와 이를 활용할 수 있는 방법을 다른 코치들과 함께 수퍼비전 안에서 다루는 것은 매우 중요하다.

이 장은 윤리가 무엇인지 검토하는 것부터 시작할 예정이고, 코칭에서 윤리가 중요한 이유에 관해 알아볼 것이다. 이를 위해 코칭협회(Association for Coaching), 유럽 멘토링 코칭협의회(European Mentoring & Coaching Council), 국제코치연맹(International Coaching Federation)과 영국심리학회 특별그룹(British Psychological Society Special Group)에 의해 발전되어온 윤리 체제를 검토하려고 한다.

현재 코칭은 어떠한 협회에도 소속될 필요가 없거나 어떠한 윤리강령도 따를 필요가 없는 비규제산업(unregulated industry)이다. 그럼에도 불구하고 코칭의 성장과 함께 코칭 서비스에 대한 품질과 효율성 및 윤리적 정직성을 유지하기 위하여 산업현장에서 코칭의 전문화를 추구하는 많은 지지자들이 있고(Rostron, 2009), 수많은 코칭단체들이 광범위한 윤리강령을 만들어가는 데 협력하고 있다. 영국코칭원탁회(The UK Coaching Round Table)는 '모든 코치는 현재 운영되고 있는 윤리강령을 따라야 하고, 코칭 현장에서 원활한 수행을 위하여 승인된 기준을 적용할 필요가 있다'는 진술이 포함된 기본적인 일련의 원칙들을 함께 참여하고 있는 단체의 구성원들이 지켜가도록 요청하고 있다. 윤리강령들이 단체의 공식문서에 명백하게 진술되어 있음에도 불구하고 구성원들은 정작 이 규정들을 언제나 활발히 활용하고 있다고 볼 수 없기 때문에, 코칭 수퍼바이저들은 이처럼 코칭단체 윤리강령과 코치들의 윤리 인식을 고양하는 중요한 역할을 감당할 수 있다. 덧붙여 많은 코칭 고객과 스폰서들은 윤리강령을 잘 모를 가능성이 있고 (Passmore, 2009) 그렇기 때문에 이들이 자신이 받는 코칭이 불만족스러울 경우 그 상황을 어떻게 대처해야 할지에 관해 알 수 없을 것이다.

윤리의 정의

가장 기본적으로 윤리란 인간이 자신의 삶을 결정하고 이끄는 방식에 영향을 미치는 도덕적 원칙에 대한 시스템이다. 이 단어는 습관적 또는 관습적이라는 뜻을 가진 그리스어 ethikos와 윤리학 또는 옳고 그름에 대한 학문이라는 뜻을 가진 라틴어 ethice로부터 파생되어 결합된 어원을 가지고 있다. 윤리는 철학 안에 확립된 한 분야로서 의학윤리, 비즈니스 윤리, 전문직 윤리, 환경윤리처럼 실생활에서 도덕론을 적용하기 위해 시도하는 응용윤리(applied ethics)를 포함한 실로 다양한 세부 분야를 가지고 있다. 전문직 윤리(professional ethics)는 응용윤리의 하위항목으로, 이는 일터에서의 특정한 관계의 맥락 속에서 전문적 행위와 도덕적인 결정에 대하여 중점적으로 검토한다(Weiner, 2006). 전문직은 고객이 접근할 수 없는 자신들만의 전문적인 지식을 가지고 있고, 이는 전문가에게 권위를 부여하여 전문지식이 없는 고객들을 고의적으로 혹은 부주의하게 취약한 위치로 빠뜨릴 수 있기 때문에 일반적인 대중과는 달리 보다 추가적인 책임감을 갖는다는 점을 고려해야 한다.

코칭 윤리규정의 기원은 상담 및 심리치료와 같은 치료 분야 전문윤리와 이해관계자들과 권력의 복합성과 같은 추가적인 이슈들을 포함하는 비즈니스 윤리에서 찾아볼 수 있다(Law, 2005).

윤리적인 체제

효과적인 수퍼비전을 제공하기 위하여, 주요 코칭협회들에 의해 사용된 윤리적 체제(ethical frameworks)에 대한 지식은 주어진 하나 혹은 몇 개의 코칭단체에 속하여 수퍼비전을 받는 코치들에게 도움이 될 것이다. 아래에 언급될 단체들은 모두 각 구성원이 반드시 준수해야 할 윤리적인 체제를 마련하여 공표해왔다. 여기서는 그러한 윤리적인 체제에 공통적으로 나타나는 주제들을 정의할 뿐 아니라 개별적으로 각 윤리적 체제에 관해서도 검토하려고 한다.

여러 코칭단체에 의해 발전되어온 윤리적 체제뿐 아니라, 최근에는 많은 그룹이 서로 협력하여 기존에 있는 윤리강령 검토를 포함하여 공동의 지침을 마련하기 위해 모이게 되었고, 이 분야의 향후 발전을 위해 공동작업을 하고 있다. 이러한 그룹들은 국제코칭대회(Global Convention on Coaching, GCC)와 국제코칭연구포럼(International Coaching Research Forum, ICRF)을 포함하고 있다. 영국에서는 영국코칭원탁회, 코칭협회로 구성된 그룹, 전문임원코칭 수퍼비전협회(Association for Professional Executive Coaching and Supervision, APECS), 영국의 유럽 멘토링 코칭협의회(EMCC UK), 그리고 영국 국제코칭연맹(UK ICF)이 '코칭 전문직의 역량과 평판을 지속적으로 향상시키기 위하여'라는 메타 원칙과 함께 2008년 2월 공유된 전문적인 가치관에 대한 진술을 만들어냈다. 이 문서에는 '모든 코치는 적용되는 윤리강령을 따라야 하고, 코칭현장에서 자신의 성과를 위하여 인정된 기준들을 적용해야 한다'는 목표가 포함되어 있다.

좋은 코칭훈련에 있어서 윤리의 근본적인 중요성에 대한 인식은 코치와 수퍼바이저들로 하여금 마련된 윤리강령을 잘 이해하고 이들의 코칭 현장에서 그 내용을 잘 적용하는 방법의 중요성을 강조한다. 이는 기초적인 코칭역량이 될 뿐 아니라 결국 윤리적인 체제를 효과적으로 적용할 수 있도록 코치들의 능력을 향상하게 할 것이다. 현실은 하나의 규정 내에 다른 법칙들이 갈등을 일으키는 것처럼 보일 수 있고, 코치가 해결해야 할 윤리적 딜레마에 직면할지도 모르는 상황이 일어날 수 있어서 매우 복잡할 수 있다. 어떤 상황에서 이러한 이슈들은 해결해야 할 도전적인 일이기에 가장 본질적인 윤리의 한 부분으로 고려될 수 있고, 바로 이러한 부분을 통해 수퍼비전은 좀 더 복잡한 딜레마를 해결하거나 특별한 상황에서 최고의 결과를 이끌 수 있는 행동방침을 찾아낼 수 있도록 코치를 돕는 매우 가치 있는 일이 될 수 있다.

그러므로 수퍼바이저가 윤리적 딜레마를 풀어나가는 코치를 지원할 수 있으려면 수퍼바이저가 코칭단체의 다른 윤리강령들을 잘 알고 있는 것뿐만 아니라 자기 자신의 윤리적인 견해에 대해서도 자각하고 있는 것이 중요한데, 이에 관하여 아래와 같이 대략적으로 나누어볼 수 있다(Rowson, 2001).

- 결과론자 혹은 목적론적(teleological) 관점 : 윤리는 최고의 결과들을 가져오는 것과 관계있다. 윤리적 의무란 모든 사람에게 가장 큰 유익을 제공해주는 어떤 일이라도 감당하는 것을 의미한다. 행동(action)은 윤리적으로 중립적이다. 즉 행동은 그것이 옳고 그름에 달려있다기보다 그 행동이 최고의 결과로 이끄는지 아닌지에 달려있다.
- 순종적 혹은 의무론적(deontological) 관점 : 어떤 행동들은 본질적으로 좋고, 어떤 행동들은 본질적으로 나쁘다. 윤리적인 행동은 좋은 행동을 수반하고 나쁜 행동을 피하는 것이다. 본질적으로 좋은 행동은 진실을 말하게 하고 약속을 지키며 정의롭고자 한다.
- 다원주의자(pluralist) 관점 : 윤리적인 의사결정은 우리에게 두 가지 상반된 관점을 유지하는 것에 대한 필요성을 숙지하기를 요청한다. 예를 들어 만약 약속을 지키는 것이 다른 사람들에게 해가 될 경우, 다원주의자는 다른 사람들에게 해를 끼치지 않기 위해 그 약속을 깨는 것에 대한 윤리적 중요성에도 비중을 둘 수 있다.

윤리에 대한 이러한 다른 접근방식들에 대한 개인의 견해는 윤리적 행동을 만드는 근본적인 기본전제에 영향을 끼칠 수 있다. 수퍼바이저는 코치의 생각과 접근법에 영향을 끼칠 수 있는 위치에 있다는 점을 고려하면, 코치와 일하기 전에 자신의 윤리적 견해를 명백하게 하는 것이 중요하다.

영국 코칭단체의 윤리강령

이 절에서는 다음과 같은 영국 코칭단체들의 윤리강령에 관해 검토할 것이다.

코칭협회
유럽 멘토링 코칭협의회
국제코치연맹
영국심리학회/코칭심리학 특별그룹

코칭협회

코칭협회(AC)는 2002년 7월에 시작되었다. AC 내에서 윤리의 중요성은 AC 웹사이트 곳곳에 '코칭의 탁월성과 윤리성을 촉진한다'는 소제목이 자주 등장하는 것만 보아도 확실히 알 수 있고, 아래에 소개한 조직의 사명선언문(mission statement)에서도 잘 드러난다.

> 우리는 일곱 가지 핵심 가치를 구성하고 있는 기본적인 틀을 기반으로 삼아 우리 멤버들을 위해 윤리적이고 책임감 있는 협회를 운영하고 이끌어갈 것을 목표로 한다 ― 높은 기준, 진실성, 개방성, 즉각적 반응성, 고객 중심, 교육, 진보성.

윤리와 바른 실천에 대한 강령(The Code of Ethics and Good Practice)은 2003년에 시작했고, 협회 멤버들이 충실히 이행할 것을 기대하는 '올바른 윤리적 실천의 필수요소'를 만들었다. 구체적인 요구사항들이 함께 섞여 있는 이 규정에는 13개 항목이 있으며, 좀 더 주관적인 영역에서는 구체적인 상황에서의 적절한 행동방침을 규정하는 결과주의자 혹은 다원주의자의 윤리적 관점을 필요로 할 수 있다. 예를 들어 비밀보장사항은 코칭계약에서 중요한 부분으로 2번 항목에 명시되어 있다. 코치가 고객으로부터 어떤 정보를 얻었을 때 그 내용과 전혀 상관없이 비밀보장을 지속할 필요가 있을 수도 있고, 아니면 코치가 고객의 건강과 복지에 관련된 내용이 염려되어 이는 고객에게 보다 더 중요한 이슈일 수 있기에 다른 누군가와 상의할 수도 있다고 차후에 결정할 필요가 생길 수 있다. 따라서 이 강령에 있는 많은 사항들은 코칭 실행 방법을 위한 규칙이 엄격하게 정해져 있는 것이 아니라, 코치가 자신의 코칭을 윤리적으로 하고 있는지에 관해 도움을 받을 수 있는 지침서로 이해될 수 있다. '어떤 경우에도 코치들은 전문직의 평판을 떨어뜨리지 않도록 행동해야 한다'는 13번 항목은 다른 여러 항목이 보다 구체적인 지침을 제공하게 하는 광범위한 책임에 대한 항목으로 작용한다.

이 강령에는 모호하지 않고 정확하게 명시된 구체적인 요구사항들이 있는데, 이것은 코치에게 요구되는 코칭행위의 기준을 이해하도록 코칭 고객은 물론이고 코치에게도 숙지시켜야 한다. 여기에는 코치들이 손해배상 책임보험을 보유하고(11번 항목), 지속적인 전문성 신장을 위해 연간 30시간 이상을 투자하며(9번 항목), 적절한 고객기록을 유지하는 일(6번 항목) 등의 요구사항이 포함된다. 또한 고객이 코칭을 시작하기 전까지 코칭계약과 기간 그리고 조건에 관해 코치로부터 충분히 안내를 받았다는 것을 코치가 확신하고, 코치의 요구사항도 정직하고 정확하게 이해할 수 있게 확인하도록 규정하고 있다(2번 항목). 그러므로 윤리적으로 행동하는 것은 코칭 전부터 시작하는 것이고, 코칭 관계를 위해서는 사전에 조율해야 하는 일이다.

수퍼비전에 대한 항목은 '코치들은 그들의 업무를 위해서 규칙적인 자문과 지원을 받을 것'이라는 8번 항목에 명시되어 있다. 수퍼비전은 또 다른 강령, 예컨대 '코치들은 자기 개인의 한계와 전문성의 한계에 관해 스스로 잘 자각해야 한다'는 1번 항목과 '코치들은 자신의 코칭의 질을 모니터하도록 요구받고, 어디서든 필요하다면 고객들과 적절하다고 생각되는 다른 전문가로부터 피드백을 구해야 한다'는 7번 항목과 연관하여 코칭훈련에 발전을 가져올 수 있도록 도움을 줄 때 가치 있는 과정이 된다.

AC 윤리강령은 여기서 검토될 다른 단체의 강령의 내용들과 비슷하지만 구체적인 지침에 있어서는 차이가 있을 수 있다. 예를 들어 1년간 코칭을 수행할 수 있는 코칭의 양과 책임보험을 필수로 요청하는 것 등은 다를 수 있다. 이러한 구체적인 지침은 자신의 코칭내용이나 발생 가능한 이슈들을 검토하기 위한 용도로 사용될 수 있을 뿐 아니라, 새로운 코치들이 자신의 역량을 지속적으로 축적하기 위해 필요한 것이 무엇인지 이해할 수 있도록 돕기 위해 적절하게 사용될 수도 있다.

코칭협회의 윤리강령

1. 코치들은 개인의 한계와 전문성의 한계에 관해 스스로 잘 자각해야 한다.
   개인 – 코칭을 수행하기 위한 자신의 양호한 건강상태와 적합성을 유지하는 것. 이러한 경우가 아니라면, 코치들은 다시 일을 시작하기에 좋은 건강상태가 될 때까지 자신의 일을 중단해야 한다. 고객들은 이 기간 동안 적절한 대안적 지원을 제공받아야 한다.
   전문성 – 그들의 경험이 고객의 요구에 적합한지 여부에 관한 것. 이러한 경우가 아닐 때, 고객을 다른 적합한 서비스(예 : 더 경험이 많은 코치, 상담사, 심리치료사 또는 다른 전문가)로 위탁해야 한다. 특히 일부 고객들은 보통 코칭 영역에서 제공할 수 있는 지원보다 더 많은 심리적인 지원이 필요할 수 있다는 가능성에 대해 주의를 기울여야 한다. 이러한 경우 적절한 돌봄이 제공될 수 있도록 의뢰되어야 한다(예 : 고객의 주치의, 상담사나 심리치료사, 기타 심리지원기관 등).

2. 코치들은 고객이 코칭계약과 기간 및 조건에 대해 첫 회기에서 혹은 그 이전에 먼저 충분히 숙지하고 있음을 확인할 책임이 있다. 이러한 문제는 비밀보장, 코칭비용, 그리고 코칭회기 수를 포함한다. 코칭에서 코치의 모든 요구는 정직하고 정확해야 하고, 코칭 중 유효한 전문직 자격 상태를 유지해야 한다.

3. 코치들은 고객이 코칭 과정에서 사용될 방법과 기술 그리고 코칭 프로세스가 진행되는 방식에 관한 정보를 요구하면 솔직하고 기꺼이 대답해야 한다. 이것은 계약동의서 이전 그리고 전체 계약기간 동안에도 이루어져야 한다.

4. 코치들은 문화, 종교, 성별 그리고 인종에 대한 이슈에 민감해야 한다.

5. 코치들은 코칭 과정 동안 어떤 시점에도 종결할 수 있는 고객의 권리를 존중해야 한다.

6. 코치들은 고객과의 코칭 기록들을 유지하도록 요구받고, 어떠한 기록이라도 정확하고 합리적인 보안대비책을 세워 제3자의 정보유출로부터 보호받고 있음을 보증해야 한다. 현재 제정된 어떠한 법률에 의하여 코치이의 권리가 보호받을 수 있는지 알려주어야 한다(예 : 정보보호법).

7. 코치들은 자신의 코칭의 질을 모니터하도록 요구받고, 어디에서든 필요하다면 고객이나 적절하다고 생각되는 다른 전문가로부터 피드백을 구해야 한다.

8. 코치들은 그들의 업무를 위해서 규칙적인 자문과 지원을 받아야 한다.

9. 코치들은 지속적인 전문성 신장을 위하여 코칭의 이론과 실제 영역에 연간 최소 30시간 이상을 투자해야 한다.

10. 코치들은 자신의 일에 영향을 줄 수 있는 법률적인 요구사항 혹은 합법적인 필수요건 등에 대하여 충분한 정보를 인식하고 있어야 한다.

11. 코치들은 현재 손해보상 책임보험을 가지고 있어야 한다.

12. 코치들은 고객이나 어떠한 후원단체가 연관된 이중관계가 갖는 영향에 대하여 고려해야 한다.

13. 코치들은 코칭 전문직의 평판을 떨어뜨리지 않도록 행동해야 한다.

유럽 멘토링 코칭협의회

유럽 멘토링 코칭협의회(EMCC)는 18개 유럽국가에 분포된 범유럽 조직이다. 영국 EMCC는 영국에서 모든 멘토링과 코칭을 위해 최상의 실천행위를 정의하고 만들어내며 홍보하는 임무를 수행한다. EMCC는 4개의 특별한 관심그룹을 갖는데, 그중 하나가 영국 윤리와 연구(UK Ethics and Research)이다. 2008년에 갱신된 현재 EMCC 윤리강령은 모든 국가에서 사용되고 있고, 그 공인된 목적은 '고객과 후원자들이 코칭이나 멘토링의 관계에서 혹은 훈련이나 수퍼비전 관계에 있는 코치/멘토로부터 기대하는 것이 무엇인지 계약동의서를 작성하는 첫 단계에서부터 제시되어야 한다'이다. 또한 '모든 EMCC 회원은 계약을 체결하는 단계에서 후원단체와 개인고객에게 윤리강령이 존재함을 인식시켜야 할 것'이라고 강조하고 있다. 코칭의 시작에 앞서 윤리강령을 사용하고 강조하는 이러한 주안점은 매우 흥미롭다. 이는 코칭의 명확성을 더욱 확보하고 코칭 관계의 초기에 코치의 책임감을 이해하는 데 있어서 매우 유용하다. 하지만 EMCC 윤리위원장은 '몇몇 멤버들은 윤리강령에 대해 전혀 알고 있지 않은 것 같다는 의심을 갖게 된다'고 언급한 바 있다(Sparrow, 2007).

이 강령은 다음과 같은 원칙을 진술한다.

- 코치/멘토는 모든 인간에 대한 존엄성을 인정할 것이다. 그들은 그들 스스로 다양성을 존중하고 동등한 기회를 증진하는 방식으로 실무를 수행할 것이다.
- 코치/멘토의 주된 책무는 고객에게 가능한 최고의 서비스를 제공하고, 어떤 고객이나 후원자에게도 해를 끼치지 않는 방법으로 행동하는 것이다.
- 코치/멘토는 존엄성, 자율성, 그리고 개인적인 책임감의 위치에서 기능하려고 노력한다.

EMCC 윤리강령은 다음과 같은 다섯 가지 영역을 포함한다.

1. 역량(competence) : 이 영역 내에서 코치들은 그들의 역량을 평가하고 그들의 발전을 지지할 수퍼바이저와의 관계를 유지할 것을 명시하고 있다. 그러므로 코치들이 '윤리강령에 따라 충분히 코칭을 수행할 수 있도록 충분한 능력을 갖추게' 하고 '경험과 지식의 수준'을 높일 수 있도록 코치들을 지원하고 돕기 위해 수퍼비전은 이러한 역량 영역의 핵심으로 자리 잡는다. 수퍼비전에 관한 EMCC 지침서에서 수퍼비전이 취해야 할 양식은 주어진 코칭의 성격에 따라 달라지고, 수퍼비전 회기와 기간 등은 강령에 구체적으로 명시되어 있지 않다.

2. 맥락(context) : 초기 코칭 관계가 시작하는 시점에 강령을 언급하는 것은 고객과 후원자의 기대를 이해하고 다루는 것을 돕고, 그러한 관계는 코칭이 이루어지게 된 맥락을 반영한다는 점을 확실히 아는 것이다.

3. **경계 관리(boundary management)** : 코치는 자신의 능력 한계 내에서 코칭을 수행하면서 고객을 필요한 곳에 위탁하기도 하고, 잠재적인 이해충돌에 대한 인식을 유지한다.

4. **정직성(integrity)** : 코치는 비밀보장을 유지하고, 적용되는 법 안에서 행동한다.

5. **전문성(professionalism)** : 코치는 코칭 관계가 진행 중이거나 종료된 후에 고객을 이용하는 일을 하지 않고 자기 자신의 전문성을 명확하게 제시하는 등의 전문적인 책임감을 유지하도록 애쓴다.

위의 모든 영역 내에는 윤리를 적용할 때 판단력을 행사할 범위가 있다. 이는 '경계 관리' 영역에 있어서 이해관계 충돌이나 '정직성' 영역에서 합의된 비밀보장의 수준을 유지하는 데 있어서 코치들이 옳은 행동방식을 결정할 수 있도록 지원할 필요가 있기 때문이다. 강령의 몇 가지 측면은 보다 직접적인 적용이 가능하고, 윤리적 딜레마에 빠질 가능성이 낮으며, 이는 '합의된 후속조치 제공'과 '연관된 기록과 자료의 안전 및 보안 유지'와 같은 '전문성'의 하위 항목으로 포함될 것이다. 이것들은 전문적인 직업 관계와 코치의 평판 유지를 위해 중요한 부분이지만, 윤리적 딜레마는 덜 유발할 수 있다.

강령에 대해 덧붙인다면 불만 제소와 징계절차가 있는데 이는 EMCC 멤버들에 의한 전문성 위반행위에 대한 불만 접수를 할 수 있도록 설계되었고, 이러한 불만사항은 EMCC에 의해 정식으로 조사된다.

이 강령은 명백하게 제시되고 고객과의 관계 형성과 코칭계약의 중요한 구성요소로 사용됨을 강조하고 있으며, 이 규정은 단지 해결해야 할 문제가 있을 때 다루어야 하는 특별한 사항이 아니다. 그리고 이 강령은 코치의 역량을 평가하고 코치의 발전을 지원하는 수퍼비전의 중요성을 명백하게 언급하는 것이다. 또한 EMCC는 고객이나 후원자에게 윤리강령 위반으로 보이는 이슈를 어떻게 비공식적으로 코치에게 언급하고, 필요하다면 어떻게 공식적으로 불만을 제소하는지에 대하여 윤리강령 문서에 포함된 정보를 제공함으로써 규정위반을 보고하도록 격려하고 대책을 마련하도록 한다.

국제코치연맹

국제코치연맹(ICF)은 1995년에 설립되었고 세계적인 멤버십을 가진 가장 큰 코치 회원 단체이다. 이 단체의 핵심 목표는 '전문 코칭의 기술, 과학, 그리고 실천을 향상시키는 일'이다. ICF는 ICF 회원들과 ICF 인증 코치들을 위해 ICF 윤리강령을 수립했고, ICF

회원들과 ICF 인증 코치들을 상대로 윤리적 불만을 제소한 사람들을 위해 윤리적 행동 조사 과정을 마련했다. 멤버십의 조건으로 회원들은 윤리강령을 지지하는 서약을 한다. 강령의 목적은 '전문적이고 윤리적인 코칭 업무를 증진하고, ICF 회원들과 ICF 인증 코치들의 정직성, 헌신, 윤리적인 업무 수행에 대하여 외부 사람들의 인식을 고취하는 일'로 명시되어 있다.

윤리강령 문서뿐만 아니라, ICF는 각각의 강령이 실제로 어떻게 사용되는지에 대한 예시를 추가적으로 제시하기 위하여 '자주 하는 질문(frequently asked questions)' 자료를 제공해왔다. 이는 명료하지 않은 영역을 명확하게 하는 데 쓰일 수 있다.

2008년에 합의된 현재 윤리강령은 세 부분으로 나뉜다. 첫 번째 부분은 코칭, 전문적 코칭 관계, 그리고 ICF 전문 코치의 구체적 책무를 정의한다. '또한 ICF 전문 코치들은 ICF 전문 핵심역량(professional core competence)을 실행하고, ICF 윤리강령 이수의 책임을 서약하는 데 동의한다'.

두 번째 부분은 윤리적 행동의 ICF 기준을 설정한다 ─ 'ICF 전문 코치들은 스스로 코칭 전문직에 대해 긍정적으로 인식하면서 행동하기를 열망한다. 또한 코칭의 다른 접근법을 존중하고, 그들이 적용되는 법률과 규제에 의해 구속됨을 인지한다'.

두 번째 부분은 4개의 항목으로 되어 있다. 항목 1은 일반적으로 전문적 행위에 대하여 다루는 바, 코치들이 그들 자신을 나타내는 방법과 능력, 자질, 전문지식, 수행된 연구의 측면에서 전문성과 관련이 있다. 코치들은 윤리강령에 따라 행동하고, 자신의 코칭역량의 변화를 인식하여 이를 적절히 공지하며, 고객기록과 연락처를 유지함에 있어 비밀보장에 만전을 기한다.

이 항목에서 자주 하는 질문의 예는 다음과 같다.

2) 나는 나의 코칭 자질, 전문지식, 경험, 자격증, 그리고 ICF 인증을 정확하게 명시할 것이다.

질문 : 저는 2명의 임원을 코치했습니다. 제가 숙련된 임원코치라고 말해도 될까요?

답변 : 이는 오해의 소지가 있습니다. 어쩌면 '저는 임원들을 코칭해 왔습니다.'라고 말하는 것이 적절할 것입니다. 하지만 긴 기간에 걸쳐 많은 이슈를 통해 2명의 임원을 코칭해 온 코치라면 어쩌면 충분히 숙련되었을지도 모릅니다. 따라서 이는 개인적인 판단의 문제로 보입니다.

항목 2는 이해관계의 충돌을 다루는데, 이는 의뢰에 대한 비용, 코칭 관계를 손상시킬 수 있는 보상 형태, 혹은 합의되지 않은 코치/고객 관계에서의 이익 발생의 경우와 같은 잠재적인 이해관계의 충돌 이슈에 집중되어 있다.

이 항목에서 자주 하는 질문의 예는 다음과 같다.

9) 나는 이해관계 충돌과 잠재적 이해충돌을 피하도록 노력하고, 어떠한 충돌이라도 솔직하게 밝히려고 노력할 것이다. 나는 그러한 충돌이 발생할 때 스스로를 배제하도록 노력할 것이다.

질문 : 만약 제가 한 기업의 중간관리자와 코칭계약을 맺으려 하는데, 이미 그의 상관을 코칭하고 있다면 이 계약을 받아들여야 할까요?

답변 : 당신이 만약 두 고객에게 객관적인 입장과 비밀보장을 유지할 수 있다고 생각한다면 이 계약을 받아들일 수도 있습니다. 당신은 먼저 통상적으로 첫 번째 고객과 같은 회사에서 다른 누군가를 코칭하는 것에 대해 어떻게 느끼는지를 논의할 수 있겠지요. 그러나 코칭하는 동안에 고용과 해고 등의 결정에서 이해관계의 충돌이 발생할 수 있다는 점을 인지해야 합니다.

항목 3은 고객과의 전문적 행동에 대한 영역인데, 코치 자신의 전문성, 의견 제시, 그리고 비밀보장, 코칭의 성격, 재정적 절차에 관한 명확하고 구체적인 합의에 대하여 주장하는 측면에서 고객과의 관계의 적절한 성격에 대한 지침을 제공하는 것이 목표이다. 또한 신체적이고 성적인 접촉에 관한 경계의 필요성과 함께 원할 경우 코칭 관계를 종료할 수 있는 고객의 권리를 명시한다. 또한 코치의 능력에 대한 경계는 고객을 의뢰해야 할 시점을 제대로 아는지에 대한 포인트에서 강조된다.

이 항목에서 자주 하는 질문의 예는 다음과 같다.

19) 나는 고객과의 합의와 계약조항에 의거하여, 코칭 과정 동안 어떤 시점에서도 코칭 관계를 종료하는 고객의 권리를 존중할 것이다. 나는 고객이 더 이상 코칭 관계로부터 유익을 얻을 수 없다는 징후에 대하여 민감하게 반응할 것이다.

질문 : 저의 고객은 코칭비용을 시작 전에 완불했고, 10번의 코칭 회기를 하기로 합의했습니다. 6번의 회기 후에 저의 고객은 그만하기를 원했습니다. 그녀는 코칭이 더 이상 그녀가 기대한 가치가 없다고 여겨서 코칭비용을 환불받기를 원한

다고 말합니다. 제가 돌려주어야 할까요?

답변 : 당신이 이러한 상황에서 어떻게 할지 분명히 말하지 못했다면 당신의 고객과 함께 이를 진지하게 논의해야 합니다. 아마 당신은 고객이 서비스가 제공된 날짜까지 코칭비용을 지불하도록 협상을 시도할 수도 있습니다. 권고하기는 지금까지의 비용을 제외한 나머지 회기 비용을 돌려주던지, 행정비용을 제외한 전체 코칭비용을 돌려주던지, 아니면 코칭비용을 전액 환불해주는 방법 등이 제시될 수 있을 것 같습니다. 당신 스스로 최선의 판단을 하도록 하고, 당신이 이 상황을 어떻게 처리할 것인지가 코치로서의 당신의 평판을 형성할 수 있다는 점을 기억하시기 바랍니다.

항목 4는 비밀보장과 사생활에 관련된 영역으로, 학생으로 훈련받는 코치들이나 보조코치들과 함께하는 작업뿐 아니라, 코칭 고객과 후원자의 관계에서도 비밀보장의 원칙에 관해 다룬다.

이 항목에서 자주 하는 질문의 예는 다음과 같다.

23) 나는 코치, 고객, 후원자 사이에 코칭정보가 어떻게 교환되는지에 대하여 명백하게 합의를 할 것이다.

질문 : 저의 새로운 고객의 수퍼바이저가 보고된 코칭결과 중 일부는 제 고객이 모르도록 하기를 원하고 있습니다. 저는 그 수퍼바이저로부터 코칭비용을 지불받았습니다. 제가 고객에게 해당 정보를 주지 말아야 할까요?

답변 : 이는 윤리적인 충돌입니다. 당신은 무엇을 코치하는지에 대한 명확성과 합의 없이 어떻게 누군가를 코치할 수 있겠습니까? 세 당사자 간에 서명한 당신의 코칭 합의서에 어떤 내용이 적혀 있든지 이는 모두 받아들여질 수 있는 것입니다.

세 번째 부분은 ICF 윤리서약(Pledge of Ethics)이고, 아래와 같이 기술되어 있다.

ICF 전문 코치로서 나는 나의 코칭 고객, 후원자, 동료, 그리고 일반적인 대중에게 나의 윤리적이고 법적인 의무를 명예롭게 여겨 이를 인정하고 동의한다. 나는 ICF 윤리강령을 준수하고 내가 코칭하는 사람들과 이러한 기준으로 코칭하겠다고 서약한다.

만약 내가 윤리서약 또는 ICF 윤리강령의 어떠한 부분이라도 위반한다면 나는 ICF의 단독

재량에 의해 나에게 책임을 묻는 것에 동의한다. 또한 어떠한 위반에 관련하여 ICF가 요청하는 나의 책임은 ICF 회원자격 혹은 인증자격 박탈과 같은 처벌을 포함한다.

ICF 윤리강령은 코치가 윤리적 체제 안에서 보기를 기대하는 주요 범위와 다른 코칭 단체의 강령에 의해 발견된 많은 유사 분야를 포함한다. 윤리서약은 다른 강령에서는 구체적으로 찾을 수 없어서 ICF의 미국적인 근원을 나타내는 특징으로 보이지만 이는 ICF 구성원이 될 때 코치가 어떤 내용에 서명하는지에 대한 유용한 요약을 제공하고 있다. '자주 하는 질문' 문서는 강령의 각 영역에서 유용한 추가적인 지침을 제공하며, 어떤 모호한 영역이라도 확실하게 하기 위하여 코치와 수퍼바이저에 의해 사용될 수 있다. 더불어 ICF는 윤리적 행동 검토과정에서 확실한 지침을 제공하고, ICF 회원들과 인증 코치들을 상대로 제소된 불만사항을 검토할 때 하나의 '탁월한 모범(model of excellence)'을 제공하기 위하여 의도되었다.

영국심리학회와 코칭심리학 특별그룹

영국심리학회의 윤리 및 행동강령은 회원들이 활동하는 심리학 세부영역과 상관없이 BPS의 모든 회원에게 적용된다는 점에 있어서 여타 코칭단체에서 만들어진 것들과 차이점이 있다. 따라서 이러한 포괄적인 기준은 코칭심리학자들에게도 적용되고, 특히 코칭심리학 특별그룹(SGCP)에 의해 생성된 '코칭심리학 기준체제(Standards Framework for Coaching Psychology)' 안에도 영향을 미치고 있다.

BPS 윤리 및 행동강령(BPS Code of Ethics and Conduct, 2009)은 그 도입부에 어떠한 윤리적 관심으로 방대한 세부영역을 마련하고 있는지 아래와 같이 요약하고 있다.

영국심리학회는 학회에 주어진 의무를 인식하고, 높은 기준의 직업정신을 설정하며, 윤리적 행동, 태도, 심리학자로서의 판단을 증진하기 위해 다음과 같이 노력한다.

- 항상 대중의 보호를 위한 필요성을 염두에 둔다.
- 윤리적 원칙, 가치, 그리고 기준을 명확하게 공지한다.
- 교육과 자문을 통해 이와 같은 기준을 증진한다.
- 심리학자들이 그들의 전문적 행동과 태도를 점검하도록 돕는 방법을 개발하고 시행한다.
- 윤리적 의사결정에서 심리학자들을 조력한다.
- 이러한 이슈들에 대한 담론의 기회를 제공한다.

또한 강령은 강령의 목표가 모든 심리학자에게 적용되고 더불어 모든 회원에게 적용되는 윤리적 기준을 제공하고자 할지라도, 개별 심리학자들은 그들 자신을 법적 체제, 규제력을 지닌 책무, 그리고 그들이 일하는 특정 상황과 관련된 다른 지침들과 익숙해질 필요가 있다고 진술한다.

코칭심리학자들에게 이러한 지침은 SGCP에 의해 발행된 기준체제이고, 이는 코칭심리학자로서 직무 역량을 증명하도록 요구되는 기준을 상세히 설명한다. 뿐만 아니라, *The Coaching Psychologist*의 윤리 칼럼과 SGCP 웹사이트 윤리 칼럼에 제시되는 '당신이라면 어떻게 하시겠습니까?'의 대본과 같이 이용 가능한 더 많은 자료들이 있다. 또한 BPS는 필요시 코칭심리학 분야의 조언자들과 연결하여 윤리적 딜레마에 대한 지침을 제공하기 위해 자문 소위원회를 구성하기도 한다.

SGCP는 수퍼비전이 코칭심리학자와 코칭 현장에서 심리학을 사용하는 코치들의 직무에 있어 가장 중요한 요소라고 여긴다. 수퍼비전에 대한 하나의 규범적인 모델은 없으나, 그 과정은 윤리적이고 반성적이며, 책임감 있는 실천을 숙련되게 하고 발전시키는 데 중요한 열쇠로 여긴다고 진술한다. 코칭 과정에서 높은 윤리기준의 보장은 SGCP에 의해 정의된 수퍼비전의 주된 목표 중 하나이다.

SGCP 수퍼비전 지침문서에는 코칭을 하는 도중에 나타날 수 있는, 좀 더 경험이 많은 숙련된 사람들과 상의할 필요가 있는 윤리적 상황에 대한 예시가 있다. 예시는 아래와 같다.

일반적으로 코칭계약은 그가 심리학자든 심리학 기반 코치든 상관없이 실전에서 직접적으로 근본적인 이슈나 역기능을 다루지 않는다는 것을 암시한다. 코치나 심리학자들은 고객의 발달에 있어서 '장애물(blocks)'이 심리학적 개입에 의해 좀 더 효율적으로 다루어질 수 있다는 점을 확인할 때 더 깊이 이러한 이슈를 다루지 않을 필요가 있다. 이것은 진단과정과 적절한 심리학적 지원을 받기 위한 의뢰 자원에 대해 이해하고 있는 수퍼바이저에 의하여 촉진되는 성찰의 과정 없이는 어려운 결정이 될 수 있다.

경계 관리

코칭 과정에서 전문성의 경계와 마찬가지로 개인의 경계 관리는 코칭 과정에서 매우 중요하다. 수퍼바이저는 코칭 과정에 영향력을 끼칠 수 있는 근본적인 개인 이슈들이 효과적이고 적절하게 관리될 수 있도록 충분한 역량을 가지고 있어야 한다.

가치충돌과 비밀보장 이슈의 관리

코칭서비스는 주로 가족과 사회연결망 또는 직장 단체와 같은 복잡한 시스템 내에서 적용된다. 이러한 환경은 예측될 수 없고 복잡하다. 효과적이고 민감한 코칭계약이 이루어지기 위해서는 가치충돌과 비밀보장 이슈에 대한 성공적인 관리가 매우 중요하다.

위에서 논의된 예들은 광범위한 영역으로 코칭협회들의 윤리강령의 한 부분을 형성하거나, 비심리학자에 의해 진행되는 코칭과 코칭심리학 전반에 걸쳐 자리 잡고 있는 공통된 사고를 강조한다. 이러한 지침들뿐만 아니라 SGCP 기준체제 문서는 특히 '코칭심리학자들의 교육과 훈련을 뒷받침하는 지식, 이해, 그리고 기술'에 관한 항목에서 윤리에 대하여 언급하면서, 윤리를 구체적인 하위 항목으로 다룬다. 뿐만 아니라 전문적 이슈, 코치와 고객 업무, 전문적인 관계 수립, 개인적 및 전문적인 기술, 그리고 현장 전문가로 코칭심리학자와 같은 문서를 통해 추가적으로 직간접적인 참조를 할 수 있다. 이러한 문서들은 코칭심리학자들이 근본적으로 'BPS 행동강령', '윤리원칙', '지침서', 그리고 'SGCP 전문 훈련지침서'를 참고할 수 있어야 한다고 진술하고 있다.

윤리강령 고찰에 대한 요약

앞에서 다룬 윤리강령들은 제시되는 방식, 추가적인 논점을 다루는 항목과 상세한 설명의 제공 여부 등에서 뚜렷한 차이가 있기는 하지만, 그럼에도 많은 영역에서 공통점을 지니고 있다. 이들 윤리강령 모두가 코치와 수퍼바이저에게 윤리적 문제를 해결하기 위한 지침으로 유용할 것임에 명백하다.

앞에서 고찰된 윤리강령으로부터 도출해낼 수 있는 주요 주제는 다음과 같다.

- 직업정신/전문성(professionalism)
- 직무역량(competence)
- 비밀보장(confidentiality)
- 관계 수립(relationship)
- 정직성(integrity)
- 고객 중심(client-focused)
- 경계문제(boundaries)

이러한 주제들은 의료윤리, 상담윤리와 같은 기존에 확립된 영역에서 적용되고 있는 일반적인 윤리원칙들과도 잘 부합되며, 특정한 윤리체제들을 위한 토대가 된다. Beauchamp와 Childress가 제시한 '4대 원칙(Four Principles)'(2001)은 가장 폭넓게 적용되고 있는 윤리체제 중 하나이며 의료윤리의 토대를 이루는 핵심 사항들을 대략적으로 살펴볼 수 있게 해준다.

1. **자율성 존중(respect for autonomy)** : 자율성을 지닌 개인의 의사결정 능력을 존중함으로써 개인 스스로 합리적이고 근거 있는 선택을 할 수 있게 한다.

2. **혜택/효용성(beneficence/utility)** : 이는 위험 및 비용에 대비하여 치료에 따른 혜택이 균형을 이루는지 고려하는 일이다. 보건 분야 종사자는 환자에게 혜택이 주어지는 방식으로 행동해야 한다.

3. **위해행위 금지(non malfeasance)** : 위해를 줄 수 있는 원인을 방지하면서, 보건 분야 종사자는 환자에게 위해를 끼치는 일이 없어야 한다. 모든 치료과정에는 비록 그 정도가 최소한에 그치더라도 어느 정도의 위해를 수반하게 된다. 하지만 이 경우에도 위해의 정도가 치료에 따른 이익에 비해 과다한 수준이 되어서는 안 된다.

4. **공정성(justice)** : 이는 혜택, 위험, 비용의 공정한 분배를 의미하며, 유사한 입장에 있는 환자들은 유사한 방식으로 다루어져야 한다는 개념이다.

이상의 원칙들과 코칭단체들의 윤리강령에 명시된 원칙들 간에는 많은 유사점이 있으며, 특히 고객 중심을 강조하는 점에서 그러하다. 그런데 주목할 점은 코칭에 수반되는 특정 요건들이 의료 및 치료 분야 종사자에게 적용되는 윤리강령들과는 차이를 보이기도 한다는 사실인데, 특히 후원자와 코칭 고객 간 이해관계의 충돌 가능성, 코치, 고객, 후원자 사이의 정보 비밀유지의 경계 등과 같은 사항에 있어서는 차이점을 보인다.

코칭단체들이 공유하고 있는 핵심 윤리원칙들을 개괄해보는 또 한 가지 방법은 2009년 4월에 영국코칭원탁회에서 채택되어 서명 및 동의 과정을 거친 '공유된 전문적 가치 선언문(Statement of Shared Professional Values)'을 고찰해보는 것이다. 이러한 과정은 AC, 영국 ICF, 영국 EMCC, 전문임원코칭 수퍼비전협회 등 이 장에서 나열한 모든 코칭단체들이 중요한 것으로 간주하여 채택한 윤리원칙들을 전반적으로 파악할 수 있게 해준다는 점에서 유용하다. 이 선언문에서는 다음과 같은 원칙들을 명확히 제시하고 있다.

최근에 생겨난 코칭 전문직에 종사하고 있는 우리는 다음과 같은 믿음을 지니고 있다.

- 개인이나 조직에 제공한 코칭에 대해 비용 지불 여부를 불문하고 모든 코치는 자신의 필요에 부합하는 전문 단체에 가입함으로써 최상의 지원을 제공받아야 한다.
- 모든 코치는 관련 윤리강령을 준수해야 하며, 코칭 직무의 수행에 있어 기존에 공인된 기준들을 적용해야 한다.
- 모든 코치는 자신의 지속적인 전문성 개발에 투자함으로써 자신이 제공하는 서비스의 질과 자신이 행하는 기술의 수준이 향상될 수 있도록 해야 한다.
- 모든 코치는 최근에 생겨난 우리의 전문직이 훌륭한 평판을 얻을 수 있도록 하는 데 주의를 기울일 의무가 있다.

대원칙 : 전문직으로서의 코칭의 능력과 평판을 지속적으로 향상시킨다.

원칙 1 − 평판 : 모든 코치는 코칭에 대한 대중의 이해와 수용을 증진하는 방향으로 적극적으로 활동에 임해야 한다.

원칙 2 − 지속적 직무역량 개발 : 모든 코치는 자신의 경험, 지식, 능력, 직무역량에 대한 지속적 성장의 필요성을 받아들여야 한다.

원칙 3 − 고객 중심 : 코치는 모든 고객이 창의적이고 충분한 자원을 가지고 있으며 온전한 존재임을 인식하고, 고객의 발전을 항상 자신의 직무 수행에 있어 핵심으로 삼아야 한다. 이에 따라서 자신이 제공하는 모든 서비스가 고객의 욕구에 적합한 것이 되도록 해야 한다.

원칙 4 − 비밀보장과 기준 : 모든 코치는 고객과의 계약상의 조건을 넘어 직업적 책임감을 가지고, 자신의 서비스 준비와 행동에 있어 높은 기준을 적용해야 한다. 코치는 코칭 과정에서 적용하는 방법과 기법에 대해 개방적이고 솔직한 자세를 갖추어야 하고, 적절한 기록 자료를 유지, 보관해야 하며 (a) 고객을 대상으로 한 코칭 내용과 (b) 고객이 속한 단체의 소속회원 정보에 대한 기밀을 유지해야 한다.

원칙 5 − 법과 다양성 : 모든 코치는 자신이 활동하는 지역의 관할 법률의 범위 내에서 활동해야 하며, 그런 가운데서도 항상 다양성을 인정하고 추구해야 한다.

원칙 6 − 경계 관리 : 모든 코치는 자신의 역량에 한계가 있다는 사실과 경계 관리를 행할 필요가 있다는 사실을 인정해야 한다. 코칭 과정의 종결에 대한 고객의 권리는 항상 존중해야 하며, 코칭에 있어 자신보다 고객에게 더 효과적일 수 있는 다른 접근방식이 있는 경우 그것을 받아들여야 한다. 그리고 이해관계의 충돌을 피하기 위한 모든 노력을 다해야 한다.

원칙 7 − 개인적인 서약 : 모든 코치는 위의 원칙들을 따라 살기로 스스로 책임을 지며, 이는 자신이 속한 단체에서 준수하도록 제시하고 위반 시 적절한 조치를 취하도록 하는 윤리 및 행동강령과 원칙을 보충한다.

이상의 '공유된 전문적 가치 선언문'은 코칭을 위한 윤리강령의 핵심적 측면들을 개괄할 수 있게 한다는 점에서 유용하며, 만약 코치가 소속되어 있는 단체의 특정 강령과 결합된다면 코치가 윤리적 직무 수행을 전개해나가는 데 있어 도움을 줄 것이다. 한편, 다른 저자들(Duff and Passmore, 2010)도 일종의 발견적 모델(heuristic model)을 통해 다양한 방안을 제시함으로써 코치의 의사결정에 대한 지침을 제공해 왔다.

요약

코칭은 여전히 발전 과정 중에 있는 전문직이기 때문에 코치를 대변하는 기능을 하는 단체들도 무수히 많다. 코칭 분야가 아직 어떤 규제를 받고 있는 영역은 아니라는 점에서 코치들이 코칭협회 중 어디라도 반드시 가입할 필요가 있는 것은 아니다. 하지만 그러한 협회가 제공하는 정보와 지침을 활용함으로써 얻는 혜택은 명확하다. 자신의 역량을 지속적으로 개발하기 원하는 코치의 경우, 일상의 직무 수행 과정에서 발생할 수 있는 윤리적인 문제들을 자각하고 수퍼비전을 활용하여 지속적인 역량 개발과 윤리적 직무 수행의 확대를 꾀한다면 대단히 큰 수혜를 얻을 수 있다. 수퍼비전은 코치의 역량을 구축하는 것에 도움을 줄 수 있을 뿐만 아니라, 코치로 하여금 코칭 고객을 또 다른 전문가에게 의뢰할 필요가 있거나, 고객에 대한 잠재적 위험 때문에 비밀보장에 관한 합의내용을 재검토할 필요가 발생하는 등의 특별한 대처가 필요한 문제들이 발생할 수도 있다는 자각을 하는 데도 도움을 줄 수 있다. 경험이 없거나 새로운 과정에 진입하고 있는 코치는 그러한 유형의 문제들을 특히 더 자각할 필요가 있다. 하지만 경험이 많은 코치의 경우에도 향후 적절한 방식으로 활동을 계속해나가기 위해서는 한 걸음 물러서서 자신의 직무 수행에 대한 재검토를 해보는 것이 중요할 수 있다.

윤리적인 문제나 딜레마에 처한 코치를 돕는 수퍼비전에는 명확한 가치관이 담겨 있는데, 그중 하나가 '수많은 윤리문제에는 선택 가능한 대안이나 올바른 해답이 한 가지 이상 존재할 수 있다'는 것이다. 수퍼바이저는 코치가 문제를 명확히 파악하고 가능한 대안들을 고찰하여 그중 특정 상황에서 최선이라고 생각되는 것을 선택할 수 있도록 하는 데 도움을 준다는 점에서 매우 중요한 역할을 한다. 그러한 선택은 여러 가지 '올바른' 해답 중 한 가지를 고르는 것이거나 코칭 고객에게 알맞은 것과 코치에게 알맞은 것 사이에 균형을 이루는 차선의 대안을 고르는 것을 의미하는 것일 수도 있다. 한편, '고객이란 누구를 말하는가?', '누구의 혜택이 우선되어야 하는가?', '이해관계자 간에 서로 다른 가치관과 관심을 조율하는 데 있어 코치는 어떠한 책임을 져야 하는가?' 등과 같은 문제들이 조직 환경의 차원에서 표출되는 경우 코칭 영역에는 또 다른 복잡한 상황이 발생할 수 있다. 따라서 코치는 자신의 직무를 수행하고 있는 조직 환경, 특히 같은 조직 내에서 코칭서비스를 제공할 경우에 그 환경적인 맥락을 잘 인식해야 한다.

　이상과 같은 점은 윤리강령이란 모든 상황에 적용될 수 있는 쉬운 해답을 제공하기 위해 존재하는 것이 아니라, 윤리적 의사결정을 위한 지침을 제공하고 코칭 수행에 있어 코치의 전반적 접근방식에 대한 지침을 제공하기 위해 존재하는 것이라는 사실을 일깨워주고 있다. 수퍼비전은 윤리적 측면에서 코치의 지속적인 발전을 뒷받침하고, 코치로 하여금 윤리를 특정 상황에서만 찾아보는 그 무엇이 아닌 코칭 과정의 가장 필수적인 부분으로 바라볼 수 있도록 만드는 데 지대한 역할을 할 수 있다.

참고문헌

Association for Coaching, Code of Ethics and Good Practice, **http://www.associationforcoaching.com/about/about02.htm**, accessed 10 August 2010

Bachkirova, T, Stevens, P and Willis, P (2005) *Coaching Supervision,* Coaching and Mentoring Society, Oxford Brookes, Oxford

Beauchamp, T and Childress, J (2001) *Principles of Biomedical Ethics,* 5th edn, Oxford University Press, Oxford

British Psychological Society (2009) Code of Ethics and Conduct, **http://www.bps.org.uk/document-download-area/document-download$.cfm?file_uuid=E6917759-9799-434A-F313-9C35698E1864&ext=pdf**, accessed 10 August 2010

Coaching & Mentoring 'Supervision' Project (2008) Final Document – Part ONE, SSG collation of main themes from Stakeholder Group feedback, **http://www.associationforcoaching.com/memb/PartOneCMSupervisionProject241208.pdf**, accessed 11 August 2010

de Jong, A (2006) Coaching ethics: Integrity in the moment of choice, in (ed) J Passmore, *Excellence in Coaching,* Kogan Page, London

Duff, M and Passmore, J (2010) Coaching ethics: a decision making model, *International Coaching Psychology Review,* 5 (2) 140–51

EMCC Code of Ethics, **http://www.emcouncil.org/fileadmin/documents/countries/eu/EMCC Code of Ethics.pdf**, accessed 10 August 2010

International Coach Federation (ICF) ICF Code of Ethics, **http://www.coachfederation.org/ethics**, accessed 10 August 2010

Law, H (2005) The role of ethical principles in coaching psychology, *The Coaching Psychologist,* 1, 1, July

Passmore, J (2009) Coaching ethics: Making ethical decisions – novices and experts, *The Coaching*

Psychologist, 5 (1)

Rostron, S S (2009) The global initiatives in the coaching field, *Coaching: An International Journal of Theory, Research and Practice*, 2 (1), March, 76–85

Rowson, R (2001) Ethical principles, in (eds) F Palmer Barnes and L Murdin, *Values and Ethics in the Practice of Psychotherapy and Counselling*, Open University Press, Buckingham

Sparrow, S (2007) The ethics boys, *Training and Coaching Today*, April, 26

Special Group in Coaching Psychology (2008) Standards Framework for Coaching Psychology, **http://www.sgcp.org.uk/sgcp/in-practice/useful-documents.cfm**, accessed 4 October 2010

UK Coaching Round Table (2008) Statement of shared professional values, **http://www.associationforcoaching.com/about/UKCRTshared0208.pdf**, accessed 11 August 2010

Weiner, K C (2006) Foundations of professional ethics, in (eds) P Williams and S K Anderson, *Law & Ethics in Coaching*, John Wiley, Chichester

제10장

코칭윤리 – 코칭 프랙티스의 질적 향상을 위한 모형 개발

Julie Allan, Jonathan Passmore, Lance Mortimer

서론

코칭윤리는 전문가 단체들이 여전히 빈번하게 논의하고 있는 실천 영역 중 하나지만, 현장 전문가들에 의해 흔하게 무시되고 있는 영역이기도 하다. 지난 수년에 걸쳐 우리 중 한 사람이 여러 학회에서 코칭윤리를 주제로 한 논문을 발표하기는 하였지만, 해당 학회에서는 워크숍 형태로 마음챙김(mindfulness)과 여타 코칭기술 등과 같은 다른 주제들도 함께 다루었다. 그때마다 코칭윤리라는 주제는 많은 참여자들의 관심을 끄는 데 애를 먹었던 반면, 마음챙김을 주제로 한 워크숍 시간은 인기가 너무나 많아 몰려든 사람들 때문에 발표자조차 해당 워크숍 장소에 들어가는 데 어려움을 겪을 정도였다. 하지만 이와 같은 관심 부족에도 불구하고, 코칭실천에 있어 윤리는 여전히 중요한 위치를 차지하고 있다.

이 장에서는 먼저 코칭에 적용될 윤리의 개념에 대해 탐구해보고자 한다. 우리는 윤리가 고객을 위한 코칭 및 코치 자신에게 있어서 왜 중요한지를 고찰해볼 것이다. 그리고 코치가 어떤 식으로 윤리적 결정을 내리는지 탐구하고, 코칭에 있어서의 윤리적 결정을 진작하기 위한 모형도 제시해볼 것이다.

윤리란 무엇인가

우리가 다룰 수 있는 범위에서 쉽게 이야기해보면, '윤리'란 무엇이 옳은지에 관한 기본 원칙들에 부합하여 일을 진행해가는 방식을 표현하고자 할 때 사용되는 용어이다. 이는 기본 원칙이 무엇이 그른지에 초점을 맞춘 것일 경우에도 마찬가지이다.

물론 무엇이 옳고 그른지, 즉 무엇이 선이 되고 무엇이 해가 되는지에 대해서는 사람에 따라 시각이 다를 수 있다. 그리고 우리가 판단의 근거로 삼는 정보가 불완전할 경우나 현재의 상태가 결코 변하지 않을 경우, 혹은 주어진 상황이 전적으로 부정적이지도 전적으로 긍정적이지도 않은 것임을 우리가 어렵지 않게 이해할 수 있는 경우에도 무엇이 옳고 그른지에 대한 시각이 다를 수 있다.

코칭회기 중 한 코치이가 자신의 이력서가 정확하지 않은 것이며, 만약 정확하게 썼더라면 자신이 현재 하고 있는 직업을 얻지 못했을 것이라는 사실을 당신(코치)에게 털어놓는다고 상상해보자. 해당 코치이는 자신의 일이 스스로 해본 적이 없는 아주 뜻밖의 경험이 되리라는 것을 알고 있었으나, 그 바탕에는 그런 경험을 지닌 다른 사람을 좇아가면서 일을 해나갈 것이며 그렇게 하면 그럭저럭 쉽게 그 사람의 자리를 대신하게 될 수도 있으리라는 판단이 있었다. 그런데, 결국 그의 판단은 정확했던 것으로 확인되고 있으며, 그에 따른 결과로서 현재 수많은 사람이 당신이 코칭하는 코치이의 현재 활동으로 인해 근본적인 이득을 누리고 있다.

당신은 코치이가 이력서를 부정확하게 쓴 행동이 거의 명백히 불법적인 것이며, 고용계약상의 조건을 틀림없이 위반한 것이라는 점을 고려할 수 있다. 고용계약 조건에 반한 것이라는 점에서 그는 규칙을 깬 것이다. 다음으로 당신은 당신이 현재 확보해 놓고 있는 사실자료를 바탕으로 많은 사람들이 그가 현재 일을 행하고 있는 방식으로부터 혜택을 얻고 있으나 만약 코치가 경험이 없는 자라는 것을 알았다면 상황은 위험에 처했을 수 있다는 점을 고려할 수 있다. 끝으로, 당신은 신뢰를 개인의 중요한 가치로 견지하고 있는 당신 자신의 가치관 기반과 첨예하게 마주할 수 있다.

당신이 규칙과 규정을 바탕으로 한 어떤 도덕적 입장을 견지하고 있는 사람이라면 당신의 관점과 행동은 대다수의 사람들이 어떤 일을 올바르게 수행하고자 하는 과정에서 취하게 되는 입장과 차이가 있을 수 있다. 대다수의 사람들이 취하는 입장은 당신이 원칙으로 삼고 있는 것들, 즉 신뢰, 연민, 또는 공정성에 바탕을 둔 입장과는 다를 수 있다. 첫 번째 경우로는 당신의 판단은 거의 의심할 바 없이 보다 명쾌하게 내려질 것이다. 두 번째 경우에서는 명쾌함의 정도가 다소 떨어질 수 있을 것이다. 그리고 세 번째 경우에는 당신은 당신이 지닌 서로 다른 원칙들 사이에 충돌이 발생하는 경험을 하게 될 수도 있을 것이다.

고대와 근대의 다양한 도덕철학이 발전하여 도출된 것이 윤리인데, 이 같은 윤리에 관한 정의와 탐구의 내용을 담고 있는 문헌은 부족하지 않을 만큼 많이 나와 있다. 앞서 간략하게 설명한 세 가지 서로 다른 입장은 대략적으로 볼 때 도덕철학 중에서 의무론(deontology), 공리주의(utilitarianism), 덕행론(virtue) 등의 개념과 맥을 같이 한다. 하지만 현재는 그들 각각의 개념에 대해서도 그것을 바라보는 여러 가지 관점이 존재하고 있을 뿐만 아니라, 추상윤리(abstracted ethics)에서 응용윤리(applied ethics)로 이행해가는 과정에서 많은 토론이 벌어지고 있다.

코칭 영역에서 활동 중인 우리에게는 '무엇'이 윤리인가라는 질문에 '왜' 윤리가 그토록 중요한 것인가라는 질문이 긴밀하게 수반되어야 한다고 생각한다. 다음 절에서 우리는 윤리가 법률의 문제나 종교의 문제에 국한된 것이 아니며, 나아가 윤리란 것이 윤리강령을 만들어 온 이들에게 관련 질문을 자아냈던 정의, 즉 대다수 사람들이 '합의한' 견해라는 점에 국한되는 것도 아님을 주장하고자 한다.

심리학, 사회학, 정치학, 인류학을 비롯한 학문 분야들은 모두가 일정 정도 우리의 삶에 있어서 윤리적 방식으로 선택을 탐색하는 문제들을 다루고 있다. 그리고 우리 중 많은 이들은 윤리에 관한 거시적이고 지속적인 질문들을 불러일으키는 현 시대의 상황들, 예컨대 비정상적 금융체계, 정치행위, 국제관계, 통상 등의 분야에서 윤리적 이슈를 경험하거나 그에 관해 이야기를 들어 왔다. 그렇다면, 윤리가 코칭과 어떤 면에서 서로 융합될 수 있다는 것인가?

윤리적 지침과 기준은 우리에게 있어 어떤 행동이 받아들일 수 있는 것이고 어떤 행동이 그렇지 않은 것인지의 관점에서 보다 유효한 것을 찾고자 하는 시도가 낳은 결과물이다. 소위 행동하는 윤리(ethics-in-action)는 자신이 어떻게 행동해야 하는지, 다른 사람의 행동 중 어떤 것을 받아들이거나 문제 삼아야 하는지에 대하여 개인적으로 끊임없는 물음을 던지는 과정이다. 더불어 이와 같은 질문들을 고찰하고 우리 자신과 우리가 견지하고 있는 가치관에 대해 보다 깊은 이해를 도모하는 것이다.

코칭에 있어서 윤리가 중요한 이유는 무엇인가

코칭은 스포츠 세계에서 시작하여 기업 분야, 더 나아가 부모코칭을 통한 가족생활 전반에 걸친 영역, 금연 및 스트레스 코칭을 통한 건강 영역, 시험 코칭(exams coaching)을 통한 교육 영역, 그리고 운전학습 영역에 이르기까지 그 지평을 확대해 왔다. 이상의 모든 영역에서 대중에 대한 보호뿐만 아니라 코치 개개인과 코칭 산업의 평판을 유지하기 위해 윤리는 중요한 사항으로 고려되고 있다.

만약 윤리적 체제를 갖추고 있지 않을 경우, 예를 들면 당신(코치)은 다음과 같이 행동하게 될 수도 있다.

- 고객과 관련한 흥미롭고 세세한 사실을 친구와 가족에게 이야기한다.
- '인상적인' 고객들의 이름을 코치 자신의 사업을 키우는 목적에 활용한다.
- 현재 해보지 않은 경험을 자신이 해본 적이 있노라고 주장한다.
- 자살하고 싶다고 말했던 고객에게 다음 회기에서 무슨 말을 해줘야 할지 몰라 자신이 직접 자살에 관한 책을 읽는다.
- 자신이 아주 싫어하거나 도덕적으로 잘못된 것이라고 믿는 활동 분야에서 누군가가 일을 보다 잘 수행하고자 할 때 그에게 코칭을 제공한다.

코치가 자신이 비윤리적으로 행동하게 될 수도 있는 상황들에는 어떠한 것이 있는지 스스로 자문해보는 일은 중요한 윤리적 탐색의 한 부분이다. 당신이 피곤하거나 두려움이 있거나 부질없는 일이라고 느끼고 있는 상황이라면 어떤 일이 발생하겠는가? 당신이 빚을 지고 있는 상황이라면 어떤 일이 발생하겠는가? 당신이 당신에게 직무를 위탁한 조직 내 누군가를 충실히 따르고 있는데, 그가 특정한 코칭 대상자를 위해 당신과 맺고자 하는 코칭계약의 내용이 당신 자신의 견해와 충돌하는 상황이라면 어떤 일이 발생하겠는가(예 : '우리가 애썼지만 결국 해고할 수밖에 없다고 말하기 위해서 우리는 당신이 그를 위해 코칭회기를 세 번만 진행해주기를 원해요.')? 어쩌면 당신은 코칭 대상자의 그런 모습이 사실일지도 모른다고 생각하면서도, 그에 대해 언급되고 있는 방식이 마음에 들지 않고 또 그러면서도 앞으로 어떤 상황이 전개될지 확신이 서지 않을 수도 있다(예 : '이 코칭이를 맡아줘서 고마워요. 우리는 그가 개선되리라는 데 대단한 기대를 갖고 있지는 않답니다.').

코칭 자체가 흔히 친밀하고 사적인 관계를 특징으로 한다는 점, 그리고 코치와 코치이가 심오하고 의미 있는 대화를 나눌 수 있기 위해서는 코치이가 코치에 대한 신뢰를 가지고 있어야 한다는 점에서도 윤리는 코칭 영역에서 중요한 위치를 차지한다.

샐리는 코칭 수퍼비전을 받으러 왔다(후에는 수퍼비전의 역할에 대하여 더 많이 다루게 되었다). 그녀는 한 성공적인 기업 임원을 코칭하고 있었는데, 그가 자기의 역할에 있어 난관에 봉착해 있음을 알게 되었다. 임원의 보고에 따르면 그는 다양한 방법으로 자신의 업무 성과를 향상시키려 애를 썼지만, 아직까지 자신이 어떤 부분에서 명석하게 일을 못해내고 있는 것인지 찾을 수가 없다고 호소하였다. 적어도 그의 관점에서는 그랬다. 샐리는 그를 대상으로 기업 내 구성원들에게 360도 다면평가를 위한 면접을 실시하는 것에 동의하였다. 면접이 진행되는 중에 샐리는 누군가로부터 그 임원이 최근 혼외관계 중에 있으며 그로 인해 업무 성과에 영향을 받게 되었다는 이야기를 듣게 되었다. 샐리는 그 문제에 대해 더 이상 캐려 하지 않았다. 그런데, 샐리는 당시 자신의 남편의 외도로 인해 매우 불행한 이혼을 겪고 있는 도중에 있었고, 수퍼비전 과정에서 드러난 것처럼 분노와 슬픔이 교차하는 상태에 있었다. 여기서 당신이 샐리라고 상상해보라. 이런 코치이와 코칭을 계속 진행하고자 한다면 어떻게 해야 하겠는가?

우리는 여기서 다른 유형의 시나리오를 사용할 수도 있겠으나, 위의 시나리오는 계약에 따라 타인을 돕는 조력자가 된다고 하는 일이 상호작용적인 속성을 지닌 간단치 않은 일임을 잘 보여주고 있다. 위 사례는 일종의 기업 영역과 관련된 상황이라 할 수 있지만, 사실 코치가 맞이하는 상황은 광범위하다. 특히 요즘에는 코치가 '청소년 영역', '은퇴', '사회적 기업', '양육', '대중연설' 등과 같은 특별한 영역들에서도 활동하고 있고, 이러한 각 영역들은 코치에게 각기 다른 도전과제를 던져줄 수 있다. 코치로서 우리는 누구를 위해, 그리고 무슨 목적을 위해 일을 수행하고 있는 것인가?

윤리적 '적합성(fitness)' 또는 적절성의 실현에는 다른 측면들도 연관이 있을 수 있다. 코치가 지닌 기술은 그 범위가 다양하다. 코치 중에는 기업근무 경력이 자신이 지닌 기술의 주된 토대인 경우도 있고, 심리학 분야의 교육과 경험이 토대인 경우도 있다. 그리고 특정한 삶의 경험을 토대로 하고 있는 경우도 있다. 코치에 따라서는 다양한 자격을 보유하고 있는 경우도 있고, 코칭을 위한 특정 단체의 구성원인 경우도 있다. 이상의 경우들이 어떤 식으로 조합이 되어야 개별적인 코칭 관계가 윤리적으로 수행되고 있는지 여부를 판단하는 데 도움이 되겠는가?

타인에 대한 조력 제공을 전문으로 하는 분야의 경우 그와 관련된 윤리강령의 대부분이 역량(competence)을 중요한 문제로 간주하고 있다. 예를 들어 1985년에 채택되고 최근 2009년에 개정된 영국심리학회(British Psychological Society)의 강령은 BPS 회원에 대해 다음 사항을 규정하고 있다.

BPS 코칭심리학 특별그룹 — 강령

윤리적 원칙 : 역량

가치선언문(Statement of values) — 심리학자들은 지속적인 발전을 꾀하고 전문적인 직업 환경에서 높은 직무 역량 기준을 유지하며 자신의 지식, 기술, 훈련, 교육 및 경험의 한계를 인정하면서도 최적의 기능을 유지할 수 있는 능력의 중요성을 존중한다.

(The British Psychological Society Code of Ethics and Conduct, August 2009, p.15)

같은 맥락에서, 코칭협회(AC)의 윤리 및 실천 강령(2010)은 코치로 하여금 자신의 개인적 한계와 전문적 한계를 함께 인식할 것을 요구하고 있다.

코칭 영역에 있어서 윤리의 출현

코칭은 어떤 통일된 분야가 결코 아니다. 윤리강령은 코칭이 개별화된 전문 영역이라고 하는 시각이 지속적으로 표출되는 가운데 그에 부합하여 등장한 것이다. 따라서 코칭이 영향을 미치는 영역은 무수히 많다. 예를 들면 코칭은 스포츠 분야에서 오랫동안 존재해 왔다. 스포츠 분야의 경우 코칭은 팀과 개인이 아마추어나 혹은 프로선수로서 학교, 운동장, 또는 올림픽 등에서 어떻게 성과를 극대화할 수 있을 것인지 그것을 이룰 수 있는 수단에 초점을 맞추고 있다. 다음으로 우리가 '비즈니스 멘토링'이라고 부를 수 있는 코칭이 있다. 이때의 코칭은 이미 적절한 경험을 갖추고 있는 사람의 지원과 함께 다른 사람을 지원하는 바람직한 방식의 하나로 활용함으로써 비즈니스의 효율적 운영을 실현하는 데 목적이 있다. 코칭이 영향을 미치는 주된 영역 중 한 가지는 상담, 혹은 각종 치료 영역에서와 같이 조력 제공을 전문으로 하는 영역, 즉 기능 수행에 있어서의 '건강/온전한 기능(healthful/well functioning)'을 회복(또는 실현)하는 데 목표를 둔 영역이다. 이런 조력 제공의 영역은 의학적 진단을 받았을 수도 있는 사람들뿐만 아니라, 의학적 진단을 받은 적이 없는 사람들, 자신이 지닌 잠재력의 최대치에 도달하기 위해 스스로를 발전시키고자 하는 사람들까지 아우름으로써 그 적용 범위를 확대해나가고 있다.

　이상의 영역들, 그리고 그와 연관된 분야나 활동들은 각각에 상응한 윤리강령을 개발하여 현장 전문가들에게 해당 규범에 맞게 직무를 수행할 것을 요구해 왔는데, 현재 '코칭'이란 용어로 통칭되고 있는 상황도 바로 그러한 역사에 바탕을 둔 것이다. 코칭이 별개의 전문 영역으로 계속 정의되고 적용되어감에 따라 코칭을 주창하는 사람들이 필연적으로 어떠한 기술과 어떠한 행위가 코칭에 있어서 적합한 것인지 명료화를 시도했다. 앞서 제9장에서 Claire Townsend는 코칭과 관련한 접근방식 및 내용에 있어서 어떠한 차이점과 유사점이 있는지를 탐구하여 서술한 바 있다.

기존의 윤리규범들을 고찰해보면 다양성을 뚜렷한 특징으로 찾아볼 수 있는데, 이때 다양성은 서로 다른 코칭 단체들과 해당 단체들의 지도적 위치에 있는 사람들이 전개해 온 역사를 반영하고 있다. 윤리강령이 각양각색으로 다를 경우 고객에게 혼란을 줄 수도 있다(Passmore & Mortimer, 2011). 그동안 단일화된 윤리강령을 만들고자 하는 운동이 펼쳐지기도 하였으나, 전문가 단체들이 지닌 속성과 그들이 각자의 영역에서 확보하고 있는 기득권의 이해관계 때문에 통일된 윤리강령을 달성하는 일은 대단히 어려운 실정이다.

코칭활동 전후 및 코칭활동 수행 중에 있어서의 반성적 고찰을 행할 수 있는 능력을 갖추는 것, 그러한 고찰을 바탕으로 실천을 해나갈 수 있는 능력을 갖추는 것, 고도의 자기인식 수준을 유지해나가는 것 등은 모두 기존의 윤리강령과 지침에서 거의 보편적으로 규정하고 있는 사항들이다. 그러나 윤리강령에도 약점은 있을 수 있다. 일부 윤리강령의 경우 단순한 규칙의 나열에 지나지 않고 있다는 점이 바로 그러한 약점에 해당된다. 이때의 윤리강령은 윤리적 결정을 위한 과정을 세밀하게 파악할 수 있는 수단이 되지 못한다.

Carroll(2009)은 코칭에 있어서의 '윤리적 성숙함'에 관해 쓴 글에서 윤리적 성숙이란 무엇이 옳고 그른지 판단할 수 있는 '반성적, 합리적, 정서적 능력을 갖추는 것, 그러한 판단을 실행해 옮길 수 있는 용기를 갖는 것, 그리고 그러한 판단에 대해 윤리적 책임을 지는 것' 등으로 정의하였다(Hawkins, 제16장 참조). 코칭 영역의 발전에 따라 예상할 수 있었던 일이지만, 현재 윤리적 딜레마에 대한 코치의 해결 방식을 둘러싸고 다양한 기대가 존재하고 있다(예 : Brennan & Wildflower, 2010; Moyes, 2009). 그리고 현장 코칭 전문가의 윤리적 발전과 관련해서는 구체적인 코칭 과정 연구, 시나리오기반 탐구, 반성적 실천 등 윤리적 발전을 위한 다양하고 의도된 기회가 제공될 필요가 있다는 인식이 뚜렷해지고 있다(Allan, 2010; Allan & Law, 2009; Passmore, 2009a). 이와 관련하여, 연구자들은 다음과 같이 유사한 논지를 제시한 바 있다.

전문가 단체는 반드시 그 소속 구성원에게 윤리문제와 관련한 전문적 교육을 지속적으로 제공하고 이수할 수 있도록 기회를 제공해야 한다. 이는 특정 윤리 과목이나 윤리적 딜레마, 윤리적 부적절성에 따른 결과 등에 초점을 맞춘 기타 자료를 제공하는 등 다양한 방식으로 이루어질 수 있다. 이러한 기회 제공은 전문성의 지속적 개발(CPD) 과정 이수를 위한 필수 요건들과 연계될 수 있다. (Friedman, 2007: 80)

지난 10년간 코칭을 다룬 출판물의 양은 증가하였으나, 그 대부분이 코칭 영역에서의 윤리의 중요성이나 현황을 다루는 데 있어서는 여전히 걸음마 수준에 머무르고 있다. 윤리문제를 별도의 장으로 구분해 서술하고 있는 출판물로는 Peltier(2001)와 De Jong(2006)의 저서가 있다. 미국의 경우도 윤리적 쟁점들에 초점을 맞춘 연구서로는 Williams와 Anderson(2006), 그리고 Weiner(2007)의 저서 정도가 있을 뿐, 그 수가 소수에 그치고 있다. 소수의 코칭 관련 잡지들이 코칭 윤리에 대한 관심 증대를 시도하고 있는데, 윤리 칼럼을 두고 윤리 관련 기사를 꾸준히 게재하고 있는 *The Coaching Psychologist*가 그중 하나이다.

우리는 코칭이 그 자체에 머무르지 않고 코치를 위한 지침이 되는 모형을 구축하는 수준으로까지 나아갈 필요가 있다는 입장을 견지하고 있다. 이는 코칭의 행동실천 강령에 윤리적 의사결정 모형을 추가 보완해야 한다는 것을 의미한다. 그와 같은 모형은 기존의 코칭 실행에 대한 재고찰을 가능하게 하고 관련된 문제들을 파악할 수 있게 하며 나아가 코치로 하여금 미래를 대비한 학습을 할 수 있도록 체계화된 방식을 제공할 것이다.

왜 코칭을 위한 별도의 모형이 필요한가?

의료, 법률, 심리학 영역 등은 개인이 타인의 행복과 관련한 책임을 갖는 분야로 여겨지고 있다. 이러한 결과로 해당 분야에서는 다른 분야들에서와 비교하여 상대적으로 윤리에 더 높은 우선순위를 부여해 왔다. 한편, 훨씬 더 높은 수준의 윤리적 실천을 요구받아 온 분야들도 있는데, 2009년에 개최된 다보스 포럼(Davos Forum)에서는 경제를 매개로 타인의 행복에 중대한 영향을 미치고 있다는 이유를 들어 경제계 리더들에게 윤리 강령을 갖출 것을 촉구한 바 있다.

물론, 윤리적 실천 강령을 갖출 수 있게 되더라도 여전히 부정적인 방향으로 행동하면서 타인에게 해를 끼치는 이들이 존재한다. 그럼에도 불구하고, 그와 같은 윤리강령의 존재는 윤리적 기대에 대한 관심을 제고하고 윤리적 책임의 현실화를 가능하게 한다는 점에서 유용하다고 할 수 있다.

코칭은 코치와 코치이 사이의 관계를 바탕으로 하는 공동노력의 과정이며 필연적으로 모든 역량과 가치관을 발전적 결과를 도출하는 데 집중시키는 접근방식이 요구되는 과정이다. 이와 관련하여, 코치는 코칭의 진행에 따라 어떤 결과가 도출되고 있는지, 그리고 공동노력의 과정인 코칭에 어떤 것이 도움이 될지 등에 주의를 기울이면서 반성적인 접근(reflexive approach)으로 대응할 필요가 있다. 한편 기만, 불신, 역량 부재, 경멸과 같은 요인들이 코칭의 적절한 수행과 양립할 수 없다는 것은 어쩌면 당연한 말일 것이다. 그런데, 더더욱 당연한 것은 그 어떤 상황에서도 코치는 자신이 지닌 윤리적 관점을 이해하고 그 관점과 경합하는 이해관계를 파악하여 자신이 옳다고 믿는 바를 용기 있게 실천하고 그 실천의 이유를 명료화하며, 나아가 자신의 실천에 따른 결과에 책임을 질 수 있어야 한다는 사실이다.

2007년 전문가협회 연구네트워크(Professional Associations Research Network)에서는 전문직 직업윤리에 관한 세 번째 연구서로서 *Ethical Competence and Professional Associations*(윤리적 역량과 전문가협회들)이라는 제목의 저술을 발표하였는데, 이 저술에서는 5단계로 구성된 모형을 제시하고 있다. 표 10.1에서 1~5단계까지 이어지는 해당 모형의 내용을 살펴볼 수 있다.

코칭 과정에서 5단계에 이를 수 있기 위해서는 최소한 다음 사항이 실현되어야 한다.

- 3단계에서 (출판된 강령에 의거하여) '해야 할 것과 해서는 안 될 것'에 관한 목록을 습득하여 실천에 옮길 수 있어야 한다.
- 코칭 현장 전반에 걸쳐 윤리적 차원과 결부된 상황으로 발전할 수 있는 부분들을 파악해낼 수 있어야 한다.
- 코칭 진행 중에 부각되는 특정 윤리적 문제를 감지하여 그 내용을 인식할 수 있어야 한다.
- 코치로서의 자신의 대응이나 반응 방식을 인지하고, 특정 상황에서 자신이 어떠한 윤리적 입장을 취하게 될 것인지 명확히 자각할 수 있어야 한다.
- 비록 난관에 부딪히는 일이 있더라도 위의 자각에 바탕을 둔 실천을 적절한 방식으로 행할 수 있어야 한다.

표 10.1 5단계 모형

부가적인 요소	단계
윤리적 상황을 인식하고, 무엇이 옳은 것인지, 윤리적 성찰훈련에 대하여 이해하며, 윤리적 딜레마들을 경험	5단계 : 윤리적 역량
코칭에서 무엇이 적절히 유효한지 암묵적으로 이해하고, 기법이나 접근방법에 대한 기술적 성찰 훈련을 습득하며, 기타 여러 역량을 경험	4단계 : 기술 역량
전문직과 고용주에 의해 정의되는 코칭실행의 구체적인 지식과 기법을 적용(윤리적 역량 포함)	3단계 : 역량
전문성에 대한 이론적이고 기술적인 기반	2단계 : 지식습득
선택된 직업에서 성공하기 위한 배움과 도덕적 판단능력, 기질, 그리고 동기부여	1단계 : 개인적 능력, 기질, 그리고 동기부여

이상 제시된 사항들을 볼 때, 코치에게 있어 윤리적 측면의 역량이란 필수적인 것인 동시에 다면적 성격을 띤 것임을 쉽게 이해할 수 있다.

코칭윤리 모형

윤리적 실천 규범을 둘러싼 쟁점들을 중심으로 저자들 중 한 사람인 Passmore는 코치의 성찰과 학습을 유도하는 틀을 제공해보고자 하는 바람으로 코치들이 윤리적 결정을 어떤 식으로 경험해 왔는지를 연구하였다(Duff & Passmore, 2010). 그리고 이 연구의 결과는 현직 코치들을 위한 윤리적 의사결정 모형의 개발로 이어졌는데, 그것이 곧 ACTION 모형이다.

이 모형은 윤리적 결정을 위한 여섯 가지 단계로 구성되어 있으며 전반적으로 선형적 특징을 지녔던 과거의 모형들과는 달리 코치로 하여금 윤리적 결정 과정에 자신의 가치관과 신념을 결합할 수 있도록 단계의 반복성과 유연성을 지향하고 있다. 그림 10.1은 ACTION 모형의 6단계를 묘사하고 있다.

여기서 해당 단계들을 간략히 요약해보면 다음과 같다.

1단계 : 인식(Awareness)

인식 단계에서 코치는 코칭 관계에서의 자신의 위치와 자신이 속한 전문가 단체의 윤리 강령을 자각해야 한다. 아울러 자신의 개인적 가치관과 신념에 대해서도 자각해야 한다.

2단계 : 분류(Classify)

분류 단계에서 코치는 코칭 수행 과정에서 나타나는 문제를 파악해야 하며 그것을 '딜레마'로 분류해낼 수 있어야 한다.

3단계 : 성찰, 지지 및 조언을 위한 시간(Time for reflection, support, and advice)

코치들은 자신의 개인적 스타일과 욕구에 맞춰 서로 다른 접근방식을 사용할 수 있다. 특히 경력이 있는 코치와 초보 코치 또는 훈련 과정에 있는 코치를 비교할 경우 한 가지 차이점을 예상해볼 수 있다. 경력이 있는 코치는 자신을 위한 수퍼비전 관계 외에도 폭넓은 지지망을 갖추고 있을 가능성이 높다. 그는 특정한 곳에서 공동 코칭(co-coaching)을 하는 경우가 있거나, 동료 코치들과의 코칭 네트워크에 속해 있을 수도 있다. 반면에 초보 코치나 훈련 과정에 있는 코치의 경우 수퍼바이저가 주된 역할을 하게 될 수 있으며, 코치가 어떤 문제에 대해 논의하고자 할 때도 교육적 차원에서 수퍼바이저가 그 논의의 상대자가 될 가능성이 높다. 경력이 있는 코치든 그렇지 않은 코치든 핵심은 주어진 문제를 다양한 시각에서 성찰하고 고찰할 수 있도록 그에 필요한 공간과 시간을 확보하는 일이다.

4단계 : 시작(Initiate)

코치는 성찰을 진행하면서 윤리적 딜레마에 대응하여 수많은 해법을 선택하는 일을 시작할 수 있다. 이때 자신이 생각해낸 선택이든 동료 코치나 수퍼바이저와의 논의를 통해 자신의 지지망으로부터 형성된 선택이든, 일정 기간 동안 가능한 모든 선택을 총체적으로 탐색해보는 것이 바람직하다. 이러한 점은 이 모형이 딜레마 해결의 중요성과 함께 그 과정이 지닌 현실적이고 반복적인 특성을 인식하고 있음을 알게 해준다. 윤리적 딜레마와 같은 문제가 발생하면 그것은 흔히 우리의 마음을 자극하게 된다. 이때 우리는 그것에 대해 곰곰이 생각해보고 자세히 검토해보고 다시 생각해보고 그리고 다른 사람들의 의견을 모색해보고 하는 등의 과정을 거쳐 해결하며, 그런 다음에는 어떤 일정한 행동 방향을 결정하게 된다.

그림 10.1 코칭에서 윤리적 의사결정을 위한 ACTION 모형

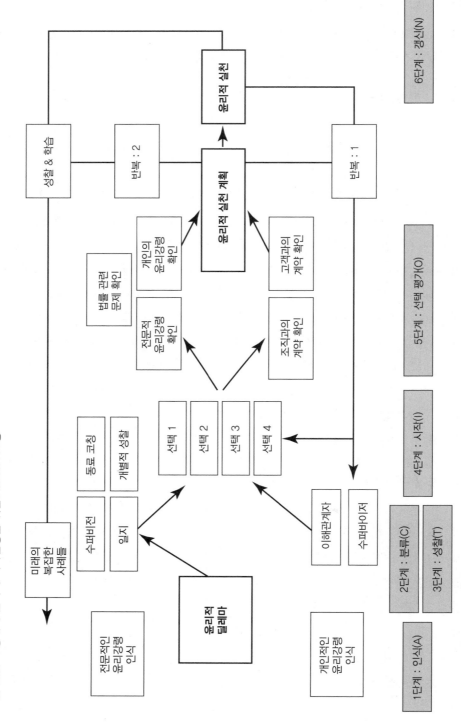

5단계 : 선택적 해법에 대한 평가(Option evaluation)

이 단계에서 코치는 시작 단계(4단계)에서 구축한 선택적 해법 하나하나에 대해 시간과 공간을 투자해 들여다보아야 한다. 이 과정에는 관련 윤리강령을 검토해보고, 선택적 해법에 따른 윤리적 결정이 자신의 가치관과 어떻게 부합되는지에 대한 고찰(1단계 반복) 등이 포함된다. 더불어 구성원 코칭을 목적으로 조직에 의해 고용되었을 경우 발생할 수 있는 복합적인 관계 형성의 문제들을 검토하고, 선택적 해법에 따른 윤리적 결정이 조직 및 코치이와의 관계 개시 시점에서 체결한 계약내용과 부합되는지 여부에 대한 최종 고찰 등도 포함될 수 있다.

6단계 : 갱신(Novate)

윤리적 결정을 행하고 난 뒤 코치는 그 전개 과정을 자신의 향후 윤리수행 일지나 경험 과정에 결부해야 한다. 아울러 해당 전개 과정의 내용을 자신이 속한 네트워크의 구성원이나 코칭 단체의 구성원과 (상호 비밀보장을 유지하는 방식으로) 공유함으로써 동료 코치들이 도움을 받을 수 있도록 하는 것도 현명한 일이 될 수 있다. 우리가 주장하는 바는 딜레마 해결을 위한 과정의 개발이 가져다주는 주요 혜택 중 하나는 장차 코치가 되고자 하는 현장 전문가들로 하여금 미래를 대비한 학습의 중요성을 깨닫게 한다는 것이다.

결론

이 장에서 우리는 코칭 영역에서 윤리가 전개되는 과정의 특징에 대해 살펴보고자 하였다. 우리는 윤리의 본질과 코칭 영역에서의 윤리의 역할에 대해 고찰하였으며, 코치가 어떤 식으로 구조화된 윤리적 결정 모형을 적용해 윤리강령을 보완함으로써 윤리적 딜레마의 해결에 이를 수 있을 것인지 그 구조적인 틀을 제시하였다. 우리의 견해에서 볼 때, 그러한 구조적 틀이 갖는 진정한 가치는 경력이 있는 코치와 초보 코치 모두에게 도움을 줄 수 있다는 점, 코치에 의한 부지불식간의 결정이 보다 명료성을 띠도록 할 수 있다는 점, 코치에게 추가적인 학습과 개인적 발전의 기회가 제공되도록 할 수 있다는 점 등에 있다.

참고문헌

Allan, J (2010) The ethics column, *The Coaching Psychologist,* 5 (2) 132–34

Allan, J and Law, H (2009) Ethical navigation in coaching psychology – a Socratic workshop, *The Coaching Psychologist,* 5 (2) 110–14

Brennan, D, and Wildflower, L (2010) Ethics in coaching, in (eds) E Cox, T Bachkirova and D Clutterbuck, (pp 369–80), *The Complete Handbook of Coaching,* Sage, London

Carroll, M (2009) Ethical Maturity. Presentation to CSTD and Bath Consultancy Graduate Group, Bath, UK

De Jong, A (2006) Coaching ethics: Integrity in the moment of choice, in (ed) J Passmore, (pp 191–202) *Excellence in Coaching: The industry guide,* Kogan Page, London

Duff, M and Passmore, J (2010) Coaching ethics: a decision-making model, *International Coaching Psychology Review,* 5 (2) 140–51

Friedman, A (2007) *Ethical Competence and Professional Associations,* Professional Associations Research Network, Bristol

Hawkins, P (2011) Building emotional, ethical and cognitive capacity in coaches – a developmental model of supervision, in (ed) J Passmore, *Supervision in Coaching,* Kogan Page, London

Moyes, B (2009) Literature review of coaching supervision, *International Coaching Psychology Review,* 4 (2) 160–71

Passmore, J (2009a) Coaching ethics: Making ethical decisions: experts and novices, *The Coaching Psychologist,* 5 (1) 6–10

Passmore, J (2009b) West Midlands Local Government Annual Coaching Conference, Paper: Looking after yourself as a coach, Coventry, 15 October

Passmore, J and Mortimer, L (2011) Ethics: A balancing act, in (eds) L Boyce and G Hernez-Broome, *Advancing Executive Coaching: Setting the course for successful leadership coaching,* Jossey-Bass, San Francisco, CA

Peltier, B (2001) *The Psychology of Executive Coaching: Theory and application,* Routledge, New York

Weiner, K (2007) *The Little Book of Ethics for Coaches: Ethics, risk management and professional issues,* Authorhouse, USA

Williams, P and Anderson, S (2006) *Law and Ethics in Coaching,* Wiley, New York

제11장

코칭에서의 법적인 고려사항

Kevin M. Rogers

서론

코치와 자신의 고객과의 관계는 흔히 보람 있고 생산적이다. 대부분의 상황에서 코칭시간은 도움이 되고 유익한 방향으로 진행됨에도 불구하고, 몇몇 사례에서는 어려움이 발생하기도 한다. 이런 경우 코치와 코치이의 관계는 종결될 수 있고, 코치의 평판을 훼손할 가능성이 있으며, 어떤 상황에서는 코치를 상대로 소송절차가 진행될 수도 있다. 법적 요건을 준수하는 것에 대한 중요성은 아무리 강조해도 지나치지 않고, 이는 코치가 확실히 자신의 법적 의무를 지켜왔는지에 대한 결론을 둘러싸고 명확한 판단을 내리는 데도 도움이 된다. 덧붙여 코치는 고객과의 관계 진행 과정에서 고객으로부터 제공받은 정보를 반드시 보호해야 한다. 1998년 영국 정보보호법(Data Protection Act)은 반드시 지켜야 할 의무사항들의 범위를 개략적으로 밝히고 있는데, 비밀보장에 관한 보다 전통적인 관습법의 규정들도 코치의 직무 수행 과정에 중요한 요소로 적용될 필요가 있다.

코칭은 비교적 최근에 전문직 분야로 추가된 것이기 때문에, 현 시점에서 코칭 관련 법률에 관해 서술된 자료는 매우 드물다. 드문 저술 중 하나로 미국의 Williams와 Anderson(2005)이 출간한 자료가 있다. 비록 코칭협회(AC)에서 '코치는 자신의 직무에 영향을 끼칠 수 있는 모든 법적, 제도적 요건들에 관해 항상 숙지하고 있어야 한다'고 규정하고 있기는 하지만, 여전히 이 분야에 있어서는 상당히 많은 연구가 필요한 실정이다(Association for Coaching, 2006). 이 장에서는 코치가 새로운 코칭 관계의 수립 과정에서 고려할 필요가 있는 다양한 핵심적인 법률문제, 그리고 관계 지속 과정에서 법률 준수를 유지하기 위한 방법을 논의하면서 법률 분야 연구에 기여하고자 한다. 기존에 확립되어 있는 법적 원칙은 '무지하면 보호받을 수 없다'이기에 코치는 자신의 코칭 서비스와 관련한 회사 설립 및 마케팅, 고객과의 관계 수립을 위한 계약 체결, 정보보호 및 비밀보장과 관련된 문제를 비롯하여 중요한 이슈들에 대하여 사전에 충분히 파악해야 할 필요가 있다. 이 장에서는 잉글랜드, 웨일스와 관련된 법률에 초점을 맞출 예정이지만, 경우에 따라서 유럽의 법률도 살펴볼 수 있을 것이다.

회사 설립

코치는 그들의 서비스 제공을 계획하기에 앞서 자신의 위치를 어떤 식으로 설정할 것인지를 결정할 필요가 있다. 코치로서는 개인 사업자로서 혼자 일을 할 수도 있고, 다른 사람들과 동업하여 함께 일을 할 수도 있다. 그리고 코치는 하나의 개인회사를 설립하여 이를 통해 자신의 서비스를 제공하는 방안을 고려할 수도 있다. 영국 회사법의 영역에 있어 주된 법은 2006년 회사법(Companies Act 2006)이고, 이는 영국 의회를 통과한 법률 중에서 규모가 가장 큰 법이다. 개인회사로서 법인을 설립하는 것은 비교적 쉬운 과정이고, 회사법 제7조에서는 법적인 목적에 부합하는 것을 전제로 하여 1인 이상이면 법인을 설립할 수 있다고 규정하고 있다. 법인 설립을 개인이 하려면 회사등록처(Companies House)에 다음과 같은 서류를 발송해야 한다.

- 회사의 정관 기본규정(Memorandum of Association)
- 발기인 서명이 첨부된 회사의 정관 세부규정(Articles of Association)
- 회사의 최초이사 및 사무책임자의 이름이 명시된 서류(서식 IN01)
- 등기 수수료(2010년도 기준 최소 20파운드)

회사등록처는 기업혁신기술부(Department of Business, Innovation and Skills) 산하의 집행기구로서 회사의 설립 및 해산, 회사문서의 수집 및 보관, 회사 문서의 일반 공개 여부에 대한 판단 등의 기능을 수행하고 있다.

법인으로 등록된 회사는 그 이름을 통해서만 확인될 수 있다. 회사의 정체성을 확인해주는 것이 회사의 이름이다. 회사의 이름을 짓는 데 있어 명확한 요구사항이 존재하는데, 기존의 다른 회사 이름(이를 파악하는 일은 등록 회사의 책임이다) 중에서 사용하거나, 불쾌감을 주는 용어를 사용하거나, 또는 정부기관과 연관되어 있다는 인상을 주거나 하는 식으로 해서는 안 된다는 내용이 포함되어 있다. 회사의 이름이 다른 회사와 지나치게 유사할 경우 등록한 지 12개월 내에 국무장관이 이름의 변경을 명령할 수 있다.

이 책의 제4장에서 정의한 것과 같이 만약 회사가 공공주식회사(public limited company)일 경우 반드시 회사명 끝에 'Public Limited Company'(또는 Plc)라고 표시해야 한다. 만약 개인 주식회사일 경우에는 회사명 끝에 'Limited'(또는 Ltd)라고 표시해야 한다. 회사 이름은 회사건물 전면과 그 회사의 공식 문서 및 발송 이메일에 눈에 띄도록 표시되어야 한다. 모든 필수 서식들이 영국 회사등록처로 발송되면 등록담당자는 기업 인증서를 발송할 것이다. 이 인증서에는 회사 이름과 회사번호가 포함된다. 인증서에는 날짜가 표시되고, 개인회사의 경우 인증서에 표시된 날짜부터 등록회사로서의 정식 업무를 시작할 수 있다.

합명회사(partnership)는 법인회사보다 비공식적이고, 법에 있어서도 조합원(partner)이 어떠한 불법 행위도 저지르지 않는다는 것을 조건으로 합명회사의 설립 요건을 매우 간소하게 규정하고 있다. 아마도 합명회사와 법인회사 간의 핵심적 차이는 법적 책임의 차이에 있다고 할 것이다. 합명회사에서 조합원은 회사의 행위에 대해 책임을 지는 반면, 법인회사에서 구성원의 책임은 보유 주식 수, 즉 자신이 회사에 투자한 금액까지로 한정된다. 이 두 회사를 혼합한 선택적 모델이 유한책임합명회사(Limited Liability Partnership)인데, 이 회사는 표준적인 합명회사와 비슷하지만 기업 활동에 따른 채무에 있어 그 책임을 축소시키고 있다.

서로 다른 회사 모델에 대해서는 과세 및 고용 형태에 관한 서로 다른 요건들이 존재하고 있다는 점은 매우 중요하다. 이러한 요건들이 회사의 걸림돌이 되는 일이 없도록 하기 위해 영국 국세청(HM Revenue & Customs)에서는 명확한 정보를 제공하고 있다.

광고와 마케팅

고객을 유치하기 위해서 코치는 자신의 서비스를 홍보할 필요가 있다. 회사나 다른 그룹 사람들과의 확고한 관계를 이미 수립한 코치도 있을 수 있겠으나, 아직 그 단계에 이르기 전이라면 코치는 자신의 서비스에 대해 마케팅을 할 필요가 있다. 이와 관련해 구두방식은 대단히 가치 있는 광고수단이기는 하지만, 코치 입장에서는 지역출판물, 시각적 마케팅, 고용주 단체나 피고용인 단체 등을 통해 자신의 서비스를 광고하고 싶어 할 수도 있을 것이다. 인터넷의 경우 광고에 있어서의 잠재력이 막대하지만, 전 세계적으로 활용되는 것이고 코치가 속한 지역에만 국한되는 것은 아니라는 점을 염두에 두는 것이 중요하다. 이는 코치가 특정 국가의 민감한 상황이나 특정한 규정을 침해하지 않도록 보다 많은 주의를 기울일 필요가 있음을 의미한다. 예를 들어 나치즘에 대한 찬양은 프랑스에서는 불법이지만, 의사표현 권리에 관한 1차 개정조항(First Amendment Right of Free Speech)에 의해 보호받고 있는 미국에서는 그렇지 않다.

영국에서는 전통적 방식의 광고뿐만 아니라 인터넷을 통한 보다 역동적이고 직접적인 광고에 대해서도 그것을 엄격히 규제하는 법과 제도가 광범위하게 마련되어 있다. 영국에는 광고가 고객에게 적합한 것인지, 고객을 잘못된 방향으로 유도하고 있는 것은 아닌지를 판단하기 위한 자율규제기구와 시스템이 무수히 많다. 이에 대한 한 가지 예가 영국광고기준위원회(Advertising Standards Agency)이다. 이 기구는 독립 감시기구로서 영국에서 광고가 높은 수준으로 유지되도록 하는 데 책임을 맡고 있다. 이 기구의 역할은 마케팅 주체가 관련 법률 및 업계 규약을 위반하는 행위를 행하는 것으로 여겨지는 상황에 대해 판단을 내리는 것이다. 주요 업계 규정으로는 영국 광고 판매촉진과 직접 거래를 위한 규약(British Codes of Advertising, Sales Promotion and Direct Marketing)이 있으며 흔히 CAP 규약으로 알려져 있다. 이 규약은 일련의 포괄적인 규칙들로 이루어져 있으며, 광고에 관여하는 사람들을 위한 수많은 기본 원칙을 제시하고 있다. 여기서 기본 원칙이란 광고가 합법적이어야 하고 적절해야 하며 솔직해야 하고 유용한 것이어야 한다는 것을 말한다. 아울러 소비자 및 사회에 대한 책임감의 바탕 위에 제작되어야 하며, 비즈니스 영역에서 전반적으로 수용되고 있는 공정경쟁의 원칙들과 부합되는 것이어야 한다는 점을 말한다. 2010년 3월 16일 영국광고기준위원회는 2년에 걸쳐 30,000명 이상의 응답을 받은 실질적 논의 과정의 결과로서 일련의 새로운 규약이 도입될 것이라고 발표하였는데, 그 규정은 2010년 9월 1일 자로 발효되었다.

새로운 규정들은 전체에 걸쳐 보다 명확한 형식과 일관성을 적용함으로써 규정된 내용을 보다 접근하기 쉽고 이해하기 쉽도록 한다는 의도가 내포되어 있었다. 제일 먼저 도입된 것은 기업과 사회적 책임, 아동대상 광고, 소비자 보호지침에 관한 내용이었으며, 각 분야별 구체적인 규칙들도 함께 수록되었다. 자신의 서비스를 광고하고자 하는 코치는 광고에 있어 책임감을 가짐으로써 광고의 내용이 정직하고 유익함을 보증할 수 있도록 하는 것이 중요하다. 또한 광고를 만듦에 있어서 보다 광범위한 책임도 따른다. 예를 들어 코치는 다른 사람의 상표나 저작권을 침해하는 일이 없도록 하는 것이 중요하다. 이러한 사례 중 하나가 웹사이트를 만들면서 다른 웹사이트에서 무료로 복사할 수 있는 이미지들을 사용하는 일이다. 단순히 이미지를 온라인상에서 무료로 얻을 수 있는 것이라고 해서 저작권의 적용을 받지 않는다는 의미는 결코 아니다. 웹사이트를 디자인하는 과정에서는 자신이 직접 촬영한 사진을 사용하거나 기존의 관련 기관에 비용을 지불하고 특정 사진이나 이미지를 구입하여 사용하는 것이 훨씬 안전하다.

마지막으로, 웹사이트를 통하여 자문을 제공하는 일에 있어서도 신중을 기하는 것이 중요하다. 자문이 온라인을 통해 제공된 상황에서는 보통 간단한 경고문 표시만 게재되어 있어도 고객이 주어진 자문에 기초하여 행한 행동으로 불행한 결과가 발생하는 상황이 생기더라도 코치는 그에 대한 책임을 면할 수 있다. Gary Patchett과 수영장 건설 중개회사(SPATA) 사이의 소송사건을 살펴보면, Patchett 부부는 중개단체인 SPATA의 웹사이트를 통해 자신들의 수영장을 건설해줄 수 있는 회사를 찾았다. 웹사이트에는 수영장 건설업체들에 대하여 재정 상태를 포함한 철저한 점검을 거쳤다고 명시되어 있고, 이 웹사이트의 정보를 바탕으로 Patchett 부부는 한 도급업체에게 55,000파운드를 약간 초과하는 비용으로 수영장을 건설해줄 것을 요구하였다. 하지만 건설이 진행되던 도중에 그 도급업체는 파산하였고 건설작업도 마무리되지 못했다. 이에 Patchett 부부는 이 작업을 마무리하기 위해 다른 도급업체에게 44,000파운드를 추가로 지불했다. Patchett 부부는 자신들의 손해를 보상받고자 SPATA를 상대로 소송을 제기하였다. 다수결 원칙을 적용하는 영국 상소법원은 그들의 주장을 기각하였다. 이유는 웹사이트 방문자에 대한 보호 의무를 지니고 있기는 하지만, 경고문 표시가 게재되어 있는 경우여서 책임의 축소나 면제가 가능하다고 판결하였던 것이다. 해당 웹사이트는 경고문을 게재하여 사람들에게 도급업체와 계약을 맺기에 앞서 보다 철저한 조사 과정을 거치도록 권고하고 있었다. 조사 과정에서 SPATA로부터 입수한 종합 정보자료에도 이러한 내용이 포함되어 있었지만, Patchett 부부는 그렇게 하지 않았다. 이 사건에서 볼 수 있는 바와 같이, 웹사이트에 간단한 경고문을 게재하는 것만으로도 미래의 잠재적 책임을 면제받는 데 충분조건이 될 수 있다는 판결로 이해할 수 있다.

관계 수립을 위한 계약

가게에서 초콜릿바를 구입하는 간단한 일부터 휴대전화를 구입하기 전에 휴대전화 대리점 직원이 계약서를 읽고 서명을 요구하는 것, 그리고 재산권 양도와 같은 대규모 매입 상황에 이르기까지 계약은 우리의 일상생활에서 중요한 부분을 차지하고 있다. 어느 법적 관계에서든지 당사자들 모두가 관계 수립의 조건에 대해 파악한 후 계약을 체결하는 것이 중요하다. 코치와 고객(고객의 고용주와 같은 제3자가 포함될 수도 있다)의 관점에서는 관계 수립의 조건을 명확히 설정한 후 그에 대해 합의하는 것이 필수적이다. 계약이 서면 형태로 이루어질 필요는 없지만, 이런 유형의 관계에서는 그 관계와 관련된 변수들을 적절히 서면으로 명시하도록 되어 있다. 이렇게 함으로써 모든 당사자가 자신들의 권리와 책임을 상세히 담은 명확한 문서를 지니게 되고, 이는 비록 가능성이 높지는 않지만 어떤 법적인 분쟁이 발생할 경우에 도움이 될 수 있다.

코치와 고객 간의 합의가 필요한 정보 유형에는 회기의 횟수와 소요시간, 각 회기 비용, 회기 취소 시의 발생 상황, 그리고 회기 종료에 관한 내용이 포함된다. 한편, 당사자 중 누구든 관계를 끝내고자 할 때 상대방에게 사전에 고지해야 할 의무 기간을 얼마로 할 것인지를 비롯하여 각 당사자의 책임에 관한 내용(예를 들면 코치는 고객과 논의한 상세한 내용을 외부로 유출해서는 안 된다는 점 등)을 정보에 수록하는 것이 중요하다.

계약 조건에 대해 원칙적 합의가 이루어지고 나면 합의를 인정하는 문서에 양쪽 당사자가 서명하는 것이 중요하다. 계약 체결의 효과는 관습법에서 매우 명확하다. 즉 관습법에서는 개인이 일단 문서에 서명한 경우라면, 그가 문서를 읽지 않았거나 그 내용을 이해하지 못했다고 하더라도 해당 문서의 내용에 의해 구속을 받게 된다고 규정하고 있다. 이러한 원칙은 L'Estrange와 Graucob 간 소송사건에서도 드러났는데, 이 사건에서는 조건을 수록한 문서에 서명한 경우에 서명한 사람은 거기에 구속되며 문서를 읽었는지 여부와는 전적으로 상관이 없다는 판결이 내려졌다. 이 장에서 다루는 유형의 계약은 이메일을 통해서도 성립될 수 있는 것이기에, 각각의 당사자가 조건 내용을 수록한 이메일의 하단에 자신의 이름을 타이핑해 넣기만 하면 별도로 직접 서명할 필요가 없다. 여기서, 어떠한 조건 내용이 포함되어 있는지를 입증하는 방법에는 서로 간에 주고받은 통지서와 보다 적절하게는 서로 간의 교섭과정 중 주고받은 내용 등을 증빙하는 방법들이 가능하다. 만약 코치가 고객과의 기존 관계하에서 특정한 방식으로 실무를 수행해 왔다면, 법원은 그러한 특정 수행 방식을 수용하여 그것을 바탕으로 판결을 내리게 될 가능성이 크다. 포토라이브러리 그룹 주식회사(Photolibrary Group Limited)와 부르다 세나토르 베를락 주식회사(Burda Senator Verlag GmbH) 간 소송사건에서, 법원은 사진 투명도에 관한 상세 조항 및 투명도 상실 시의 벌칙 조항을 수록하고 있는 제품인도증서(delivery note)에 서명이 첨부되지는 않았지만, 당사자 간 교섭 과정에 관련된 명확한 내용이 있기 때문에 벌칙 조항을 포함한 모든 계약 조건이 채택되었음을 보여주고 있다고 판결하였다. 그러나 여기서 유념할 점은 당사자가 실행에 옮기고자 하는 조항의 내용이 과도하게 부담을 주는 것이거나 상식에 어긋나는 경우에는 법원이 그러한 판결 원칙을 포기할 수도 있다는 사실이다(Macdonald, 1988).

비밀보장

비밀보장에 대한 의무는 관습법 원칙으로 확립되어 있고, 모든 코치에게 적용되는 법적인 의무이다. 이러한 원칙은 단순히 의료 관련 기밀에만 적용되는 것이 아니고, 법원에서도 비밀보장을 전제로 접수되거나 비밀보장에 관한 합리적 기대가 있는 상태에서 관련 정보를 보호하는 일에는 공공의 관심이 존재하고 이는 코치/고객 관계에서도 마찬가지라는 견해를 보이고 있다. 전통적으로 비밀보장의 위반 여부는 3단계의 점검 과정을 통해 파악될 수 있다. 첫째는 고객이 코치에게 제공한 정보가 특성상 기밀에 해당하는지를 점검하는 것이다. 둘째는 비밀보장의 의무가 존재하고 있는 상황에서 정보가 누출된 것이 틀림없는지를 점검하는 것이다. 마지막으로는 그 정보가 코치에 의해 허락 없이 사용될 필요가 있었는지를 점검하는 것이다. 한편, 고객이 피해를 입었는지 파악하는 일은 점검 요건이 아니다.

　상기 의무에는 몇 가지 예외가 있는데, 고객이 정보공개에 동의하는 경우라든가 정보공개가 고객에게 이익이 되는 경우가 그러한 것이다. 덧붙여, 비밀유지가 고객에게 위험을 가져다줄 수도 있거나 심각한 불법에 해당되는 경우에도 비밀보장이 제한될 수 있다. 이 중 후자에 관한 한 가지 사례가 모든 사람에게 테러행위 관련 정보를 경찰에 알리도록 하는 의무를 규정하고 있는 2000년 테러방지법(Terrorism Act 2000)에 수록되어 있다. 법에서 반드시 그렇게 해야 한다고 규정하고 있지 않은 한, 대부분의 경우 코치는 고객의 불법행위를 신고해야 할 법적인 의무는 없다. 정보보호법의 도입에 따라 비밀보장의 성격은 보다 강화되고 있다.

정보보호

1998년 영국 정보보호법은 개인정보를 처리하는 사람들에게 적용되는 요구사항들을 규정하고 있다. 이 법은 학교, 대학, 기업, 의료 분야, 자선기관, 종교단체, 그리고 코치들에게까지 적용되고 있다. 코치의 경우 늘 고객에 대한 많은 양의 정보를 보유하게 된다. 여기에는 이름, 생년월일, 주소 등과 같은 개인 신상자료와 지불 내역자료가 포함되고, 때에 따라 진료기록 정보와 코치와 고객의 회기 기록도 포함된다. 이러한 정보들을 보호하는 것은 대단히 중요하다. 영국에서는 2007년 11월에 HMRC에서 모든 아동연금 수혜자의 개인정보를 수록한 2장의 디스크를 분실한 사건, 영국 운전면허표준청(Driving Standards Agency)이 운전이론시험을 앞둔 약 300만 명에 대한 상세자료를 분실한 사건 등과 같이 지난 수년간 무수히 많은 중요정보 보안 침해 사례들이 발생하였다. 이러한 침해 사례들로 인해 공적인 신뢰도는 크게 악화되었으며, 시스템 보안에 엄청난 돈과 시간이 소요되었다. 규모 면에서는 훨씬 작은 것이기는 해도, 고객에 관한 정보를 보유하고 있는 코치에게도 유사한 침해 사례가 발생할 수 있다. 정보의 분실은 고객을 혼란스럽게 만들 수 있으며, 고객과 코치 간의 선의의 관계를 훼손할 수 있다. 따라서 코치가 정보보호법을 준수하는 일은 대단히 중요하다.

단순히 파일링 방식을 적용하여 고객의 상세정보를 담아두는 경우에도 코치는 정보보호법의 요건을 준수할 필요가 있다. 그리고 코치가 개인정보를 처리하는 과정에서는 영국 정보중재자사무소(Information Commissioner, ICO)에 통보할 필요가 있다. ICO에 통보하지 않는 행위는 정보보호법 제21조에 따라 범죄행위가 되며 벌금이 부과된다. ICO에 통보를 행하는 사람(또는 회사)은 정보관리자(Data Controller)로 등록된다. 연간 통보 요구사항은 직접적인 내용이 담겨 있는데, 이에 따르면 정보관리자는 등록가능한 상세한 정보(이름과 주소, 개인정보에 대한 설명, 정보처리의 이유, 처리된 정보를 수령할 사람에 대한 설명 등이 포함되며 정보가 유럽경제지역 밖으로 이전되는 경우 그에 대한 상세한 설명도 포함되어야 한다)를 통보내용에 포함해야 한다. 아울러 개인정보를 위해 어떠한 보안조치를 행하고 있는지에 대한 전반적인 설명도 포함해야 한다. 통보를 위한 연간 비용은 대부분의 조직에게 35파운드가 적용되고 있다.

ICO에 통보를 하고 난 후 정보관리자는 정보보호법 부록 1에 수록된 여덟 가지 정보 보호원칙을 준수할 필요가 있다. 그러한 원칙들은 개인정보를 처리하는 정보관리자에게 있어서 '바른 실천 지침(good practice guide)'으로 존재하게 된다. 여덟 가지 원칙은 다음과 같다.

1. 정보는 공정하고 합법적인 방식으로 처리되어야 한다.
2. 한 가지 이상의 구체적이고 합법적인 목적이 있을 경우에만 정보를 획득해야 한다.
3. 정보는 관련 목적에 충실하고 연관성이 있는 것이어야 하지만 과다해서는 안 된다.
4. 정보는 정확해야 하며 최신 내용을 담고 있어야 한다.
5. 정보를 필요기간 이상으로 보유하고 있어서는 안 된다.
6. 정보를 다룰 경우 정보주체의 권리를 고려해야 한다.
7. 기술적이고 체계적인 방법을 사용하여 정보를 안전하게 보호해야 한다.
8. 정보주체를 위한 충분한 수준의 보호조치가 없는 한, 정보를 유럽경제지역(EEA) 밖으로 이전해서는 안 된다.

이 원칙 목록에는 주목해볼 점이 매우 많다. 우선 제1원칙은 정보의 공정하고 합법적인 방식으로의 처리를 요구하고 있는데, 실제에 있어서 이는 정보관리자에게 정보처리를 위한 이유나 근거가 있어야 한다는 것을 의미한다. 정보처리를 위한 조건들은 정보보호법 제2조에 명시되어 있는데 그 내용은 다음과 같다.

- 정보주체가 동의해야 한다.
- 계약 체결을 위해 정보처리가 필요한 경우여야 한다.
- 법률 준수를 위해 필요한 경우여야 한다.
- 정보주체에게 명백한 이익이 되어야 한다.
- 정보처리가 사법적 목적 혹은 정부 관련 목적을 위한 것이어야 한다.
- 정보처리가 적법한 목적을 위해 필요한 경우여야 한다.

그러나 정보보호법의 규정에는 '민감한 개인정보(Sensitive Personal Data)'라는 개념이 포함되어 있다. 이 개념에 대해서 정보보호법 제2조에서는 다음과 같이 정의하고 있다.

- 출신 인종 또는 민족
- 종교적 또는 정치적 신념

- 노조 가입 여부
- 신체적 또는 정신적 건강상태
- 성생활
- 범죄기록

만약 코치가 위 리스트에 포함된 정보를 다룰 경우, 정보보호법 부록 3에 수록된 조건 중 한 가지는 반드시 충족시켜야 한다. 구체적으로

- 정보주체의 명백한 동의가 있어야 한다.
- 정보관리자에게 고용의무를 적용할 목적에서 필요한 경우여야 한다.
- 정보주체에게 명백한 이익이 되어야 된다(정보관리자가 정보주체로부터 동의를 얻기가 불가능한 상황일 경우).
- 비영리조직을 통해 정보를 처리해야 한다.
- 법률 준수의 문제와 관련이 있는 경우여야 한다.
- 사법적 실행을 위해 필요한 경우여야 한다.
- 의료적 목적에서 필요한 경우여야 한다.
- 동등한 기회에 관한 기록으로 필요한 경우여야 한다.
- 국무장관의 명령에 따라 정보를 처리하는 경우여야 한다.

위 조건의 어디에 해당하든 대부분의 경우 코치는 '고객은 관계 수립이 정보처리를 필요로 하고, 그러한 정보처리에는 동의를 필요로 한다는 사실을 인식한다'고 명시한 항목을 관계 수립을 위한 계약서에 삽입하여 고객(또는 '정보주체')의 서명을 받음으로써 법적 조건을 충족시킬 수 있다.

두 번째 원칙은 구체적이고 합법적인 목적에서의 정보처리에 관한 것이다. 이는 정보관리자가 자신이 이전에 ICO에 통보했던 것과는 다른 그 어떤 목적으로도 정보를 사용할 수 없다는 것을 의미한다. 세 번째 원칙은 정보처리의 목적에 따라 좌우되는 사실에 관한 문제이다. 네 번째와 다섯 번째 원칙은 서로 연결되어 있으며, 정보의 정확성 및 보유기간과 관련이 있다. 코치는 고객에 관한 보유 정보가 최신 내용으로 유지되도록 할 필요가 있으며, 관계가 종료되고 나면 정보를 안전하게 폐기해야 한다. 정보를 보유할 수 있는 기간 또한 특정 정보의 보유기간에 관한 법률이 존재할 경우 그 법률에 좌우될 수 있는 사실에 관한 문제이다. 최근의 험버사이드 주 경찰 책임자와 영국 정보중

재자사무소 간의 소송사건에서 정보 보유기간에 관한 쟁점이 고찰대상이 되었다. 이 소송사건에서는 5명의 개인이 경범죄 사실(자신들의 10대 시절인 1970년대와 1980년대에 저지른 사건과 관련된 것)을 경찰기록에서 삭제해줄 것을 요청하였다. 이 5명의 개인은 경찰 당국이 자신들이 18세가 되면 범죄기록이 삭제될 것이라고 밝혔음에도 불구하고 범죄기록국 조회를 요구하는 일자리에 지원을 할 때마다 자신들의 '과거' 범죄사실이 뚜렷이 나타나는 상황을 겪으며 어려움을 느꼈다. 법원은 경찰 책임자는 정보관리자로서 정보처리의 목적, 정보 보유기간을 결정할 수 있다고 판결하였다. 영국 상소법원의 견해는 개인에 대해서든 회사에 대해서든 정보 보유의 목적과 관련해 법적인 제약은 존재하지 않는다는 것이었다. 이에 관한 한 가지 예외는 그 목적이 반드시 합법적인 것으로서 상기한 첫 번째 정보보호원칙에 부합되어야 한다는 것이었다.

여섯 번째 원칙은 정보처리가 정보주체의 권리를 고려하여 이루어져야 한다고 명시하고 있다. 정보보호법에 따르면 정보주체는 무수한 권리를 갖는데, 그중 핵심이 되는 하나가 자신의 개인정보에 대한 접근권리이다. 정보주체의 개인정보 접근 요청이 있을 경우 코치는 정보관리자로서 10파운드의 금액을 수수료로 청구할 수 있고, 정보주체로부터 요청한 개인정보가 무엇인지에 대해 충분한 내용을 통보받고 그에 따른 수수료를 접수받은 다음에는 그때를 기점으로 40일 내에 반드시 답변을 해야 한다. 이 과정에서 정보관리자는 정보주체에 대해 신원을 명확히 밝혀줄 것을 요구할 수 있다. 정보관리자는 정보주체에 대해 그와 관련해 보유하고 있는 개인정보의 개요, 정보자료의 사본, 이 사본내용을 쉽게 이해하는 데 필요한 자료(예 : 공개문서에 적용된 암호를 해독할 수 있는 해설서) 등을 반드시 제공해야 한다.

기술적이고 체계적인 방법을 사용해서 정보를 안전하게 보호할 것을 요구하고 있는 일곱 번째 원칙은 정보보호법의 기본적 목표에 있어 핵심이 되는 것이다. 위에서 언급했듯이, 보안의 위반은 민감하거나 당황스럽기까지 한 정보가 일반 사람들에 누출될 수 있기 때문에 코치의 입장에서도 직업적인 면에서 심각한 피해를 입을 수 있다. 최근 유럽인권법원(European Court of Human Rights)은 소위 소송신청자와 핀란드 간 소송사건에 대해 판결을 내렸다. 이 소송사건에서 신청자는 핀란드의 한 병원에서 일하며 안과간호를 담당했던 간호사였다. 그녀는 HIV에 감염되었고 같은 병원에서 치료를 받아야 했다. 그녀는 자신이 들은 이야기들을 바탕으로 동료들이 자신의 진료기록에 접근했었다는 느낌을 받았다. 병원에 보관된 진료기록에는 5차례의 최근 접근기록만 상세하게 적혀 있었으며, 개인이 아닌 담당 부서만 접근하였다고 명시되어 있었다. 병원으로서는 개인적으로 누가 그녀의 진료기록 파일에 접근했는지 파악하기가 불가능하다는 것을 의미했다. 애초에 핀란드 법원은 허가받지 않은 개인이 진료기록에 접근했는지 여부를 입증할 수가 없으므로 해답을 얻을 수 있는 소송사건에 해당되지 않는다고 하였다. 그러나 유럽인권법원은 정보를 보호할(특히 보관된 정보가 민감한 개인정보일 경우) 적극적인 의무가 존재한다고 판결하였다. 이는 유럽인권규약(European Convention on Human Rights) 제8조와 명백한 관련이 있는데, 진료기록에 대한 비밀보장은 개인적 삶의 권리에 있어 근본이 되는 것이다. 그러므로 개인정보의 남용을 예방하기 위한 실제적이고 효과적인 보호조치가 필요하다.

무수한 이유로 정보 보안의 침해 상황이 발생할 수 있다. 정보(또는 장치에 저장되는 정보)는 도난당할 수도 있고 허가받지 않은 사람이 접근하여 제3자에게 공개할 수도 있고 컴퓨터 시스템이 해킹당할 수도 있다. ICO는 정보가 가능한 한 안전하게 보호되도록 하는 데 힘을 쏟고 있다. 이를 입증해주는 것이 통보 관련 서식에 수록된 요건인데, 이 요건에서는 현재 실시 중인 보안조치를 상세하게 밝힐 것을 요구하고 있다. 보안조치의 적합성 고찰과 관련해 영국 정보중재자사무소는 보안조치 실시 비용, 기술적 측면의 발전(즉 정보보호에 어떤 기술을 사용할 수 있는 상태인가), 정보의 특성(민감한 개인정보는 일반적 개인정보보다 더 철저히 보호되어야 한다), 정보 분실이나 비합법적인 처리 시 초래될 수 있는 피해 등을 고려의 대상으로 삼아야 한다고 권고하고 있다. 이는 실제에 있어서 코치가 광범위한 보안요소들을 고려해야 할 필요가 있음을 의미하는데, 그러한 요소에는 건물의 물리적 보안이 포함될 수 있다. 만약 코치가 사무실에서 개인정보를 저장하려고 할 경우, 그는 건물이 안전한지, 파일이 잠금장치가 있는 파일전용 캐비닛에 저장되는 것인지를 확인해둘 필요가 있다. 코치가 개인정보를 컴퓨터 시스템에 저장하는 경우도 있는데, 이 경우 컴퓨터 비밀번호가 보호되도록 하고, USB에 저장한 정보는 암호화되도록 하는 것이 중요하다. 또한 코치는 관계가 종결되고 나면 모든 정보를 폐기해야 한다. 이는 말 그대로 관계가 종료된 다음에는 그때까지 보유하고 있던 출력된 모든 정보를 파쇄하거나 소각할 필요가 있음을 의미한다.

정보보호를 위한 조치는 2008년 영국 형사행정법과 이민법(Criminal Justice and Immigration Act 2008)이 2008년 5월 8일 자로 왕실의 재가를 받아 시행된 이후 그 중요성이 증가되어 왔다. 이에 따라 고의적으로나 혹은 무신경한 상태에서(그리고 정보관리자의 동의 없이) 개인정보를 획득하거나 그것을 다른 사람에게 공개하는 행위를 위반행위로 간주하는 방향으로 정보보호법 제55조의 개정이 추진되고 있다. 이때의 위반

행위는 고의에 의한 행위거나 무신경한 상태에서의 행위임을 전제로 하며, 정보관리자가 알았거나 알았어야만 하는 상황, 위반행위의 발생 위험이 존재하고 있었던 상황, 위반행위 발생 시 상당한 피해나 고통이 초래되게 되어 있던 상황, 정보관리자가 위반행위의 예방을 위한 합리적 조치를 취하지 않았던 상황 등에서의 위반행위가 모두 해당된다. 피해나 고통과 관련해 '상당한'이라는 단어를 사용하는 것은 위의 규정을 얼마나 폭넓게 적용할 것인지를 둘러싸고 제안이 이루어지는 과정에서 그 방향을 잘못된 쪽으로 이끌 가능성도 있다. 정보보호법을 위반하는 행위는 무신경한 상태에서 저질러질 수 있기 때문에 위 규정은 초기 단계에서부터 적용될 수 있다. 같은 맥락에서, ICO는 컴퓨터 비밀번호 및 암호화 작업은 표준적인 보안조치이며, 따라서 그러한 조치의 단순한 불이행으로도 정보관리자에 대해 벌금(최대 500,000파운드)을 부과할 수 있다는 견해를 보이고 있다(ICO, 2008a). 이때 징수된 벌금은 영국 재무부가 관리하는 정리공채기금에 귀속되며, 위 규정에 해당되는 개인들을 추적하는 ICO에 인센티브로 제공하지 않는다. 한편, 정보보호를 위한 적절한 조치의 불이행을 포함하여 정보관리자가 고의나 무신경으로 인해 여덟 가지 정보보호원칙 중 어느 한 가지라도 위반하는 상황이 발생하는 경우에도 ICO가 위반행위에 관한 위 규정을 정식으로 적용하는 것이 가능하다(ICO, 2008b).

결론

이 장에서는 코치가 코칭 관계에서 고려해야 할 법적 문제들을 중점적으로 논의하였음에도 불구하고, 코칭 수행과 관련한 법률의 제정이 갖는 의미는 계속 확장되고 있다. 이 장에서는 회사 설립과 광고 서비스부터 관계 수립을 위한 합의와 계약에 이르기까지 코칭과 관련한 초기 단계들을 살펴보았다. 코칭 관계가 존재하는 동안 비밀보장, 정보보호 등을 비롯해 코치가 기억해두고 있어야 할 법적 고려사항들은 무수히 많다. 법률의 요건을 준수하는 일은 소송상황을 예방하기 위한 바람직한 실천 행동인 동시에 코치의 직무 수행이 법률의 요구와 전적으로 부합되게 함으로써, 결과적으로 코치의 직무 수행에 대한 평판과 고객의 선의가 유지되도록 해주는 일이기도 하다.

참고문헌

Association for Coaching (2006) Code of Ethics and Good Practice, accessed on 4 June 2010 from: **http://www.associationforcoaching.com/about/about02.htm**

ICO (2008a) Press release: ICO welcomes new powers to fine organisations for data breaches, 9 May. Available at: **http://www.ico.gov.uk/about_us/news_and_views/press_releases.aspx**

ICO (2008b) Guidance Data Protection Act 1998: Information Commissioner's guidance about the issue of monetary penalties prepared and issued under section 55C (1) of the Data Protection Act 1998. Available at: **http://www.ico.gov.uk/upload/documents/library/data_protection/detailed_specialist_guides/ico_guidance_monetary_penalties.pdf**

Macdonald, E (1988) The duty to give notice of unusual contract terms, *Journal of Business Law*, September, 375–85

Williams, P and Anderson, S K (2005) *Law and Ethics in Coaching: How to solve and avoid difficult problems in your practice*, John Wiley, Chichester

3

전문성의 지속적 개발

제12장

코치들을 위한 전문성의 지속적 개발

David Hain, Philippa Hain, Lisa Matthewman

서론

이 장에서는 전문성의 지속적 개발(continuous professional development, CPD)에 대해 알아본다. 코치에게 지속적인 성장이 필요하지만 시간을 내기가 여간 어려운 일이 아니며 딱히 전문성의 지속적 개발(CPD)을 해야 할 설득력 있는 이유를 찾기도 어렵다. 무엇을 어떻게 해야 할지 불확실하고 개발 과정을 기록하는 일도 쉽지 않은 일이다. 공들인 시간에 대해 흡족한 결과를 어떻게 도출해낼 것인지에 대한 혼란 때문에 CPD는 매우 어려운 일이 되어 버렸다. 이제 이 과정을 해체해봄으로써 코치의 전문성 개발을 위한 훈련이 왜 중요한지, 코치들이 비즈니스를 위해서도 기본이 되어야 하는지 알아본다.

CPD의 유익한 점

모든 코칭 조직은 CPD를 직업적 기준(professional standards)에서 매우 본질적인 요소로 언급하고 있다. 이 사실 하나만으로도 코치들이 정기적이고 점진적인 개인 학습, 성장을 위한 개발을 위해 '스스로 가르치는 바를 스스로 실천한다'는 점이 매우 중요하다.

전문가 단체나 조직의 회원이 되고자 하는 사람들은 가입 조건의 하나로 기꺼이 CPD를 하겠다는 약속을 공식적으로 확인해주어야 한다. 물론 이런 현실적인 이유 외에도 CPD를 코칭훈련의 중요한 요소로 발전시켜야 할 이유는 많다.

1. 영리적 측면

향후 코칭은 매우 빠르게 '전문화(professionalize)'되어 갈 것이기에 CPD라는 흐름은 직업적 실천을 위해서도 가시적으로 중요한 특성이 될 것이다. 고객이 코칭 서비스를 받을 것인지 여부를 결정할 때 핵심적인 초점이 될 것이고 코치들 간에도 경쟁이 심한 실정이라 다른 사람들의 성장에 영향을 주는 사업을 하기 위해 자격증을 보여주기 전에 자기 자신이 스스로 어떻게 성장하고 개발해 왔는지를 증명할 수 있어야 할 것이다.

2. 윤리적 이유

만일 코치들이 '세상에서 그들이 보길 원하는 변화의 담지자가 되길[1] 원한다면 배움과 개발을 스스로 근본적인 실천으로 여겨야 한다. 성찰적 프랙티스(reflective practice)는 물론 여러 가지 방법으로 정규적으로 점검하고 업데이트해야 할 필요가 있다는 점은 두말할 필요가 없다. 그러므로 CPD에 투자할 에너지와 시간을 내지 않는다거나, 하는 척만 하는 것은 직업적 위선이다. 강제할 규정이 없어서 이것을 공식적으로 실행하는 것을 피하기는 쉽다. 그러나 코치로서 성장하기 위해서나 전문적 프랙티스를 위해 이런 위선이나 나태는 도움이 되지 않는다.

3. 전문성

코칭은 아직도 비교적 새로운 분야이고 빠르게 성장하고 있다. 코칭 현장에서는 다양한 프로그램을 통해 코치가 되려 한다. 이미 전문직업 수준으로 확립되어 있는 다른 분야에 비하면 초기 비용이 저렴한 편이다. 이 분야가 최고 전문직업 수준으로 평가받기 위해서는 과거 경력의 자연스러운 연장으로 쉽게 코치가 되게 유도하는 흐름은 점차 배제되어야 한다. 개인적 기술과 깊은 지식을 얻기 위한 투자는 최소화한 채 코칭 분야가 훌륭한 금전적 보상이 기대되고 '최신 유행'이며 멋진 직업을 얻는 것이라 쉽게 생각하는 사람들을 걸러내야 한다.

---

[1] 역주 : Be the change you want to see in the world — 간디의 말을 염두에 두고 있다.

4. 시스템 개선

코칭이 매우 빠르게 기반을 구축하고 있고, 넓고 깊은 전문적인 기술적 연구와 지식 분야로 자기 자리를 잡아 감에 따라 CPD는 탁월함에 초점을 맞춘 시스템 중 가장 기본적인 방안이기에 코치들이 활용하기에도 좋은 보장책이 될 수 있다. 다른 시스템과 달리 코칭 세계에서는 한 번에 한 가지씩 차례로 변화해 간다. Gibb과 Megginson(1999)에 따르면 'CPD를 받아들이는 사람들이 더 잘 집중하고 스트레스를 덜 받으며 새로운 기회에 흥미를 더 보이고 새로운 동료들과 일하는 것에 더 개방적이다.'

이런 유익함이 CPD를 보다 확대하고 보편적이 되게 만든다. 코치들에게 이론적 개요뿐만 아니라 CPD를 적용하는 여러 방법에 대한 실천적인 안내를 살펴보자.

CPD란 무엇인가

Megginson과 Whitaker(2004)는 CPD를 '발전적인 성찰 과정을 계속하고, 목표 설정(goal setting)과 실천을 통해 스스로 배움과 성장을 개인적으로 조정할 수 있게 만드는 과정'이라고 일컬었다. 코치들이 왜 CPD를 하고 싶어 하는 데는 여러 가지 이유가 있지만 가장 진실하고 설득력 있는 이유는 단순히 직업 혹은 조직적인 차원에서 성장 주도권이 어디에 있는지를 떠나, 개인적으로 축적할 수 있는 경험과 지식, 기술을 개발하고 싶은 욕구 때문이다. 코치 개인은 CPD를 수행함으로써 개인적, 사업적, 그리고 커리어 발전이라는 장기적 목표를 갖고 자기인식, 상황인식, 주제와 관련한 지식을 보다 더 잘 다룰 수 있게 되기를 바라고 있다.

중심 개념

CPD의 핵심요소는 학습자가 배움의 과정을 조정하고, 무엇을 어떻게 개발할 것인지를 결정한다는 점이다. 비록 학습자들이 코치 그리고/또는 멘토와 계약하거나, 다른 학습 방법을 이용한다 하더라도 프랙티스에 대한 반성, 진전에 대한 정기적인 점검, 그들이 만들어가는 여정을 재해석함으로써 자기 목표를 스스로 세우게 된다. CPD는 학습자의 삶과 일의 특별한 부분이나 전체를 아우르고, 일반적으로 둘 사이의 균형을 이루도록 하는 전체적 관점을 적용할 때 가장 도움이 된다.

CPD는 행동탐구와 성찰이라는 핵심 개념에 근거하고 있다. 학습자는 그들이 바라고 성취하고자 열망하는 미래의 상태와 관련된 현재 상황을 기반으로 검토한다. 행동탐구

그림 12.1 CPD의 구조

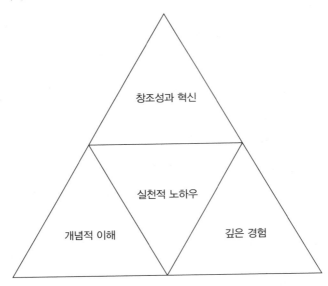

는 프랙티스 현장에서 행동을 탐구하기 위한 과정으로 모든 종류의 '계획, 행동, 서술 (describe), 검토(review)'에 계획적으로 사용하는 포괄적 용어이다. 성찰적 행동, 진단 적 행동, 액션러닝(action learning), (여러 집단의) 행동 연구(action research), 그리고 연구한 행동(researched action)은 모두 행동탐구에 토대를 둔 개념이다. 이 용어들은 모두 두 가지 전제에 근거한다. 첫째, 사람들은 개인적인 배움을 위해 관심을 집중할 때 복잡한 과제를 더 효과적으로 완수할 수 있다. 보다 훌륭한 학습자들은 더 빠르게 반응 하며, 더 효율적으로 문제를 인식하고, 더 신빙성 있게 동향을 알아차리며, 자신들의 일 을 전염병 같은 열정으로 좀 더 분명하게 실행해 보여주려고 애를 쓴다. 둘째, 우리가 현실 속에서 실제로 작업을 수행하며 배우는 것은 (책이나 그 외 방법 같은 코스와는 반 대로) 특별한 가치를 가지고 있다. 실제로 CPD는 고용주들이 개별적 동기부여를 주고 앞을 향해 나아가기 위해 필요한 적당한 후원과 지지가 주어질 때 최고의 효과를 발휘 한다.

이 외에도 CPD가 다른 것과 다른 두드러진 특징은 그것이 가치 있고 지속 가능한 배 움의 토대라는 인식을 만들어내는 복합적인 형태로 활용된다는 점이다. 그림 12.1에서 보듯이 실천적인 차원에서 매우 다양한 노하우 개발 등 여러 목표에 집중할 수 있고, 주 제나 상황에 대해 풍부한 개념적 이해를 모색하고, 상상력, 창조성, 혁신적인 방식 같은

그림 12.2 CPD의 이해관계자

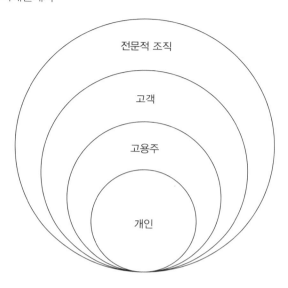

새로운 길을 찾는 것, 개인의 경험을 심화하기 위한 시도 등을 제공한다.

CPD의 이해관계자

그림 12.2는 CPD 과정에서 개별적인 학습자들을 포함한 여러 이해관계자가 어떠한 이해관계를 가지고 있는지를 보여준다. 점차 많은 고용주들은 직원들이 최신의 경험과 지식, 기술을 유지하기 위한 방안으로 CPD를 활용하는 것에 관심을 갖는다. 이는 후계자 육성계획과 직원 이직 방지에 도움이 될 수 있다. 고객들이 코치를 고용할 때 CPD를 하고 있다는 증거를 갈수록 더 중요한 사항으로 고려하고 있다. 전문가협회들도 CPD를 장려하고 있는데 이는 개인 학습과 성장을 효율적으로 관리할 수 있는 회원들이 전문적 기준을 더 효율적으로 응용할 수 있기 때문이다.

CPD와 코칭 전문가 단체

CPD는 거의 모든 코칭 전문조직 회원들에게 필수요건이고 많은 단체가 유익함과 정당성에 대한 가이드라인을 제시하고 있다. 여기서는 지면 관계상 두 가지만 살펴본다.

인력개발연구원

영국의 인력개발연구원(Chartered Institute for Personnel Development, CIPD)은 인간

관계개발(HR) 전문가와 트레이너들을 대변하는 기관이다. 다음은 이 기관이 갖고 있는 CPD에 대한 다섯 가지 핵심 원칙이다.

1. 전문성 개발은 전문실천가가 활동하는 전 생애에 걸쳐 이루어지는 지속적인 과정이다.
2. 개인은 그들 스스로 발전을 조절하고 관리할 책임을 진다.
3. 개인은 그들이 스스로 필요로 하는 학습과 그것을 어떻게 충족할 것인지 스스로 결정해야 한다.
4. 학습의 목표는 분명하게 표현해야 하고 전문실천가의 개인적 목표에 고용자와 고객의 요구를 반영해야 한다.
5. 학습은 추가적 부담이 아니라 일의 통합적 부분이라는 점을 인정할 때 가장 효과적이다.

영국심리학회

영국심리학회(British Psychological Society)는 심리학을 위한 국가직업표준안(National Occupational Standards, NOS)과 관련해 회원들이 CPD 기록을 계속할 것을 필수로 하고 있다. 국가직업표준안은 고용에 필요한 기술, 지식과 이해를 지적하고 유능한 직무 행위가 가져올 결과를 명료하게 정의하고 있다. 영국심리학회는 국가직업표준안이 심리학자 개인과 그들의 고용기관, 그리고 심리학회에 도움이 되도록 하고 있다.

심리학자 개인을 위해서는

- 심리학자의 기술과 지식이 직업의 요구사항에 맞도록 도와준다.
- 인사고과/스태프의 발달평가와 관련한 증거를 제공한다.
- 면접에 필요한 역량, 지식, 기술의 세부사항을 제공한다.
- 승진을 위한 기술과 지식 맞춤에 대해 지원한다.
- 이력서 업데이트 시 주요 역할을 제공한다.
- 회원이 CPD 요건을 채우도록 도와준다.

고용인/회사/단체를 위해서는

- 능력 있고 유능하며 잘 훈련된 전문인을 찾아준다.
- 단체의 목표와 업무 수행에 기여한다.

- 임상관리(clinical governance)에 기여한다.
- 고용인 훈련 프로그램 계획과 수행에 정보를 제공한다.
- 고용인 훈련과 이직 방지를 계획한다.

학회를 위해서는

- 자격요건 개발 정보를 제공한다.
- 전문가 훈련 프로그램 계획과 수행에 정보를 제공한다.
- 영국 의료경영 석사과정(APL)과 관련한 의사결정 정보를 제공한다.
- 회원가입신청 결정에 관련된 정보를 제공한다.

CPD를 위해 효과적인 목표 정하기

CPD에 참여하는 것은 거의 모든 분야에서 전문실천가로서의 인식을 자각하게 만든다. 그렇다면 어떤 종류의 CPD를 이수해야 하는가?

CPD의 포트폴리오는 검토 및 태도 관련 요소에 대한 개발, 개인적 기술 분야를 강화하거나 확대하는 것, 개인적 지식심화에 공을 들일 필요성 등과 함께 이런 일을 하면 발생하는 초과 시간에 균형을 잡아 준다는 신념을 갖고 있다. 이상적으로는 이러한 모든 분야가 함께 작용하여 코치는 개별적으로 전문실천가로서 '준비완료' 상태를 언제나 유지하고 있어야 한다. 위에 열거한 각 영역은 비록 그것들 사이의 균형을 어떻게 맞출 것인지는 코치가 코칭을 진행하는 수준과 그 성격에 따라 다양할 수 있을지라도 하나하나가 모두 코칭 개입에 실제로 관계되는 것들이다.

지식

우리가 주장하는 '탁월한 코치(super coach)'를 구별해내는 기술은 특정한 고객의 문제를 분석해내는 지식의 깊이보다는(Palmer and Whybrow, 2007 참조) 고객의 개인적 특성(personality)과 맥락에 맞는 선택 범위에서 알맞은 구조를 골라내는 능력과 훨씬 더 관련되어 있다(Passmore, 2006 참조). 그러므로 CPD와 관련해 당신이 당신 자신에 대해 (또는 고객에 대해) 물어야 할 질문은 다음과 같다.

- 개입·중재(intervention)의 범위가 얼마나 넓은가?

- 주어진 상황에 대해 당신이 선택한 접근방식은 무엇에 근거를 둔 것인가?
- 타인을 위한 조력활동을 위해 어떤 문제와 씨름하고 있는가? 그리고 당신이 지원할 수 있는 또 다른 접근방법은 어떤 것인가?
- 당신의 성장을 위해 관심을 갖고 있는 모델과 이론적 구조는 어떤 것인가?

태도

'태도를 분명히 하라'는 말은 우리가 여러 상황에서 고객에게 정기적으로 반복하며 우리 스스로를 깨닫게 하는 경고이다. 그러나 코치로서 당신은 당신 자신의 태도에 대해 고민하고 있는가? 효과적인 코칭의 열쇠는 구체적인 과제와는 거의 관계가 없고 코치와 코치를 받는 이의 관계의 질에 달려 있다. 그러므로 이상적으로는 피드백을 통해 코치로서 어떻게 직면하는지 규칙적으로 성찰하는 것이 필수적이다. 감성지능 요소, 특히 자기인식은 일생에 걸친 작업이며, 코치들은 균형 잡힌 CPD 프로그램에서 이 점에 특히 주의를 기울여야 한다. 태도 개발과 관련한 질문에는 다음과 같은 것들이 있다.

- 코치로서 나의 스타일과 영향에 대한 증거에 기반한 피드백(evidence-based feedback)을 정기적으로 받는 데 있어서 나는 얼마나 실질적인가?
- 나의 민감 요인과 위험 요인 — 효과적 경청이 줄어들고 나를 더 판단적이 되게 하는 방아쇠에 대해 얼마나 잘 알고 있는가?
- 코칭작업 중 일어나는 나의 이슈, 공통요소, 사건들에 대하여 내 경험 밑에 깔려 있는 패턴이나 경향 등을 이해할 수 있는 공개적으로 성찰할 기회를 어디에서 얻고 있는가?
- 내가 코치로서 직면하는 도전을 탐구하고, 성장의 핵심 분야를 인지하고, 대안적 옵션이나 접근방법을 함께 찾아줄 효율적인 평가단을 갖고 있는가?

숙련기술

유능한 코치들이 칭찬받는 점은 언제나 배타적이지 않은 관계 형성, 소통관리 영향력을 포함한 여러 가지 섬세하고도 어려운 기술을 마스터하려고 노력하고 있다는 점이다. 그러나 이러한 기술을 표준규격화하거나 구성요소로 분해하기가 매우 어렵다. 코칭 개입이 기본적으로 매우 역동적이며 그들 스스로 쉽게 즉각적 통찰로 연결하기 어려운 당면한 대화적 난제들로 이루어져 있을 때는 특히 그렇다. 우리 경험에 따르면 코칭에서 가장 큰 딜레마 중 하나는 코치가 고객과는 반대로 자기중심적이 되지 않고 어떻게 철저하고 상세한 피드백을 얻는지다.

기술에 대한 더 중요한 도전은 지식과 직접적으로 관련되어 있다. 예를 들어 자아초월적(transpersonal) 코칭이나 게슈탈트에 대한 책을 보거나 비디오를 보는 것은 얻은 지식을 어느 정도 숙련도를 지녀 실천에 적용하는 것과 매우 다르다. 뿐만 아니라 우리들은 기술 수준을 무의식적 능력(unconscious competence) 수준으로 향상시켜 나가려면 여러 단계를 거쳐야 한다는 것을 알고 있다. 그러므로 코치 발전의 딜레마는 눈 앞에 있는 각 고객의 이슈를 능숙한 역량과 자신감을 가지고 더 다룰 것인지 아니면 좀 더 유능해지기 위해 꼭 필요한 훈련을 할 것인지와 균형을 맞추는 데 있다.

기술의 세 번째 어려움은 보다 큰 그림을 보는 사고 능력을 기르는 점이다. 코칭 중재나 개입이 대부분 매우 긴밀하고 일대일 방법으로 수행되고 있더라도 거의 모두가 훨씬 더 복잡한 조직과 사회적 맥락에서 이루어지고 있다. 자신의 전체론적 효율성을 최대한으로 발달시키고자 하는 코치들은 해당 분야, 예를 들면 업무 파악, 조직 발전, 시스템 사고 등에 매우 높은 역량을 갖출 필요가 있다.

CPD 관점에서 기술과 관련해 물어야 할 질문은 다음과 같다.

- 내게 필요한 기술 수준에 도달하기 위해 기술 범위와 단계를 어떤 메커니즘을 이용해 표준규격화할 것인가?
- 실천에 가장 필요한 코칭기술은 어떤 것이며 어떻게 하면 고객을 위한 개입·중재의 질을 떨어뜨리지 않고 적정하게 그런 기술들을 이용할 것인가?
- 나 자신의 큰 그림을 보는 기술(big-picture skills)을 어떻게 잘 개발할 것인가 — 가령 내 고객에게 작동하는 시스템을 어떻게 잘 이해할 것인가?

CPD의 딜레마와 역설

요점만 말하면, 각 개인의 CPD 결과와 어려움은 각 개인에 고유한 것이다. 개인의 성격과 맥락, 경험, 능력, 태도, 기술 수준들도 이와 마찬가지이다. 효과적인 CPD는 각 개인이 추구하는 바에 맞춤재단 되어야 한다. Megginson과 Whitaker(2004)는 개인이 CPD와 관련해 직면할 수 있는 여러 가지 역설과 딜레마에 대해 논하고 있다. 이들은 그림 12.3에서 보여주는 바와 같이 일곱 가지의 연관된 리스트를 제시한다.

그림 12.3 CPD 연관 리스트

```
강요·충동 _____ 자유의지

고용주 책임 _____ 개인적 책임

가르침 _____ 배움

개인적 개발 _____ 조직적 개발

인생 목적 _____ 인생 경험

가치주도(values-driven) 개발 _____ 실용적 개발

여정 _____ 탐구
```

그림 12.3에서 눈금상의 '올바른' 위치란 없으며, 단순히 개개인에게 가장 적절한 '프로파일'을 보여줄 뿐이다. 우리는 코치들이 각각의 범위에서 자신의 위치를 파악해 현재 자신의 개발 범주를 성찰하기를 권한다. 코치들은 눈금을 재검토함으로써 1년 내에 이루고자 하는 프로파일을 도출해낼 수 있을 것이다. 이러한 단순한 훈련은 실천가 스스로 현재 태도를 성찰하고 그들이 시간이 감에 따라 어떻게 변화해 가는지 살펴볼 기회를 준다.

첫 번째 딜레마는 CPD를 필수사항으로 해야 하는지 아니면 자발적으로 두는 것이 좋을지이다. 자발적 선택은 학생들의 자진 참여, 몰두할 수 있는 주제를 스스로 선택하는 행위를 통해 다양한 동기부여를 한다는 이점이 있다. 반대로 때로는 사람들에게는 행동을 시작할 수 있는 자극을 필요로 하는 경우가 흔히 있으며, 단체나 전문가협회가 그런 자극이 되어줄 수 있다. 맞춤형 개인개발과 연계한 단체나 전문가협회의 CPD 요청을 결합하는 것이 이 딜레마를 해결하는 한 가지 방법이다.

CPD의 일차적 책임은 누가 져야 하는가? 가끔 이것이 조직에서 논쟁이 되고 있다. 단체, 특히 교육단체를 표방하는 조직들은 조직원들이 CPD를 실행하도록 보장할 책임이 있고 이러한 목적을 위해 자료를 제공해야 한다. 효과적 실행을 위해서는 고용인과 피고용인(코치) 간의 '심리적 주제에 대한 계약(psychological contract)' 항목이 추가되어야 한다는 점을 제안한다(Herriott, 1995). 그러나 피고용인(코치)이 궁극적으로 주인정신을 가지고 있지 못하면, 열정과 헌신은 애초부터 보장할 수 없고 지속적인 초과 노력을 기대하는 것은 있을 수 없다. 관련 당사자들에 달린 문제이긴 하나, 진행 과정에서

의 상호 책임의식이 이를 위해서는 가장 이상적일 것이다.

　CPD 여부와 관련된 보다 폭넓은 선택의 문제는 추가적인 훈련이나 평생에 걸친 배움의 여정과 관련이 있다. 훈련 코스를 위해 CPD를 위한 훈련 자료를 얻는 것은 쉽다. 그러나 훈련 과정이 있고 매우 쉽게 접근할 수 있다 하더라도 그것 자체가 쓸모 있고 적절한 CPD 경험을 줄 수 있는 것은 아니다. 대부분의 훈련 과정과 기술 개발 실습은 인생 변화의 계기가 되지 못한다. 들어가기가 그렇게 쉽지 않지만 학술적 이론과 개인적인 성장과 실습기회가 같이 섞여 있는 좀 더 장기적이고 복합적인 프로그램이 더 적절할 것이라고 생각한다.

　CPD가 단순히 개인적 성장에 목적을 둔 독립적이고 실습을 위한 목표에 정확하게 초점을 맞춘 활동이라 하더라도, 조직적인 학습전략과 조직적 개발이라는 맥락에서 이수하는 것이 더 효과적이다. 인생 목표 달성과 인생 경험을 통합하기 위한 전체적인 메커니즘에서 CPD를 바라볼 때 그 의미가 깊어지고 구체적으로 강화된다. 그러나 조직적 맥락에서는 보다 더 직접적으로 실천적인 구조틀을 제공받을 수 있다.

　CPD의 실행은 때로 핵심 가치에 대한 개인의 성찰에 의해 진행될 수 있고 개인이 가진 핵심 원칙에 기반한 개발 활동의 토양에 도움이 될 수 있다. 그러나 맥락을 도외시한 발전의 결과는 별 도움이 되지 않는 경우가 많아, 주로 맥락적 사안(contextual issue)에 집중하는 것이 실제적 향상에 필수적이다. 학습 효율을 높이기 위해서는 개인적 피드백이나 경험에 의미를 부여하기와 같은 비이론적 데이터에 의존하는 것 — Chris Argyris의 모델 II 학습(Argyris, 1991) — 이 일반적으로 받아들여지고 있고 개인적 가치와 개발을 위한 실용적 기회 둘 다 고려하는 것이 CPD 과정에는 중요하다.

　개발 상황을 묘사할 때는 여러 가지 은유법이 쓰인다. 개발 과정은 지향해나갈 목표 지점과 도전이 있는 힘든 여행길로 볼 수 있고 개인이 가진 끝없는 잠재력에 대한 탐험으로 볼 수 있다. 여행에서 개발이란 어딘가를 행해 나아간다는 것을 포함하지만 최종 목표지점은 아마도 미지로 남아 있을 것이다. 탐험의 목표는 느슨하며, 폭이 넓고 확정하기 어려운 것이 될 수 있다. 개발에 대한 두 가지 은유와 CPD 과정을 여행과 탐험적 실천 두 가지로 본다면 개발에 대해 의미 있고 실용적인 목표 도출이 가능하다. 더 확실히 인정받을 수 있는 결과(여행)와 좀 더 효과적으로 평가(탐험적 실천)받는 전체적인 성공을 도모할 수 있다.

　각자의 CPD에 대한 실행을 검토하고 강화하기 위한 첫걸음은 위에 기술된 두 가지 대안에 대해 자신의 의견을 심사숙고하는 것이다. 더 나은 방법은 자신의 생각을 수퍼바이저와 공유하는 것인데, 이것이 좋은 점은 다음 절에서 살펴보기로 한다.

수퍼비전 ─ 누가 코치를 코칭할 것인가

코치에게 CPD를 실행하는 가장 효과적인 방법 중 하나는 스스로 일대일 계약 관계에 들어가는 것이다. 이것은 개발계획과 이슈에 대한 자각을 위해 도움을 받아 개인적 성장과 개발을 강화하고 탐색하기 위해 코치로서 누군가를 직접 고용하는 것을 말한다. 특히 이미 지속적 관계를 맺고 있는 코치이(coachee)의 포트폴리오를 가지고 있는 이들에게는 이것은 수퍼바이저를 고용하는 것을 뜻한다. 여기서 수퍼바이저라는 단어를 사용함으로써 우리는 단순히 코칭 관계에 들어가는 것과의 차이를 구별하려고 한다. 이는 코치들이 코칭 관계와 그것과 결부된 도전과 딜레마를 해체 분석하는 것을 도와주고, 코칭에 활용되는 코치의 강점을 확인해주고, 예외 없이 드러나는 정규적으로 실행할 개발 영역을 확인해주는 시각을 가진 누군가를 우리가 고용하는 것을 의미한다.

코칭 수퍼비전에 대한 최신 동향을 알기 위해서 우리는 2006년 영국 CIPD학회에서 발표된 논문을 추천한다(www.cipd.co.uk). 이 논문은 코칭 수퍼비전을 '코치들이 코칭 수퍼바이저의 도움 아래 코칭의 질적 수준을 높이고, 코칭 능력을 성장시키며, 자신들의 실천과 스스로를 지원받기 위해 참여하는 공식적 과정'이라고 정의하고 있다. 또 수퍼비전은 조직적인 학습의 자원이 되기도 한다(Hawkins and Schwenk, 2006).

코칭 수퍼비전의 수요는 세 가지 이유로 인해 증가하고 있다. 첫째, 개인적 수준에서 코치들은 점차 자신들의 효율성과 결실을 향상시키고 싶어 한다. 코치를 고용하는 조직들은 수퍼비전을 코치 활동의 효과를 극대화하는 수단으로 보는 경향이 늘고 있고, 고용할 코치를 뽑는 시험의 수단으로 수퍼바이저들을 이용할 수도 있을 것이다. 연구에 따르면 조직 중 88%가 코칭이 수퍼비전을 받아야 한다고 믿고 있다(Hawkins and Schwenk, 2006). 코칭 인증조직들은 아직 수퍼비전을 강제하지는 못하지만, 수준 있는 전문적 실천을 위해 이것이 필수적인 메커니즘이라는 시각에 동의하고 있다.

두 번째 이유는 코치와 수퍼바이저 간 토론 주제는 그들이 경험 수준에 따라 다를 수 있음에도 불구하고 수퍼비전은 경험이 비교적 적은 코치들과 기량이 뛰어난 베테랑 모두에게 필수적인 요소라는 것이다. 역량 수준과 상관없이 모든 코치는 증대된 자기인식, 더 나은 의사결정 옵션들, 향상된 자율성의 혜택을 효과적인 수퍼비전을 통해 얻을 수 있다.

마지막으로, 많은 코치들에게 개인적 가치를 실현하는 삶은 중요한 관심사이다. 만일 우리가 다른 사람들의 개인적 성장과 효율성을 길러주는 사람들로서 우리 자신을 소개하고 싶다면, 우리는 '우리가 가르치는 바를 실천하는 사람'이 되어야 한다는 점을 받아들여야 한다. 성장이란 분명한 끝이 없는 인생의 여정이므로, 성장해야 할 무엇인가가 늘 있기 마련이며, 좋은 수퍼비전은 가장 뛰어난 개인들에게도 이것을 찾아내게 한다. 우리 경험에 따르면 실제로 그런 사람들은 단순한 개인적 검토(personal review)에 비해 촉진에 의한 성찰이 얼마나 큰 도움이 되는지 매우 잘 알고 있으므로 수퍼비전을 받아들일 가능성이 훨씬 더 높다.

과거 주된 문젯거리 중 하나는 자격을 갖춘 코칭 수퍼바이저를 찾아내는 일이 어렵다는 것이었다. 오늘날 영국에서는 코치들이 수퍼바이저를 찾을 수 있는 곳이 많아졌으며 점점 더 많은 교육과정에서 수퍼비전 기술을 가르치고 있다.

사실, 자격을 갖춘 수퍼바이저와 일대일 계약 구조가 매우 효과적이긴 하지만 이것만이 안내받는 성찰(guided reflection)을 실천하는 유일한 방법은 아니다. 우리가 본 바에 따르면 액션러닝 그룹에서 자신들의 경험담을 공유하며 함께 발전해가는 코치들이 점차 늘고 있다. 자격을 갖춘 수퍼바이저가 이런 그룹들을 지도할 수도 있고 액션러닝 방식과 훈련에 익숙한 사람들에게는 이것이 바람직하겠지만 필수적인 계약은 아니다. 많은 코치들이 코칭 과정을 이수하는 동안 만난 '동료들(buddies)'끼리 만든 비공식적 조직에서 — 서로를 코칭하는 정기 모임을 갖거나 전화통화를 함으로써 — 결과적으로 서로 유익하게 성장해간다. 이런 모임은 코칭교육 단체에서 모집하는 내부(in-house) 코칭교육 프로그램을 통해 생겨나기도 한다.

우리가 주장하고자 하는 원칙은 모든 코치가 안내받는 성찰을 개인적으로 긴요하게 받아들여야 한다는 것이다. 수퍼바이저를 구할 수 있는지 여부, 지리적 조건, 개인적인 안전함 수준(comfort level) 등 이슈에 따라 결과는 개별적으로 계약이 다를 수 있더라도, 우리가 자신의 고객들에게 애써 설득하는 바로 그 이유와 똑같이, '촉진적 검토'는 우리 모두에게 이득이 된다.

효과적인 수퍼비전 수행하기

수퍼비전이란 사람들에게 초심으로 돌아가 그들이 얼마나 잘할 수 있는지 보여주는 기회이다(Kline, 1999). 우리가 코치로서 수행하고 있는 거의 모든 활동이 수퍼비전 영역에서 검토될 수 있다. 그러므로 수퍼바이저를 고용하거나, 동료들과 모임에 참여하는 규칙을 만들거나, 아니면 각자 스스로 다른 코치들을 코칭하는 기술을 향상시키는 데 있어서 당신이 향상시켜야 할 능력들은 다음과 같다. (이 책의 다른 몇 개 장에서 수퍼비전 과정에 대한 서로 다른 접근방법을 포함하는 수퍼비전에 대한 설명이 심도 있게 기술되어 있다.)

준비

각 회기에 사려 깊이 대비함으로써 여타 활동에서 따라오는 '잔해(debris)나 여진, 흔적'을 없애고 당신의 '고객'에게 완전히 몰두하기 위한 준비를 해야 한다. 특히 동료들과 수퍼비전을 주고받고 있는 입장이라면, 같은 방법으로 동료들의 준비를 도와라.

계약

참여규칙, 상호 간의 책임과 영역을 명확히 하라. 상호 간의 이해에 바탕을 둔 관계를 정립하는 것이 극히 중요함을 명심하고 이를 이루어가는 활동을 하라.

코칭 토론

동료들의 가치기준이 어디서 유래한 것인지 탐구하고 이해하며, 당신 스스로의 가치기준에 대해서는 정확하고 솔직하라. 말과 그 기저에 흐르는 감정에 귀를 기울이고 — 가치기준은 늘 이야기의 무의식적 요소에서 드러나는 일이 흔하므로 — 몸짓이나 목소리 톤을 알아채도록 주의를 기울여라. 최소 수준의 구조를 제공하고, 내용 수준만이 아니라 과정에 대한 토론을 통한 검토가 제공되도록 돕는다.

능력 확장을 위한 조언을 제공할 때는 발달 수준에 적합하게 당신 자신의 조언(input)을 조정하도록 노력하라. 당신 자신의 직관과 경험을 언제라도 나눌 용의가 있어야 하며, 다른 사람들이 성장을 위해 그들 자신에 대한 성찰을 주로 사용하도록 북돋아주어라. 코치이가 갖고 있는 풍부한 자원을 이끌어낼 수 있도록 이야기하기(storytelling), 시각화(visualization), 혹은 다른 창조적인 메커니즘을 활용하도록 지지하고 격려한다. 다른 사람들이 갖고 있는 풍부한 자원과 창조성을 찾아보고 이 점을 토론할 때 당신의 분석으로 제시하라.

가능한 한 판단을 삼가면서 공감과 겸손한 자세로 피드백을 주고받으라. 대화를 주고받을 때에도 체계적 관점(systematic perspective)을 유지하면서 코치이의 '전체 체계(whole system)'를 이해하는 것에 초점을 맞춘다. 전체 과정에 대한 시스템적 관점을 갖고 시스템 체계의 서로 다른 부분 사이를 적당하게 넘나들 수 있도록 하라.

검토

일상적으로는 적어도 고객과 코칭 계약을 체결한 코칭 기간 중 한 번 이상, 일정한 간격을 갖고 코칭 과정, 고객과 합의한 이슈, 코치의 학습을 검토하라. 정기적으로는 다른 학습과제, 즉 출판물, 웹 자료, 순간적인 아이디어, 상호 간의 발달을 도울 수 있는 모델들을 주기적으로 검토하라.

체계적으로 그러나 적은 비용으로 지식 쌓기

오늘날 서점에서 자기계발 코너를 살펴보거나, 아마존 검색란을 조금만 들여다보기만 해도('코칭 책'을 검색하면 거의 11,000개의 결과가 나온다) 코칭에 대한 정보량이 매년 어마어마하게 늘고 있음을 알게 될 것이다. CPD 전문실천가(CPD practitioner)의 진정한 능력은 이용 가능한 모든 정보 중에서 어떻게 필요한 지식을 가장 최선의 방법으로 뽑아낼 수 있는지를 배우는 것이다. 부분적으로 활용할 수 있는 내용 혹은 코칭 전체 면모에 관한 무수한 지식 조각을 전달해주는 구글(Google)이나 유튜브(YouTube) 같은 웹사이트를 사용해도 된다. 우리는 보통 정기적으로 코칭 블로그를 들여다보고 링크드인(LinkedIn)이나 비슷한 출처를 통해서 같은 관심사를 가진 커뮤니티에 가입하고 있다. 이런 것들을 활용하면 CPD를 위한 지식을 얻고자 할 때 자료 공급이 부족할 일은 전혀 없다!

　오히려 코치들에게 해야 할 핵심 질문은 이런 지식을 얼마나 많이, 언제까지 찾아야 하는지다. 우연히 찾다 보니까 또는 특정한 과제나 사람, 상황 등에 필요한 지식을 찾다 보니 발견된 여러 가지 그럴듯해 보이는 내용들을 '아무 생각 없이 둘러보고 다니는' 버릇이 생기기 너무 쉬운 것이 문제다. 우리가 믿는 효과적인 CPD를 위한 지식 구축의 비밀은 목적을 가지고 이치에 맞게 체계적인 방식으로 작업하는 것이다. 이것이 의미하는 바는 본질적으로 네 가지이다.

1. 몇 가지 유효한 분석틀에 대해 문제 제기를 한다고 할 때 그 주제에 대한 당신의 현재 지식 수준은 어느 정도인가?
2. 당신의 발달 단계에 맞는 주목하고 있는 코칭 이슈에 대해 균형 잡힌 지식을 갖고

보여줄 수 있는 것은 무엇인가?

3. 새로운 지식을 발견할 수 있는, 믿을 수 있고 검증된 자료원은 어디인가?

4. 축적된 자원을 이용해 평생에 걸친 개인의 발전을 가능하게 하도록 당신이 얻은 지식을 기록하거나 보여줄 수 있는 방법은 무엇인가?

코칭 책이나 다른 추천 목록보다 더 중요한 것은 당신이 당신 자신의 목적에 적합할 수 있도록—근본적으로 한쪽에 치우치거나 개개인에 따라 특유할 수도 있는—4단계 과정을 따르는 것이다.

1단계

당신이 고객과 수행하고 있는 코칭 과제와 관련해서 현재 당신의 지식 수준에 대해 평가를 받는다. 아래 범주들을 당신 성공에 중요한 기준은 무엇인지 생각하기 위한 안내로서 검토해보고, 이것이 적절치 않으면 스스로 추가하도록 하라. 기준을 이용해 당신의 현재 능력을 10점 만점으로 채점하는 것도 좋다.

- 코칭 모델에 대한 적절한 지식 : GROW 모델, OSCAR 모델, 학습 유형(Learning style), 인지행동 코칭(Cognitive Behavioural Coaching), 동기강화 인터뷰(Motivational Interviewing) 등
- 맥락적 배경에 대한 지식(성격 이슈, 지역적 이슈, 조직 이슈, '정치적' 이슈 등)
- 자기이해(영향력 스타일, 학습 스타일, 감성지능, 경청기술, 편견 요소 등)

2단계

관련된 지식은 물론 확신을 갖고 효율적으로 다룰 수 있도록 당신의 능력을 길러줄 핵심 분야에 관한 두세 가지 영역의 지식을 선정하라.

3단계

책, 논문, 구글 검색, 유튜브, 다른 사람들, 코치이 등에서 활용 가능한 정보 출처를 찾아내라. 가용한 정보로부터 당신에게 필요한 지식을 발견해나가라.

4단계

당신이 발견한 틈새를 메울 짧은 발전 계획서를 작성하라.

- 무엇을 배울 것인가?
- 그렇게 함으로써 얻는 이득은 무엇인가?
- 내가 해야 할 행동은 무엇인가?
- 생길 수 있는 문제점
- 검토 방식과 날짜

인증과 자격요건

이미 가지고 있는 능력을 검증받거나 또는 이런 능력들을 교육 프로그램을 통해 연장하려 할 때 거칠 수 있는 방법은 당연히 코치 자격증을 받거나 적당한 기관에서 인증(accreditation)을 받는 것이다. 이런 방법들은 앞부분에서 말한 '스스로 하는(DIY)' 옵션들에 비하면 대체로 훨씬 비싼 방법이다. 그러나 다음과 같은 몇 가지 이유로 이런 점들은 당신의 코칭작업에 상당한 가치를 더할 것이다.

결과적으로 CPD와 마찬가지로 유용할뿐더러, 상업적으로나 이력관리상의 이익을 가져온다. 믿을 수 있는 인증기관은 그들의 프로그램이 외부에서 인정해주는 기준에 맞도록 구성되어 있기 때문에 당신은 고객이 요구하는 전문성 기준에 맞는 포트폴리오를 쌓을 수 있게 된다.

이런 프로그램에서 당신은 새로운 지식을 배우고 그것을 비공식적 참관 수업에 적용하여 연습할 기회를 가질 수 있게 된다. 결과에 대한 피드백을 통해 모델을 응용하는 방법과 인간관계의 기술에 대한 직업적 표준을 갖게 될 뿐 아니라 본인의 스타일, 태도, 습관들과 눈치채지 못하고 있던 점들에 대한 통찰과 귀중한 평가를 받을 수 있다. 결과적으로 당신의 능력은 전인적, 포괄적인 방향으로 성장해나가게 될 것이다.

어떤 것이 제공되는가

상담, 심리치료, 회계직 같은 여타 직업들과 달리 현재 코칭은 법률에 의해 규제되지 않고 있다. 그 이유는 어떤 면에서는 코칭이 비교적 새로운 직종이며 다른 전문직에 둘러싸여 사회구조적 기반을 아직 따라잡지 못하고 있기 때문이다. 또 코칭 종류가 매우 다양하며(직업코칭, 인생코칭, 스포츠코칭 등) 코치들이 사용하는 접근방법 역시 다양하기 때문이다. 이런 이유로, 최근 노르웨이의 연구논문에서 주장된 바 있지만(Svaleng and Grant, 2010) '최고의 프랙티스(best practice)'를 정의내리는 데 많은 사람이 동의할 수 있는 객관적인 방법을 찾기가 힘들다. 이로 인해 다양한 코칭 분야에 대한 자격증과 인증서를 발행해주는 기관들이 갈팡질팡하며 우후죽순처럼 생겨나고도 있다.

그렇다면 이러한 미로에서 어떻게 당신의 길을 찾아나갈 것인가? 직업화하려는 개척자로서 새로운 직업을 뿌리 내리는 길은 많은 사람이 잘 다니면 그 길이 길이 된다. 코칭직업도 상담직업이 이미 밟은 길과 비슷한 길을 거치게 될 것으로 보인다. 초기에는 구체적인 교육이 충분치 않은 채 산발적이고 다소 개별적이었으나, 분야가 보다 커지고 크게 성장해나감에 따라 현재는 현장의 요구에 부응하는 매우 넓은 범위에서 좀 더 포괄적인 단기교육 코스들이 발달되어 있다. 코칭협회(AC), 국제코치연맹(ICF), 유럽 멘토링 코칭협의회(EMCC)와 같은 직업적 단체도 생겨났다. 영국심리학회(BPS)의 코칭심리학 특별 그룹(Special Group in Coaching Psychology)과 코칭심리학자학회(Society of Coaching Psychologists) 같은 구체적인 훈련 관련 단체도 생겨났다. 이런 단체들은 이제 개인적으로 제공하는 훈련도 인정하고 추천해주는 일도 하고 있다. 이제는 많은 대학에서 학부, 석사, 박사 과정을 통해 코칭을 포함한 자격증 교육 과정을 제공하고 있다. 코칭이 전문 직업화되어감에 따라 코치들이 석사 또는 이에 상응하는 수준의 자격을 따도록 관리하는 이러한 교육 과정들이 앞으로 코칭 자격증을 따는 주된 수단이 될 것이다.

올바른 선택하기

자격증을 받는 과정은 제공 기관에 따라 소요시간, 교육 방법, 전문분야, 또는 코칭 방식, 평가와 학습방법, 그리고 무엇보다도 수업료 면에서 천차만별일 것이다. 그러므로 잘못된 선택과 금전 낭비를 막기 위해서는 앞부분에서 언급한 대로 처음 시작과 관련한 분석 작업을 하는 것은 매우 중요하다. 생각해볼 문제들은 다음과 같다.

- 왜 인증을 받는 것이 중요한가? 이 점이 시간과 돈을 써야 할 만큼 매우 중요한가? 예를 들어 대학원 석사과정 같이 코칭 자격증을 얻기 위해 드는 시간, 노력, 그리고 돈 문제는 결코 과소평가되어서는 안 되며, 왜 하고자 하는지에 대한 개인적 목표가 매우 뚜렷해야 한다.
- 현재와 미래에 보장받고자 하는 직업에서 필요로 하는 자격요건은 무엇인가? 예를 들어 석사학위가 중요한 것인가 아니면 코칭협회 같은 곳의 다양한 회원으로서 받을 수 있는 전문가 인증서로도 충분한 것인가?

- 어떤 방식의 가르침이나 배움을 가장 중요시하는가? 화상교육(distance learning)이나 웹세미나, 직접대면 교육(교실에서 또는 일대일), 필독 독서교육, 전화 회의, 아니면 이들의 혼합 형식을 포함하는 매우 다양한 방식의 교육 메커니즘이 있다. 지원 시스템도 이메일, 전화, 동료 네트워크, 일대일 수퍼비전 제공 등 다양하다.
- 어떤 방식으로 인증받기를 원하는가? 코칭시간 누적 포트폴리오를 택할 수도 있고, 라이브 코칭 관찰, 전화 인터뷰, 과제 제출, 360도 피드백 방식을 사용할 수도 있다. 물론 이런 방식을 혼합하여 실시하기도 한다.
- 얼마나 많은 시간과 노력을 들일 준비가 되어 있는가? 또 당신을 고용하고 있는 고용주도 같은 입장인가? 프로그램에 따라 3개월에서 2년 정도의 시간이 소요되며, 직접 대면해야 하는 시간은 10시간에서 100시간 이상으로 다양하다.

실천하기

끝으로 개인적 요구 측정평가를 체크해본 후 이런 요구들을 어떻게 충족하는 것이 최선인지를 당신의 과제로 점검하고 가장 어려운 부분에 대한 실행에 착수해야 한다. 다음에 열거한 내용은 CPD를 실행하는 동안 쉽게 빠질 수 있는 함정에 빠지지 않도록 하는 조언들이다.

1. 결의를 다져라

실천적인 면에서 볼 때 CPD는 대부분 자유재량적 활동이다. 당신이 특별히 자격증을 따기 위해서나 경력상 활동의 증거를 보여줄 필요가 있다거나, 취업 또는 상업적 이유에 의한 것이 아니라면 아무도 CPD를 하라고 등을 떠밀 사람은 없다. 뿐만 아니라 만일 뭔가 해야겠다는 결심이 없는 상태에서는 당신의 시간은 당신의 성장에 도움이 될지 안 될지 모를 활동들로 꽉 차 있을 것이다. 당신은 당신 스스로 등떠밀기 위한 결정을 해야 할 필요가 있다. 필요한 추진력을 얻기 위해서는 슬기롭게 아래와 같은 행동을 하라.

- CPD 활동이 보여줄 수 있는 혜택 목록을 만들라. 개인적, 조직적, 그리고 상업적 유익을 포함시켜라.
- 지난 6개월이 넘는 기간 동안 당신이 얻은 학습 경험 목록을 만들라. 새로 얻은 기술, 당신이 일하는 방식을 진정으로 성찰하게 만들어준 '깨달음의 순간들(aha moments)', 그리고 당신이 습득한 지식 분야 등을 포함시켜라. 만일 목록이 매우

길다면 분류를 먼저 해 적어 나가도록 하라. 분류된 분야 중에 무엇인가 뜻 깊은 것을 적을 것을 생각해내기가 어렵다면, 이 작업을 이용해 더 체계적이고 계획적으로 당신의 훈련생활에 CPD를 활용하라.

- 당신 자신의 미래를 3~5년 단위로 머릿속에 그려라. 당신은 어떤 역할을 수행하고 있는가? 그에 필요한 역량은 무엇인가? 당신의 구상이나 꿈을 이루기 위해 지금 할 수 있는 것은 무엇인가? 그 외에 당신이 할 수 있는 것은 무엇인가?

2. 평가·측정하라

코치로서 개인적 스타일과 기술, 과제에 접근하는 방식이 다양하고 핵심적 코칭 모델에 대한 이해, 상업적 또는 자기만의 특정 분야에 대한 감각, 고객에게 받은 피드백을 효과적으로 수용하고 당신 스스로 현재 얼마나 만족하고 있는지를 각 항목별로 1~10점 사이로 점수를 매겨라. 만일 결과 점수가 8점 이하라면, 그 부분이 당장 CPD 시간을 할당해 일해나갈 분야라고 보면 된다. 점수가 8점 이상이면, 일단 축하한다. 하지만 어떻게 이 수준을 유지해나갈 것인지를 점검해야 한다.

코치로서 자기측정을 어떻게 분석하는지 좀 더 체계적으로 평가하고 싶을 수도 있다. 만약 그렇다면 목표에 초점 맞춤을 위한 코칭(Bullseye Coaching, www.bullseye-coaching.com)과 같은 코치 조직에서 역량 증진을 위한 훈련을 할 수 있다. 이를 통해 당신은 고객으로부터 직접적 피드백을 포함한 다양한 수준의 기록으로 당신의 투자 수익률(ROI)을 추적할 수 있는 시스템을 발견할 수 있다.

3. 계획을 수립하라

앞선 두 가지 문제 제기를 통해 현재 시점에서 자신에게 가장 유익할 수 있는 CPD의 구체적인 요구를 파악해 체계적으로 그것을 활용했다면 다행스러운 일이다. 다음으로는 이런 작업을 통해 새롭게 파악한 학습 목표를 이 장의 앞부분에서 언급한 개인발달계획과 비슷한 형식을 활용해 다시 확인하는 것이다.

다음의 질문을 자기 자신에게 던져보자.

- 나는 이 분야에 얼마큼의 시간을 할애할 수 있는가?
- 나는 이를 위해 어느 정도의 예산을 고려해야 하는가?
- 어느 지점에서 나의 처음 생각을 확인할 수 있는가?

- 내게 어떤 도움이 가장 소중한 결과를 가져다줄 것인가? 회사 사장? 동료? 외부인사? 학계? 아니면 코칭 기술 쌓기?
- 필독 도서 목록, 고객 피드백, 개인적 연구, '안전한' 실습시간 등 각각의 목표를 위해 집중해야 할 것은 무엇인가?

이런 모든 질문에 대한 대답은 당신의 CPD 실행이 어떤 점에 초점을 맞추어야 하는지에 대해 초기 동력을 제공해줄 것이다.

4. 몇 가지를 구조화하라

CPD는 당신 경험의 정화에 바탕을 둔 성찰을 통한 학습(reflective learning)이다. 그러나 명심해야 할 점은 이 두 가지는 다른 것이며 대개 다른 시간과 장소에서 일어난다는 것이다. 많은 사람들이 자신들이 배웠거나 배우고 있는 중에 스스로 체험한 것과 성찰에서 무슨 일이 일어났는지 기록하는 것을 놓쳐 버리기 때문에 그들의 경험을 최대한 이용하는 데 실패한다. 질문과 언급을 해주면서 이런 것을 도와줄 제3자가 있으면 도움이 되겠지만 자신이 작은 조직을 통해 조금만 정리하면 혼자서도 쉽게 시작할 수 있다.

컴퓨터에 파일을 만들거나 실제 종이 위에 일지를 작성하라. 이메일 달력에 당신이 정기적인 성찰 시간을 갖도록 알림 기능을 만들어라. 기본적으로 자신에게 효과 있는 방법은 무엇이든 다 동원하도록 하라. 현재 당신이 CPD 작업을 하고 있는 경우라도, 효과를 볼 수 있도록 충분히 체계화된 접근방법을 쓰고 있지 못할 수도 있다.

얼마나 많은 시간을 할애했고 그것을 기록했는지보다 더 중요한 것은 무엇을 수행하였고 어떻게 당신의 능력을 강화했는지 실제로 살펴볼 수 있게 하는 것이다. 규칙적으로 업데이트를 꼼꼼히 해 도움이 되도록 습관을 만들고, 이를 통해 몇 달에 한 번씩 성찰하기보다는 짧은 시간(격주나 한 달에 한 번 정도)이라도 정기적으로 작은 양을 쌓아가는 게 필요하다. 또 과목이수처럼 계획된 활동뿐 아니라 당신이 진심으로 즐길 수 있는 모임 같은 기회를 빠트리지 말아야 한다.

영국 인력개발연구원(CIPD, www.cipd.co.uk)의 웹사이트에는 회원들을 위한 좋은 온라인 CPD 자료들이 있을 뿐 아니라 각자의 필요에 맞게 고치고 바꿀 수 있는 견본서류가 있으며 비회원도 사용 가능하다.

표 12.1 실행 리스트

개발목표	방안	나의 가치 순위	실행
1. 좀 더 좋은 코칭프레임 활용	독서	4	OSCAR 모델 책 읽기
	코칭/수퍼비전	2	지역 내 수퍼비전 가능성 탐색
	웹 서치	5	구글에서 GROW 모델 찾기
	동료의 지원	1	액션러닝 세트 시작
	고객 피드백	3	
	코스 들어가기	6	
	인증 고려	7	
2. 개인적 활용을 통한 개발	코칭/ 수퍼비전	4	지역 내 수퍼비전 가능성 탐색
	동료 지원	3	실습과 360도 피드백 시행
	고객 피드백	5	고객에게 요청
	코스 들어가기	1	조건들 조사
	인증 고려	2	코치협회 가입

5. 활동 목록을 작성하라

당신이 실행한 내용을 근거로, 자신의 발달 단계를 충실히 수행할 수 있게 하는 가능한 방안을 목록으로 만들어라. 표 12.1에서 보는 것과 같은 단순한 방식으로 써 넣거나 자기 나름대로 시작하는 데 도움이 되도록 만들어도 좋다.

실행 관련 포트폴리오를 작성하는 동안, 중복되는 것이 있는지 찾아보고 시작을 위해 더 합리적인 방안이 있는지 살펴보라.

6. 행동하라

행동을 개시하라. 성찰의 시간을 가져라. 기록을 시작하라. 그러나 가장 중요한 것은 습관을 형성하고 자신의 성공을 축하하면서, '계속 해나가는 것'이다.

요약

이 장을 읽으면서 CPD 실행에 참여하고 활동 기록을 남기는 작업은 단점은 비교적 적고 유익함이 많다는 것이 분명해졌다. 어떤 독자들에게는 유익한 점을 분석하는 것이 중요할 수도 있다. 또 다른 독자들에게는 지난 기간 동안 달성한 것을 기록하는 정기적인 공간을 만드는 점이 더 좋은 간단한 성찰일 수 있다. 또 다른 사람들에게는 그들의 생각의 틀을 넓히는 자극제가 될 수도 있고, 생각을 끝내고 실천에 들어감을 의미할 수도 있다.

우리가 말하려고 했던 핵심을 요약해보자. 첫째, CPD는 개인적, 전문적, 상업적으로 중요할 뿐만 아니라 코칭에 대한 전문성이 성숙해지고 규제화되어감에 따라, 또 고객들의 안목이 높아지고 코치를 고용하는 요령이 늘어감에 따라 중요도는 더욱 커져갈 것이다. 둘째, CPD는 개인적이고 근본적으로 다양한 특성을 가지고 있다. 실행하는 사람의 입장에서 볼 때 계획, 실행방안, 메커니즘을 수립하는 데 무한한 상상력이 가능하다.

몇 가지 차이점 — 당장 시작하고 싶다고 해서, 또는 아무것도 안 하고 있는 것에 죄책감이 느껴진다고 해서 홍보나 제안 이메일을 받자마자 급히 차에 올라타듯 워크숍 기회에 뛰어들지 말라. 계획을 세우고 분석하며, 지난 몇 달간 '생각 없이' 행동했던 것들이 무엇인지 적으면서 기억해볼 시간을 가져라.

마지막으로, CPD는 자기계발 활동이지만, 자기계발이란 다른 사람들의 도움을 받을 때 가장 효과적이란 점에서 역설적이다. 그렇게 함으로써 당신은 당신 스스로의 세계관에 빠지거나, 자기 방식으로만 앞을 보는 한계에 제한받지 않게 된다. 당신의 실력을 갈고 닦기 위하여 다른 누구의 도움을 받을 수 있는지 스스로에게 물어보고, 같은 방식으로 당신이 어떻게 동료들을 도울 수 있는지도 스스로에게 물어보라.

우리는 최근 실천강좌에서 행동개시에 대한 이야기를 들은 적이 있다. 이 이야기를 해준 사람에게는 대학을 갓 졸업하고 첫 직장을 구하려는 조카가 있었다. 무슨 일을 하고 싶냐고 물었더니 그녀는 모른다고 대답을 했다고 한다. 그러더니 웃으면서 '알 필요는 없죠'라고 말했다고 한다.

그렇다. 모든 사람은 그녀가 '처음'에 무엇을 하려고 하는지를 모두 알 필요는 없다. 우리는 CPD에 대해서도 마찬가지라고 말하고 싶다. 우선 시작하라!

참고문헌

Argyris, C (1991) Teaching smart people how to learn, *Harvard Business Review,* 69, 3, May–June, 99–108

Gibb, S and Megginson, D (1999) Employee development in Commercial and General Union, (eds) T Redman and A Wilkinson, *Contemporary Human Resource Management,* pp 161–63, Pearson, Harlow

Hawkins, P and Schwenk, G (2006) *Change Agenda. Coaching supervision – maximising the potential of coaching,* CIPD, London

Herriott, P (1995) The management of careers, in (ed) S Tyson, *Strategic Prospects for Human Resource Management,* pp 184–205, CIPD, London

Kline, N (1999) *Time to Think: Listening to ignite the human mind,* Cassell Illustrated, London

Megginson, D and Whitaker, V (2004) *Continuing Professional Development,* CIPD, London

Palmer, S and Whybrow, A (2007) *The Handbook of Coaching Psychology,* Routledge, Hove

Passmore, J (2006) *Excellence in Coaching,* Kogan Page, London

Svaleng, I and Grant, A M (2010) Lessons from the Norwegian coaching industry's attempt to develop joint coaching standards: an ACCESS pathway to a mature coaching industry, *The Coaching Psychologist,* 6, 1, June

제13장

지속적 성장을 위한 **창의적 분석**

Anne Davidson, Dale Schwarz

서론

코치로서의 우리 자신을 개발하는 일은 복합적인 과정이다. 그것은 우리가 누구인지에 대한, 그리고 우리를 이 직업으로 이끈 가치관과 재능에 대해 곧바로 그 본질을 파고드는 작업이다. 개인과 회사를 상대로 하여 가치 있는 일을 해나가기 위해 우리가 스스로 수용과 신뢰를 높이면 높일수록 우리에게 요구되는 일이 점점 더 많아진다. 우리 모두는 자기 자신과 고객을 위해 더 깊은 관계를 만들어 가기 위해 코칭기술과 기법 목록을 계속 늘려야 하는 과제를 안고 있다. 코치들이 필요한 기술을 늘리기 위해 가장 중요한 점은 고객과의 복합적 양상(**modalities**)에 개입하고, 가장 최신의 연구 내용을 창의적으로 활용할 수 있는 방법을 배우는 것이다.

이 장에서는 자기 자신의 내면 작업을 돕기 위해서는 창의적 과정을 이용해야 한다는 근거를 설명하고자 한다. 우리는 먼저 자기 자신부터 시작해야 한다. 그래야만 비로소 우리가 고객에게 요구하는 변화 과정에 일관된 모델로서 자신을 보여줄 수 있을 뿐 아니라 코치이(coachee) 앞에서 진실되고 신뢰감을 주는 현명한 가이드로 자리잡을 수 있다. 코칭을 하며 자주 대두되는 문제—내면의 비판자 목소리—를 해결하는 두 가지 연습 방법을 제공함으로써 우리가 사용하고 있는 일차적 과정을 보여주도록 하겠다. 우리가 당신의 내면 작업을 도와주기 위해서 보여주는 방법은 당신이 다른 코치들과 작업을 할 때 쉽게 변형하여 사용할 수 있고, 고객과 작업할 때도 유용하다. 먼저 당신 스스로 연습을 해본 뒤에 이 장의 끝부분에 나와 있는 개입·중재를 설계(designing interventions)하는 가이드라인을 이용해서 당신의 목적에 맞게 창의적으로 변형하도록 할 것을 권한다.

창의적 접근방법의 가치

고객의 필요를 충족시킨다는 것은 마음(mind), 몸(body), 그리고 정신(spirit)을 포함하는 우리의 자신의 전부(our whole self)를 성장시킨다는 것을 의미한다. 우리는 혁신, 개인의 변화, 조직 성장의 핵심 부분에 똑같이 창의적인 과정을 보여주고 관여해야 한다. 우리는 촉진적 코칭 방법론으로 전 세계에서 온 코치들을 훈련하고 있는데 '앎(knowing)을 위한 다양한 방식'이나 학습양상의 다양성을 활용해 코치받는 사람들과의 작업 능률도 높이고 우리 스스로를 더 깊이 개발하는 최선의 방법을 발견한다. 이런 방법들은 논리와 이성적 분석, 그리고 논의를 뛰어넘는 경우가 많기 때문에 흔히 '창의적 접근(creative approach)'이라 불린다. 많은 부분은 시각적, 문학적 표현예술, 무용, 음악, 그리고 의례와 축하행사 등에서 따온 것이지만 적용 방법은 지극히 목적성을 지닌, 결과지향적인 방법이다. 이런 방법들은 우리들에게 접근하기 어렵고 말로 표현이 어려울 수 있는 문제나 장애물의 핵심을 파악하는 데 도움이 된다. 이런 작업들은 우리들로 하여금 마음가짐의 재빠른 변화(shift a mindset)와 가능성을 확장해주는 현실, 이 순간 안에(in-the-moment) 있는 경험을 만들어내게 한다. 여기서 우리는 창의적 과정을 이용하는 중요한 두 가지 요소, 즉 적응적 무의식(adaptive unconscious)에의 접근방법, 그리고 선호하는 학습 방식과 덜 선호하는 방식을 활용하는 작업을 보여주겠다.

1. 적응적 무의식에의 접근

우리는 대부분 학습의 인지적, 이성적 모델을 따른다. 현대사회와 우리의 교육 시스템은 일반적으로 논리적, 분석적, 합리적 생각에 중점을 둔다. 이러한 교육과정을 거치는 동안 우리는 우리가 겪은 삶의 조건에 대한 초기 심리학적 반응으로 말미암아 우리 뇌 역량의 커다란 부분이 충분히 개발되지 못하거나 발달이 중지된다. 신경과학자들에 따르면 인지적, 이성적 프로세스는 사실상 우리 두뇌의 아주 일부분만 사용한다고 한다(Szegedy-Maszak, 2005). 이러한 이성적 뇌의 배후에는 우리의 기분과 느낌을 관장하는 겹겹의 무의식적 지각이 층을 이루고 있다. 심리학자들이 '적응적 무의식'이라 칭하는 것은 느낌, 감정, 우리가 실제 또는 상상의 위험에 어떻게 대처하는지, 행동을 개시하거나 목표를 세우는 것 등과 같은 우리 내부 프로세스의 많은 부분을 관장한다. 이는 또한 우리가 겉보기에는 연관이 없는 것 같은 패턴을 연결 짓거나, 창의적인 해결책을 고안해내거나, 은유와 상상을 가지고 하는 작업, '이유는 모르지만 그냥 알고 있는 것(know without knowing why)' 등과 같은 직관적 지능의 원천이 된다.

만일 당신이 어떤 상황에서 과잉행동을 한다거나, 이성을 잃는다거나, 감정에 휘말린다거나 (그래보지 않은 사람이 몇이나 있겠는가?) 한 적이 있다면 우리는 적응적 무의식의 힘을 경험한 것이다. Wilson(2002)은 그의 적응적 무의식에 관한 연구에서 우리는 적응적 무의식을 인이 박히도록 반복해서 사용함으로써 마치 습관과 같은 무의식적 특성과 습성을 기르게 된다고 하였다. Wilson은 자기성찰적, 이성적 방법으로 우리 행동의 대부분을 만들어내는 무의식적 동기와 '이야기들'을 밝혀내려 하는 것은 의미가 없다고 주장하였다. 그는 사람들이 그들의 느낌과 태도에 대해 말하는 것 중 많은 부분이 마음속에 떠오른 이유에 초점을 맞출 뿐 그 느낌 뒤에 숨어 있는 진실을 반영하지 못하기 때문에 잘못된 해석을 가져온다는 것을 발견했다. 사람들은 실제로 일어나고 있는 것을 그 과정에서 왜곡하고, 이성적 사고를 통해 직관적, 적응적 무의식을 걸러낸다.

코칭에서 중요한 비약적 돌파는 이성적인 사고를 건너뛰는 기술과 훈련을 통해 이루어진다. 시각적 표현(visual expression), 신체 자각(body awareness), 성찰적 글쓰기 등이 그런 것들이다. 비약적 돌파는 인지적 성찰과 대화, 탐구를 통해 자신의 가치와 신념에 대해 깊게 탐색하고 이성적 사고에 대해 직접 작업해야 얻을 수 있다. 많은 경우 우리의 코칭은 사람들의 일상적 인식 밖에 존재하는 지혜를 찾아가는 데 초점을 맞추고 있다. 하지만 이성적 사고와 직관적 사고 둘 다 우리의 행동을 일으키는 보이지 않는 작동시스템 같이 자주 나타나는 두려움, 가치와 신념, 추측 등과 깊이 관련 있다.

완전히 옳은 단 한 가지 방법은 없다. 인간의 지능에 대한 연구에 의하면 무엇인가 결정할 때 직관적인 방법도 이성적인 방법도 분명히 단점을 가지고 있다(Myers, 2007). 대부분의 경우 여러 가지 방식으로 수행한 일이 서로 합해졌을 때 더 효과적인 결과를 가지고 온다. 고객과도 다면적인 접근방법을 통합해 작업하는 것에 익숙해지려면, 이 장에 포함된 것과 같은 다중감각적(multi-sensory) 훈련을 코치들이 자기 자신과 서로를 통하여 연습해보는 것이 필수적이다.

좀 더 자세한 것은 우리들의 기존의 저서, *Facilitative Coaching: A toolkit for expanding your repertoires and achieving lasting results*(촉진적 코칭 : 오래 지속되는 결과를 가져오기 위한 기술을 늘려주는 도구모음, Schwarz and Davidson, 2009)와 *The skilled Facilitator Fieldbook*(숙련된 촉진자를 위한 매뉴얼, Schwarz et al., 2005)을 보라. 우리는 한 가지 훈련법이나 양식을 고른 뒤 동료와 연습해보고 몇몇 고객과의 작업에 이용해보면서 완전히 자기 것으로 한 뒤, 다음 것으로 넘어가는 방법을 추천한다.

2. 학습 방식에 따른 작업

우리 경험에 의하면 가능성을 성취하지 못하게 하거나 골치 아픈 문젯거리를 야기하는 가치관과 믿음을 가지고 일할 때 가장 건설적인 방법은 인식 방법을 바꾸는 것이다. 인간 지능 또는 정보처리에 대한 모델은 여러 가지가 있다. 예를 들면 좌뇌와 우뇌 중 어느 한쪽의 정보처리라든지, 정보를 받아들이고 프로세싱하는 방법을 구분하는 방법인 마이어스-브릭스 유형지표(Myers-Briggs Type Indicator, Myers and McCaulley, 1985) 등이 그것이다. Gardner(1999)는 우리가 적어도 일곱 가지의 지능 유형, 즉 언어적, 논리수리적, 공간적, 신체기능적, 음악적, 대인적, 그리고 인간내적 지능을 갖는다고 제안하였다. Medina(2008)의 브레인 룰스(brain rules)(정재승 역, 프런티어, 2009)는 최신 뇌과학 연구를 적용하는 실용적 학습 방법을 소개하고 있다. 그는 여러 가지 감각의 자극, 감정적, 시각적 개념의 이용이 중요하다는 점을 강조하고 있다. 그의 관점은 '시각(vision)은 다른 모든 감각 중 으뜸'이라는 것이다.

당연히, 심리학자와 과학자들은 인간의 지능을 어떻게 설명할 것인지의 문제에 대해 다른 의견을 가지고 있다. 인간의 뇌는 아직도 인류에게 알려진, 아니 알려지지 않은 가장 큰 탐험 분야이다. 그러나 우리 자신의 학교 생활 경험에서, 아이들이나 동료, 친구들이 자라고 성장해나가는 것을 봄으로써 사람들이 서로 다른 방법으로 세상을 이해하고 반응해나간다는 것을 알고 있다. 사람에게는 행동을 바꾸거나 무언가 새로운 것을 배우려고 할 때 몇 가지 즐겨 사용하는 양상이나 선호 방식들이 있기 마련이다. 이런 것들은 마음속의 습관이 되어 우리가 잘 행동하도록 해주고, 타고난 재주를 펼칠 수 있도록 도와준다. 한편, 이런 선호 방식들은 우리를 다른 방법을 통하면 쉽게 접근할 수 있는 가치 있는 정보들을 알아보지 못하게 만들기도 한다.

우리 경험에 의하면 코치들은 학습 방식을 가지고 작업할 때 두 가지 중요한 면에서

'다양한 인식' 방식을 이용할 수 있다. 첫째, 자기 자신 또는 고객과의 초기 작업을 할 때 최소한 편안한 방식으로 선호하는 학습 방식이 무엇인지, 문제를 탐색할 때 선입관을 활용하는지를 파악하는 것이 효과적이다. 이것은 단순히 다음과 같은 질문을 함으로써 알아볼 수 있다. "내가 무언가 새로운 것을 배울 때 어떻게 배우기를 원하는가? 그것에 대한 글을 읽어보고 싶은가? 다른 사람들이 하는 것을 관찰하고 싶은가? 단계별 목록을 만들기를 원하는가 아니면 자유롭게 시도해보기를 원하는가? 정보를 먼저 듣고 싶은가 아니면 읽고 싶은가?" 이런 것들에 대한 답을 통해 당신은 시각화를 하거나, 과제를 다이어그램이나 마인드 맵으로 그릴 것인지, 단계별로 작업하려고 하기 전에 훈련을 하거나, 아니면 처음부터 끝까지 말로 할 것인지 등에 대한 도움을 얻게 될 것이다.

두 번째로 중요한 비약 지점은 일부러라도 자주 선호하지 않는 학습 방식을 활용했을 때 오는 경우가 많다. 우리는 사고형 사람이 문제를 시각화하고 간단한 사람 그리기 (stick-figure drawing)나 떠오르는 것을 나타내는 상징물을 만들어보는 동안 놀라운 인식 돌파를 이루는 경우를 자주 본다. 대화법을 통해서도 같은 결과가 올 수 있지만 대개 시간이 훨씬 많이 걸린다. 이는 우리가 덜 선호하는 방식을 사용할 때 적응적 무의식으로부터 '파묻혀 있던 보물'을 발견하게 되는 경우가 많기 때문이다.

우리는 당신이 코치 역할을 할 때 다양한 방법으로 앎(knowing)과 존재함(being)에 이를 수 있는 여러 기술을 연마하기를 권한다. 당신 자신의 인간적 경험에서 인식한 다양한 방법 사이를 좀 더 유동적으로 움직여 다닐 수 있게 될수록 더욱더 당신 자신의 성장을 도모할 수 있다. 또 고객이 목적성 있고 창의성 있는 최선의 행동으로 옮겨갈 수 있도록 잘 도울 수 있게 될 것이다. 최소한 고객이 원하는 학습 방식이 아니라 당신이 선호하는 방식을 쓰고 싶어 할지도 모를 당신의 편향을 깨닫도록 도와줄 것이다. 이 분야를 탐구하는 것은 또한 당신 자신의 창의성을 길러줄 것이다. 우리들은 코치로서 여러 가지 훈련과 접근방식을 사용하는 새로운 방법들을 개발함으로써 우리의 전문성을 발전시켜 나간다. 다음의 칼(Carl)의 이야기에서는 앤(Anne)이 새로운 코치를 훈련시켰을 때 이 점을 어떻게 활용하는지 보여준다.

사례연구 1_칼

앤은 자기가 다니는 회사의 중역들을 코치하는 칼을 훈련시키고 있다. 칼은 코치이와 작업할 때 문제의 해결책(problem-solving)으로 섣불리 뛰어드는 성향이 있었다. 앤은 이 문제를 칼과 의논하면서 문제 해결을 위해 그가 좀 더 호기심 있고 탐구적으로 다룰 수 있는 방식을 모델로 제시하였다. 또한 그가 회기가 끝난 뒤 자신의 코칭 성과와 결과를 검토하기 위해 고객과 후속작업을 하도록 도와주었다. 몇 가지 상황에서 칼은 코치이의 문제를 명확하게 정의내리기도 전에 해결책에 도달하도록 촉구하거나, 문제의 뿌리를 파헤치는 것이 아니라 겉으로 보이는 증상만 다루려고 해왔다는 점이 분명히 드러났다. 그럼에도 불구하고 칼이 해결책에 뛰어드는 버릇은 바뀌지 않았다.

칼은 매우 선형적(linear)이고 이성적으로 생각하는 사람이므로, 앤은 그에게 익숙한 방식을 이용해서 작업해나갔다. 결국 앤은 칼이 코치이의 문제를 해결하려 덤벼드는 것을 자제하지 못하게 하는 알 수 없는 장애물을 가지고 있다고 추측하기에 이르렀다. 그녀는 칼이 유도된 상상(guided imagery), 그림 그리기와 성찰적 글쓰기 등과 같은 그가 선호하지 않는 인식 방법을 이용할 용의가 있는지 물어보았다. '그것들은 감정표현이 숨김 없이 너무 적나라한 것 같다'는 것이 칼의 첫 반응이다. 앤은 칼 자신이 선호하지 않는 방식을 써보면서 뭔가 새로운 것이 발견되는지 실험해보자고 제안하였다. 앤은 선호하는 방법이 아닌 방법을 써보는 것이 유용하다는 것을 발견한 다른 코치들의 경험을 칼과 나누었다. 앤은 '만일 이 방법이 먹히면 쓸모 있는 결과가 나올 것이고 그렇지 않다면 어떤 것들이 소용없는 것인지 알게 되었으니 그것과 다른 것을 시도해보면 됩니다'라고 말하였다.

칼은 한번 시험해보기로 하였다. 앤은 그를 유도된 상상을 통해 그가 가장 성공적이라고 느낄 때 어떻게 코칭을 하며 어떻게 다른 사람들과 공동작업을 하는지 느껴보도록 하였다. 그녀는 그가 경험을 세밀하게 재현하도록 하면서 그의 몸이 어떻게 중심을 잡는지, 어떤 부위에 긴장이 느껴지는지, 에너지 흐름이 어떠한지 느껴보도록 하고, 어떤 감정과 영상(visual images)이 마음속에 떠오르는지 느껴보라고 하였다. 이어서 앤은 칼에게 떠오르는 것을 다시 시각적으로 재현해 이미지나 심볼 등을 그리도록 요청했다. 칼은 복잡하게 그려진 여러 개의 선 가운데 커다란 노란색 태양이 비추는 것을 그렸다. 다음으로 앤은 칼에게 유도된 상상을 통해서 그가 문제 해결에 섣불리 뛰어들었던 상황, 그리고 고객이 그가 코칭을 잘하지 못한다고 평했던 상황을 재현해보도록 하였다. 칼은 그가 이런 경험을 재현했을 때 가슴이 답답해지고 뱃속이 긴장됨을 느낄 수 있었다. 그는 검은 먹구름을 그렸다. 그는 그 두 가지 상징의 관계에 대해 몇 분간 성찰적인 글쓰기를 하였다. 그가 일을 잘했을 때, 그는 복잡한 사안과 문제들에 밝은 빛을 비춰주었던 것이다. 그가 일을 잘하지 못했을 때, 칼은 머리에 먹구름과 같은 스트레스, 즉 성공에 대한 스트레스, 잘해야 한다는 압박감을 느꼈다. 그는 고객과 함께 머물러 있지 않고 자기 자신 안으로 향했고 빨리 문제를 풀고 진도가 나가기만을 원했다.

그의 그림과 글에 대한 계속되는 토론에서, 칼은 '모든 것에 답을 가져야만 한다'고 스스로를 압박해온 그의 평생의 패턴을 알아차리게 되었다. 그는 그것을 부모와 선생님들의 높은 기대를 스스로 부족하다고 자주 느끼면서도 충족시키려고 노력하던 어린 시절의 경험과 연관지었다. 새로운 학습 상황에서 '제대로 해야 한다'는, 그래서 그 결과를 보여야 한다는 노력에 따르는 온갖 긴장이 오히려 고객과의 관계에서 그 반대의 결과를 가져오게 하는 칼의 마음가짐(mindset)을 만들어냈던 것이다.

유도된 상상, 신체 지각, 시각적 표현과 성찰적 글쓰기를 이용해서 앤과 칼이 이와 같은 패턴을 발견해내는 데는 채 한 시간도 걸리지 않았다. 칼의 이러한 패턴과 문제에 빠져들 때 느껴지던 신체적 긴장감에 대한 자각은 거의 즉각적으로 그의 코칭 스타일을 바꾸게 했다. 우리가 대화와 관찰적 피드백을 통해 변화(shift)하도록 여러 시간 애써 온 것들이 상대가 갖고 있는 적응적 무의식에 담겨 있는 풍부한 자료를 이용하기 위해 그의 방어(defences)와 합리화(rationalization)를 배제할 수 있는 개입을 하자 단지 한 회기만에 이루어졌다.

우리 내면의 비판자를 다루기 위한 창의적 접근

이번에는 우리 안에서 자주 일어나는 구체적인 문제, 즉 내면의 비판자(inner critic)를 검토한다. 자신을 개발하는 데 도움이 될 수 있는 다양한 방식을 활용한 삽화를 통해 우리가 흔히 맞닥뜨리는 행동과 성과를 깎아내리는 부정적인 목소리, 즉 우리 안의 비판자를 어떻게 다루어 문제를 해결하고 사람의 성장을 도울 수 있는지 조명하고자 한다. 이러한 비판자는 우리가 고객에게 온전히 함께하기에 머물지 못하도록 하고 우리가 돕고자 하는 도전적 문제에 주목하는 것에 우리를 집중하지 못하게 하며 우리나 고객들이 장애물을 제거하고 문제해결을 하려는 것을 방해한다. 아래에는 간단한 설명과 함께 우리가 셀프코칭이나 다른 사람을 코칭할 때 쓸 수 있는 두 가지 훈련 방법을 기술한다.

우리 내면의 비판자는 대처 전략으로 시작한다

우리의 비판적 목소리(critical voice)는 어린 시절 겪은 창피와 굴욕, 그리고 부모, 선생님, 종교지도자처럼 권위를 가진 사람, 혹은 형, 누나, 언니나 또래들이 심어준 공포에 기반한 경험(fear-based experiences)으로부터 생겨난다. 예를 들어 창피나 굴욕은 교실에서 선생님의 물음에 틀린 답을 했다가 들은 꾸중이나 놀림 때문에 생겨날 수 있다. 우리는 자신에 대한 이런 부정적인 메시지를 내면화하여 마음속에서 재생하고 있는 것이다. 내면의 비판자는 이러한 어린 시절의 경험에 대한 창의적 대처 전략으로 진화하게 된다. 우리는 대외적으로 물의를 빚거나 욕을 먹거나 창피를 당하지 않기 위한 예방 차원이나 선수 치기를 위해 우리 스스로를 비판한다. 또한 지배적인 문화에 우리 스스로를 적응시키기 위해 비판자를 만들어내기도 한다. 초기에는 이런 비판자들이 우리가 힘든 상황에 대처하고 생존해나가도록 해준다.

근본적으로 내면의 비판자가 말하는 것은 '지금의 너는 받아들여질 수 없으며 아무짝에도 쓸모가 없다'는 것이다. 그 결과는 대개 비탄과 고통이다. 우리의 비판적이고 무시무시한 내면의 목소리는 우리들이 하는 많은 쓸모없는 행동이나 처신의 원인이 된다. 이는 우리를 한쪽에 치우친 태도를 취하게 하거나, 겁이 나서 할 수 없이 선택하게 하거나, 적절치 못하게 다른 사람의 편을 들거나 남을 학대하는 일방적인 조정의 소용돌이에 빠지게 하는 원인이 된다. 내면의 비판자에 의해 생겨난 특정한 행동 모델들에 대해서는 Schwarz와 Davidson(2009)을 참조하라.

내면의 비판자에서 연민으로

내면의 비판자가 머리를 치켜들면 우리는 고통스럽고 심란해지는 경험을 한다. 한 가지 다행인 것은 내면의 비판자를 잘 다루면 우리는 우리 자신과 다른 사람에 대한 연민을 기를 수 있다는 것이다. 연민은 내면의 비판자에 대한 해독제이다. 연민이라 함은 우리 자신이나 다른 사람에 대한 판단을 지양하고, 우리들 각자가 정보에 근거해 선택한다는 것을 인정하고 어느 정도 주어진 시간을 활용하는 기술을 개발하는 것을 의미한다. 연민이란 우리 자신이나 다른 사람들이 고군분투하는 것은 인간 삶의 자연스러운 일부라는 것을 받아들이고 우리 자신이나 다른 사람들이 각자의 선택에 대해 책임을 진다는 것을 의미하는 것이다. 훌륭한 코치는 자신에 대해 가혹한 비판을 하거나 다른 사람에게 엄한 잣대를 들이대지 않는다. 동시에 우리는 과거의 선택 때문에 현재 비효율적인 행동을 하게 된 것이라고 핑계를 대서는 안 된다. 때로는 다른 사람들에게 연민을 갖고 정답게 행동하는 것이 차라리 쉬운 경우가 많다. 우리 자신에게 진정으로 연민을 갖고 대하는 것이 훨씬 어려울 수 있다. 그럼에도 불구하고 우리가 진심으로 우리 자신에게 연민을 가질 때 비로소 다른 사람에게도 완전히 사려 깊게 될 수 있다.

반직관적(counter-intuitive)일지라도 우리 안에 있는 비판적 요인은 사실 이런 과정에서 우리 편으로 작용한다. 비판적 목소리는 우리가 판단을 연민으로 바꿀 수 있다는 것을 알려준다. 우리는 우리가 어떻게, 왜 우리를 비판하는지 알아봄으로써 어떤 문제에 접근하는 방식을 재정립할 수 있다. 사실은 숨은 재능이 있기 때문에 '난 이런 거 할 재주가 없어', '난 못해'와 같은 생각을 하는 것일지도 모른다. 사람들은 내면의 비판자를 어떻게 다룰 것인지 배우고 난 뒤 자기가 몰랐던 창의적 능력을 발견하게 되는 수가 많다.

일단 내면의 비판자가 등장하면 우리는 들을 수 있고 우리가 그 부분에 얼마나 많은 힘과 주의를 기울일 수 있는지 결정할 수 있다. 또한 내면의 비판자로부터 유용하고 타당한 정보를 얻을 수도 있는지 확인할 수 있다. 대체로는 이런 방식으로 내면적 비판자에게 주의를 집중하면 내면의 비판자는 그 목소리의 힘을 잃어간다. 내면의 비판자의 목소리가 들릴 때마다 우리는 그 목소리를 인정할 수 있고, 연민을 갖는 쪽을 선택할 수 있다. 내면의 비판자를 알아가면서 당신의 내면의 비판자와 평화를 지속적으로 유지하는 것은 때로 불편할 수도 있는 끊임없는 과정이다. 그러나 이와 같은 방법으로 우리는 우리의 힘을 더 강화하고, 연민까지 끌어안을 수 있는 능력을 개발한다. 우리는 인정

그림 13.1 고객이 자기 내면의 비판자의 여러 내용을 그린다

하고, 선택하고, 그런 다음 우리 스스로 그 부분을 놓아주는의 순환 고리를 통해 더 빠르게 움직일 수 있게 된다. 그림 13.1은 고객이 시각적 표현을 이용함으로써 어떻게 자신의 비판자를 이해하고 그와 평화롭게 공존하게 되었는지 보여주고 있다.

내면의 비판자와 친구 되기

중요한 것은 연민의 마음 없이 판단하는 내면의 비판자와 지혜롭게 사리분별하는 마음 (discerning mind) 같이 언제나 참조하려는 마음의 분석적이고 가치평가적인 기능과의 차이를 구별해야 한다는 점을 알아차리는 것이다. 지혜롭게 사리분별하는 마음은 우리가 무엇을 가치 있게 여기고, 무엇을 믿으며, 무엇을 소중하게 생각하는지 구별하고 결정짓게 해주는 사고 과정이다. 사리분별은 우리로 하여금 우리의 목적에 맞는 명석하고 명료한 결정을 하도록 도와줌으로써 옳은 판단과 사고를 하도록 해준다. 이것이 바로 우리가 일방적인 판단에서 벗어나 연민을 갖고 분명한 선택을 하도록 하는 우리 마음의 일부분이다.

자기 내면의 비판자와 직접적인 대화를 하는 것은 당신 자신의 비판적 자아(critical self)를 연구하고 이해하는 데 도움이 된다. 이것은 당신이나 당신의 고객이 벽에 부딪힌 느낌이 들거나 정해진 목표를 행해 조금도 진전하지 못했다고 생각될 때 도움이 될 수 있다. 일단 내면의 비판자를 찾으면, 사리분별의 마음과 내면의 비판자 사이의 대화를 시도해볼 수 있다.

이 대화는 말로 표현할 수도 있고 글로 쓰거나 시각적, 동적 표현 아니면 이들의 조합이나 다른 방식으로도 표현할 수 있다. 이런 훈련의 결과물이 비판자가 가지고 있을지 모를 어떤 타당한 정보를 드러내게 할 수도 있고, 무언가 다른 관점을 얻을 수 있으며, 누군가에 대한 연민과 객관성을 가질 수 있게 된다. 또한 앞으로 나아가는 것을 가로막는 장애물 같은 잘 드러나지 않는 어떤 신념에 관해 배우고 실타래를 풀기 위해 사리분별의 마음을 활용할 수도 있다.

당신이 내면의 비판자를 협력자(ally)로 변화시켜 편안한 마음으로 당신 옆에 함께할 수 있도록 했을 때 따라오는 결실은 값지다. 비판자를 다루는 문제는 모든 코치의 전문성 성장에 중요한 요소이다. 고객이 제기한 문제를 코치가 어떻게 다루어야 할지 모를 때나 코치에게 도전하거나 의구심을 가질 때 코치가 민감해지거나 혼란에 빠지지 않을 수 있게 해준다. 우리는 이 장의 첫 부분에서 설명했던 앎에 대한 복합적 방식과 창의적 실천이라는 두 가지 훈련을 제시했다. 이것들이 내면의 비판자 문제를 효과적으로 다룰 수 있다는 점을 제시한다. 우리는 이 방법들을 각자 학습의 필요성과 목적에 따라 테스트하고 적용해보기를 권장한다. 이 연습은 유도된 상상을 포함하고 있으니 자신의 목소리를 직접 녹음하여 스스로를 가이드한다.

사례연구 2_데일

데일은 자신이 이끌어야 할 중요한 일을 앞두고 내면의 비판자와 맞닥뜨리게 되었다. 그녀는 자기 내면의 비판자의 손아귀에서 스스로 벗어나기 위해 연속적으로 3개의 그림을 그렸다(그림 13.2에서 13.4) 그녀의 이야기를 들어보자.

　나는 내가 고객에게 자주 사용하는 똑같은 방법을 이용해 내 자신 속으로 걸어 들어가기 시작했다. 나는 내 몸의 자각(awareness)과 느낌(feelings)에 주의를 기울였다. 그러자 나의 내면의 비판자와 느낌, 이런 것에서 자극받은 느낌들에 어울리는 시각적 영상이 떠올랐다. 순간적으로 교도소 감시탑의 모습이 보여 스케치북에 그 그림을 그렸다. '교도소 감시탑과 같은 판단자'라는 단어가 머릿속에 떠올랐다. 이 그림과 단어는 정확하게 내 느낌과 일치했다. '나는 나 자신을 판단하고 있고 스스로 가두고 있음으로써 이 일에 관한 나의 창의성, 생산성, 그리고 즐거운 마음을 가로막고 있다.'

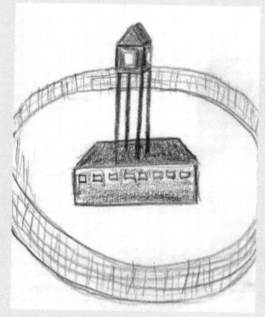

그림 13.2 교도소 감시탑으로 표현한 데일의 비판

그림 13.3 부스러기들을 제거해 버리는 것으로 표현한 협력자로서 비판

그림 13.4 데일의 비판자의 변신 : 버뮤다 등대

　내 자신에게 물었다 '어떻게 판단자/내면의 비판자가 나를 도울 수 있을까?' 내 마음의 눈에 영상이 떠오르자 비록 그것을 어떻게 내 물음과 연관지을지 몰랐지만 그림으로 그려보았다. 그림에 대해 성찰하면서 '판단자(내 협력자)가 나타나 내가 일을 준비하는 것을 도와준다. 나는 구석의 부스러기(hametz)를 쓸어냈다. 그 부스러기는 내 목적에 필요가 없는 것들을 의미한다'고 썼다.

　방구석의 빵 부스러기를 청소하는 것은 유월절(Passover) 명절을 맞아 유대인들이 하는 의식이다. (사실 그때가 유월절 시기이기도 했다. 나는 비록 그 의식을 해본 적이 한 번도 없었지만 나의 적응적 무의식에는 존재하고 있었던 것이다.) 잠깐 성찰을 한 뒤에. 나는 내 몸의 긴장이 사라지고 자기연민이 되돌아오는 것을 느꼈다. 내면의 비판자와 친구가 됨으로써 나는 제자리로 돌아올 수 있게 되었고 스스로 준비하는 나에게 필요한 일을 수행하면서 내게 필요 없는 것들을 없애나갈 수 있게 되었다.

　다음으로, 나는 의식 속에서 나의 변화를 정착시키는(anchor) 영상을 떠올렸다. 나는 버뮤다의 등대를 그렸다. '교도소 감시탑이 버뮤다의 등대로 변했다'고 썼다. 이 마지막 그림은 축제이다. 내가 한 줄기 빛을 뿜을 준비가 된 빛나는 등대로 변화해 있었던 것이다.

내면의 비판자 연습

연습 1. 내면의 비판자를 형상화하고 대화하기

목적 : 내면의 비판자를 확실하고 객관적인 모습으로 형상화하고 그 성격에 대해 이해한다.

언제 사용하는가

• 내면의 비판자가 있는지 여부와 그 성격을 알고자 할 때

• 내면의 비판자가 효과적인 코칭을 방해하는 방식을 알고자 할 때

• 창의적이고 합목적적인 행동에 대해 내면의 비판자가 주는 영향을 이해하고자 할 때

• 내면의 비판자를 연민을 가지고 성장 과정의 조력자로서 다루는 방법을 알고자 할 때

소요시간 : 10~12분

준비물 : 크레용, 매직펜, 흰 종이 그리고/또는 고무찰흙, 흰 종이와 펜

방법

단계 1 : 유도된 상상을 짧게 하면서 내면의 비판자가 어떤 모습인지 시각화한다. 이 순간에 몸에 대한 자각과 시각화를 하는 과정을 통해 스스로를 가이드할 수 있는 대화를 예시한다. 관찰과 상상을 위해 각 문장 사이에 시간 간격을 주면서 진행한다.

편안하게 앉으세요. 눈을 감거나 아래쪽을 응시하세요. 호흡을 느껴보세요 ⋯ 숨을 쉴 때 배나 가슴이 부풀고 꺼지는 것을 느껴보세요⋯

몸속 어느 부분에 내면의 비판자가 있는지 느껴보세요. 상체, 머리 ⋯ 얼굴 ⋯ 목 ⋯ 그리고 어깨에 주의를 기울여보세요. 자, 이제 팔과 손입니다. 어디에 내면의 비판자가 있는지 느껴보세요. 이제는 몸통, 폐 ⋯ 가슴 ⋯ 배로 관심을 기울여보세요. 혹시 내면의 비판자가 그곳에 있는지 느껴보세요.

이제는 엉덩이 부분 ⋯ 허벅지, 종아리, 그리고 발을 훑어보세요. 몸의 어느 부분에 내면의 비판자가 있는지 느껴보세요. 주로 뻣뻣하고 긴장이 느껴지는 부분에 있는 경우가 많습니다.

자, 내면의 비판자가 얼마나 큰지 머릿속에 그려보세요. 얼마나 많은 공간을 차지하고 있나요? 어떤 모양을 하고 있지요? 어떤 색깔인가요? 질감을 느껴보세요. 만일 움직인다면 어떻게 움직이고 있나요?

이제 그 내면의 비판자를 보여주는 영상, 심볼, 아니면 그림을 만들어보세요. 당신이 인식하지 못하거나 상상이 안 되도, 모양이 말이 안 되어도 상관없습니다. 그 성질과 특징을 당신이 느끼는 그 어떤 방식으로라도 표현해보세요. 사실적이거나 추상적이거나 상관없습니다. 다만 내면의 비판자를 떠올려 실제로 존재하도록 만들어보세요.

준비가 되었으면 눈을 뜨세요.

단계 2 : 그림을 그리거나 찰흙을 빚어 내면의 비판자를 형상화한다.

단계 3 : 성찰적 글쓰기를 통해 내면의 비판자에 대해 이해를 깊이 한다. 내면의 비판자들로 하여금 다음 질문들에 대한 답을 써보도록 한다.

- 당신 형상의 모습, 색깔, 형태, 질감이 무엇을 말해주는가?
- 당신의 특성은 무엇인가?
- 당신은 어디에서 왔는가?
- 당신이 내게 바라는 것은 무엇인가?
- 당신은 어떻게 내게 붙어 있는가?
- 당신이 나를 도와줄 수 있는 것은 무엇인가?
- 당신은 어떻게 내게 가르침을 줄 수 있는가?

단계 4 : 아래와 같은 질문을 스스로에게 하며 연습을 종료하라.

- 질문에 대한 나의 답을 통해 어떤 중요한 것을 통찰하게 되었는가?
- 내가 비판자들을 형상화할 때 다른 느낌이나 생각들이 떠올랐는가?
- 내가 얻은 통찰을 통해 어떻게 앞으로 나아가는 데 도움을 얻을 수 있겠는가?

연습 2. 연민을 가진 자아를 형상화하고 대화하기

목적 : 연민을 가진 자신을 확실하고 객관적인 모습으로 형상화한다. 이는 내면의 비판자와 연민을 가진 자아를 확실히 구분함으로써 비판적인 자신으로부터 벗어나도록 도와준다. 자신을 소중히 돌보고(self-caring) 자신감을 갖도록 해주며, 자기가치감을 발달시키는 데 도움이 되는 훈련이다.

언제 사용할 수 있는가
- 연민을 가진 자아의 존재 여부와 그 성격을 알고자 할 때
- 당신이 연민을 느낀다는 것을 인정하고 개발하기 위해
- 내면의 비판자로부터 연민을 가진 자아로 변화하기 위한 실천을 좀 더 개발하고자 할 때
- 창의적이고 합목적적인 행동을 위해 연민을 가진 자아의 유효성을 인식하는 것을 개발하려 할 때

소요시간 : 10~12분
준비물 : 크레용, 매직펜, 흰 종이 그리고/또는 고무찰흙

방법
단계 1 : 아래 예시된 가이드에 따른 유도된 상상을 통해 당신의 연민을 가진 자아의 모습을 시각화하도록 한다.

의자에 편안히 앉아 긴장을 풀도록 합니다. 눈은 감거나 아래쪽을 바라보세요. 손과 손목을 털거나 다른 긴장을 풀어주는 동작을 하도록 하세요. 호흡을 느껴보세요. 숨을 쉴 때 배나 가슴이 부풀고 꺼지는 것을 느껴보세요.

사람이나 어떤 것에 공감했던 기억을 떠올려보세요. 그것은 사람일 수도 있고, 동물일 수도 있으며, 세상에서 일어나는 어떤 상황일 수도 있습니다. 보살핌, 존중하는 마음과 호감의 느낌에 주목해보세요. 신체에서 연민이 함께하고 있다고 느껴지는 곳에 손을 올려보세요. 당신이 몸의 다른 곳에서 느껴진다 할지라도 언제나 가슴 부분에 주목하세요. 다른 곳에서 느껴지는 연민을 당신의 연민하는 자아로 그곳과 가슴이 서로 연결되도록 당신의 손을 그곳에 올려 놓으세요. 깊은 숨을 불어 넣으면서 당신의 연민을 완전히 느껴보도록 하세요.

당신의 연민의 강도와 힘이 커질수록, 이런 느낌과 감정을 당신 자신으로 향하도록 하세요. 다른 사람에게 베푸는 연민이 자기 자신에게 향하도록 성찰하세요. 마음을 열고 당신 자신과 당신이 고군분투하는 곳에 당신의 연민을 베풀도록 하세요.

이제 연민의 느낌을 자아내는 영상, 심볼 또는 그림을 머릿속에 떠올리세요. 이 영상의 모양과 색깔 그리고 질감을 느껴보세요. 이 영상은 당신이 보기에 말이 안 되는 것이어도 상관없습니다. 당신에게 의미가 있는 방법으로 그 성질과 특징을 이해하도록 하세요. 이는 사실적일 수도 있고 추상적일 수도 있습니다. 여기에는 옳은 방법, 그른 방법이란 없습니다. 단지 당신의 동정심이 떠올라 그 형상을 갖추게 하세요.

단계 2 : 당신의 연민을 가진 자아를 그림을 그리거나 찰흙으로 빚어 형상화한다.

단계 3 : 연민을 가진 자아를 이해할 수 있도록 아래 예에 나온 것과 같이 자신에게 성찰적 물음을 던져본다. 다른 사람과 함께하면서 말로 대답을 하거나 성찰적 글쓰기를 통해 대답한다. 당신의 연민을 가진 자아에게 물어보고 '나는…'이라는 말로 대답한다.

- 당신의 형상, 색깔, 모양, 질감이 무엇을 말해주는가?
- 당신이 기여하는 바는 무엇인가?
- 당신은 나를 어떻게 도울 것인가?
- 당신은 나에게 무엇을 가르칠 수 있는가?
- 나는 어떻게 당신의 경험을 심화할 수 있는가?

단계 4 : 정기적으로 당신의 연민과 다시 연결될 수 있도록 당신의 연민을 가진 자아와 신체적 연결이 느껴지는 부분에 손을 대어본다. 그런 후, 당신의 연민의 이미지를 떠올려본다. 깊은 들숨과 날숨을 쉬면서, 당신의 연민을 가진 자아와 합쳐진 것을 느끼고 그 느낌을 축하한다.

다양한 양식을 창의성 있게 사용했을 때의 결과

여기에 우리 자신과 우리가 훈련시키는 코치들을 돕기 위해 앎을 위한 다양한 방법을 이용했을 때 성취할 수 있었던 몇 가지 결과를 기술하겠다.

- 심도 있는 학습 : 우리가 더 많은 종류의 방식을 사용하면 할수록 통찰을 이루어내고자 하는 결심을 확고히 해주는 더 강력하고 기억에 남는 경험을 이끌어낼 수 있었다.
- 소통과 결단성의 향상 : 느낌과 생각(idea)을 분명히 정의함으로써, 또 그들을 시각적 은유를 이용해 대비해봄으로써, 그리고 문제에 대한 글을 쓰거나 실험을 해봄으로써 연관된 정보를 더 많이 얻을 수 있게 되었다.
- 혁신적 사고의 함양 : 우리 자신이나 다른 사람들로 하여금 상황을 새로운 시각에서 바라보도록 해줌으로써 우리는 새로운 아이디어들을 창조하거나 새롭게 연결지을

수 있다. 해묵은 이야기나 방어적 습관을 표면화하고, 재구성하거나 떠나보냄으로써 우리는 정신적, 감정적 에너지를 자유롭게 놓아주어 새로운 가능성을 향해 나가도록 한다.

- **개인적 자각과 연민 강화하기** : 실험적 또는 다중감각적 코칭 개입·중재(multi-sensory coaching interventions)의 결과, 우리는 작업 중 주어진 순간에 자신에 대한 깊은 성찰을 할 수 있다. 그것은 우리 자신의 외부에 존재한다. 각 개인은 이러한 접근방법을 통해 자기 자신에 대한 통찰력, 객관성, 그리고 포용력을 얻을 수 있다. 자기 자신에 대한 연민을 확대하고 다른 사람, 특히 우리가 코치하는 사람들에 대한 연민을 증대하도록 이끌어갈 수 있다.

- **위험 감수 증대** : 창조적 기술은 실험정신을 불러일으켜 감당할 수 있는 위험에 도전하도록 해준다. 사람들이 위험에 도전할 때는 기대하지 않았던 일이 종종 일어난다. 미지의 세계로 탐험해나가면서 새로운 통찰력을 키워나가면 다른 분야에서 더 큰 위험에 도전하는 능력이 생기게 되고 중요한 이상이나 목표에 도전할 때도 위험을 감수할 수 있게 한다.

- **어렵고 이야기할 수 없는 이슈에 접근하고 헤쳐가며 뛰어넘음** : 어려운 문제들을 발견하고 풀어나가는 것이 그것을 회피하는 것보다 생산적이다. 그러나 겉으로 드러나지 않은 문제들은 확실한 실체를 확정할 수 없는 경우가 많다. 그런 문제들은 무엇이라 할 수 없는 느낌이 든다거나, 무엇인지 알 수 없는 개인적 쟁점에 감정이 격해지고, 과거의 경험으로부터 비논리적인 두려움이 생기는 것과 관련되어 있다. 또 무의식적으로 비효율적 사고와 행동을 하도록 만든다. 어렵고 의논할 수 없는 문제와 관련된 영역에 대해 좀 더 분명하게 정의 내리고 접근하는 개입은 이러한 어려움을 해결하는 데 도움이 된다.

- **신뢰 쌓기** : 코치로서 우리가 우리 자신을 좀 더 진실하게 이해할 수 있을 때, 우리는 고객과 신뢰를 쌓는 데 필요한 수준의 진정성을 보여줄 수 있다. 특히 적응적 무의식과 덜 선호하는 양식을 활용해 작업해본 직접적 경험이 있을 때 우리는 이러한 작업의 효율성을 설파할 수 있고, 코치이들이 분명하게 선택할 수 있도록 도울 수 있다. 또 이런 특정한 양식을 이용할 때 그 방법의 유효함과 효율성을 엉뚱하거나, 헷갈리거나, 횡설수설하는 법 없이 설명할 수 있다.

- **전문적 역량 개발** : 코치 자격증이 점차 일반화되고 특정한 코칭 능력이 명확하게 정의되어 감에 따라 코치들마다 다양한 창의적 과정에 대한 목록을 확대하고 있으

며, 특별히 개발한 많은 기술을 보유하고 있는 것이 강조되고 있다. 예를 들어 미국에서는 국제코치연맹이 우리와 같은 과정을 효과적으로 개발할 수 있는 세 가지 역량을 특별히 목록화하고 있다 — 코칭 프레젠스(Coaching presence), 자각인식 불러일으키기(Creating awareness), 그리고 고객으로 하여금 대안과 해결책을 모색하고 능동적인 실험과 자기의 발견을 촉진하며 고객의 성공을 축하하는 것을 포함하는 행동 설계(Designing actions)가 그것이다.[1]

자기 자신에 대한 개입을 설계하기

자신에 대한 개입을 설계함으로써 코칭을 자기 자신과 다른 사람에게 맞춤형으로 만들 수 있게 해줄 뿐만 아니라 자신의 창의적 과정에 계속해서 개입할 수 있게 만든다. 창의적 방법을 많이 쓰면 쓸수록 창의적 근육은 점점 강하게 단련되어 갈 것이다. 자신의 창의력을 확대하면 할수록 더욱더 호기심이 생기고 생기 있는 사람으로 변화해 고객에게 더욱 창의적인 사람이 될 수 있다. 다음에 몇 가지 창의적 개입의 가이드라인을 제시한다.

자기 자신에게 창의적이 될 수 있도록 허락하라

개입·중재를 설계할 때 '옳은' 방법이란 없다. 당신이 만들어내라. 당신 설계의 대부분은 목적한 대로 작용하게 될 것이다. 어떤 때는 그렇지 않을 수도 있다. 하지만 그 결과는 미미할 것이다. 각각의 개입은 당신과 고객에게 배울 것이 무엇인가 있기 마련이므로, 배우는 것이 있다면 그만큼 당신은 발전하고 있는 것이다.

당신의 인생 경험을 파헤쳐보라

아이디어는 어떤 곳에서든 생겨날 수 있다. 당신은 인생 경험 안에 현존하면서 가능성을 열어가기만 하면 된다. 걸작인 시를 한 편 읽었다든지, 생각하게 만드는 영화를 보았다든지, 새가 집을 짓는 것을 관찰한다든지 할 때마다 그것들이 어떻게 하면 유용하게 쓰일 수 있을지 생각해보도록 하라.

이용 가능한 모든 것을 이용하라

우리가 개입을 하는 동안 소도구나 어떤 재료(materials)를 사용하는 경우가 많다. 많

---

[1] 역주 : 국제코치연맹의 11개 코칭 핵심역량

은 기술 훈련은 손쉽게 구할 수 있는 펜이나 종이처럼 단순한 물품만 가지고도 할 수 있다. 우리 주변을 둘러보면 가능한 것들은 무궁무진하다. 자신의 즉흥성과 '어린아이스러움(kid spirit)'을 계발하도록 하라. 어린아이들을 관찰해보면, 그들은 어른들이 사주는 비싼 장난감보다 주변에서 발견할 수 있는 물건들ー돌, 물, 화분, 냄비, 포크나 숟가락, 음식물ー을 더 많이 가지고 노는 것을 알 수 있을 것이다. 당신의 코칭을 향상시키기 위해 자신 안의 이러한 부분을 재발견하고 이용하도록 하라.

직감을 이용하라

개입을 위한 아이디어를 내는 데 직감은 큰 역할을 한다. 효과적인 방법을 찾아내는 데 단순히 '육감(six sense)'을 사용하는 것이 때로 먹혀들 때가 있다. 만약 당신이 직감에 접근하고 의지하는 습성이 없는 사람이라면 직감을 향상시킬 수 있도록 표현적 양식을 활용하는 작업(예 : 미술 표현, 성찰적 글짓기나 이야기하기)을 하도록 하라.

대비를 통해 차이를 만들어가라

상세하게 서술된 과제와 생각(idea)은 대개 비교와 대조를 통해 이루어진다. 실험적 훈련을 할 때 대조해보면 무엇이 바람직한 것인지, 또는 무엇이 잘 작용하고 무엇이 그렇지 못한지를 분명하게 알 수 있다. 바람직하지 못한 것에서 바람직한 것으로 어떻게 옮겨갈 수 있는지에 초점을 맞춰 개입을 완성하는 것은 중요하다. 그렇지 않다면 행동은 실제로 창의적 대응과 옵션을 만들어가기보다는 단순히 원하지 않는 쪽을 향해 피해가는 방향으로 구축된다.

은유와 비유 또는 다채로운 언어에 귀 기울여라

개입의 근거로 시각적 또는 비교를 나타내는 언어를 확장하고 만들어가라. '나의 인생은 숲에서 길을 잃어버린 것과 같다'고 스스로 말하는 것을 들었다면 이 느낌이 무엇과 같은지, 당신의 꿈과 비전으로 그것과의 차이는 무엇인지 그림을 그리거나 글로 써보라. 당신의 인생 경로를 바로잡는 데 도움이 되는 것과 비교해보고 숲 속에서 나올 수 있는 것이 무엇인지 리스트를 만들어보라.

호기심과 가벼운 장난기를 유지하라

문제를 '옳게' 고친다든지 누구나 추측할 수 있는 모습으로 만들어 놓으려 한다면 당신의 창의적 에너지는 곧바로 끊겨버리고 말 것이다. 우리 시대의 위대한 창조자나 발명가들은 호기심과 장난스러움을 잃지 않았다. 그러므로 눈을 가늘게 뜨고 유심히 바라보라. 사물을 새로운 관점에서 바라보도록 하라. 잃을 것은 없다. 아마 새로운 개입의 가능성을 발견하게 될지도 모른다.

고객, 동료들과 함께 만들어내라

우리는 수많은 코칭 개입·중재를 같이 만들어내고 테스트한다. 우리가 다른 사람의 아이디어를 가지고 장난칠 수 있다면 창조는 쉽고 재미있는 것이 된다. 실수를 저지르거나 깔깔거려볼 수도 있고, 나중에 실제 코칭 상황에서 어떤 것이 잘 작용할 수 있는지 찾아낼 수도 있다.

결론

내면에 있는 지혜에 도달하기 위해 앎을 위한 복합적 방식을 활용해보면 보이지 않는 가능성에 접근할 수 있고, 성장의 장애물을 해결하고 성장을 위해 매우 효율적이고 효과적인 분석을 할 수 있다. 여기서 언급된 내면의 비판자 훈련은 코치와 고객에게 일어나는 여러 문제를 해결하는 창의적 과정에 이용되는 본보기로 활용할 수 있다. 우리는 셀프코칭과 동료코칭을 통해서 실험해보기를 권장한다. 창의적 접근방법을 고객에게 사용하는 것이 마음속으로 어려운 코치들은 자기 자신의 내면 작업을 통해 이런 방법에 익숙해지고 편안해진 다음에 더 다양한 고객과 작업할 수 있도록 훈련 강도를 높여 나갈 수 있다. 학습을 통한 지속적 훈련을 하고 새로운 분석과 개입을 창조해내게 되면 고객과 더 짧은 시간 내에 더 많은 것을 이루어낼 수가 있다. 기술적으로 훌륭한 코치들이 여러 가지 양식을 능숙하고 신뢰할 수 있도록 사용하게 되면 고객들은 강력한 통찰력을 길러 커다란 변화를 일으킬 수 있다. 코치들은 대개 그들 자신의 개인적, 전문적 가능성을 최대화하기 위한 방법을 알고 있다.

참고문헌

Gardner, H (1999) *Intelligence Reframed: Multiple intelligences for the 21st century,* Basic Books, New York

Medina, J (2008) *Brain Rules: 12 principles for surviving and thriving at work, home, and school,* Pear Press, Seattle, WA

Myers, D G (2007) The powers and perils of intuition, *Scientific American Mind,* 18 (3) 24–31

Myers, I B and McCaulley, M H (1985) *A Guide to the Development and Use of the Myers-Briggs Type Indicator,* Consulting Psychologist Press, Palo Alto, CA

Schwarz, D and Davidson, A (2009) *Facilitative Coaching: A toolkit for expanding your repertoire and achieving lasting results,* Pfeiffer, San Francisco, CA

Schwarz, R, Davidson, A, Carlson, P and McKinney, S (2005) *The Skilled Facilitator Fieldbook: Tips, tools, and tested methods for consultants, facilitators, managers, trainers, and coaches,* Jossey-Bass, San Francisco, CA

Szegedy-Maszak, M (2005) Mysteries of the mind, *US News and World Report Online Newsletter,* February. Available at: **http://health.usnews.com/usnews/health/articles/050228/28think.htm**

Wilson, T D (2002) *A Stranger to Ourselves,* Belknap Press, Cambridge, MA

주 : 이 장의 대부분은 D and Davidson, A의 저서(2009) *Facilitative Coaching: A toolkit for expanding your repertoire and achieving lasting results,* Pfeiffer, San Francisco, CA를 근거로 다시 작성했다. 이 회기는 John Wiley & Sons의 허락으로 다시 작성하고 수정했다.

제14장

CPD에 의한 코칭 연구 수행과 검토

Max Blumberg, David A. Lane

서론

이 장에서는 먼저 전문실천가(practitioner)들이 해야 할 전문성의 지속적 개발(CPD)에 대해 고찰하고, 이것이 무엇을 뜻하는지 설명을 통해 코칭 연구를 해야 하는 이유와 이익에 대해 살펴보고자 한다. 또 '과학자-실천가(scientist practitioner)'라는 용어의 중요성에 대해서도 살펴보겠다. 고객에게 미치는 코칭 효과를 공유하기 위한 체계를 발달시켜주는 CPD의 중심 윤곽을 위해 코칭의 과학적 증거가 중요하다. 이런 점들이 어떻게 다른 코칭 양상들로부터 코칭심리학을 구분짓는지 논하려고 한다.

그다음 코칭 연구 과정을 수행하는 방법의 일반적 체계와 더불어 코칭 실천가 연구의 아이디어를 소개하고자 한다. CPD를 위한 실천의 초점과 목적을 확인하기 위해 전문실천가를 위한 중요성에 집중하면서도 어떻게 연구 패러다임, 방법론, 이론과 연구 모형 안에서 주제를 선정하며 옵션들을 정리하고 찾아나가는지에 대해 검토해보자.

연구 디자인, 신뢰성, 엄격성, 그리고 연구 발표에 있어서 정량적(quantitative), 정성적(qualitative) 방법들에 대해서도 논하겠다. 또한 정량적, 정성적 방법론에 필요한 서로 다른 전략과 가정, 그리고 그것과 관련된 몇 가지 문제점을 알아보고자 한다. 코칭 연구에서 연구윤리의 중요성을 짚어본 다음, 인지된 연구의 타당성, 그리고 코칭과 CPD 영향을 받은 조직 차원의 결과들의 예를 이용하여 이 장의 요점들을 강조하면서 끝맺는다.

CPD란 무엇인가

최신 지식을 습득하고 전문성을 성장시키는 지속적인 노력 없이도 고객을 코칭할 자격을 얻고 활동할 수 있던 시절은 오래전에 지나갔다. 뿐만 아니라, 코칭심리학에서는 전문성에 대해 과학적 근거에 의한 자격부여를 매우 중요하게 여기고 있다. 코치는 고객과 자신들의 작업에 대한 연구내용에 대해 알고 있어야 할 뿐 아니라 고객에게 도움이 되도록 해석할 수 있을 때 완전한 전문성을 갖게 된다. 여러 서비스 기획에서 실행 평가 양식은 서비스 질 유지의 핵심요소로서 고객과 의뢰인이 받을 수 있는 가치를 높여주는 역할을 한다. 그러므로 코치들은 소비자로서, 내부 참여자로서, 또한 연구수행자로서 연구에 참여해야 한다. 여러 방법을 통해 연구를 이해하거나 직접 수행하는 것이 우리가 행하는 CPD의 핵심을 이루게 된다(Lane and Corrie, 2006).

전문실천가 코칭 연구란 무엇인가

현재 점점 늘고 있는 코칭 연구란 고객의 성과를 코칭의 영향으로 이해하고 공유하는 체계를 만들어가는 것이다(Fillery-Travis and Lane, 2007). 이 목표를 이루는 데는 소비자 혹은 고객으로서 함께 우리 작업에 특별한 가치를 부여하는 연구수행자라는 두 영역이 있다. 첫 번째는 명백한 증거에 의존하는 (어떤 방법론을 쓰든지 무관하지만) 설명적 모델을 이용할 때는 숨겨진 가정(hidden assumption)을 최소화하는 데 목적을 두어야 한다. 때로는 이것이 협의 가능하고 반복 가능하며, 일관성 있는 방법론인지 문제가 될 수 있다. 그러나 우리가 비록 여러 가지로 해석 가능한 틀을 이용 — 또는 언급 — 한다 하더라도, 우리는 이런 해석의 한계와 판단의 근거를 분명하게 밝혀야 한다. 두 번째는 실험적 체계를 사용할 때 엄격하고 체계적인 방법으로 가설을 제시하고 검증해야 한다.

전문실천가의 코칭 연구가 아닌 것은 무엇인가

전통적으로 연구는 Mode 1(Gibbons et al., 1994) 방법에 의해 수행되었고, 연구내용이 반드시 실제 작업과 연관될 필요가 없어 연구수행자는 전형적으로 단일 방법론을 사용하였다. 그러나 현재는 투자수익(ROI)을 보여주는 것이 보편적인 요구이다. 그러므로 제기한 연구주제는 연구실행의 Mode 2 타입으로 정리하고(Fillery-Travis and Land, 2008), Mode 1 실행은 코칭 연구의 실행자들로는 고려하지 않는다. (이해를 돕기 위해 Mode 1과 Mode 2 연구 과제 종류를 표 14.2에 제시하였다.)

　　Mode 2 연구에서는 전문실천가 코칭 연구는 자신들에 의해 관리되고 고객과 함께 공동으로 만들어질 수 있다. 또 전문실천가들의 연구는 실행 과정에 매우 많이 집중되어 있다는 점을 연구의 목표에 분명히 함으로써 Lane과 Corrie(2006)가 언급한 것처럼 전문실천가의 관심 밖에 존재하는 과학적 철학에 근거한 구속 틀을 활용하지 않는다.

왜 전문실천가들이 코칭 연구를 하는가

심리학은 과학적 증거에 근거한 개입을 활용한다는 점에서 다른 작업과 다르다(Lane and Corrie, 2006: 66). 그러나 '과학자-전문실천가'라는 구분에 국한할 필요는 없고, 무엇이 증거로 받아들여질 수 있는지에 대한 합의(정량적인지, 정성적인지, 또는 전문성에 기반을 둘 것인지 아닌지의 여부)만 있다면 증거에 기반한 개입(evidence-informed intervention)을 응용한다는 점으로 코칭심리학을 다른 코칭유형과 구분할 수 있다. 이러한 입장은 세 가지 면에서 이득이 된다. 첫째, 코치는 연구와 코칭 활동의 평가에 필요한 기술을 연마함으로써 자신의 작업 수행을 최적화할 수 있다(Stoltenberg et al., 2002, Lane and Corrie, 2010에서 인용). 둘째, 실험적 활동을 촉진할 수 있기 때문에 코칭같은 새로운 분야에서 특히 중요하다. 셋째, Miller와 Frederickson(2006)이 언급한 것처럼 연구란 그 자체의 중요성 때문에 존재하는 것이 아니라 우리 실천 활동을 검토하고 성찰하는 것을 돕기 위해 존재하는 것이다. 바로 이 점에서 전문실천연구자들이 CPD 연구에 중심이 되어 효과적이고 보다 충분히 성숙하게 진행할 수 있는 이유이다.

연구 과정 소개

연구 과정을 그림 14.1에 제시하였고, 이 장에서 아래와 같은 기준에 맞도록 설명을 하였다(Anderson et al., 2001; Robson, 2002).

그림 14.1 코칭 전문실천가를 위한 CPD에 관한 연구의 일반적 과정

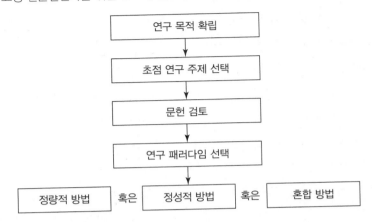

- 연구를 CPD의 일환으로 수행하고자 활동하는 코치들을 위해 설계된 것이다.
- 학술적으로 수준이 있을 뿐 아니라 실제 활동과도 연관성이 있어야 한다.
- 기존의 연구를 평가하기 위한 전문실천가를 위해 활용될 수 있다.

연구 목적의 확립

Corrie와 Lane(2006: 30)은 어떠한 종류의 심리학적 연구를 수행하든 기본 목표를 명확히 할 필요가 있다고 주장하였다. 이것은 CPD에 기본을 둔 코칭 연구에서 특히 중요하다. 분명히 정의된 연구 목적이 일차적 연구문제의 본질에 영향을 미칠 뿐 아니라 전문실천가 연구자로 하여금 그들의 직업 활동에 개인적, 전문적 파생력까지 고려에 넣도록 해줌으로써 미래지향적으로 만들어주기 때문이다(Fillery-Travis and Lane, 2008). 표 14.1에서 코칭 연구 목적의 예를 보여주고 있다.

연구 주제의 선택

새로 떠오르는 분야이니 만큼 CPD 연구에 적합한 코칭심리의 주제들은 다양하다. 코칭의 유효성, 코칭 개입의 본질과 타이밍, 효과적으로 코칭 성과를 측정하는 방법 개발, 코칭으로 말미암은 성과가치의 증가 등을 포함하는 주제들은 연구 주제로서 훌륭하다. 다른 주제들로는 다양한 고객-코치 관계의 본질[외부적, 내부적, 멘토, 인사부문(HR) 등], 코칭 산업의 프로파일링(훈련, 전문성, 실천) 등이 있으며 인간 행동의 이론적 근거 (Grant and Cavanagh, 2007; Rostron, 2008; spence, 2007)와 같이 좀 더 광범위한 것

표 14.1 코칭 전문실천가 연구 목적의 예

개인적, 전문적 성장	코칭심리학계의 발전	의뢰된 연구
CPD의 필수요건을 만족 전문적 지식의 심화 새로운 코칭 역할 준비 개인화에 의한 실행 개입과 증거기반 코칭 실행	코칭심리학계의 지식체계에 기여 동료심사논문의 발표	권한을 갖고 의뢰된 연구를 위한 만족할 만한 수행
고객 프로젝트 연구는 더 큰 '고객 프로젝트'의 부분을 이룰 수 있음	**상업적 혜택** 더 많은 고객을 얻을 수 있고 유지할 수 있음 직업활동의 가치 부여	**고객의 혜택** 코칭 중재의 혜택을 보여줌 기존의 개입을 개선함 새로운 개입 전략을 세움

출처 : Corrie and Lane, 2010; Crane and Haffen, 2002; Kampa-Kokesh and Anderson, 2001; Lane and Corrie, 2006.

도 있다. 표 14.2에 주제를 구상하는 데 유용한 여러 가지 근거가 있다. 여기에는 전통적인 근거(Mode 1)뿐 아니라 코치를 위해서 코칭 작업 내에서 발생하는 문제를 다루는 근거(Mode 2) 또한 포함된다.

연구 주제를 고를 때 고려해야 할 사항은 주어진 시간 내에 끝낼 수 있는 것인지, 자원과 자료를 얻을 수 있는지, 적당한 연구 체계가 존재하는지, 그리고 제시된 연구를 하기 위한 자료 수집과 분석기술이 존재하는지 등이다. 또한 일차 연구 목표가 CPD의 요소를 충족하는지 고려해야 한다. 그런 경우 수퍼바이저에게 주제에 대한 승인을 받도록 해야 한다. 뿐만 아니라 연구를 수행하는 동안 동기부여를 위해서 개인적으로 흥미를 갖고 있는 주제를 선택하는 것이 도움이 된다(Creswell, 1994; Hussey and Hussey,

표 14.2 연구의 두 가지 근거

Mode 1	Mode 2
• 코칭심리학 문헌 • 기존 연구의 연장 또는 본뜸 • 동료심사논문 또는 전문서들에 언급된 '미래연구 동향'이나 '연구의 한계' 참조 • 코칭계에서 일하는 학계 연구인들은 그들의 연구 내용 확장을 위해 주제를 공유하는 경우가 많음	• 코칭 수퍼바이저, 학계 연구자 또는 동료들과 아이디어 창출 • 전문실천가 자신의 작업 중 발생한 주제 • 고객에 의해 제기된 주제 • 코칭 컨퍼런스 네트워킹 • 코칭 산업계에서 정책적으로 제기되는 주제

1997; Neuman, 1994; Robson, 2002).

문헌 검토하기

문헌 검토는 연구자, 학자, 전문실천가들에 의해 기존에 완성되어 기록된 업적물을 발견, 평가, 종합하는 체계적이고 명시적이며 재현가능한 방법이다(Fink, 2005: 3).

　요점만 말한다면 문헌 검토는 다음과 같은 목적을 갖는다.

- 기존 연구를 알리는 데 사용된, 그리고 아직 사용되지 않았을 경우에는 기존의 연구를 알려줄 가능성을 가진 배경 학설 발견하기
- 기존에 제기되고 자주 언급된 과제, 제기된 적은 있으나 적절히 해결되지 않은 연구 과제, 아직 제기되지 않은 연구 문제 발견하기
- 기존 연구 방법론, 피실험자 샘플, 분석 방법과 결론의 강점과 단점 발견하기

문헌 검토를 할 때 아래와 같은 것들이 도움이 될 수 있다.

- 주제 문헌과 연구 방법 문헌뿐만 아니라, 전문실천가로서 실천적 관심사에 주목한 일지 기록도 포함시킨다.
- 학부와 대학원 교과서는 유용한 자원으로 주제에 관련된 이론, 이견, 중요한 연구 업적뿐 아니라 문헌 검색 시 필요한 주제어를 찾아볼 수 있다.
- 학술논문의 참고문헌을 이용하면 유용한 문헌을 찾아내는 데 도움이 된다(눈덩이 표집 과정을 진행하는 것처럼 — Hussey and Hussey, 1997).
- 주제에 관련된 박사논문은 학술논문 목록이나 참고문헌에서 빠져 있는 경우가 많다. 이러한 경우에는 대영도서관(British Library)이나 UMI가 출판한 Dissertation Express를 통해 구할 수 있다.
- 구글 스콜라(Google Scholar)는 Science Direct, Informa, Ingenta, Psychinfo 등을 포함하는 기존의 학술정보를 검색하는 유용한 연구 도구이다. 전문 단체나 대학은 물론 출판사에서 구매한 것, 그리고 그 외의 논문들을 언제나 무료 링크로 제공받을 수 있다.
- 문헌 검토에는 연구 자료 내의 연구 문제, 가설, 사용된 배경 이론, 연구 샘플의 인구통계, 정보 수집 테크닉과 기기(instruments), 독립변수와 종속변수, 사용된 분석 기법, 가설 테스트의 결과뿐 아니라 앞으로 수행할 과제까지 포함되어야 한다.

앞에 열거한 정보를 찾아내기 위해서는 자료처리 프로그램으로부터 Bookends, Citation, 또는 Bibus(마지막 것은 오픈소스로서 저술기간 동안 무료로 제공된다)처럼 전문가용 논문인용 관리 프로그램에 이르기까지 여러 가지 유용한 도구가 있다. 앞서 말한 바와 같이 논문 검토는 저변의 가정에 대한 이해와 명시를 하기 위함이라는 것을 명심하고, 채택한 연구 자료나 문제에 관련된 검토의 범위, 사용된 방식이나 학술적 엄격성 등을 언제나 고려해야 한다.

연구 패러다임의 선택

연구 방법론은 일반적으로 연구 설계, 자료 수집, 실험자료 분석과 해석을 관장하는 지식체계에 의해 입증된다(Guba, 1990; Kuhn, 1962). 현대심리학의 연구 방법론들도 대개 실증주의자, 상대론자, 해석적 패러다임이라 이름붙은 것들 또는 이들의 조합에 기반을 두고 있다(Creswell, 2002).

과학적 방법 같은 실증주의자의 방법론은 대개 양적 방법론이라고 불리며, 연구 가설을 제시한 뒤 실험적 데이터를 이용하여 이를 테스트하는 것으로서 기존 이론을 사용하는 (일반 이론으로부터 선험적으로 추리해내는 방법을 뜻하는) 연역적 과정이다(Black, 1993). 이런 방법은 다음과 같은 때 유용하다.

- 연구의 목적이 코칭 개입이 어떻게 얼마나 특정한 코칭 성과에 도달하게 해주는지를 측정할 때
- 연구 과정(예 : 사용할 구성의 개수, 연구 방법과 자료 수집 방법)이 미리 확정 가능하고 일단 조사가 시작된 뒤에는 바뀔 가능성이 없을 때(Robson, 2002)
- 실험 조건이나 외부적 변수를 엄격히 조절할 수 있을 때(Kerlinger, 1986)

이와 반대로 상대론자와 해석적 패러다임에 기반한 질적 방법론은 관찰된 실험적 데이터에 의존하여 귀납적으로 가설을 세워나가는 접근을 이용한다. 질적 접근법은 대개 아래와 같은 경우에 가장 적합하다.

- 조사의 목적이 예를 들어 코칭에 대한 고객의 경험처럼 어떤 현상의 의미나 주관적인 경험을 이해하는 데 있을 때
- 주제에 대한 기존의 연구에 한계가 있을 때
- 매우 많은 대단위 구성을 포함하는 연구일 때

표 14.3 양적, 질적 방법론 가정의 비교

	양적 방법	질적 방법
인식론적 입장	객관주의자	구성주의자
주제와 연구자와의 관계	거리를 둠/외부인	가까움/내부인
연구의 초점	'사실'	의미
이론/개념과 연구의 관계	연역적/입증적	귀납적/생성적
발견의 범위	법률정립적	표의적(ideographic)
자료의 성질	숫자에 근거한 자료	텍스트에 근거한 자료

출처 : Gray, 2004: 200

표 14.3은 양적, 질적 방법론을 지지해주는 가정들을 제시하고 있다.

양적연구 전략

그림 14.2는 전문실천가 연구자에게 적합한 양적연구 과정의 개요이며 아래에 내용이 자세히 설명되어 있다.

1. 이론 설정

코칭심리학에 적합할 수 있는 이론들은 다음과 같다.

- 실천에 중점을 둔 이론 : 인지행동치료, 실존철학적, 정신역동적, 긍정심리학, 또는 의학적 모델 등이 그 예이다. 이런 연구들은 대개 전문실천가의 훈련을 성찰한다.
- 결과에 중점을 둔 이론 : 고객과 관련된 이론이나 모델이다. 예를 들면 기업 성과에 기반한 성과 모델, 판매와 마케팅 이론, 일과 개인적 삶 균형, 관계 친밀성, 조직 발전 모델 등이 있다. 여기에는 보통 코칭심리학 구성은 포함되지 않는다.
- 조직 이론 : 예를 들면 복잡계, 시스템과 네트워킹 이론 등이 포함된다.
- 혼합 이론 : 코칭심리학 선행연구와 고객 성과에 관련된 모델이 포함된다.

연구 과제 계발

양적연구 과제는 독립변수가 종속변수에 미치는 영향에 대한 문제를 해결하는 것이다.

그림 14.2 양적연구 과정

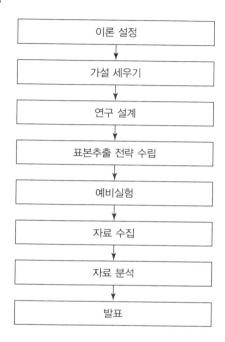

Grant 등(2010)은 코칭 연구 시 코칭의 효과를 반영하는 것을 독립변수로 설정할 것을 권장한다. 표 14.4에 그 예를 제시하고 있고, 표 14.5는 최근까지의 기존 연구에 사용된 선행연구 구성의 예를 보여주고 있다.

코칭심리학 연구 결과에 영향을 미칠 수 있는 몇 가지 외생변수나 혼동변수에는 시장 환경, 조직 기여, 고위직 경영관리, 제품과 서비스, 그리고 연구가 이루어지는 곳의 경제 환경, 즉 인수합병이나 기업 전략 등이 포함된다.

양적연구 과제의 종류

De Vaus(2001)는 세 가지 종류의 양적연구와 그에 관련된 연구 과제를 제시하였다.

가. 설명적 연구

설명적 연구는 1개 또는 그 이상의 독립변수와 1개의 종속변수 간의 인과관계를 수립하는 데 목적을 둔다. 이러한 연구 문제는 X가 Y에 미치는 영향은 무엇인지, X와 Y의 관계에 영향을 미치는 M의 역할은 어느 정도인지와 같은 형식을 갖는다.

표 14.4 고객 관점에서 본 코칭 유효성 구성의 예

스트레스	자기효능감
일과 개인의 삶 균형	대인관계기술
코칭 성과(ROI)	전략적 사고
회복탄력성	시간관리
의사결정	갈등관리
목표 성취	위임
정신건강(예 : 스트레스, 불안, 우울증 등)	직원고용 문제
웰빙	결근
리더십과 경영 스타일	자기일치성과 성취 목표
체질량지수	학습 능력
자기성찰과 직관	참여

출처 : Grant et al(2010); Kampa-Kokesch and Anderson(2001)

표 14.5 코칭 연구에서 사용되는 독립변수의 예

코칭 성과 향상 라이프코칭, 임원코칭, 건강코칭, 훈련, 멘토링, 관리, 프로세스 컨설팅, 심리치료 등	**코칭 과정** 코칭 회기의 횟수, 시간
코칭 모델 인지행동치료(CBT), GROW, 긍정심리학, 정신역동적, 실존적, 해결중심, 마음챙김, 메타인지 등	**고객 요소** 교육, 성격, 태도, 자기관리, 신경생리학적 요소, 상호관계 스타일, 변화를 위한 준비와 마음가짐, 직업에서의 역할 등
코치-고객 관계 인사(HR), 외부적, 매니저, 멘토 등	**코치 요소** 교육, 역량, 자신감, 성격, 태도, 동기, 직관, 경험, 경청기술 등
코치의 역할 촉진자, 전문가, 심리치료사	**코치-고객의 양자관계** 코치와 고객의 상호관계 요소
코칭 방법 그룹 혹은 개인, 현장에서 즉석, 전화, 인터넷 등	**조직의 환경** 코칭의 목표, 필요로 하는 조직적 역량, 조직문화 등
	코칭 수퍼비전

출처 : Grant et al(2010); Kampa-Kokesch and Anderson(2001)

나. 서술적 연구

설명적 연구가 인과관계를 테스트하는 데 목적이 있는 반면에 서술적 연구는 각각 변수의 특징에 초점을 맞춘다. 예를 들면 중심 경향, 변수의 분산과 빈도 분포, 2개 혹은 그 이상의 변수에 의한 요소의 비교 등이 그것이다. 데이터는 주로 설문조사나 인터뷰를 통해 수집되며, 이러한 연구의 예로는 다음과 같은 것들이 있다 — X의 평균과 표준편차는 무엇인가? X는 정규분포를 이루는가? 지난 5년간 X는 어떻게 변화하였는가? Y와 비교하여 X의 발생률은 무엇인가?

다. 탐험적 연구

탐험적 연구(exploratory research)는 주제에 대한 기존 지식이 제한되어 있는 분야에서 연구의 수행가능성(feasibility)을 확립하는 데 목적이 있다. 예를 들면 제안된 연구 방법론의 수행가능성, 연구 수행에 필요한 자료에 대한 연구, 테스트하고자 하는 표본의 측정 수단 적합성, 그리고 가능한 효과나 매개변수 등을 제시해준다.

2. 가설 세우기

과학적 연구 가설은 연구 문제를 귀무가설(null hypothesis, 두 집단을 대상으로 실험했을 때 각 집단에서 동일한 결과가 나올 것이라는 가설)과 대립가설(alternative hypothesis)로 변환함으로써 만들 수 있다. 이러한 가설들은 다음 예에서와 같이 검증이 가능한 명제로 표현된다 — 귀무가설(H0) : 종속변수에서 관찰된 변화는 독립변수의 변화에 의한 것이 아니라 다른 요인들에 의한 것이다. 대립가설(H1) : 종속변수에서 관찰된 변화는 독립변수의 변화에 의한 것이다.

만일 얻어진 실험 결과의 확률이 단순한 우연으로 생겨날 수 있는 경우의 수가 실험의 유의 수준(significance level)보다 낮다면, 귀무가설은 기각되고 대립가설이 받아들여진다. 귀무가설을 잘못 기각함으로써 틀린 대립가설을 받아들이는 것을 Type I 오류라 칭하며 이런 일이 일어날 확률이 실험의 중요도이다.

역으로, 귀무가설을 잘못 받아들이고 옳은 대립가설을 기각하는 것을 Type II 오류라 하며 이런 일이 일어날 확률은 실험의 유의 수준을 올려줌으로써 감소시킬 수 있다. 그러나 이것은 독립변수를 변화시킬 때 일어날 수 있는 종속변수 내의 작은 변화를 감지할 수 있는 검정력(power)을 떨어뜨린다.

3. 정량적 연구의 설계

정량적 연구의 신뢰성, 엄격성, 정확성

실험에 있어 인과 관계가 성립하는 범위는 연구 설계의 효율성에 크게 좌우된다. 탄탄히 설계된 연구는 독립변수의 영향을 최대화하고, 오류 변이를 최소화하며, 외생변수의 역할을 조절함으로써(MaxMinCon principle; Kerlinger, 1986) 연구 결과의 중요도를 증가시킨다. 이러한 것은 또한 연구의 내적, 외적 타당도에 좌우된다(Campbell and Stanely, 1963; de Vaus, 2001; Robson, 2002).

내적 타당도(internal validity)는 종속변수의 변화가 다른 외부 요인이 아닌 독립변수의 변화에 기인한 것이라는 신뢰도를 뜻한다. 외적 타당도(혹은 일반화)는 실험적 표본에서 발견된 사실이 표본이 추출된 개체군 내에 어느 정도까지 적용될 수 있는지를 뜻한다.

정량적 연구 설계 타입

정량적 연구 설계는 실험적 또는 비실험적인 것으로 나뉠 수 있으며, 이 둘의 주요한 차이는 실험적 설계는 독립변수를 다루는 데 비해 비실험적 설계는 그렇지 않다는 데 있다.

실험 설계

실험 설계는 순수 실험적인(true experimental) 것과 유사 실험적인(quasi-experimental) 것으로 분류된다. 순수 실험적인 설계에서의 참여자는 타당도를 최적화해주는 실험 집단이지만 유사 실험적인 설계에서는 그렇지 않다.

순수 실험적 설계

순수 실험적 설계는 미리 정해 놓은 개체군으로부터 표본 참여자 추출, 서로 다른 실험 조건에 참여자를 무작위 배정, 독립변수를 정해진 방식으로 조작(처리나 개입), 변수의 측정과 외생변수의 조절, 통계학적 가설 검증과 같은 특성을 갖는다(de Vaus, 2001; Robson, 2002). 실제 실험적 설계를 다음과 같이 응용할 수 있다.

- 무작위 대조연구(randomized controlled trial, RCT) : 실험적 설계의 황금률로 불리며(Grant et al., 2010: 19), 어떤 처치도 받지 않는 대조군을 포함하므로, 외생적 혹은 선택적 요소가 아닌, 오로지 독립변수에 의한 차이만을 측정할 가능성이 증

가한다.

- 요인 설계 : 다수의 독립변수의 영향을 검증하는 설계이다.
- 짝지은 참여자 설계(matched participant design) : 참여자들을 실험 대조군 사이에서 독립변수와 연관된 요인에 의해 짝을 짓는 방법이다. 이러한 설계는 짝지은 변수의 변이를 고려에 넣음으로써 독립변수에 의해 설명될 수 있는 변이를 증가시켜 준다.
- 피험자 간 설계(between-subjects design) : 각 실험군은 서로 다른 처치를 받으며, 처치의 효과가 그룹 간에 어떻게 다르게 나타나는지 측정한다.
- 피험자 내 설계(within-subjects design) : 각각의 피험자는 복수의 처치를 받으며 각 개인에 있어서 처치의 효과가 어떻게 나타나는지 측정한다. 처치의 효과와 순서의 결과가 비정상적으로 나온 경우에 한해서 반복 측정 설계를 할 수 있다.
- 중재 전 및 중재 후 조사 : 사전조사를 통해 실험군 사이에서 보이는 종속변수의 초기 수준 차이를 조사한다. 이러한 상황하에서 종속변수는 사전조사값과 사후조사값의 차이로 나타나며(변화량), 이는 내적 타당도를 높여주는 효과가 있다. 사전조사는 피험자의 민감화(sensitize participants)나 처치 결과에 영향이 미칠 가능성이 없을 때에만 수행해야 한다.

유사 실험적 설계

독립변수는 조작할 수 있지만 피험자들을 비교군에 무작위적으로 할당할 수 없는 경우는 유사 실험적 설계로 간주된다(Campbell and Stanley, 1963). 유사 실험적 설계에서는 피험자의 경험(history)이나 성숙(maturation)이 고려되지 않아 내적 타당도가 감소한다. 피험자를 작위적으로 할당할 수밖에 없는 경우는 실험군(예 : 작업팀)을 마음대로 바꿀 수 없는 조직적 연구에서는 흔한 일이며, 연구의 한계로 반드시 언급되어야 한다(Phillips and Phillips, 2003 ; Stober, 2005).

비실험적 연구 설계

비실험적 연구 설계는 독립변수를 다루지 않으므로 다음과 같은 특징을 갖는다.

- 미리 정해진 개체군으로부터의 표본 추출
- 여러 가지 실험적 조건에의 표본 할당
- 변수의 측정

- 외생변수의 조절
- 가설 검증은 할 수도 있고 안 할 수도 있음

비실험적 설계는 상관관계적, 비교적, 종단적 설계로 나뉠 수 있다.

상관관계적 설계

상관관계적 설계는 변수 간의 관계(상관관계)를 조사한다. 예로는 횡단적 설계와 예측 설계가 있다.

횡단적 설계는 1개의 집단 내에서 특정 시간에 여러 가지 변수의 순간적 모습을 관찰할 수 있도록 해준다. 예를 들면 코칭에 대한 태도와 코칭 결과의 상관관계와 같은 것이다. 비실험적 설계에서는 인과관계가 성립할 수 없기 때문에 '독립변수'와 '종속변수'와 같은 단어는 각각 '설명변수' 또는 '결과변수'로 대체된다. 예측 설계는 1개의 변수 세트가 다른 변수 세트를 예측할 수 있는 범위를 지정한다. 예를 들면 코칭에 대한 태도에 따라 코칭 결과를 예측할 수 있는 범위를 측정하는 것이 그것이다. 그러므로 이러한 조사는 긴 시간에 걸쳐 수행되어야 하며 독립변수는 '예측(predictor)변수'와 '기준(criterion)변수'로 부른다.

비교 설계

상관관계적 설계와 마찬가지로 비교 설계는 설명변수와 결과변수 사이의 관계를 분석한다. 그러나 비교 설계는 2개 이상의 실험군을 비교한다는 점에서 다르다. 예를 들어 고위관리자와 중간관리자의 코칭에 대한 태도와 코칭 결과에 대한 관계를 비교하는 것은 비교 설계이다.

종단적 설계

종단적 설계는 시간에 따라 변수들이 어떻게 변해가는지 연구하기 위해 반복적인 측정을 하는 것이다. 이러한 방법은 예를 들어 코칭 결과가 얼마나 오래 지속되는지를 연구하는 데 유용하게 사용될 수 있다. 이 방법은 상관관계적, 비교적 방법과 같이 사용될 수 있으며 패널(panel) 연구나 코호트(cohort, 동세대) 연구 방법과도 함께 이용될 수 있다. 그러나 이러한 방법들은 방대한 자료가 요구되며 표본 유실이나 연습효과로 인한 어려움이 있을 수 있다.

4. 표본추출 전략

개체군이란 연구의 목적에 부합된 성격을 갖고 있는, 이용 가능한 사례 또는 존재 전체를 일컫는다. 그러나 전체 개체군을 모두 이용한다는 것은 비현실적이므로, 표본추출 방법을 이용해 대표할 만한 표본을 뽑아내게 된다. 표본의 대표성은 표본 참여자를 무작위로 뽑을 때 최대가 된다.

표본을 이루는 존재들은 분석의 실험적 단위라고 불리며, 코칭 결과 연구에 있어서는 대체로 고객이 된다. 다른 예에서는 교육환경, 회사 또는 코치 자신이 될 수도 있다.

표본의 크기는 연구의 검정력과 표본에서 발견된 사실을 특정 개체군에 일반화하는 신뢰도에 영향을 미친다. 필요로 하는 표본의 크기는 연구 설계와 가설을 테스트하는 통계기술에 따라 달라질 수 있다(Borg and Gall, 1989; Cohen, 1992).

5. 예비실험하기

자료 수집에 앞서 연구자는 소수의 무작위로 뽑은 참여자들을 이용하여 예비실험을 함으로써 연구 설계의 타당성, 표집 방법, 데이터 수집 기구를 확인하고, 연구 과제의 수행 가능성, 사용하고자 하는 분석 기법이 적절한지 여부, 금전적·인력적 자원이 필요할지 여부를 타진하는 것이 바람직하다(van Teijlingen and Hundley, 2001). 예비실험은 연구 계획서를 만들고 연구를 위한 자금을 얻는 데도 도움이 된다.

연구 제안서 작성하기

연구 제안서(research proposal)의 유용성은 연구를 계획할 뿐 아니라 연구 수행 가능성과 연구 설계를 향상하는 데 전문가의 도움을 받을 수 있으며, CPD 검토의 토대로도 사용된다. 제안서는 다음과 같이 구성될 수 있다(Gray, 2004; Punch, 2000; Robson, 2002).

제목 : 핵심적인 연구 문제를 압축 서술하며, 가능하다면 그 구성도 언급해야 한다.
초록 : 배경 이론과 문제점, 연구 문제, 가설, 연구 설계, 이용한 표본을 간단 명료하게 요약해야 한다.
목적 : 해당 연구를 통해 얻고자 하는 측정 가능한 결과를 명시한다.
문헌연구 : 주제에 대한 개요, 역사, 연구되어야 할 분야를 언급한다. 이 부분은 연구를 발표할 의도가 아니라면 빼도 좋다.

연구 질문

방법론 : 연구 설계, 과정, 표집 방법, 그리고 측정도구에 대한 설명을 한다.

한계 : 예를 들어 내적 일관성이나 한계 검정력 등 알려져 있는 한계점들을 언급한다.

연구 진행 계획표: 연구 활동의 시간표를 보여줄 수 있다.

참고문헌 : 제안서 내에서 인용된 문헌 목록이다.

6. 자료 수집

연구 설계를 만든 뒤 참여자를 뽑았으면 연구하고자 하는 참여자의 속성을 파악하고 이를 통계분석(가설 검정, 실험군 비교와 결과 예측)이 가능하도록 수치화해주는 측정도구를 사용한다.

자기보고, 관찰, 동료 평정, 또는 면담을 통해 얻은 데이터를 이용하여 성격, 능력, 흥미, 동기와 태도를 측정하는 심리측정 테스트는 심리학에서 자주 쓰이는 도구이다 (Furnham, 2008; Sapsford, 2006). 심리측정도구 외에도 임원코칭 연구자들은 재무, 혹은 판매와 마케팅 결과 등을 측정하기 위한 영역특수적(domain-specific) 측정 방법을 물색해볼 가치가 있다.

자료 수집 도구의 선정

전문실천가-연구자(practitioner-researcher)들은 기존에 발표된 측정 방법을 사용하거나 자신이 개발한 방법을 사용할 수 있다(Punch 2000). 그러나 Grant와 Cavanagh(2007: 247)는 실무자가 직접 개발한 '특수한 자기보고 도구(idiosyncratic self-report measures)'를 사용할 때는 이들이 흔히 타당성과 신뢰성이 결여되고 연구 내용의 비교 연구(cross-study)와 메타분석(meta analysis)이 불가능함으로 인해 연구기반이 약화된다는 점을 경고하고 있다.

측정 도구의 타당도와 신뢰도는 과학적 신빙성이 성립되기 위한 중요한 요소이다. 타당도는 연구자가 목표하는 바를 측정하는 도구의 범위를 가리키며, 신뢰도는 존재하는 현상들을 측정하는 데 있어서 도구의 일관성을 의미한다(Black, 1993).

현재까지 코칭에만 특별 적용되는 도구는 개발된 것이 거의 없지만 영국심리학회, 호주심리학회, 그리고 미국심리학회와 같은 단체들로부터 심리측정도구들을 구할 수 있다. 이런 단체들은 또한 이러한 방법들의 사용을 인증해준다. 코치들에게 특히 유용할 수 있는 두 가지 방법으로는 목표성취척도(Goal Attainment Scaling, Grant et al., 2010; Spence, 2007)와 긍정심리학 도구(Positive Psychology Center at the University of Pennsylvania)를 들 수 있다.

7. 정량적 자료 분석

일단 자료가 수집되면 다음과 같은 과정을 통해 정량적 분석을 한다.

데이터세트 준비
- 비정량적 사항의 부호화
- 범위를 벗어나거나 활용할 만한 가치가 없는 잘못된 자료 체크
- 손실자료 처리

탐색적 분석
- 표와 그래프를 이용하여 중심 경향, 분산, 빈도분포 등을 포함하는 모든 변수의 특성을 강조
- 변동이 적은 변수의 삭제

확증적 분석
확증적 분석에는 실험군 간의 차이 비교, 변수의 연관 측정, 데이터값, 예측하기 등 세 가지 종류가 있다. 각각의 방법에서 변수의 빈도분포에 따라 아래와 같은 방법을 이용하여 분석한다.

- 정규분포된 변수들은 모수분석법을 이용하여 분석한다.
- 비정규분포된 변수들은 비모수분석법을 이용하여 분석한다.

8. 정량적 연구의 발표

연구 발표내용의 구조는 연구의 목적과 목표로 하는 독자에 따라 크게 달라진다. 동료 심사 학술지에 출판하기를 원하는 연구자는 각 출판사에서 정한 가이드라인을 따르며 대개 다음과 같다(Gray, 2004; Punch 2000; Robson, 2002).

제목 : 핵심적 연구 문제를 압축 서술하며, 가능하다면 그 구성도 언급해야 한다.
초록 : 주된 연구 문제와 가설, 연구 설계, 표본, 주요한 결과와 결론을 간단 명료하게

요약한다.

서론 : 연구의 명분, 연구 문제와 가설

문헌연구 : 배경 이론, 기존의 연구와 보완되어야 할 부분 언급

방법론 : 연구의 맥락(학계, 회사), 표집 전략, 연구 설계, 연구 절차, 사용된 분석 기법

결과 : 해석을 하지 않은 순수하게 발견한 내용

고찰 : 문헌 검토에서 언급한 연구를 통해 얻은 결과를 비교하여 가설을 고찰한다. 발견된 새로운 지식 언급, 한계점, 미래 연구를 위한 추천 사항 등을 포함한다.

참고문헌 : 제안서 내에서 인용된 연구 내용 목록

정성적 연구 : 사례연구

많은 연구자들이 사례연구(case study)가 코칭 연구의 정성적 설계에 유용한 방법이라고 주장한다(Bachkirova and Kauffman, 2008 ; Harding, 2009 ; Lowman, 2001). 사례연구란 특정한 한 대상 또는 소수의 연관된 대상에 대한 구체적이고 엄격한 현장(in situ) 연구를 칭한다(Yin, 2003).

사례연구의 전략은 다음과 같은 요소들을 포함할 수 있다(Creswell, 2004 ; Gray, 2004 ; Robson, 2002). 첫째, 연구 문제와 가설은 가능한 한 기존의 이론 및 연구와 연관 짓는 것이 바람직하다. 이것을 잠정적으로 사용하면서 데이터를 수집하는 동안 수정을 가할 수 있다. 다음으로 하나 또는 몇 가지 사례를 연구 중점과 관련된 기준에 의거한 의도적 표집법(purposive sampling)을 통해 골라낸다. 연관된 사례를 정한 뒤에는 타당도와 신뢰도를 높일 수 있도록 여러 가지 데이터 소스를 이용하여 연구 측정 방법과 도구, 그리고 연구 절차를 개발한다. 여기에는 면담, 참여자 이용하기, 직접 관찰 또는 자료 분석하기 등이 포함될 수 있다.

이러한 과정이 끝난 뒤에는 데이터를 수집하고 얻은 경험에 근거하여 연구 도구와 절차를 필요에 따라 수정할 수 있다. 데이터를 얻은 뒤에는 이를 분석해야 한다. 사례연구의 분석기술은 여러 가지가 있으며 가설에 근거한 결과와 실제로 관찰된 결과를 비교하는 패턴 매칭이나 설명 구축 방법, 실제 변화와 가설에 의한 변화를 종단적으로 비교하는 시계열 분석, 패턴 매칭과 시계열 분석 방법을 결합하여 최초의 상태로부터 어떻게 결과가 진화해나가는지 예측하는 프로그램 논리 모형 등이 포함된다. 마지막으로 분석적 일반화를 수행함으로써 데이터가 처음의 가설을 뒷받침하는지 검증하게 된다.

사례연구의 발표

Passmore와 Gibbes(2007: 122)는 사례연구의 결과를 발표할 때 다음과 같은 구조를 따를 것을 추천한다. 첫째, 해당 연구의 맥락을 비롯하여 코치이(coachee)가 가지고 있는 문제, 그리고 코치와 코치이 모두가 동의하는 목적이 무엇인지 명확하게 설명되어야 한다. 그 뒤에는 코치가 선택한 접근 방법이 무엇인지 설명하고 코칭 관계 중 어떤 일이 일어났는지 서술해야 한다. 가장 중요한 것으로, 코칭 관계에서 어떤 결과가 얻어졌는지, 어떻게 그러한 결과들이 측정되었는지, 끝으로는 코치가 그러한 경험을 통하여 어떤 성찰을 이루었는지 반드시 언급해야 한다.

사례연구 설계에 있어서의 학술적 엄격성

질적 방법 연구자들은 흔히 과학적 엄격성에 요구되는 기준들이 질적연구와는 무관한 것이라 주장한다. 그러나 사회정책 결정이 종종 결과 측정을 통한 실증연구에 근거해 결정되듯이 사례연구의 타당성과 신뢰성도 이런 점에서 고려되어야 한다.

연구윤리

영국심리학회와 같은 규제기구에 속한 연구자들은 그러한 기관에서 제시하는 윤리규범이 무엇인지 잘 알고 있어야 한다. 일반적으로 코칭 연구에는 표 14.6에 제시된 가이드라인이 추천된다(Gray, 2004; Robson, 2002).

표 14.6 연구윤리상 권장 또는 지양하는 행동

권장할 것	지양할 것
• 참여자에게 배려심과 존경심을 가지고 공평하게 대한다. • 사전동의를 반드시 구한다. • 참여자의 프라이버시를 존중한다.	• 동의를 얻지 않고 사람들을 이용하는 것 • 강요된 참여 • 연구가 어떤 것에 의한 것인지 정보를 주지 않는 행위 • 연구 참여자를 기만함 • 참여자로 하여금 자존감을 짓누르고 헌신적 행동을 하도록 유도함 • 자기결정권을 침해함 • 참여자에게 육체적·정신적 스트레스를 가함 • 일부 참여자에게 다른 이들과 다른 보상을 하는 것 • 참여자를 다치게 하는 것

표 14.7 조직적 차원에서 코칭에 의해 영향받을 수 있는 결과들

결과	업무 습관	질
부서 형성	결근	쓰레기
물품 조립	지각	불량품
품절 물품	의무실 가기	오류율
서류승인	구급처치	재가공
대출승인	안전수칙 위반	부족
재고 소진	과도한 휴식	표준에서 벗어남
환자 방문		생산실패
지원서 처리	**근무환경**	재고조정
생산성	불만의 정도	완수율
잡무	차별의 정도	지출 목록
발송	혐의	
신규계정	종업원 불평	**고객관리**
	직업만족도	고객이탈률
시간	종업원 재직기간	만족고객 수
기기 휴지기간	소송	고객만족지수)
잔업		고객충성도
시간 내 발송	**비용**	고객불만
프로젝트 완료기간	예산변동액	
가동기간	단위비용	**성장**
회전기간	계정당 비용	승진횟수
회의 계획	가변비용	임금인상횟수
수리기간	고정비용	연수참가횟수
효율성	간접비용	전근신청
업무중단	작동비용	업무평가
주문처리기간	비용절감횟수	업무효율 증가
지각보고	사고비용	
휴업일수	판매비용	

출처 : Phillips and Phillips(2003)

결론

이 장에서는 코칭 연구에 어떻게 접근할 것인지, 코칭 연구를 통해 얻는 이득은 무엇인지 그리고 어떻게, 왜 그러한 연구가 코칭과 CPD의 일부로서 유용한 것인지에 대해 요

약해보았다. 연구 과정을 어떻게 진행하는지와 방법론과 이론적 접근 방법을 선택할 때 고려해야 할 사항을 요약하고, 연구 주제 및 가설, 그리고 전략과 실험 과정을 선택하는 데 어떤 고려사항들이 유용한지 제시하였다. 마지막으로, 어떻게 연구 내용이 구성되어야 하는지, 어떤 식으로 발표되는지 살펴보았다.

코칭심리학은 응용분야이므로 전문실천가들은 현장 연구에 필수적인 잠재적 운송체이다. 코칭 전문실천가들은 고객 수준에서 코칭 결과를 조정하거나 회사 수준에서 코칭 개입의 효과를 조절해 코칭 연구의 중요성을 높이게 설계하도록 해 연구에서의 위치가 갖는 이점을 활용하기도 한다(표 14.7 참조).

비록 모든 전문실천가가 연구 자원을 이용할 수 있다거나 학술연구에 필요한 능력이 있는 것은 아닐지라도 대부분은 고객이라는 귀한 공동연구자를 가지고 있는 셈이다. 이러한 강점은 전문실천가-학계에 유익한 공동연구 가능성을 열어준다. 더 나아가 효과적인 소비자일 뿐만 아니라 연구에 대한 전문실천가라는 점은 전문적 통합을 가능하게 할지도 모른다(Dawes, 1994; Jones, 1998; Lane and Corrie, 2006 참조). 전문실천가들은 한 사람도 이런 논의를 무시해서는 안 된다. 고객에 대한 우리의 책임 때문에라도 우리는 CPD를 위한 코칭 업무의 일부분으로서 연구에 적극 참여하도록 해야 한다.

참고문헌

Anderson, N, Herriot, P and Hodgkinson, G (2001) The practitioner-research divide in industrial, work and organisational (IWO) psychology: where are we now, and where do we go from here?, *Journal of Occupational andOrganizational Psychology*, 74, 391–411

Bachkirova, T and Kauffman, C (2008) Many ways of knowing: how to make sense of different research perspectives in studies of coaching, *Coaching: An International Journal of Theory, Research and Practice*, 1 (2) 107–13

Black, T (1993) *Evaluating Social Science Research*, Sage, London

Borg, D and Gall, M (1989) *Educational Research*, Longman, New York

British Psychological Society (2009) *Ethical Guidelines and Support*, The British Psychological Society, Leicester

Campbell, D T and Stanley, J C (1963) *Experimental and Quasi-experimental Designs for Research*, Rand McNally, Chicago, IL

Cohen, J (1992) *A power primer, Psychological Bulletin*, 112 (1) 155–59

Corrie, S and Lane, D (2010) *Constructing Stories, Telling Tales: A guide to formulation in applied psychology*, Karnac Books, London

Crane, D and Haffen, M (2002) Meeting the needs of evidence-based practice in family therapy:

developing the scientist-practitioner, *Model Journal of Family Therapy,* 24 (2) 113–24

Creswell, J (1994) *Research Design: Qualitative and quantitative approaches, Sage,* Thousand Oaks, CA

Creswell, J (2002) *Educational Research: Planning, conducting, and evaluating quantitative and qualitative research,* Pearson Education, Upper Saddle Creek, NJ

Creswell, J (2004) *Research Design: Qualitative and quantitative approaches, Sage,* Thousand Oaks, CA

Dawes, R M (1994) *House of Cards: Psychology and psychotherapy built on a myth,* The Free Press, New York

de Vaus, D (2001) *Research Design in Social Research,* Sage, New York

Fillery-Travis, A and Lane, D A (2007) Research: does coaching work?, in (eds) S Palmer and A Whybrow, *Handbook of Coaching Psychology: A guide for practitioners,* Routledge, London

Fillery-Travis, A and Lane, D A (2008) How to develop your research interests, in (eds) S Palmer and R Bor, *The Practitioners Handbook,* Sage, London

Fink, A (2005) *Conducting Research Literature Reviews: From the internet to paper,* Sage, New York

Furnham, A (2008) HR professionals' beliefs about, and knowledge of, assessment techniques and psychometric tests, *International Journal of Selection and Assessment,* 16, 301–06

Gibbons, M, Limoges, C, Nowotny, H, Schwartzmann, S, Scott, P and Trow, M (1994) *The New Production of Knowledge: The dynamics of science and research in contemporary societies,* Sage, London

Grant, A and Cavanagh, M (2007) Evidence-based coaching: flourishing or languishing?, *Australian Psychologist,* 42 (4) 239–54

Grant, A, Passmore, J, Cavanagh, M and Parker, H (2010) The state of play in coaching today: a comprehensive review of the field, *Review of Industrial and Organizational Psychology,* 25, 125–67

Gray, D (2004) *Doing Research in the Real World, Sage,* New York

Guba, E (1990) *The Paradigm Dialogue,* Sage, Newbury Park, CA

Harding, C (2009) Researcher as Goldilocks: searching for a methodology that is 'just right' for a coaching and mentoring study, *International Journal of Evidence Based Coaching and Mentoring,* 3, 11–21

Hussey, J and Hussey, R (1997) *Business Research: A practical guide for undergraduate and postgraduate students,* Macmillan, London

Jones, A (1998) 'What's the bloody point?' More thoughts on fraudulent identity, *Clinical Psychology Forum,* 112, 3–9

Kampa-Kokesch, S and Anderson, M (2001) Executive coaching: a comprehensive review of the literature, *Consulting Psychology Journal: Practice and Research,* 60 (1) 205–28

Kerlinger, F (1986) *Foundations of Behavioral Research,* Holt, Rinehart, and Winston, Fort Worth, TX

Kuhn, T (1962) *The Structure of Scientific Revolutions,* University of Chicago Press, Chicago, IL

Lane, D A and Corrie, S (2006) *The Modern Scientist Practitioner: A guide to practice in psychology,* Routledge, London

Lowman, R (2001) Constructing a literature from case studies: promise and limitations of the method, *Consulting Psychology Journal: Practice and Research,* 53 (2) 119–23

Miller, A and Frederickson, N (2006) Generalisable findings and idiographic problems: Struggles and successes for educational psychologists as scientist-practitioners, in (eds) D A Lane and S Corrie, *The Modern Scientist-Practitioner: A guide to practice in psychology*, Routledge, London

Neuman, W (1994) *Social Research Methods: Qualitative and quantitative approaches*, Allyn and Bacon, Boston, MA

Passmore, J and Gibbes, C (2007) The state of executive coaching research: what does the current literature tell us and what's next for coaching research?, *International Coaching Psychology Review*, 2 (2) 116–28

Phillips, J and Phillips, P (2003) *Return on Investment in Training and Performance Improvement Programs*, Butterworth-Heinemann, Burlington, MA

Punch, K (2000) *Developing Effective Research Proposals*, Sage, New York

Robson, C (2002) *Real World Research*, Blackwell, Oxford

Rostron, S (2008) White paper: Research agenda for development of the field, Global Convention of Coaching, available from **http://www.instituteofcoaching.org/images/pdfs/State-of-Coaching-Research.pdf**

Sapsford, R (2006) *Survey Research*, Sage, London

Spence, G (2007) Further development of evidence-based coaching: lessons from the rise and fall of the human potential movement, *Australian Psychologist*, 42 (4) 255–65

Stober, D (2005) Approaches to research on executive and organisational coaching outcomes, *International Journal of Coaching in Organizations*, 3 (1) 6–13

van Teijlingen, E and Hundley, V (2001) The importance of pilot studies, *Social Research Update* (online), Winter. Available: **http://sru.soc.surrey.ac.uk/SRU35.pdf** (accessed 20 April 2010)

Yin, R K (2003) *Case Study Research, Design and Methods*, 3rd edn, Sage, New York

4

개인적 성찰

제15장

코치들의 학습을 위한 성찰일지 활용

Declan Woods

서론

코칭시장에서의 성공이 학습에 달려있다는 점이 점차 확실해짐에도 대부분의 코치들은 어떻게 학습해야 하는지 알지 못하고 있다(Argyris, 1991). 지식과 기술은 시간이 지남에 따라 쉽게 퇴색하며 역량은 변화한다. 그리고 내일을 살아가기 위해서는 지속적인 학습이 필요하다(Lewis, 2003). 이러한 필요성은 코치들과 함께 작업하는 코치이들의 세계가 빠르게 변화하고 있는 지금은 과거 어느 때보다 절실하다. 다행히 코치들에게는 자신의 코칭을 통하여 배울 수 있는 기회가 매일 주어진다. 요점은 이러한 기회를 최대한 활용하는 방법을 어떻게 찾을 것인지에 있다. 자신들의 코칭과 그것을 성찰하는 일지를 계속 적는 것은 바로 이런 과제에 도움이 된다.

문헌연구를 보면 성찰(reflection)에 대한 정의와 실행 방법에 혼동이 있음을 알 수 있다. 이 장을 집필하는 동안 몇몇 임원코치들과 함께 수행했던 소규모 연구에서도 이 같은 사실이 발견되었다. 그들의 경험과 그에 대한 논평을 이 장에서 살펴보겠다. 성찰 활동을 어떻게 수행할 것인지에 대한 답은 매우 광범위하지만, 코칭에서 성찰이 가진 높은 가치에 대해서는 연구 참여자 전원이 동의하였고, 더 효과적으로 수행하는 방법을 찾고자 노력하였다. Johns(2004)가 언급한 바와 같이, 코치들은 성찰이야말로 수준 높은 전문적 코칭 수행을 위한 수준 관리의 핵심 실천(core activity)임을 주목해야 한다. 그럼에도 불구하고 Boud와 Walker(1998)에 따르면 많은 사람이 성찰을 거부하거나, 어떻게 수행할 것인지 이해하지 못하거나, 성찰을 아예 할 줄 모르는 경우도 있다. 이 장에서는 성찰에 대한 혼란을 해소하고 코치들로 하여금 어떻게 수행할 것인지 사례를 제시하여 안내하도록 하겠다. 먼저 중요한 용어 정리를 하고, 고객과 코치의 작업내용에 초점을 맞추면서 성찰과 그로부터 배울 수 있는 것을 함께 검토해보자.

성찰이란 무엇인가

많은 사람들에게 성찰이란 손에 잡히지 않는 막연한 개념이다. 막연하지 않고 분명하게 하기 위해 조금 더 설명이 필요하다. Raelin(2001)과 같은 이론가들은 성찰이란 '뒤돌아서, 떨어져서, 외부에 서서 바라봄'이라는 것에 대부분 동의한다. Carroll 과 Gilbert(2005) 역시 성찰이란 코칭 작업에서 한 발자국 떨어져서 새롭게, 다른 관점을 얻게 되는 것이라고 정의하고 있다. 일찍이 성찰에 대한 지지자였던 Dewey(1933)는 성찰이 질문(의심에 기인한 경우가 많음)과 탐색(의심을 극복하기 위한 새로운 것을 향한) 두 가지 요소로 나뉜다고 보았다. 그렇다면 무엇이 코치로 하여금 한발 물러나 질문하고 탐색하도록 만드는가?

　많은 코치들에게 있어 성찰의 첫 번째 단계는 (코칭) 경험에서 올라오는 불편함에 대한 느낌이며, 상황에 대한 자신의 평범한 반응이 불충분하다는 것을 알아차리는 것에서 출발한다(Atkins and Murphy, 1993). 조사에 임했던 코치 중 한 사람이 다음과 같은 기록을 남겼다.

> 자신에게 보낸 메모 — '청소용역 계약하기', '다음 코칭에서 해야 할 일은…', 나의 반응(reaction) 또는 어떤 점이 좋았는가 [나의 실행이 만약 좋았다 하더라도]…행동하는 것이 좋았을 것이다.

그는 이런 식으로 고객에 대한 관찰 기록을 한 적이 있다고 대답하였고, 자신이 실제로 실행한 것과 개선할 점이나 생각과 다른 차이점을 기록해 놓는 버릇이 있다고 덧붙였다. Hinett(2003)와 Mackintosh(1998)에 의하면, 배움의 출발점은 코칭 작업 중 잘못이나 비효율성을 깨닫는 순간부터 시작되는 경우가 많다. Hackman과 Wageman(2007)은 이 개념을 확대해 잘못과 실패가 성공과 성취보다 더 많은 배움의 기회를 제공한다고 주장한다. 실패는 선택했던 접근방법을 재고하고 개선을 도모할 수 있는 통찰과 탐구할 수 있는 자료를 제공한다.

이런 사실로 볼 때 코치에게 가장 큰 어려움은 코칭에 사용했던 방법을 지나치게 합리화하는 것이 아니라 본능적 방어기제를 극복하는 것이라 할 수 있다. Hay(2007)는 자기 작업 과정을 녹음한 뒤 수퍼바이저와 함께 검토하는 방법으로 성장해 온 과정을 설명하는 자리에서 자신에게 이러한 방어 반응이 있었음을 지적했다.

> 나는 인내심을 갖고 천천히 이러한 깨달음을 받아들이는 방법과, 발견된 나의 무능함을 이유로 나 자신을 탓하는 대신 미래를 위한 나의 능력을 길러나가는 방법을 배우게 되었다(p.7). … 당시에는 몰랐던 것에 대해 자신을 책망하는 자연적 경향성을 일단 극복해내면 사람은 자신이 어떤 일을 할 수 있는지에 대하여 커다란 깨달음을 얻기 시작한다(p.25).

자신이 인지했다는 사실뿐 아니라 그 시간과 때도 중요하다. 성인학습이론에 의하면(예 : Knowles, 1985) 매니저들은 그들이 배울 준비가 되어 있을 때, 그들 자신의 과거 경험이 더 이상 현재의 상황에 잘 적용되지 않는다는 것을 인식했을 때 가장 효과적으로 배운다고 한다. 이를 위해서는 이런 자각을 촉발하는 특별한 사건이 있어야 하며 자신의 실천 중에 개발해야 할 영역에 대해 인식하고 있어야 한다. 그러나 설령 배울 준비가 되어 있다 하더라도 성찰과 배움에 대해 얼마나 열려 있는가 하는 것은 코치들의 과거 경험에 의해 좌우될 수 있다. 충격적이거나 비효율적이었던 코칭 개입 또는 결과는 코치들이 일을 멈추고 성찰하게 하는 원인이 될 것이다. 그들은 상황을 평가하고, 다른 시각을 받아들이고, 새로운 가능성에 대해 충분한 열린 마음이 필요하다. 물론 많은 코치들에게 이 점은 불편하게 느껴질 수 있고 이런 행동을 하는 데는 용기가 필요하다. 때에 따라서는 미지의 것을 받아들일 수 있는 자발성이 요구된다. 나아가 효과적인 성찰적 학습을 장려하기 위한 중요한 요인은 안전한 환경을 조성하는 것이다.

위와 같은 불편함을 감수하더라도 성찰적 활동이 갖는 유익한 점은 다음과 같다.

- 학습 내용에 대한 주도의식이 강해지며 학습자가 배움의 과정에 더욱 능동적으로 참여할 수 있게 격려해준다(Jensen, 1987).
- 개인적 성장 — 사건에 대한 개인적 의미와 자신에 대한 탐색을 통해 개인적 성장이 이루어진다(예 : Christensen, 1981).

- 사고의 기술(thinking skill)이 향상된다(Moon, 2005).
- 행동 변화에 대한 지원 — '불쾌한 사건이나 경험의 짐을 덞'으로써, 혹은 '감정적 내려놓음'을 통해 행동의 변화를 가져온다.

코칭 회기에서 자료 모으기

이 절에서는 나중에 성찰할 수 있도록 자신의 코칭에 관한 내부적 자료를 모으는 방법에 대해 논한다.

코칭 회기에서 자료 구하기

내 경험으로 보면 적절한 적어두기가 코칭 성찰과 학습에 도움이 된다. 그러나 코칭에서 적어두기의 유용성에 대해서는 논쟁의 여지가 많다. 어떤 코치들은 코칭 회기 중 기록 남기기를 선호하는 반면 다른 코치들은 고객에게 완전히 집중하는 데 방해가 된다는 이유로 그렇게 하지 않는다. 고객이 동의한다면(이 부분은 코칭계약에 명시되어야 한다) 자세한 회기 기록을 남기는 편이 코치의 기억에만 의존하는 것보다 이점이 많을 수 있다. 그러나 코치가 글을 적느라 고객이 제공하는 중요한 실마리를 듣거나 보지 못할 수 있다. 기록에 신경을 쓰지 않는다면 코치는 코치이와 효과적인 작업 관계를 쌓는 데 더 집중할 수 있다. 물론 다른 대안으로는 코치가 회기가 끝난 뒤 기록을 남기는 방법이 있으나 이는 고객과 그들의 문제를 '비워버리는(clearing)' 작용이 될 수 있다. 반면에 그 순간만큼은 다음 코칭 작업을 염두에 두고 미리 완전히 집중하도록 도와주는 효과도 있다.

회기를 녹음하는 방법도 있다. 비디오 녹화 방법도 있지만 소리를 녹음하는 것만으로도 코치가 필요로 하는 중요한 자료는 대부분 얻을 수 있다. 임상치료사(물론 코치들도)들은 훈련 중 녹음하는 경우는 흔한 일로서 그것을 축어록으로 만들어 추후 수퍼바이저의 지도아래 더 나은 방법을 찾기 위한 심층 분석에 이용할 수 있다. 이렇게 '성찰'이란 Hay(2007: 23)의 말처럼 '과거에 한 것을 되짚어보고 미래에는 어떻게 행할 것인지 생각해보는 시간을 갖는 데 의의가 있다.'

적어 놓은 기록은 코치 개인의 편견, 선호, 선택적 주목이 개입될 여지가 있다. 이런 문제점은 코칭이 이미 갖고 있지만 코치가 언제 위와 같은 현상이 일어나는지 스스로 인식하지 못한다면 그것을 적어두지 못할 것이고 나중에 검토나 분석 시 주의를 기울일 수 있는 가능성은 거의 없다. 녹음은 이러한 한계점을 극복하는 데 도움이 된다.

Knapman과 Morrison(1998, Carroll and Gilbert, 2005에서 인용)은 기록을 남기는 작업이란 과정에 대한 보고서를 생산하려고 적어 놓은 메모를 근거로 완전히 기록해두는 작업이다. 두 사람이 무엇을 말했는지를 면담 중 혹은 면담 직후 상세히 기록하는 것, 그리고 쌍방이 보인 비언어적 신호와 무슨 일이 일어나고 있는지에 대한 분석 기록을 만드는 것이라고 하였다(p.33). 이러한 것들은 특정 회기 중 코치이가 무엇을 말했는지 또는 코치가 관찰한 것이 무엇인지에 근거한 기록이고, 코칭에 대한 단기적 반응을 제공해주기도 하며, 또 여러 회기에 걸쳐 시간순으로 기록할 때는 코칭 일기가 되기도 한다.

다음 절에서는 코칭일지나 일기와 같은 형식을 포함해 코치가 코칭회기에서 적는 기록들을 어떻게 수집, 분석하는지 알아보도록 하자.

코칭에서 얻은 자료를 일지에 적기

성찰일지란 무엇인가?

이 장은 코치의 학습을 위해 일지나 일기를 사용하는 방법에 중점을 둔다. Moon(2006)은 학습일지를 성찰의 도구라 칭하고 일기, 일지 또는 학습기록 등 여러 가지 이름으로 부를 수 있다고 한다. 그녀는 학습일지는 시간이나 코칭 장소와 같은 몇 가지 사실에 대한 기록이 포함되지만 꼭 이러한 것에만 국한할 필요는 없다고 한다.

자료라고 할 수 있는 일지는 사람들로 하여금 자기평가(self-evaluation)를 촉진하기 위해 그들의 태도와 믿음, 추측에 대해 생각하게 해준다. 다음과 같은 연구 참여자들의 언급을 통해 그러한 견해를 확인할 수 있다.

- 성찰일지는 깊이 있는 자기인식, 자기 자신에 대해 알 수 있게 한다.
- 나는 외향적인 사람이기 때문에 '내가 말하는 것을 듣기 위해서' 적을 필요가 있다. 그러므로 일지를 적는 것은 완전히 내적인 프로세스를 외부화하는 수단이다.
- 나는 내게 '내 인생은 어디로 가는가?', '나의 목표와 열정과 관련해 나는 어느 지점에 있는가?'라고 묻는다. 이는 나를 철학적인 사색에 머물게 한다.
- 나는 일지를 20년간 써 왔다. 이는 매 6개월마다 내게 어떤 패턴이나 주제가 발견되는지 뒤돌아보게 만든다.
- 어떤 시점에 나의 세계에서 무슨 일이 일어나는지에 대한 것이다.

Chi 등(1994)은 일지를 기록한다는 것은 일지를 적는 작업을 통해 자기설명을 위한 그릇(place)을 보며 무언가를 인식해가는 것이라고 묘사하는데, 이런 점은 코치들이 연구한 것과 일치한다.

- 이것은 나를 위한 것이다. 이 과정이 나 자신을 코칭하는 과정이다.
- 이것이 나의 학습일지이다. 이것은 나를 위한 것이고 나만의 학습 방식이다.

이처럼 일지 쓰기는 코치들의 보고를 살펴보면 철학적인 이득뿐만 아니라 실질적 이득도 있다.

- 이것은 전문적 도구이다.
- 나의 도구 모음 중 하나이다.
- 정도를 벗어나지 않게 해주는 핵심이다.

어떤 형식의 성찰일지를 쓸 것인가

이 연구에 의하면 코치 일지의 형식은 여러 가지가 가능하다. 매우 다양한 형식과 크기가 있으며 제본된 공책, 낱장 백지, 스크랩북, 그리고 녹음 파일이나 시각적 기록 미디어까지 포함된다. 자료에 의하면 블로그나 위키(Wiki)와 같은 전자 미디어 사용도 늘어나고 있다.

조사한 코치들 중에서는 노트북 컴퓨터에 일지를 기록하는 단 한 사람만 제외하면 모두들 종이로 된 일지를 사용하고 있었다. 예를 들면 다음과 같다.

- 나는 (학습을 위한) 개인적 기록을 유지하기 위해 작은 가죽 장정 공책(핵심 코칭 모델들을 기억하기 위한 노트, 수퍼비전을 위한 주제와 성찰을 기록)을 가지고 있다.
- 손에 닿는 촉감, 질감과 색깔과 같은 겉모습, 무엇보다 오래 간직할 수 있다는 것이 내게는 아주 중요하기 때문에(나는 가죽 장정 공책을 쓴다). 그것들은 쓰고 버릴 것이 아니며 간직하고 싶다.

일지는 전형적으로 손으로 쓰며 펜과 종이는 쉽게 가지고 다닐 수 있으므로 빠른 기록을 남기고 성찰 기록을 쓰는 쉬운 수단이다. 조사한 코치들이 자료를 수집하는 데 가장 보편적으로 쓰고 있는 방식도 이와 같았다. 중요한 것은 코치들이 자신들이 쉽고 빠르게 기록하고 성찰에 이용할 수 있도록 자료를 정리할 수 있는 형식을 찾아내는 것이다.

코치들이 성찰일지에 쓰는 것은 무엇인가

코치의 학습일지 내용 또한 매우 다양하다. 어떤 형식인지와 무관하며, 내용은 손으로 쓴 것인지, 타이핑을 한 것인지 제한할 필요가 없고, 도표나 그림, 관계지도, 다른 출처에서 얻은 자료(예 : 코치하는 회사의 조직도) 등으로 보충된 것도 무방하다. Moon(2006: 3)은 '학습일지는 예술가의 공책과 개념이 같거나 거의 비슷하다고 볼 수 있고', '글자와 그림이 섞인 것 또는 그림이 더 많은 것도 가능하다'고 말한다. 조사한 코치들은 그들이 사용하는 형식에 대해 다음과 같이 대답했다.

- 나의 개인적인 성찰 내용뿐 아니라 스케치, 도표, 마인드맵 등이 포함된다.
- 단어(깊은 수준으로), 그림(예를 들면 나는 전구 그림을 많이 쓴다), 사진, 스크랩북, 내가 쓴 것을 읽으면 그 코칭 회기에 대한 기억으로 곧바로 갈 수 있다.

내용을 정하는 데 핵심은 일지의 목적과 어떤 독자 ― 누구를 위해 쓰며 누가 읽을 것인지 ― 를 목표로 쓰느냐이다. 예를 들면 일지는 정식 코치 트레이닝의 평가자료 중 일부로 쓰이는 일이 많고, 코칭전문가단체(예 : 영국코칭협회)에서 코치의 개인자격 심사의 일부로 쓰기도 한다. 개인적 성장을 위한 것이든 전문적인 성장을 위한 것이든 일지가 코치 훈련을 받는 동료들이나 수퍼바이저 등 다른 사람에게 보이기 위한 것이라면 다른 사람이 이해할 수 있는 형식으로 기록되어야 한다.

Gray(2004: 65)에 따르면 성찰일지란 개인사, 이야기, 작업에 관련된 문제들을 포함하는 기록이며 이런 점은 아래와 같은 내용으로 이루어져 있다.

- 나는 모든 것을 다 적는다 ― 아이디어, 창조적인 생각들, 느낌, 할 일, 이야기 등.
- 내가 회기의 날짜와 시간, 과정을 적는 것은 일기이고 이는 성찰일지와는 다르다.
- 내가 쓰는 것은 여러 가지이다. 어떤 때는 기억할 요점들, 다음 시간에 할 목록 등을 적은 짧은 것이고 어떤 때는 더 길게, 긍정적인 업무 목표, 생활 중 주요 사건 등과 같은 것을 기록한다.

자료를 살펴보면 성찰일지는 중요한 배움의 사건, 개인적 · 직업적 가치에 대한 성찰묘사, 그리고 그 사람이 하기를 원하는 것(지지이론)과 그가 실제로 하는 것(사용법, theory-in-use) 사이의 차이에 대한 분석 등을 포함할 수 있다(Ghaye and Lillyman,

1997). 코치들이 중요 사건을 일지에 기록하는 것은 흔한 일이다. Gray(2004: 66)가 이러한 사건의 기록들은 '단순한 일기'에 비해 더 상세한 경향이 있다고 언급했지만 특별히 놀라운 사건이어야만 하는 것은 아니다. 그런 사건들은 매우 (불편할 수도 있는) 개인적이고 깊은 자기반성을 불러일으켜 '성장의 전환점'이 되는 경우가 많다(Skovholt and McCarthy, 1988: 69). 아래의 예는 몇몇 코치 일지의 감정적 내용의 정도를 보여준다.

- 나의 감정 기복을 그린 것이다 — 나는 이 그림을 감정 기복과 나 자신을 조절하는 데 이용한다. 특히 기분이 저하되어 있을 때 한 걸음 물러날 수 있도록 도와준다.
- 나는 내 생각/감정에 대해 '그것으로부터 벗어나기 위해' 쓴다. 나중에 돌아보면 이는 '매우 치유적'임을 느낄 수 있다.
- 내가 감정적(화남)일 때는 충동적이다. 일지를 쓰는 것은 그런 감정을 표출할 수 있는 '안전한 환경'이다.
- 이것은 나로 하여금 (나의 코칭에 대해 어떻게 느끼는지) 정화하게 해주어 다른 사람에게 그 일에 대해 말하는 대신, 실제 경험(make it real)이 되게 해준다.

Cormier(1988)는 심지어 중요 사건은 '실수'라고 분류될 수 있으며 당시에는 극복하기 어려울지라도 유용한 성장의 지렛대로 활용할 수 있다고까지 말한다. 그는 치료사들이 심리상담에서의 중요 사건을 자기인식과 전문성 발달을 위해 분석하는 오랜 역사가 있다고 말한다. 코치들은 이런 실천을 적용함으로써 배울 수 있는 것이 많을 것이다.

성찰일지 자료 정리하기

일지는 대개 '축적된 자료'로 만들어지므로(Moon, 2006: 2), 오랜 기간에 걸쳐 만들어진 많은 내용이다. 그러므로 이런 자료를 모으고 정리하여 코치들로 하여금 성찰에 이용할 수 있도록 만드는 것이 중요하며, 특히 장황하게 글을 쓰는 사람에게는 더 중요하다! 어린이들이 좋아하는 해리포터에서 아래와 같이 발췌했다(Rowling, 2000: 518-19).

가끔 너무나 많은 생각과 기억들이 마음속에 꽉 차 있을 때, 너도 분명히 그런 느낌을 알고 있겠지…그럴 때는…난 펜시브(Pensieve, 머릿속의 많은 생각과 기억을 따로 저장하는 물건)를 쓴단다. 머릿속에 넘쳐나는 생각들을 뽑아내어 돌로 만든 대야에 담아두었다가 한가할 때 들여

다보는 거야. 너도 알다시피, 그렇게 하면 어떤 결이나 연결고리같은 것들이 쉽게 찾아지거든.

어떤 사람들은 일지 쓰기에 대해 구체적인 안내를 해주는 것이 최선의 결과가 나온다고 믿고 있다(예 : November, 1993). Moon(2006 : 52)은 글쓰기가 익숙하지 않은 사람들은 '먼저 형식이 비교적 짜여진 방식에서 점차 자유로운 방식으로 이동해가는 것'을 추천하는데 이런 방법을 쓰면 초보자들이 '같은 것을 반복하며 원점으로 돌아오는 것'을 피하도록 도와줄 수 있기 때문이다. 미리 정해진 틀을 사용하는 것은 코치들이 많은 양의 데이터를 관리하는 데 도움이 된다. 여기에 쓸 수 있는 몇 가지 항목을 틀에 포함할 수 있으며, Knapman과 Morrison(1998)은 코칭 자료를 정리하는 데 아래와 같은 항목들이 사용될 수 있다고 제안한다.

1. 내가 말한 것
2. 코치이가 말한 것
3. 내가 느낀 것
4. 내가 스스로에게 말한 것
5. 내가 실제로 행한 것
6. 코치이가 행한 것
7. 기록 시점에서 일어나고 있다고 여겨지는 것

표 15.1에는 이러한 접근방식을 설명하기 위해서 테이프로 녹음된 회기로 작성한 축어록(그 후에 코치가 즉각적 진행한 성찰을 포함)의 일부를 예로 제시하였다. 이 예에서는 Knapman과 Morrison이 여러 차례 활용한 단순하고 구조화된 항목을 어떻게 이용하는지, 나아가 이것들을 어떻게 성찰에 사용할 수 있는지를 제시했다.

표 15.1 사례연구 1

맥락적 배경

회기 녹음 기록과 축어록은 여섯 번의 회기 중 네 번째에 속한 것이다. 고객은 세 번째 회기를 가진 뒤 수 개월 후에 가진 회기이다.

첫 번째 회기에서 드러난 것은 덮여 있던 상호 연결된 주제들이다.

- 자신감, 스펙 높이기, 인맥 쌓기 문제와 같은 개인적 문제
- 부족한 인력수급문제, 개인적/스태프들의 능력 부족 등과 같은 자원문제
- 직장 내 역할 효율성의 한계, 개인적 생활의 부정적인 영향, 배우자와의 관계 등에서 관찰할 수 있는 일하는 방식, 삶과 일의 균형문제

2~3회기에서는 위에 적은 사항들에 대한 긍정적인 발전을 보였고 네 번째 회기에서는 회기를 갖는 사이에 생긴 직장 내 승진 기회에 대해 집중하고 싶어했다.

녹음된 코칭 회기에서 발췌한 기록		
코치이가 말한 내용	코치의 코칭 당시의 생각과 실제 반응	코칭이 끝난 뒤 코치의 성찰 내용
내가 그렇게 했어야 한다는 것은 맞지만 이런 나의 윗선의 일들을 해결할 여유가 없다는 것이 문제인데, 바로 이것 때문에 불행하게도 앞으로 일어날 일을 그냥 받아들일 수밖에 없는 결과가 생기겠죠.	(침묵을 지킴으로써 코치이가 자신의 이야기를 계속하도록 북돋아줌)	그의 문제들은 정리가 가능할 것이다. 하지만 팀의 인력이 부족하기 때문에 혹사되고 있는 것일 수도 있다. 그는 자신의 상황과 현실을 알아차린 것으로 보인다.
구조조정의 가능성 얘기가 나올 수도 있지만 그렇게 되면 윗선의 누군가가 내 상사로 올 수 있다는 얘기가 됩니다. 그렇게 되는 것이 내가 원하는 바인지 잘 모르겠어요. 내가 더 힘들어질 수도 있고요.		나는 우리가 문제의 핵심을 찾아냈다고 느꼈지만 코치이는 그의 근심거리를 투사하기 위해 내게 자세한 내막을 모두 말해야 한다고 느낄 수도 있다. 나는 더 많은 정보를 얻기 위해 계속 이야기를 들었다.
내가 생각해야 할 것은 내 상사에게 그 일을 내게 맡겨달라고 말하는 것입니다. (부서장으로 임시 승진)	그렇군요. 그 외에 해야 할 일은 뭐죠?	그러한 인식을 북돋아주려고 애쓰고 있다.

표 15.1 (계속)

	녹음된 코칭 회기에서 발췌한 기록	
코치이가 말한 내용	코치의 코칭 당시의 생각과 실제 반응	코칭이 끝난 뒤 코치의 성찰 내용
좀 지나서 이야기하는 것이지만 나는 부서장 감으로 보여지지 못했기 때문에 사람들은 내가 뭐라고 말하든 상관없이 자기 생각들이 있을 테니, 사실 지금과 달라질 것은 없겠죠.	(아직 코치이와의 관계가 그 자신의 가능성을 제한하는 믿음을 깨뜨릴 만큼 견고하지 않기 때문에 그를 지지하는 태도를 취하는 정도로만 행동) '정말 힘드시겠어요.'	제대로 진행되도록 하기는커녕 이야기를 지속할 수 있도록 하기가 어렵고 언제나 뒤쫓는 작업을 한다! 그의 승진 가능성에 대해 내가 판단 내리는 것을 지양하고 중립을 지킨다!
	대화가 계속됨	
제가 헛소리만 하고 있는 것 같군요.		이러한 대화가 그 자신에게 도움이 되지 않는다는 것을 그가 알아차리는 것에 안도감을 느낌
	(궁금하다는 어조로) 제가 묻고 싶은 것은 "지금 상황에서 (부서장 역할을 하고 싶다는 것에 대해) 어떤 느낌이 드세요?" "그 일을 하시고 싶으세요? 왜 하시고 싶으세요?"	나는 대화 내용이 요점을 벗어나지 않도록 애썼다. 그는 인지심리 스타일을 선호하는 것 같았기 때문에 여기서 다른 접근방식을 취했다. 즉 그가 어떻게 생각하는 지가 아니라 어떻게 느끼는지에 접근하는 것이다. 일에 대한 그의 동기를 들춰보려고 애쓰고 있다.

이 회기에 대한 코치의 계속되는 성찰내용

이 회기에 대한 성찰 시간을 가진 뒤, 나는 그전 회기에서도 드러났던 행동 패턴이 있다는 결론을 얻었다. 이것을 깨달은 뒤, 나는 이번 회기에서 중립을 지키며 코칭고객 스스로가 결정을 내리도록 유도함으로써 그러한 패턴을 깨뜨리고자 적극적으로 노력하였다. 고객과 코치의 관계가 역동적이라는 것을 알고 있기 때문에 이전 회기 동안 그에게 동조하지 않으려고 노력했지만 필요 이상으로 코칭 프로세스에 직접 개입함으로써 본의 아니게 동조하게 된 것도 있다는 생각이 들었다. 그렇게 함으로써 나는 나의 행동 패턴 중 하나인 '구조자(Rescuer)'의 역할을 하려 했을 수도 있다. 이번 회기에서는 그렇게 하지 않고자 매우 노력했고 대체로 성공했다. 이와 같은 나의 개입 스타일의 변화로 인해 회기 중 원점으로 자꾸 되돌아가는 경향을 보이고 고객이 자신의 견해를 여러 번 말해야 하는 경우가 생겨 겉으로 보기에 진전이 없는 듯한 모습을 보였다. 그럴 때면 나는 좌절감을 느꼈는데, 나중에 알게 된 것이지만 이것을 회기 중에 고객과 함께 공유함으로써 내가 '느꼈던 경험(felt-experience)'을 활용했을 수도 있을 것이다.

성찰해보면, 고객이 회기 중에 내게 행동했던 것들(결정을 미루고 수동적으로 행동하기)과 직장에서 다른 사람들(특히 수퍼바이저들)에게 행동했던 것 사이에 몇 가지 평행행동(parallels)이 있다는 것이 발견된다. 회기 중에 나는 이런 것을 고객에게 말할 필요는 없다고 느꼈지만 바로 이 부분이 고객이 다른 사람이 자신을 부서장 감으로 인식하게 시도하도록 돕기 위해 사용할 수 있을지 모르는 자료라고 생각했다. 회기 중에는 이 부분을 지금처럼 충분히 명확하게 바라보지 못했다.

성찰일지 내용 검토와 분석하기

자료를 모은 다음 단계는 그것을 검토하고 그것을 자신이 인식하게 되는 과정을 검토하는 것이다. 코치가 택할 수 있는 방법은 여러 가지가 있다. 각 회기를 검토할 수 있을 뿐 아니라 1명의 코칭고객이든 여러 명이든 여러 회기 내용을 관통해 검토하며 많은 것을 배울 수 있다. 예를 들면 특정 단계에서 여러 고객이 보이는 패턴이나 주제를 검토할 수도 있고, 아니면 같은 고객이든 다른 고객이든 단계별 변화 과정을 검토해보는 방법도 있다. 내 경험에 따르면 여러 회기를 망라하여 자료를 검토할 때 특히 깨달은 것이 많았고, 여러 고객을 대할 때 보이는 패턴이나 습관적 행동을 발견하는 능력이 길러졌다.

앞서 말한 바와 같이, 많은 양의 기록 내용과 일지를 다루기 위해서는 초점을 유지하는 접근방식을 쓰는 것이 좋다. 이를 위해서 Hay(2007)는 성장에 도움이 되는 영역을 목표로 해 우선순위를 매기는 방식을 추천한다. 이를 위한 방식 중 하나는 코칭 프로세스 동맹(coaching process alliance) 전체의 여러 단계에서 얻은 데이터를 검토하는 것이다. 대안으로 표 15.2에서 제시한 것과 같이 코칭 역량 평가기준(coaching

표 15.2 사례연구 2

맥락적 배경

아래 내용은 네 번의 코칭 회기 중 마지막 회기를 진행하는 동안 받아적은 것으로부터 만들어진 기록의 일부이다.

자주 보이는 역량

코치가 자주 보여준 역량은 다음과 같다.

- 코칭 내용의 동의 얻어내기
- 적극적 경청
- 상호 책임과 실행 과정 관리
- 강력한 질문하기

거의 보이지 않는 역량

코치는 이 코칭 회기에서 이러한 역량이 두드러지지 않는다는 점을 인식하였다.

- 코칭 관계 구축하기
- 신뢰와 친밀감 형성

코칭 후 성찰 내용과 배운점

최근 몇 주간 나의 코칭이 정체 상태에 머무르고 있다는 점을 알았다. 나의 코칭 패턴, 이를테면 경청, 반영해주기, 성취 목표를 위한 이슈 발굴 작업 등이 따분하다는 것을 성찰을 통해 인식하였다. 이런 요소들은 내 코치이들과 동료들로부터 대단히 긍정적인 피드백을 받은 분야였다(탁월한 듣기 능력, 문제와 실마리들을 연결하는 능력, 그리고 실천적 과제 해결을 위한 상호 책임 관리를 위한 코치의 인지 능력 사용 등). 어쨌든 나의 코칭은 깊이와 관계 맺음이 결여되어 있고 단조롭기 때문에 지겨움을 느꼈다.

나는 나의 코칭이 정체 상태에 머무르고 있어 이를 뚫고 나갈 방법을 찾고 있으며 나의 코칭기술을 발전시키기를 원한다는 점을 알았다. 나는 수퍼비전을 통해서 나 자신과 코치이의 감정에 집중하는 것에 도움을 받았고, 부분적으로는 과감한 개입을 할 수 있게 해주었을 뿐 아니라 매일매일 훈련을 통해 보다 확대된 나의 일부를 활용해 고객을 위한 변화를 매개하는 도구로 더 크게 활용해야 한다는 점을 알았다.

competencies)에 비교해 자신의 코칭 내용을 평가하는 것이다.

이 예에서는 코치이 1명과 한 번의 회기만을 예로 들었지만 여러 고객을 한꺼번에 검토하는 방법도 이와 다르지 않다. 중요한 것은 이런 회기를 통해 코치들이 그들의 코칭에 대해 격려받고, 보다 광범위하게 패턴을 알아차리고, 코치 활동에서 그것이 의미하는 바가 무엇인지 성찰해본다는 데 있다.

성찰을 통한 학습과 성찰 방법 배우기

코치는 성찰일지를 통해 어떻게 배우는가

성찰적 실천에 대한 정의가 아직은 불분명하지만 여러 자료의 공통점은 사람들이 활동에 대해 숙고를 하고 그것에서 배움을 얻게 된다는 점이다. Carroll과 Gilbert(2005: 61)가 '성찰은 배움에서 결정적 요소'라고 말하지만 우리가 성찰일지로부터 배울 수 있는 것은 주로 무비판적인 방식 안에서 배움의 결과가 이루어진다고 추측할 뿐이다. 이런 점을 보면 성찰이란 단순히 사유의 한 형태일 뿐이라고 누군가 말할지 모르지만, 대부분 초보자들이 성찰적인 글을 쓰기 시작한다는 것은 어려운 일이다. 글을 쓴다 해도 흔히 판에 박은 듯 묘사적이고 표면적이어서 진정한 배움을 이끌어내지 못하는 경우가 흔하다는 점에서 특히 시사하는 바가 크다(Lyons, 1999; Samuals and Betts, 2005).

Moon(2006)은 학습이 일지쓰기의 결과물이 될 수 있다고 강력히 주장하며 배움이 발생하는 것은 어떤 한 가지 타입으로 제한되는 것이 아니라고 하였다. 그녀는 사람들이 성찰일지로부터 어떻게 학습하는지 몇 가지 요소를 설명한다. 학습은 원래 공식적이고 조직화되고 의도된 것이라고 지적한다. 우리가 컨설팅하며 조사한 코치들 중 몇 명은 성찰을 하는 데 따로 시간을 책정해야 한다고 말한 사람도 있지만, 또 다른 사람들은 그때그때 필요에 따라 자연스럽게 하는 것이 더 좋다고 말한다. '대개 아침 일찍이나 저녁 늦게 자연스럽게 [성찰을] 한다'는 식이다. 그렇지만 그렇게 말하는 코치도 '나를 위해 훈련을 할 필요가 있다는 점을 알아차렸으며 일지를 쓰는 것이 그런 훈련과 구조를 제공해준다'고 부언했다. 이는 어느 정도 조직화되고 공식적인 면이 사람들에게 도움이 될 수 있다는 점을 시사한다.

일 속에서 배우는 것이 최근에 생겨난 방식이다. 비록 사람들이 매일 공식적, 비공식적 방법 모두를 통해 배움을 얻지만, Eraut 등(1998)은 최근 들어 배움의 책임이 조직에서 개인으로 옮겨오고(Megginson, 2004), 자기주도적 학습 활용이 늘면서 공식적에서 좀 더 비공식적 개발로 변화가 일어남에 따라(Woodall and Winstanley, 1998) 사람들 스스로 책임감을 갖게 되고 조직에서도 학습이 비공식적으로 진행된다. 학습일지를 쓰는 것은 이런 유행에도 적합한 것으로 보인다.

성찰이란 무의식적으로 일어날 수도 있지만, 여기서는 학습이 일어날 수 있는 상황을 평가하기 위한 의식적인 접근 방법에 초점을 맞춘다. Kolb(1984)는 '성찰을 인식하는 것'을 보편적 학습 사이클 내의 한 단계로 보았다.

교사가 주도하여 쏟아붓는 지식의 축적으로 이루어지는 전통적인 학습 방법에 반하여, 일지를 쓰는 방식의 성찰은 학습자가 주도하는 배움의 여정이다. 그러므로 배움은 지식 축적 그 자체를 의미하는 것이 아닌 사람의 관점을 바꾸어가는 것을 의미한다. 이에서 일지는 코치로 하여금 그들이 이미 알고 있는 것이 무엇인지 판단하고 이를 확대해나가는 것을 도와줌으로써 중요한 역할을 할 수 있다. 마찬가지로, 코치들은 그들이 모르는 것이 무언인지, 자기 작업의 한계점이 무엇인지 알아냄으로써 아래의 예와 같이 성찰의 계기를 만들어갈 수 있다.

- 나의 이상적 자아와 작업 내용을 비교함으로써 무엇이 어긋났는지 알아본다.
- '이러이러했으면 좋았을 것…' [성찰을 할 때 찾아본다] ― 고객의 스타일이 무엇인지, 나의 코칭 작업 시 어떤 것이 효과적인지 알아봄으로써 다음 번에 더 잘할 수 있도록 한다.

일지를 쓰는 행동은 코치로 하여금 자기 작업을 다시 한 번 검토함으로써 이미 알고 있는 것을 확대하며, 기존의 내면적 경험을 검토하고, 이런 내면적 경험과 새로운 외면적 경험이 들어맞는지 살피고, 이들의 의미를 알아보게 한다. 인지적 구조는 새로운 지식의 추가 없이도 변할 수 있으므로 ― 우리는 어떤 이슈를 보는 관점만 바꿀 수 있다. Moon(2004)은 이러한 내면의 경험들을 새로운 것을 더하는 것 없이 단순히 재정렬하는 것을 '인지적 유지관리(cognitive housekeeping)'라고 표현한다.

그렇지만 똑같은 방식으로 성찰에 대한 초기 경험이 성찰에 대한 우리의 태도와 그에 대한 접근 방법을 결정할 수 있고, 우리가 이미 활용하고 있는 지식은 우리가 배우는 것에 영향을 받는다.

우리가 이전에 가지고 있는 지식은 우리가 무엇인가 새로운 정보를 받고 활용하는 방식에 영향을 주기 때문에 새로운 지식을 받아들이는 과정이 코치가 확고히 가지고 있는 주된 믿음과 충돌을 일으킬 수 있다. Festinger(1957)는 이를 '인지적 불협화음(cognitive dissonance)'이라 표현했는데 바로 이 점이 발생할지 모르기 때문에 전문적 개발을 지원하기 위해 일지를 사용하는 것이 중요한 이유가 된다(Moon, 2004; Trelfa, 2005). 조사에 응한 코치들 몇 명은 일지를 활용하는 것이 전문성 개발을 위한 것이라고 한다.

나는 그것(일지)을 학습 도우미로 간주한다. 나는 코치자격을 따기 위해 일지를 쓰고 있다. 공식적 학습(formal learning)은 아니다. 나의 코칭 항해를 공유할 수 있고 가령 함께 코칭하거나 수퍼비전을 통해서 다른 사람들에게 나 자신을 개방할 수 있다.

[코칭 훈련] 코스나 수퍼비전 코치에서 일지를 적는 것은 매우 훌륭한 학습 방법이 된다.

기록 행위 자체가 학습의 조건을 만들어주는 것 같다. 우리가 글을 쓰는 것을 통해 배울 수 있는 이유에 대한 예를 들면 아래와 같다.

- 강력한 성찰을 위한 시간이 생긴다(Holly and McLoughlin, 1989).
- 학습자로 하여금 자신들의 생각을 정리하고 명확하게 한다. 이런 방식으로 성찰하면 이해력이 향상된다(Moon, 1999).
- 학습자들이 어떤 사실을 이해하고 있는지 아닌지 알도록 해준다. 만일 그것을 설명할 수 없다면, 십중팔구 이해하고 있지 못한 것이다(Moon, 2006).

위에 적은 것들이 코치들로 하여금 성찰을 하도록 북돋아준다면 과연 코치들의 성찰을 방해하는 요인은 무엇일까 의문이 생긴다.

성찰적 학습의 방해 요인은 무엇인가

성찰을 막을 수 있는 요인은 다양하다. 피로, 스트레스, 그리고 여타 정신을 뺏기고 있는 여러 가지가 모두 방해 선상에 있을 수 있다. 급변하는 요즘 사회 상황에서 '집중할 수 있는 시간'을 갖는다는 것은 많은 사람들에게 어려운 일이다. Walker(1985), Wildman과 Niles(1987)는 글쓰기란 때로 갖추기 어려운 요소인 '시간과 사색의 공간'을 필요로 한다고 지적하였다. Selfe와 Arabi(1999)는 일지를 쓰지 못하는 주요 이유로 시간 부족을 언급한다.

아마 여러 코치들은 Nancy Kline이 쓴 *Time to Think*라는 책을 알고 있을 것이다. 이 책은 편안함, 즉 성찰을 촉진하는 질문들을 하기 전에 긴장을 푸는 것을 비롯한, 사색 환경의 질을 최고로 높이는 데 필요한 요소들을 강조한다. 우리가 위에서 검토한 것과 다음에서 확인할 수 있는 것처럼, 일지를 쓰는 행동은 글쓰는 이로 하여금 일을 멈추고 생각을 하도록 만들기 때문에 학습에 도움이 될 수 있다.

- 나의 이상적 바람은 코칭이 끝났을 때 아직 생생한 생각들을 쏟아낼 수 있도록 10분간 앉아 있는 것이다. 만일 곧바로 해야 할 일이 있을 때는 생각의 풍부함을 잃게 돼 나중에 세부적인 알갱이들을 기억하기 어려워지기 때문에 힘들다.

- 한 가지 일에서 다음 일로 옮겨가면서 무시되고 코칭은 깊이가 없게 된다. 수박 겉 핥기가 된다. 그렇기에 생각할 시간을 갖는 일은 필요하다.
- 나는 일을 잠시 중단하고 성찰하고 나면 내가 일을 더 잘한다는 느낌을 갖게 된다. 그러고 나면 한결 훌훌 털고 마음을 추스리게 되고 스스로가 자원이 더 풍부해진다.
- 내가 배운 것을 깊이 새겨둔다. 그렇지 않으면 날아가 버릴 것이다.

효과적인 성찰에서 시간은 매우 중요한 요인이다. 그렇지만 어떤 사람들에게는 따로 시간을 낸다는 것이 현실적으로 불가능한 일이다. 이런 마음에서 Carroll과 Gilbert (2005)는 '행동하면서 하는 성찰(reflection-in-action, 무엇인가 일어나거나 발생한 다)'이 현대사회의 속도에 부합하므로, 매일매일 활동에서 학습효과를 최대화할 수 있도록 우리로 하여금 이 방법을 배울 것을 촉구한다.

이 외에 의견이 분분한 분야는 바로 성찰의 질에 대한 것이다. 만일 성찰의 질이 낮다면 그 결과 얻을 수 있는 학습의 질 역시 낮을 것이다. Ferry와 Ross-Gordon(1998), 그리고 McAlpine과 Weston(2002)은 사람마다 성찰의 효율성은 매우 다르다는 증거를 제시하고 이러한 것은 경험에만 국한되지 않는다고 말한다. Gray(2004)가 조언하는 것은 비록 비판적 성찰능력을 길러주는 비공식적 학습 경험이 중요하다고 하지만 모든 사람이 당연히 그런 경험을 하는 것은 아니라는 것이다. 이런 점은 코치들이 서술과 비판적 성찰과의 차이를 이해하지 못하기 때문이다.

그렇다면 내용을 단순 묘사하는 것과 비판적으로 성찰하는 것의 차이는 무엇인가? 성찰이란 흔히 여러 단계가 있다고 짐작되며, 얕은 묘사적 수준의 생각에서 깊은 수준의 비판적 성찰까지 여러 순서와 단계가 있다고 본다. 몇 가지 이론이 성찰 단계마다 이름을 다르게 붙여 놓긴 했지만(예 : Van Manen, 1977) 이것이 질적으로 다르다는 의미는 아니다. 얕은 표면적인 성찰이 묘사적이라는 견해는 대개 일치하는 것 같다 (Moon, 2006). Kim(1999)이 사용한 '비반사적(non-reflexive)'이라는 표현은 비판적이 아닌(non-critical) 또는 비성찰적인(non-reflective) 내용을 말하는 것이다. Hatton과 Smith(1995)의 연구는 성찰 활동의 여러 단계를 표현하기 위한 틀을 제공하여 잘 알려져 있는데, 코치들이 이것을 이용하면 더욱 성찰적이 될 수 있도록 자신들의 쓰기 능력을 향상시킬 수 있다. 이러한 틀은 세 가지 다른 수준에서 코치의 성찰이 어떻게 다른지 보여주는 예와 함께 표 15.3에서 볼 수 있다.

이 연구의 일부 내용에는 코치들 중 성찰의 서로 다른 단계를 언급한 사람은 아무도

표 15.3 Hatton과 Smith(1995)의 성찰 활동의 여러 단계에 관한 구조(Moon, 2006에 의해 수정)

1. **서술적 글쓰기** : 성찰의 증거를 보여주지 않는다. 단순 묘사를 넘어서는 논의가 포함되지 않은 묘사이다.

코치 성찰의 예
- 코치이가 결과를 이루어냈다.
- 코치는 회기에 만족하였다.

2. **서술적 성찰** : 일어난 사건을 묘사한다. 가능한 대안적 견해가 주어지기도 하지만 대부분 관점만 성찰한다.

코치 성찰의 예
- 코치이가 결과를 이루어냈다. 그는 기분 좋아 보인다. 나는 그 사람이 실제로 얼마나 만족하고 있는지 궁금하다.
- 어떻게 알아낼 수 있을까? 지원자로서의 관점은 무엇일까?
- 나[코치]는 회기에 만족하였다. 이 매칭에 대한 고객의 관점이 궁금하다.

3. **대화식 성찰** : 이 작업은 사건과 실천행동의 담론을 탐구하고 자신과 담론에 관한 사색의 각 단계에 의해 이끌리는 사건과 실천행동에서 '한발 물러나기'를 실제로 행한다. 같은 자료에 있을 수 있는 판단과 대안적 설명의 여러 질적 수준에 대한 알아차림이 있다.

코치 성찰의 예(회기의 개선점에 대해)
- 코치이에 대한 자세한 성찰은 더 짧게 하고(내가 들은 것은 …이다) 내가 들은 것들의 '핵심'이 무엇인지 설명한다 — 회기의 스토리 전개를 더 빨리 진행시킬 수 있다. 코치이가 회기에서 경험하고 있는 속도에 대한 느낌이 어땠을까?(코치이의 관점에서)
- 질문을 너무 많이 사용한 것 같다. 이해했는지 확인하려고 '이거예요, 아니면…?'라는 질문을 너무 많이 사용하였다. 왜 내가 이해를 해야 하는가? 누구를 위해 이해해야 하는가? 만약 이해가 안 된다면? 그렇게 하는 것이 고객이 고를 수 있는 것을 양극단적인 선택 두 가지로 제한(모 아니면 도)하는 것은 아니었는가? 그리고 어떻게 하면 더 큰 가능성을 고려하도록 만들 수 있는가?
- 단어 '오케이'를 반복적으로 사용 — 이는 인정과 승인의 표시인가 아니면 반복적 언어습관(verbal tick)인가? 너무 많이 사용하지 않도록 스스로 체크해야겠다.

없었는데, 이는 적어도 이론상으로는 깊은 수준의 성찰에 대한 인식이 부족해서 그럴 수 있다. 이 장을 쓰기 위해 샘플 코치들의 성찰자료를 검토해보니 대부분은 '묘사적' 수준에 머무르는 경우가 대부분이고, 경험이 많은 코치들도 개발을 해야 할 단계에 머물러 있어서 비판적 성찰의 중요성이 주목되고 있다.

일지의 내용을 공유하는 데는 윤리적 문제와 비밀보장, 가독성(readability)이라는 실천적 문제가 대두된다. 흥미롭게도 조사대상 코치의 50%는 자신의 일지 내용을 코치이들과 늘 공유하거나 아니면 공유할 준비가 되어 있다고 대답하였다. 다른 한 코치는 '나는 정보보호법(DPA)과 윤리적 입장을 의식하고 있다. 또 만일 사례를 법정에서 다루게 된다면 다른 사람들이 어떤 부분을 읽게 될 것인지도 알고 있다.'고 말했다. 이는 무엇을 일지에 쓸 것인지에 대해 어느 정도 조심성을 가져야 한다는 것을 의미한다.

일지가 누군가에게 읽힐 수 있다는 것을 알고 있을 경우 코치들이 의식적, 무의식적으로 무엇을 쓸 것인지가 그에 따라 영향을 받을 수 있다는 위험이 있다. 조사에 임한 한 코치는 '나는 안전을 위해서 대부분의 내용을 머릿속에 담아두고 있다. 일급 비밀 내용이 적의 손에 들어가는 것은 원치 않는다'고 뼈 있는 언급을 했다. 다른 사람은 '내 장부를 다른 사람이 들여다보거나 침범하는 것'은 학습에 방해물이 될 것이라고 언급했다.

이 연구는 다른 사람이 일지를 본다는 것이 성찰의 흐름을 제한하거나 부분적으로는 코치의 자유를 침해할 수도 있다는 사람들의 견해를 지지하는 것으로, 일지를 이용한 배움을 가로막는 또 하나의 장애물임을 보여주고 있다.

결론

배움은 전문적 코치로서 우리 작업을 성장시키는 데 필수적이며 일지쓰기와 성찰은 여기서 중요한 역할을 한다. 그러나 많은 사람에게 경험에 대한 성찰은 쉽게 이루어지는 것이 아니며 효율적으로 그것을 할 수 있는 사람은 많지 않다. 하지만 코칭 중에 실제 감정적으로 느낀 불편함이 언제나 성찰을 위한 방아쇠임에도 이미 성찰을 해왔던 사람들에게는 유익이 매우 크고 높다.

성찰을 위한 내용을 수집하는 가장 흔한 방법은 글쓰기나 녹음하기이며 어느 정도 갖춰진 형식을 이용하여 종이로 된 공책에 글이나 그림의 형태로 나타낼 수 있다. 성장과 개발을 위한 경험에서 첫 번째는 배움에 대한 필요를 자각하는 것이 필수이고, 그것을 위한 준비에 머무는 것이며, 시간을 배분하는 것 등이 성공적인 성찰적 실행을 하도록 도와주는 중요한 구성요소이다. 비밀보장에 대한 의무위반, 몰입을 방해하는 장애물, 그리고 '어떻게' 해야 하는지 모르는 것들 모두가 성찰을 방해한다.

이 장에서는 미가공 일지내용을 어떻게 모으고 정리하고 검토하는지 실례를 들었고, 특히 더욱 많은 배움의 기회를 제공하는 깊은 수준의 비판적 성찰을 하는 방법에 대해 어떻게 성찰을 진행해야 하는지 다양한 가능성을 보여주었다. Hay(2007: 8)는 '성찰의 핵심은 능력을 제고하는 데 있으므로, 미래 상황에서 어떻게 행동할 것인지 성찰하는 데 시간을 들인다면 구체적인 어떤 고객을 위해서뿐 아니라 일반적으로 더 높은 유연성을 갖고 많은 선택사항과 계획을 찾을 수 있을 것이라고 말한다. 이 장을 통해서 조금이나마 더 넓고 나은 성찰적 학습이 촉진되었으면 하며, 결국에는 코치이와 작업하는 코치들에게 도움이 되었기를 바란다.

참고문헌

Argyris, C (1991) Teaching smart people how to learn, *Harvard Business Review*

Atkins, S and Murphy, K (1993) Reflection: a review of the literature, *Journal of Advanced Nursing,* 18, 1188–92

Carroll, M and Gilbert, M C (2005) *On being a Supervisee – Creating learning partnerships,* Vukani Publishing, London

Chi, M, de Leeuw, N, Chiu, M and La Vancher, C (1994) Eliciting self-explanations improves learning, *Cognitive Science,* 18, 439–77

Christensen, R (1981) 'Dear Diary', a learning tool for adults, *Lifelong Learning in the Adult Years,* October, 158–62

Cormier, L S (1988) Critical incidents in counselor development: themes and patterns, *Journal of Counseling & Development,* 67 (2) 131–32

Dewey, J (1933) *How We Think: A restatement of the relation of reflective thinking to the educative process,* D C Heath, New York

Eraut, M, Alderton, J, Cole, G and Senker, P (1998) Development of knowledge and skills in employment, Final report of a research project funded by the Learning Society Programme of the Economic and Social Research Council, University of Sussex Institute of Education

Ferry, N and Ross-Gordon, J (1998) An inquiry into Schön's epistemology of practice: exploring links between experiencing and workplace practice, *Adult Education Quarterly,* 48, 98–112

Festinger, L (1957) *A Theory of Cognitive Dissonance,* Stanford University Press, Stanford, CA

Ghaye, T and Lillyman, S (1997) *Learning Journals and Critical Incidents: Reflective practice for health care professionals,* Quay Books, Salisbury

Gray, D E (2004) Informal management learning – developing critical reflection through reflective tools, 11th European Mentoring and Coaching Conference, 17–19 November

Hackman, J R and Wageman, R (2007) Asking the right questions about management: discussion and conclusions, *American Psychologist,* 62 (1) 43–47

Hatton, N and Smith, D (1995) Reflection in teacher education – towards definition and implementation, *Teacher and Teacher Education,* 11 (1) 33–49

Hay, J (2007) *Reflective Practice and Supervision for Coaches (Coaching in Practice),* Open University Press, Buckingham

Hinett, K (2003) Improving learning through reflection, Parts 1 and 2, reprinted from the Institute for Learning and Teaching in Higher Education (ILTHE) members' website (no longer available)

Holly, M and McLoughlin, C (1989) *Perspectives on Teacher Professional Development,* Falmer Press, London

Jensen, V (1987) Writing in college physics, in (ed) T Fulwiler, *The Journal Book,* Heinemann, Portsmouth, NH

Johns, C (2004) *Becoming a Reflective Practitioner,* Blackwell Science, Oxford

Kim, H (1999) Critical reflective inquiry for knowledge development in nursing practice, *Journal of Advanced Nursing,* 29 (5) 1205–12

Kline, N (1999) *Time to Think – Listening to ignite the human mind,* Cassell Illustrated, London

Knapman, J and Morrison, T (1998) *Making the Most of Supervision in Health and Social Care,* Pavilion, Brighton

Kolb, D A (1984) *Experiential Learning: Experience as the source of learning and development,* Prentice-Hall, Englewood Cliffs, NJ

Knowles, M (1985) *Androgogy in Action,* Jossey-Bass, San Francisco, CA

Lewis, P (2003) Improving performance. Why is coaching (and its cousin mentoring) so much in the public eye?, *Edge,* 2, 4, Autumn

Lyons, J (1999) Reflective education for professional practice: discovering knowledge from experience, *Nurse Education Today,* 19, 29–34

McAlpine, L and Weston, C (2001) Reflection, improving teaching and students learning, pp 59–77, in (eds) N Hativa and P Goodyear, *Teacher Thinking, Beliefs and Knowledge in Higher Education,* Kluwer, Dordrecht

Mackintosh, C (1998) Reflection: a flawed strategy for the nursing profession, *Nurse Education Today,* 18, 553–57

Megginson, D (2004) Planned and emergent learning: consequences for development, in (eds) C Grey and E Antonacopoulou, *Essential Readings in Management Learning,* Sage, London

Moon, J A (1999) *Learning Journals: A handbook for academics, students and professional development,* 1st edn, RoutledgeFalmer, London

Moon, J A (2004) *A Handbook of Reflective and Experiential Learning,* RoutledgeFalmer, London

Moon, J A (2005) First Person, unpublished short story in Moon, (2006) *Learning Journals: A handbook for academics, students and professional development,* 2nd edn, Routledge, London

Moon, J A (2006) *Learning Journals: A handbook for academics, students and professional development,* 2nd edn, Routledge, London

November, P (1993) Journals for journey into deep learning, *Research and Development in Higher Education,* 16, 299–303

Raelin, J A (2001) Public reflection as the basis of learning, *Management Learning,* 32 (1) 11–30

Samuals, M and Betts, J (2005) Crossing the threshold from description to deconstruction: using self-assessment to deepen reflection on lived scenarios. Paper presented at Institute of Reflective Practice

Conference, 'Scenario-Based Learning', Gloucester, June

Selfe, C and Arabi, F (1986) Writing to learn: engineering students journals, in (eds) A Young and T Fulwiler, *Writing Across the Disciplines*, Boynton/Cook, Upper Montclaire, NJ

Skovholt, T M and McCarthy, P R (1988) Critical incidents: catalysts for counselor development, *Journal of Counseling and Development*, 67, October, 69–72

Trelfa, J (2005) Faith in reflective practice, *Reflective Practice*, 6 (2) 205–12

Van Manen, M (1977) Linking ways of knowing and ways of being, *Curriculum Inquiry*, 6, 205–08

Walker, D (1985) Writing and reflection, in (eds) D Boud, R Keogh and D Walker, *Reflection: Turning experience into learning*, Kogan Page, London

Wildman, T and Niles J (1987) Reflective teachers, tensions between abstractions and realities, *Journal of Teacher Education*, 3, 25–31

Woodall, J and Winstanley, D (1998) *Management Development. Strategy and practice*, Blackwell Business, Oxford

제16장

코치의 정서적, 윤리적, 인지적 역량 기르기 – 성장적 수퍼비전 모델

Peter Hawkins

서론

최근 들어 모든 사회 분야에서 리더들에게 요구되는 사항이 기하급수적으로 늘어나고 있다. 반면에 그들이 기술을 연마하고 스스로 성장을 통해 리더십을 배양하는 노력은 그들이 직면하고 있는 도전이 요구하는 속도는 물론 우리의 도움을 받아 그들이 이루었어야 할 속도도 따라잡지 못하고 있다. 리더십 향상을 방해하는 요소 중 하나는 코치의 개인적 역량과 성숙도가 낮다는 점이다. Hawkins와 Smith(2006)는 질 높은 수퍼비전이 어떻게 코치, 멘토, 컨설턴트들에게 효율적으로 필요한 역량을 증가시킬 수 있는지를 제시해 왔다. 그러나 수퍼바이지와 작업할 때 그들의 성장이 그 당시 기준체계(Laske, 2009)나 행동논리(Torbert and Associates, 2004)상 한계에 부딪혔을 때는 어떻게 해야 하는지에 대해서는 거의 언급하지 못했다. 수퍼비전을 받는 사람들은 성장의 변환점을 만들어갈 수 있게 도움을 받아야 하고, 정서적·윤리적 역량을 근본적으로 높여야만 한다. 이 점은 낡은 기준체계로 새로운 도전을 해야만 하는 어려움에 직면하게 만든다.

수백 명의 코칭 수퍼바이저가 훈련 과정을 진행해 오면서도 수퍼바이지들이 만나고 있는 고객과 코칭 작업을 진행하는 것에 비해 그들(고객과 수퍼바이지)이 요구하는 전반적 역량 개발을 해결할 수 있는 기술이 자신들에게 부족하다는 점을 발견하였다. 이글에서 나는 수퍼비전이 가져오는 성장 측면과, 어떻게 수퍼비전이 수퍼바이지로 하여금 배움의 최첨단에 도달하게 하는지를 다루고자 한다. 이를 통해 스스로를 제한하고 있는 신념과 그런 정신상태를 타파하면서 정서적, 윤리적 역량을 배양해 어떻게 코치들이 효과적으로 고객을 도울 수 있도록 만들 수 있는지에 특별히 초점을 맞추도록 하겠다. 내가 제안하는 내용은 다음과 같다.

- 코치 자신이 가진 능력의 성장을 가능하게 하거나 제한하는 코치 개인의 기준체계
- 코치의 '기준체계' 또는 '행동논리'는 포용과 복잡한 작업에 필요한 '관계 정립 역량', '윤리적 역량' 그리고 '인지적 역량'이라는 다리를 가진 세 발 의자와 같다.
- 의자를 더 크게 만들기 위해서는 3개의 다리 모두를 늘리고 그들을 연결하고 있는 앉는 부분 역시 변화시켜야 한다.
- 수퍼비전은 코치들이 새로운 기준체계로 옮겨가고, 세 가지 핵심 역량을 기르는 데 도움을 주는 적합한 근거가 될 수 있다.

코칭 수퍼비전 — 그 발전과 정의

우리는 2006년에 수퍼비전을 아래와 같이 정의하였다.

> 고객-코치 시스템의 한 부분으로서 그들 모두와 고객이 갖고 있는 시스템 둘 다를 좀 더 잘 이해하고 다룰 수 있도록 수퍼바이저의 도움을 받으며 진행하는 프로세스이고, 이를 통해 그들의 기술 개발과 작업을 변환하도록 하는 과정이다. (Hawkins and Smith, 2006)

여기에 다음 내용을 첨가할 수 있다.

> 수퍼비전은 수퍼바이저와 코치, 작업이 일어나고 있는 광범위한 배경과 맥락 사이의 관계를 변화시켜주는 작업을 한다.

우리 자신의 개발을 위해 실천의 모든 요소를 다 누비고 다루는 것이 지속적인 개인적 성장이라는 점이 전문성의 지속적 개발(continuous professional development, CPD)의

핵심이다. 이것이 모든 코치이에게서 일어날 때 새로운 학습 기회를 위한 피드백의 모든 조각이 모여 선생이 되는 것이고, 행동, 성찰, 새로운 이해, 새로운 실천이라는 균형 잡힌 사이클을 지원하는 생산적 실천이 된다. 우리는 또 왜 우리가 수퍼비전을 코치, 멘토, 컨설턴트들의 지속적이고 개인적인 전문성 개발을 위한 근본적인 요소라고 믿고 있는지 다른 곳에서 언급한 적 있다(Hawkins, 2006; Hawkins and Smith, 2006). 수퍼비전은 코치들이 특정한 고객의 상황과 관계, 그리고 이런 지점에서 자연스럽게 일어나는 반응도와 패턴 등에 대해 성찰할 수 있는 안전하고 훈련할 수 있는 공간을 제공해준다. 수퍼비전 안에서 이러한 살아 있는 변화가 일어남으로써 코치이와 고객회사, 그리고 그들의 전문적 활동과 개발에 커다란 유익을 줄 수 있다.

코칭과 멘토링 분야는 지난 10년 동안 엄청난 성장을 해 왔다(Berglas, 2002; CIPD, 2004; Grant et al., 2010). 그럼에도 불구하고 이 직업이 생겨난 처음 20년 동안은 코칭 수퍼비전이 없었다는 것이 특이하다. 2000년대 초반까지 수퍼비전을 받은 코치들은 매우 적었고(Hawkins and Schwenk, 2006), 그들은 심리치료나 상담을 전공한 수퍼바이저들을 찾아갈 수밖에 없었다. 그러던 중 2003년에 최초로 코칭 수퍼비전만을 위한 교육이 실시되었고 2006년에는 코칭 수퍼비전에 대한 책이 처음으로 출판되었다(Hawkins and Smith, 2006).

지난 25년간 나와 동료들은 수퍼비전에 대하여, 그리고 최근 5년간은 코칭 수퍼비전에 대하여 많은 글을 썼다. 그러는 동안 나는 어떻게 수퍼비전을 세 가지 핵심 요소 또는 기능 — 질적 요소, 발전적 요소, 자원적 혹은 지원 요소 — 으로 볼 수 있는지 강조해 왔다. 수퍼비전 방식과 질적 요소에 초점을 맞춘 이런 많은 글은 고객들과 함께 작업하는 데 활용할 수 있으며, 고객과의 작업에서 이러한 초점이 자연스러운 부산물로 수퍼바이지를 위한 교육적이고 개발적인 이익으로 다루어질 수 있다. Hawkins와 Shohet(1989)은 미국 상담심리학 분야의 수많은 연구와 논문, 그리고 특히 Stoltenberg와 Delworth(1987)의 연구에 기초하여 수퍼비전의 성장 모델을 만들어냈다. 그들이 만든 성장 모델은 전문성 발달의 여러 단계 중 일반적으로 주장하는 몇 가지 주요한 관심사와 숙련된 전문실천가(master practitioner)를 위한 수퍼비전과는 다르게 진행할 필요가 있는 학생들은 어떻게 수퍼비전해야 하는지 구별하는 데 도움을 준다. 그러나 이 모델은 수퍼바이저가 수퍼바이지들이 성장·발달을 위해 한 단계에서 다음 단계로 어떻게 나아갈 수 있는지, 보다 높은 개발 단계와 어떻게 명확한 구별을 할 수 있는지 알려주지 못한다.

수용능력이란 무엇인가

Broussine(1998)과 다른 학자의 영향 아래, Hawkins와 Smith(2006)는 '세 가지 C(Three C's)'를 특정한 역량, 기능적 능력(capability), 수용능력(capacity)으로 구분하였다. 이들은 아래와 같이 정의된다.

역량 : 기술(skill)이나 도구(tool)를 다루는 특정한 능력
능력 : 적재적소에 적절한 방법으로 도구나 기술을 사용하는 기능적 능력
수용능력 : 기술이나 어떻게 하고 함께 하는 '나는 무엇인가'에 관련한 인간의 질적 면모[1]

능력은 특정한 역량과 마찬가지로 배우거나 숙달할 수 있다. 이 둘의 차이점은 어떻게 배움이 일어나는지다. 특정한 역량은 교실에서도 배울 수 있지만 능력은 오직 삶과 어떤 일을 통해 길러질 수 있다.

한편, 수용능력이란 어떤 사람이 하는 일보다는 그 사람 자신에 관한 것이다. 수용능력은 북돋아지거나 다듬어질 수 있는 인간의 질적 요소(human quality)이다. 수용능력이란 어원에서 의미하는 것처럼 많은 사람과 상황과 관계의 복잡성을 담아두기 위한, 개인의 넓은 폭(range)과 관련해 담을 수 있는 공간으로 볼 수 있다. 우리 모두는 인간관계를 맺는 내면적 공간(internal space)이 작은 사람들을 만난 경험이 있을 것이다 ― 아니면 우리가 무엇을 느끼든, 함께 나누든, 뭔가를 할 때, 그 무엇이든 완전히 함께 할 수 있는, 무한대로 큰 내면의 거대함을 가진 듯한 사람들을 만난 경험도 있을 것이다.

정서지능에서 관계맺기를 위한 수용능력으로

정서지능에 관한 거의 모든 문헌은 정서적 역량(emotional competency)과 정서적 능력 (emotional ability)에 초점을 맞추고 있다. 예를 들어 Salovey와 Mayer(1990)는 정서지능이란 '감정을 느끼고, 사고를 촉진하기 위해 감정을 접목시킬 줄 알며, 감정을 이해할 뿐 아니라 개인의 성장을 위해 감정을 조절하는 능력'이라고 정의하였다. 이러한 능력에 바탕을 둔 모델에서는 감정을 '사람으로 하여금 적절히 행동하게 하고 사회적 환경

---

[1] 역주 : capactity는 수용능력, 수용력 등 문맥에 따라 두 가지로 번역한다. 특히 '능력(capability)'으로 표시하지 않은 능력은 모두 ability로 일반적인 능력으로 표현한다.

내의 길잡이 역할을 하는 유용한 정보의 원천'으로 간주한다. 이런 모델은 감정의 본질에 대한 정보를 프로세스하는 능력이나 감정적 프로세싱을 더 확대된 인식에 연관시키는 능력은 사람마다 다르다고 본다. 이 모델에 따르면 정서지능은 아래의 네 가지 능력을 포함한다.

1. 감정을 인식하는 능력 — 자기 자신의 감정을 인식하는 능력을 포함하여, 타인의 얼굴, 사진, 목소리 등으로부터 감정을 읽어내고 판독하는 능력

2. 감정을 사용하는 능력 — 생각과 문제해결 같은 여러 가지 인지적 행동을 촉진하기 위해 감정을 연결하여 활용하는 능력. 감정적으로 지능적인 사람은 자신들의 기분 변화를 가까이 있는 목표에 가장 적합하게 조정할 수 있다.

3. 감정을 이해하는 능력 — 여러 가지 감정 간의 미묘한 차이를 느낄 수 있는 능력과 시간이 지남에 따라 감정이 어떻게 변화해가는지 알아차릴 수 있는 능력을 포함하는 감정적 언어의 뜻을 파악하는 능력

4. 감정을 운영하는 능력 — 자기 자신과 다른 사람들의 감정을 조절하는 능력

내가 생각하기로는 리더와 코치 모두에게 더 중요한 것은 다른 사람과 관계를 맺어나가는 감정적 수용능력으로 나는 이를 '관계맺기 수용능력(relationship engagement capacity)'이라고 부른다. 여기에도 역시 네 가지 요소가 있다.

1. 라포 형성 — 비슷한 사람들뿐 아니라 폭넓은 관심으로 서로 크게 다른 사람들과도 협조적 관계를 이루어내는 수용력

2. 한결같이 함께하는 존재감 — 예를 들어 공격받는다거나 고객의 정신적 어려움과 불안에 다시 자극받거나(re-stimulate) 공격받은 등 관계가 어려운 감정들로 꽉 차 있을 때, 거기에 반응적(reactive)인 태도가 아니고 다른 사람과 완전히 함께하는 관계에 머물 수 있는 수용능력. 이 수용능력은 충분히 좋은 수퍼바이저와 충분히 좋은 작업자의 개념과 가깝게 연결된다. 코치가 자신에 대해 나쁜 느낌을 갖거나 고객에게 반응적이 되지 않고 고객과 커뮤니케이션을 할 수 있다.

3. 연대성의 깊이 — 필요로 하는 연대성의 깊은 수준을 알고 그 수준에 맞게 반응하는 수준, 즉 내용, 행동, 마음가짐, 느낌, 가치, 더 높은 목표에 맞게 반응하는 수용능력

4. 영감 — 다른 사람들을 위해 새로운 문과 창문을 열어두어 그들을 새로운 세계와

　　가능성에 연결해줄 수 있는 수용력

그림 16.1은 각자가 자신의 수용력을 각 축의 중심 1부터 바깥쪽 10의 단계로 도표를 그려볼 수 있는 지도이다. 4개의 그려진 점수를 연결하여 생기는 면적은 개인의 현재 수용력에 대한 자기 점수가 된다.

　　연결된 선의 안쪽 면에 검게 칠하면, 그 칠해진 모양으로 관계를 맺는 방식이 어떠한지 설명할 수 있다(그림 16.2 참조). 왼쪽 위 사분면에 색칠된 부분이 가장 많다면 '카리스마식 동기부여자' 스타일이다. 왼쪽 아래에 색칠이 많이 된 사람은 같은 공간에 있는 사람들과 깊은 연대성을 형성하는 능력을 가진 '촉진자'의 역할을 한다. 오른쪽 아래는 주로 자기가 리드 또는 상담하는 사람의 내면세계에 잘 귀를 기울이는 '상담가'와 '수퍼바이저' 스타일이다. 오른쪽 위는 '코치'로서 고객이 자신들도 잘 모르는 경계선에 있을 때 그들을 도와주는 사람이다. 도형의 모양이 수평선 쪽으로 길쭉하게 그려진 사람은 지원적인 역할을 잘해 다른 사람이 무엇인가 할 수 있게 해주는 스타일이며 수직으로 길쭉한 사람은 도전과 충격을 주는 것을 선호하는 스타일이다.

　　나는 수퍼비전을 하는 코치들에게는 각자 자신의 수용능력에 대해 세 가지 다른 면을 검토하는 것이 많은 도움이 된다는 점을 발견하였다.

- 가장 잘 못하고 있을 때 각자의 수용력
- 최고로 잘하고 있을 때의 수용력
- 스스로가 생각하는 최대로 가능하다고 믿는 수용력

이런 점들은 다른 종류의 질문을 불러일으키는 도약대가 된다.

- 자기 자신, 사생활, 회사나 직장, 직업의 어떠한 조건이나 스트레스가 그들의 수용력을 낮은 수준으로 밀거나 줄어들게 하는가?
- 자기 자신, 사생활, 회사나 직장, 직업의 어떤 조건이나 도움이 그들의 수용력을 더 높은 수준이 되도록 지원해주는가?
- 자기 자신, 사생활, 회사나 직장, 그리고 직업세계의 어떠한 성장이 그들의 수용력을 최고의 가능성으로까지 성장하도록 해주는가?
- 그들이 일단 회사 문을 떠난 뒤 회사 밖에서 보이는 수용력은 어느 정도가 되는가?

관계맺기는 또한 각 좌표축을 이루는 네 가지 요소 이외에도 다른 사람들로 하여금 신

그림 16.1 관계맺기 수용력

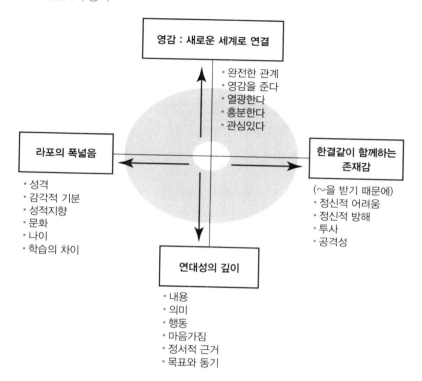

그림 16.2 관계맺기 수용력 스타일

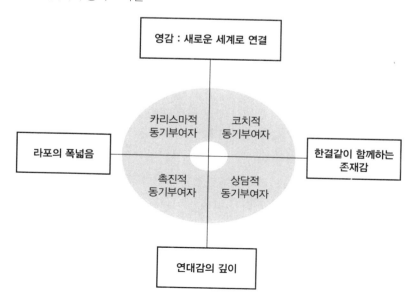

뢰감이 생기도록 하는 진실되고 일치하는 수용력을 포함한다. 내가 코치나 리더들과 작업해본 결과 4개 등급의 진실성과 일치성으로 나누는 것이 유용하다는 것을 발견했다 (Hawkins, 2001).

1. 그 사람의 모든 면모(말과 행동, 언어적·비언어적 의사소통)와의 일치성
2. 다른 사람과의 생성적 대화 관계를 맺는 데 있어서의 라포와 적합성
3. 집단, 조직적, 문화적 배경에 대한 일치성
4. 우리가 무엇을 하고자 하는가 하는 목적에 대한 정렬성

이 외에도, 스스로 관계맺기 역량을 확대하는 데는 네 가지 요인의 크기와 동시성 (simultaneously)이 모두 진실하고 일치하도록 만드는 능력이 필요하다는 점을 발견하였다.

윤리적 역량

라포와 고객과 함께 존재감을 가지고, 새로운 가능성을 열어줄 수 있도록, 반응하지 않으면서(non-reactively) 정서적으로 심도 깊게 몰두할 수 있는 능력은 수준 높은 코치가 되는 데 필요하기는 하나 이것만으로 충분한 것은 아니다. 리더나 코치들은 모두 복잡한 도덕과 윤리적 딜레마에 항상 직면하게 된다. 코치들은 그들이 현재 가지고 있는 생각의 틀로 해결할 수 없는 윤리적 딜레마에 부딪혀 수퍼바이저의 도움을 구해야 하는 일이 종종 생긴다. 이럴 경우 수퍼바이저는 딜레마를 이용해서 수퍼바이지의 윤리적 역량이 길러지도록 하는 데 집중하지 못하고, 딜레마의 이쪽이나 저쪽 중 하나를 골라 버리거나, 조언을 해야 한다는 압박감을 심하게 느끼는 경우가 생길 수 있다.

Carroll(1996, 2009)은 윤리적 성숙도(ethical maturity)란 '어떤 행위가 옳고 그른지 판별하고, 그것을 실천할 용기를 가지며, 자기 판단에 공적인 책임을 질 수 있는 성찰적이고 이성적이며 정서적인 역량'이라고 하였다. 그는 또 '어떻게 윤리적으로 행동할 것인가의 과제는 복잡함(complexity)과 애매모호함이 있다'는 것을 분명히 했다.

윤리적 판단 과정은 다음과 같이 다섯 단계를 거친다.

1. 윤리적 민감성 기르기 — 행동이 다른 사람에게 어떤 영향을 주는지를 인식하고 상호 관련된 상황 안에서 다른 사람과 윤리적 필요성이 생길 수 있다는 점을 파악하

는 것을 포함한다.

2. 도덕적 행동방침(moral course)을 만들어내기 — 상황 안에서 객관적 사실과 직업 상 윤리규범 간에 상호작용이 어떤지를 보여줄 수 있는지, 우리들의 윤리적 원칙 들을 어떻게 행동방침으로 구체화시킬 것인지

3. 윤리적 대화를 지속하기 — 자신의 행동방침을 공개하고 피드백과 반응(reaction) 에 적절히 대처하는 능력

4. 윤리적 결정을 시행하기 — 정치적 상황, 개인의 이해득실, 동료의 반대, 실수에 대한 두려움과 같은 내적·외적 저항을 극복하고 결정한 윤리적인 결정사항을 끝까지 수행하고 그런 생각을 따를 필요가 있다는 점을 언급한다.

5. 윤리적 결정의 애매모호함 그냥 놔두기 — 의심과 불확실에 대처하기 위해서는 도덕적 딜레마를 받아들이는(containing) 것이 필수적으로 필요한 수용능력이다.

수퍼비전 중 생길 수 있는 윤리적 딜레마의 전형적인 예는, 고객이 다른 직장을 구하기 위한 면접에 대해 코칭받기를 원하면서 이 사실을 회사가 알지 못하도록 코칭 내용의 비밀보장 의무를 지켜줄 것을 요구했음에도 코치가 이 사실을 회사에 보고하는 경우이다. 현재 회사가 코칭의 비용을 지불하고 있다면 이러한 코칭은 계약 내용에 어긋나는 것이다. 코치가 이런 경우 어떻게 행동하는지는 코치가 갖고 있는 현재 기준체계나 행동 논리의 반영이라 볼 수 있기 때문에 이것을 어떻게 분석할 것인지에 대해서는 딜레마로 돌아가기 전에 다음 절에서 알아보도록 하겠다.

인지적 복잡성과 관련된 수용력

의자의 세 번째 다리는 인지적 복잡성과 관련된 수용력, 역동적인 관계를 유지하기 위한 수용력, 서로 달라 갈등하고 있는 관점, 아이디어와 신념들을 통합하는 것이다. Laske(2003, 2006a, 2006b, 2009)는 성인의 인지발달을 네 단계로 설명하였다.

- 상식 : 관찰과 믿음에 기인
- 이해 : 공식적 논리(formal logic)에 기인
- 이성 : 대화적 사고체계에 기인
- 실천적 지혜

Laske는 행동변화를 넘어 고객 성장이라는 근본적인 '기준체계'를 아우르는 점에 초점을 맞춘 코칭이 필요하다는 점을 매우 방대하게 저술하였다. 그는 사회적-정서적 성장을 '의미 만들기'로 간주하고 인지적 성장을 '감각 만들기'라고 구분하였다. 이 둘은 서로 합해서 사람의 '기준체계' 또는 '세계관'을 형성해 자기 생각, 느낌, 행동의 기초가 되게 한다. 이것이 내가 지금 말하고자 하는 의자의 '앉는 부분'이 된다.

우리의 행동논리 또는 기준체계

Laske가 말한 개인의 '기준체계'라는 개념은 아래에서 서술하고자 하는 Torbert의 '행동논리'와 비슷하다. 다만 Torbert는 사람들의 '의미 만들기' 또는 '감각 만들기'가 여러 가지 도전을 매일매일 스트레스 속에서 어떻게 행위(behavior)나 행동(action)으로 나타내는지를 설명하는 데 특히 중점을 두고 있다. Laske와 Torbert는 둘 다 성인발달심리학 이론을 수립했다.

지난 세기 동안 아동의 발달 과정에 대한 많은 연구가 이루어졌으나(Erickson, 1968; Piaget, 1955, 1977; Stern, 1990), 발달이 평생을 통해 이루어지며 아동기나 청소년기를 지나서도 계속되는 것임을 인식한 심리학자는 별로 많지 않았다. Erickson은 그의 발달 단계를 성인기까지 확장시켰고 심리학자들과 융이론가 저자들은 중년의 성장에 관한 글을 쓰기 시작하였다(Lachman, 2004 참조). Loevinger(1976)와 Kohlberg(1981) 등은 성숙을 향해 나아가는 성인발달의 단계들을 명확히 구분하고 확장시켰다. 그들의 구체적 관심사는 도덕적·윤리적 선택의 복잡성을 다루는 수용력이 증가한다는 점이었다. 그들은 사람들이 어떻게 그들의 윤리적 선택을 정당화하는지를 다양한 윤리적 딜레마를 활용하여 연구하였다. 그들은 성인이 어떻게 자신들의 이익(self-interest)에 따라 움직이는지에서부터 사회적 통념과 규칙에 맞춰 나가고, 최대한의 유익함을 제공할 수 있는 좀 더 실용적 개념을 위해 다른 세계의 관점과 윤리적 복잡성을 마침내 포용할 수 있도록 성장해갈 수 있는지에 대해 주목하였다.

Torbert는 Loevinger와 Kohlberg의 연구에 덧붙여 특히 이를 리더십의 연구에 응용하였다. 그는 여러 해에 걸친 연구와 실험을 통해 그의 리더십 향상의 단계 모델과 개인이 이루어야 할 변화가 무엇인지 상세히 논하였다(Torbert and Associates, 2004; Rooke and Torbert, 2005). 많은 발달심리학자들이 리더를 구분짓는 방안으로 그들이 극심한 스트레스나 도전에 직면해 있을 때 주로 어떤 행동을 하는지를 살펴본다. 이런

표 16.1 발달의 7단계

행동논리	샘플 프로필 구성(%)
기회주의자	5
외교관	12
전문가	38
성취자	30
개인주의자	10
전략가	4
연금술사	1

점은 언제나 상황 속에서 그들 스스로 발견한 상황에 대한 관점과 해석을 통해 드러난다. 이런 압박에 반응하는(responding) 구체적인 성향(mode)이 그들의 내적 '행동논리'를 구성하고 이것으로 서로 다른 타입의 리더를 구분짓는다. Torbert는 리더는 그 자신의 행동논리가 무엇인지 이해하고 어떻게 그것을 바꿀 수 있는지를 탐색하는 것이 — 이를 '개인적 이해와 성장을 위한 여행'이라고 부른다 — 매우 중요하다고 강조한다. 그러한 여행은 개인적인 수용력을 탈바꿈해줄 뿐 아니라 조직의 수용력 또한 바꿀 수 있다. Torbert의 수천 명의 임원들에 대한 연구 결과는 그들이 자신의 행동논리를 알고 있을 때 다른 사람들을 이끄는 능력에 긍정적인 효과를 보인다는 것을 보여준다. 25년 이상 계속된 연구를 보면 리더들이 행동논리의 지배적인 영역 중 어떤 점을 선호하는지에 따라 회사나 개인의 업무 성과는 매우 크게 변할 수 있다.

Torbert와 동료들(2004)은 리더들에게는 표 16.1에서 보는 바와 같은 7단계의 정의 가능한 성인 발달 단계가 있다고 제안하였다. Rooke와 Torbert(2005: 68)는 다음과 같이 적었다.

연구에 의하면 Tobert 표본의 약 55%를 이루는 세 가지 타입의 리더[기회주의자(opportunist), 외교관(diplomat), 전문가(expert)]가 회사 내에서 평균 이하의 성과를 보였다. 그들은 표본의 30%인 성취자(achiever)보다 효율성이 크게 떨어졌다. 뿐만 아니라 표본 내 나머지 15%의 관리자들만이 — 개인주의자(individualist), 전략가(strategists), 연금술사(alchemist) — 회사를 성공적으로 혁신하고 변화시키는 능력을 일관성 있게 보여주었다.

여러 회사에서 리더십 배양을 위해 이 모델을 가지고 오랫동안 연구한 결과, 나는 대다수 회사들이 높은 수준의 행동논리를 갖춘 리더를 충분히 확보하지 못해서 현대 사회의 복잡한 도전에 대항할 능력이나 변화의 민첩함 등이 심각하게 결여되었다고 생각한다. 특히 코칭에서 리더십 개발에 이바지할 수 있는 방안 중 하나는 리더로 하여금 높은 수준의 행동논리를 갖도록 하는 것이다(Hawkins and Smith, 2006: 48-60). 이러한 발전을 꾀하기 위해서 코치는 스스로 자신의 행동논리 수준을 높이도록 해야 하며, 이 점이 수퍼비전의 핵심 요소가 되어야 한다. 여기서 나는 수퍼비전을 통해 어떻게 코치들이 머물고 있는 여러 가지 수준의 행동논리를 알아차릴 수 있는지 살펴보겠다.

기회주의자

관심 : 개인적 승리에 집중하며 다른 사람들을 착취의 대상으로 본다.

성격적 특징 : 다른 사람들을 믿지 않고, 자기 중심적으로 행동하며, 사람을 조종하고 행동이 무자비하다.

Torbert의 연구에 의하면 이 범주는 전체 5% 정도이다. 그들은 자신이 원하는 것을 가져야만 하기 때문에 (타인을) 조종하고 싶은 욕구가 있다. 그들은 다른 사람들을 장기의 졸로 보고 자신이 원하는 것을 얻기 위해, 또는 경쟁자로서 교묘하게 조종할 수 있는 물건으로 취급한다. 이런 성향을 지닌 코치들은 거의 찾기 어렵다. 그러나 그들이 '고객들을 어떻게 능가하는지' 또 어떻게 하면 상업적으로 성공적인 코치가 될 수 있는지에 대해 수퍼비전에서 초점을 맞추길 원하면서 어느 정도는 이런 행동논리로 일부는 퇴행할 수 있다.

외교관

관심 : 집단에 속하기를 원하고, 갈등을 피하며, 다른 사람이나 외부의 사건보다는 자기 자신의 행동을 통제해서 제압한다.

성격적 특징 : 집단 기준에 순응하고 매일매일 자기 역할을 잘 수행한다.

리더 샘플 중 12%가 외교관 행동논리를 활용한다. 그들이 조화를 만든다는 것은 자연스럽게 갈등을 못 본 척한다는 의미이고 호감을 얻기를 원한다. 코치로서 고객에게 칭찬을 기대하고 그들이 도전하거나 속상해하는 것을 두려워한다. 인정을 기대하며 수퍼비전에 오고 수퍼바이저들이 자신들이 매우 효과적이고 성공적이었다는 점을 알아주길 원한다.

전문가

관심 : 직장이나 개인의 삶에서 자신의 지식을 완벽하게 쌓음으로써 세계를 지배하려고 한다.

성격적 특징 : '확실한 데이터(hard data)'에 의존하고 빈틈없는 사고를 하려 애쓰며 계속되는 성장, 효율적인 운영, 그들이 옳다고 생각하는 바를 수행하기를 원한다.

Tobert의 연구에 의하면 '전문가' 그룹이 임원리더를 포함하는 모든 운영관리자 수준에서 가장 흔하게 나타나 관리자 집단의 거의 40%를 차지하였다. 리더를 기르는 여러 전문가 양성 과정은 특별한 전문기술에 기본을 둠으로써 '전문가'적 마음가짐을 길러주는 경향이 매우 강하며 회계사, 인사담당자, 프로덕션 매니저, 세일즈 디렉터 등이 있다.

전문가 성향의 코치는 수퍼비전을 할 때 대두된 문제에 집중하면서 그것을 풀어내는 가장 좋은 방법이 무엇인지 알고 싶어할 것이다. 그들은 테크닉과 모델 사용하기를 즐겨하며 관계에 관련된 것(일곱 눈 모델에서 Mode 3; Hawkins and Smith, 2006: 164-65)[2]이나 코칭 관계의 일부로서 자기 자신에 집중하는 능력(Mode 4, Hawkins and Smith, 2006: 166-67)[3]은 떨어진다.

이와 같은 발달의 첫 세 단계는 크거나 복잡한 회사의 리더나 그들의 코치들이 지닌 행동논리로서는 매우 제한된 실행능력을 가질 뿐이다. 이런 세 가지 행동논리는 세 유형 모두 문제를 정리하는 데 있어 변화를 외부에서 찾으려 하는 경향이 있으며 다음과 같은 점을 실행할 능력이 없다.

- 그들이 무엇을 하는지에 대한 질문과 성찰하기
- 행동 차원에서 개인적 변화에 대해 열린 마음 갖기
- 다른 사람들이 정말로 필요로 하는 것이 무엇인지 알아차리기

위의 단계들은 모두 어떤 형태나 모양이든 코치의 요구에 몰려 제기된 것이다. 코치는 고객, 조직, 그들의 이해관계자 각각의 요구에 통합적으로 부응하는 데 애를 먹게 될

---

[2] 역주 : 수퍼바이지와 그가 코칭하는 고객과의 코칭 관계의 눈
[3] 역주 : 수퍼바이지 자신에 대한 성찰의 눈

것이다.

성취자

관심 : 실현 가능하고 긍정적인 영향력과 그것을 실현하는 데 집중한다.

성격적 특징 : 긍정적인 업무환경 만들기, 피드백을 열린 마음으로 받아들이기, 업무 인간관계에서 필요한 것이 무엇인지에 민감하다.

Tobert의 연구에 의하면 관리자들의 30% 정도가 이러한 논리를 따르고 있으며 이러한 성취자형 리더들은 '효율성 및 결과 중심적이고, 미래는 선명하고 고무적이며, 추종자보다는 시작하는 사람, 자기 자신의 기준에 맞추려 노력하는 사람, 자신의 그림자(shadow)는 잘 보지 못하며, 윤리적 시스템을 선택할 만한(무언가를 창조하는 것은 아님) 능력을 가진 사람'이라 묘사한다(Torbert and Associates, 2004 : 86).

성취자형 코치는 수퍼비전을 할 때 목표나 코칭의 목적에 집중하면서 어떻게 그것을 성취할 것인지에 도전할 것이다. 그들은 '최종점, 방향성을 명료하게 알고 있으며' 고객 개인이나 고객 회사 모두를 위해 어떻게 하면 보다 향상된 성취를 이룰 수 있는지에 관심을 갖고 있다.

전통적 행동논리를 넘어서는 행동논리

기존의 행동논리를 유지하는 리더들이 유사성과 안정성을 보여주고 있는 반면 전통적 행동논리를 넘어서는 논리를 사용하는 사람들은 그들이 사용하는 행동논리를 창조적으로 바꾸고 지속적으로 활용하면서 차이점을 점점 더 높여가고 있다.

지금까지 리더십 스타일은 한 가지 기준체계나 기준, 세계관 안에서만 작용해 왔다. 전통적 행동논리를 넘은 포스트 행동논리들은 선택권을 제한하는 암시적 틀로부터 점점 더 벗어나, 행동논리의 다양성을 강조하는 보다 더 분명한 틀을 활용하고, 서로 다른 경우에 사람들이 자기 스스로의 행동논리를 고를 수 있게 해주는 자유로움과 반응 능력(response-ability)을 개발한다.

개인주의자

관심 : 서로 다른 행동논리의 차이점을 인지하고 소통하며, 현재와 역사적 맥락 둘 다를 유지하고, 감정적 갈등과 딜레마를 인식하며, 유사성과 안정성보다는 차이점과

변화에 집중한다.

성격적 특징 : 독립적이고 창조적인 업무능력, 상대의 말을 잘 듣고 패턴을 발견하는
데 주력하며, 개성이 강한 점 때문에 발생할 수 있는 자신의 그림자를 인식하는 것
에서 시작한다.

개인주의자적 행동논리는 리더의 10% 정도에서 발견된다. 이들은 우리가 사용하는 모
든 행동논리가 신으로부터 주어졌거나 진리로 자연 그대로 주어지는 것이 아니라 만들
어지는 것임을 알고 있다. 행동논리들은 개인과 세계를 부분적으로 조합해 놓은 것이
다. 개인주의자들은 개성, 관점과 관련된 방식과 경쟁하고 그들과 다른 행동논리를 가
진 사람들과 원활한 소통을 하는 데 초점을 맞춘다.

개인주의자가 성취자와 다른 점은 개인이나 조직이 직면한 딜레마의 양 측면, 가령
사람들의 원칙과 행동, 조직의 가치와 그것의 실행 등에 대해 그들이 인식하고 있다는
점이다. 이러한 인식은 긴장을 유도하여, 미래의 창조력과 더욱 성장하고자 하는 의욕
의 원동력이 된다. 개인주의자들은 또한 그들이 별로 해당되지 않는다고 생각하는 규칙
들을 무시하는 경향이 있어 전통적인 행동논리를 가지고 있는 동료들을 자극하는 원인
이 되기도 한다.

개인주의자적인 코치들은 즉각적인 성과 향상보다는 성장에 좀 더 주안점을 두고 그
들 자신의 행동논리와 고객의 성장에 관심을 가질 것이다. 일곱 눈 모델(Hawkins and
Smith, 2006: 166-170)에서는 Mode 4, 5, 6이 더 잘 맞으며,[4] 자기 고객들의 자각과 자
신의 성장에 최고의 관심을 가질 것이다. 그들의 한계는 코치 자신과 그들의 고객에게
통찰과 깨달음에 지나치게 집중하거나 의존하는 것이고 변혁적 변화(transformational
change)를 가져올 공간을 창조해낼 수 있는 깨달음과 통찰을 활용할 능력이 조금 부족
할 수 있다는 점이다(Hawkins and Smith, 2006).

전략가

관심 : 원칙, 계약, 이론 등과 규칙, 관습, 예외가 아닌 지속 가능한 좋은 결정을 내리
기 위한 판단을 중요시한다. 장기적 성장 과정에 초점을 맞춘 단기적 목표의 배합,
사람의 행동논리는 그 사람의 통찰력에 의해 만들어진다는 인식, 이런 인식하에 다

---

[4] 역주 : 5의 눈은 수퍼바이지와 수퍼바이저의 수퍼비전 코칭관계, 6의 눈은 수퍼바이저 자신에 관한 성찰의 눈이다.

양한 역할을 연기한다.

　성격적 특징 : 갈등 상황을 해결하는 데 창의적이며, 재치, 실존주의적 유머가 있고, 이중고리학습(double-loop learning)를 이용하며, 그들의 회사나 리더의 수용에 대한 한계를 테스트한다.

Tobert와 동료들(2004)은 전략가적 기술을 '주어진 임무, 전술 시간 등을 재구성하는 자의식(self-conscious)과 고객과 이해관계자들의 다양한 목소리를 듣는 능력'이라고 표현하였다. 이 같은 논의로 볼 때 이것은 보나마나 전체 과정을 죽여버릴 수 있는 단일한 사고틀에 사람을 억지로 집어넣으려는 시도가 아니라 전략적 성공이 필요하다는 보다 깊은 차원의 학습을 이룰 수 있는 첫 단계이다. 전략가는 세계에 대한 모든 관점, 잠재적 유효성을 지닌 모든 기준체계를 알아볼 수 있고, 그런 것들을 존중하는 마음으로 다룰 때 더 깊은 배움이 가능하다는 것을 알고 있다. 전략가적 관리자들은 변화할 수 있는 상황이나 이해관계자의 다양한 관점을 결합할 수 있는 방법에 대해서도 개방적이다. 그들은 다른 사람의 기준체계를 알고 있으며 언제나 상황에 맞는 기준체계를 찾으려 한다. 또 자신들의 목적에 분명히 연관되어 있든 아니든 상관없이 어떠한 근거에서 나온 피드백이라도 귀를 기울인다. 그들은 어렵고 도전적인 문제를 검토하기 위해서는 언제나 사람들을 함께 모을 것이다.

　상황이나 문제를 재구성하는 능력, 다른 각도로 그것을 보는 능력은 다른 사람에게 전략가들이 믿음직스럽지 못하게 보일 수 있다. 정당한 목표로의 연결고리가 불충분한 경우, 전략가들은 실제로 권모술수를 쓰는 것(Machiavellian)으로 보일 수도 있다. 그러므로 유능한 전략가는 그들의 목적에 대한 인식을 개발하고 강화해줄 지지기반을 다지려는 경향을 보일 것이다. 바로 이것이 전략가적 코치들을 위해 수퍼비전이 반드시 필요한 부분이다.

　전략가적 코치는 수퍼비전을 받을 때 통찰과 깨달음에 초점을 둘 텐데, 이는 그 자체가 목적이어서가 아니라 그들의 사고와 관계 방식을 바꾸는 데 무엇이 필요한지 고려하는 데 필요한 근거가 되기 때문이다. 이렇게 함으로써 고객과의 관계를 진전시키고, 고객으로 하여금 회사나 그들이 이끌고 있는 시스템을 위해 일하는 방법을 변화시키고자 한다. 전략가적 코치는 보다 광범위한 시스템 안에서 변화가 가능해야 할 필요 때문에 '지금 여기' 안에서 변화가 구현될 수 있게 강력하게 촉진하는 변혁적 코칭 분석을 시도할 것이다(Hawkins and Smith, 2010). 전략가적 코치는 일곱 눈 모델의 모든 관점을 자유자재로 사용할 수 있는 능동적 수퍼바이지이며 그들 스스로 매우 유능한 수퍼바이저이다.

연금술사

관심 : 상황의 진실이 무엇인지 알고자 한다. 많은 상황은 복합적 수준의 의미와 활동을 갖고 있다. 하루 동안에도 다양한 성격이 표현될 수 있다.

성격적 특징 : 카리스마적 성격을 갖는다. 높은 도덕적 기준을 가지고 생활하며 높은 수준의 인식을 갖는다. 그들 조직의 역사에서 특수한 순간을 간파하는 능력을 갖고 있다. 휴식, 여가에 대한 인식과 치열한 효율성을 받아들인다. 사람의 감성이나 마음을 움직이는 상징이나 은유를 만들어낼 줄 안다. 언제나 여러 가지 조직에 연관되어 있으면서 모두를 위한 시간을 갖고 있다.

마지막으로 언급할 행동논리는 연금술사로, Tobert가 연구한 리더들 중 1%만이 해당되었다. 그들이 전략가와 다른 점은 그들 자신과 그들의 조직을 역사적으로 주목할 만한 방법으로 혁신 또는 재창조하는 능력이다. 전략가의 수준을 언제나 넘어서는 리더가 되는 경우는 극히 드물다. Tobert는 교황 요한 13세와 간디를 예로 들었다. Tobert가 말하길, 이 수준의 리더들은 자기중심적 태도를 버리고 '옳은 길'을 가기 위한 집착을 떨쳐버리게 된다. 연금술사적 리더는 자기가 목적하는 바를 이루기 위해 계속해서 상황을 재구성하는 시도는 거의 하지 않는다. 그러나 새로 일어나는 기준체계를 끊임없이 주목하고 있는 것으로 보인다. 그리고 나서 그것들을 흘려보내며 현재 순간의 고요함(stillness)에서 드러나는 에너지와 춤추며 머무는 것을 더 좋아한다.

요하네스버그에서 1995년에 있었던 럭비 월드컵 결승전에서 보여준 넬슨 만델라의 행동은 바로 이런 경지의 리더십에서 우러나온 것으로 보이며, 연금술사적 리더가 강력한 변화의 상징을 창조하는 역량을 지녔다는 점을 명료하게 보여준다. 남아프리카 국가대표 럭비팀 스프링복스는 백인우월주의자의 보루 중 하나로 간주되던 개최지에서 열린 월드컵 결승전에 진출하였다. 만델라는 경기를 관전하였다. 그는 남아프리카 흑인들이 극히 싫어하는 스프링복스 유니폼을 입고 피치로 걸어나오면서, ANC(African National Congress, 아프리카 민족회의)의 움켜쥔 주먹 경례를 함으로써 흑–백 남아프리카 국민 모두에게 호소하는 모습을 보였다(Rooke and Torbert, 2005 : 72).

드물게 볼 수 있는 연금술사 코치는 전략가적 코치가 가진 모든 변혁적 능력을 가지고 있을 뿐 아니라, 더 높은 수준의 겸손함과 집착을 버리는(non-attachment) 마음을 가지고 있다. 그들은 영적인 활동의 한 방식으로서 코칭과 수퍼비전을 바라본다.

행동논리를 윤리적 딜레마에 접목하기

위에서 윤리적 딜레마로 언급된 고객이 현재의 고용주에게 말하지 않고 다른 회사의 면접을 준비하기 위해 코치의 도움을 받기를 원하는 경우로 되돌아가보자.

- 기회주의자는 자기 고객을 유지하는 것(설사 다른 회사에 가더라도)과 지금 회사가 미래에 제공할 일감에 가장 신경을 쓸 것이다. 아마도 회사가 알지 못하게 코칭 고객을 도와줄 방법을 찾으려 할 것이다.
- 이러한 딜레마에 직면한 외교관은 자신들의 수퍼바이저나 회사고객, 개인고객이든 심기를 잘못 건드리지 않도록 하는 데 가장 신경을 많이 쓸 것이다.
- 전문가는 무엇이 '기술적으로 옳은지'와 무엇이 코칭 전문가들에게 올바른 처신으로 알려져 있는지에 중점을 두고, 고객이 원하는 대로 비밀로 할 것인가 아니면 계약상 그런 행동을 하는 것은 안 된다고 말할 것인가의 '양자택일의 딜레마'를 보일 것이다(Hawkins, 2005). 그들은 수퍼바이저에게 어떻게 행동해야 하는지에 대한 '전문가의 의견'을 얻고자 할 것이다. 전문가적 수퍼바이저는 계약서에 써 있는 내용이 무엇인지, 계약서에 맞게 행동하려면 어떻게 해야 하는지 알아볼 것이다.
- 성취자는 양쪽 모두에게 최선의 방법이 무엇인지에 초점을 맞추어 '양쪽 모두 득을 보는(win-win)' 상황을 만들고자 할 것이다.
- 개인주의자는 자신과 코치이와의 관계에 어떤 일이 일어나고 있는지, 개인적 요구와 조직의 요구 사이에서 경험하는 코치이의 단절을 코치가 어떻게 따라가야 할 것인지, 또 그들이 들고 온 코치이의 딜레마가 어떻게 자신에게 남겨지는지를 주목할 것이다.
- 전략가는 개인주의자가 인식하고 있는 점 외에도 코치이가 직면한 분열과 코치이가 자신의 행동논리를 전환해서 딜레마와 싸우는 것을 돕기 위해 자신이 어떻게 개입할 것인지에 초점을 맞출 것이다.
- 연금술사는 그냥 껄껄 웃을지 모른다!

변화를 활용해 코치를 수퍼비전하기

위에서 시사한 바와 같이, 코치의 관계맺기와 윤리적 역량을 그들의 현재 행동논리나 기준체계 내에서 성장하게 돕는 것은 가능하더라도 이런 제한된 구조는 수용역량 개발을 위한 몇 가지 지점에서 한계에 직면할 것이다. 수퍼바이저는 한계점을 찾아내고 더 높은 수준의 기준체계로 변화를 일으킬 수 있어야 한다. 이런 변화를 위해서는 대체로 자기가 이미 갖고 있는 세상에 대처하는 방법들로는 풀 수 없는 새로운 도전에 직면하면서 촉발되고 전 인간(whole person)을 포괄하는 변혁적 학습(transformational learning)이 요구된다.

이러한 변화 과정은 흔히 세 단계로 구분 가능하다. 나의 방식은 van Gennep(1960)의 통과의례와 Kubler-Ross(1991)의 변화곡선을 토대로 한 것이다.

첫 번째 단계는 배운 것을 일부러 잊어버리는 학습해소(unlearning, 學習解消)의 단계로 수퍼바이지가 현재 존재 방식에 대한 한계에 부딪히면서 시작된다. 그들의 역할이나 상황이 과거에 사용한 방법으로는 해결되지 않는다는 것을 깨닫게 된다. 매우 성공적이었던 과거와 달리 이제는 부정적인 피드백을 받기 시작하기 때문에 이것은 자신감을 상실하는 좌절의 시간이기도 하다. 또 다른 사람들은 과거 자기가 쓰던 기술이나 습관에 절망적으로 매달리기도 한다. 수퍼바이저의 임무는 수퍼바이지들이 들고 있는 것을 내려놓게 하고 인생이 현재 자신들에게 알려주고 있는 것에 대해 배우고 도전에 맞설 수 있도록 용기를 불어넣는 것이다.

두 번째 '감지할 수 있는 한 최저 한계(liminal)' 단계는 수퍼바이지가 활용하던 이전의 방식을 버렸지만 아직 온전히 새로운 단계로는 들어가지 못한 단계이다. 수퍼바이지들은 새로운 방식으로 행동하는 것을 실험하고 이 실험을 지속할 학습과 성찰 공간이 필요하게 된다. 이 단계에서 사람들은 대부분 혼란스럽고 길을 잃은 듯한 느낌을 가질 수 있다. 그러므로 이것은 대부분 사람들이 거쳐야 할 자연스러운 과정으로 안심하게 지지를 제공하는 것이 필요하다. 여기서 과거의 방식으로 되돌아가려 하거나 불확실성 속에서 더 많은 탐험을 해보는 대신 그럴듯해 보이는 거짓된 자신감(false confidence)에 빠질 가능성도 있다.

마지막 단계는 체내화(incorporation)이다. 바로 이 단계가 수퍼바이지들이 사고와 행동, 실천을 새로운 방식으로 체내화하기 시작하는 단계이고 그들 자신과 지속 가능성 모두를 자기 것으로 만든다. 수퍼바이저로부터 확고하게 쌓아 올린 평가와 인정은 언제나 가장 효과적이다.

　이제 좀 더 구체적으로 이것이 어떻게 수퍼바이저로 하여금 코치의 서로 다른 행동논리 사이에 변화를 일으키게 해주는지 알아보도록 하겠다.

전문가에서 성취자로

전문가 코치들은 수퍼비전을 할 때 문제에 초점을 맞추고 어떻게 그 문제를 해결할 것인지를 알고 싶어 수퍼비전에 온다. 그들은 수퍼바이저의 지도를 통해 기술목록(tool-bag of techniques)을 늘리고 최고 수준의 실천을 할 수 있게 되고자 한다. 한편 성취자는 '전체를 보는 통찰력'(Covey, 1989)을 갖고자 하며 결과를 가장 훌륭히 성취하는 데 필요한 것이 무엇인지에 중점을 둔다. 수퍼바이저는 코치로 하여금 코칭의 목적이 무엇인지, 고객 개개인과 보다 넓게 회사가 추구하는 목표들은 무엇인지에 정기적으로 관심을 기울이도록 함으로써 이러한 발전적 변화를 촉진할 수 있다. 또한 수퍼바이저는 코치들이 문제를 도전과 새로운 배움의 기회로 재구성할 수 있도록 도와줄 수 있다.

성취자에서 개인주의자로

수퍼바이저가 코치의 성취자의 행동논리에서 개인주의자의 행동논리로의 변혁을 확실하게 지원하는 한 가지 방법은 무엇인가? 수퍼바이저는 그들이 자신이 모르는 것에 대해 작업할 때 열린 마음과 호기심을 가지고 실험적인 방법으로 임하는 능력을 키워줄 필요가 있다. 성장하고 있는 성취자들이 결과에 주목한다면 개인주의자들은 좀 더 넓은 분야에 대한 통찰에 관심이 있다. 자기 자신을 그 분야의 일부로 보고 서로 다른 세계관을 아우르는 데 중점을 둔다. 또 시작부터 답을 미리 알고 있다는 태도로 상황을 탐구하는 일이 없도록 이미 정해진 방식, 되풀이해 사용하는 의사소통 방법에서 벗어나야 한다. 성공적인 변혁을 위해서는 코치들이 새로운 아이디어와 작업 방법을 실험해볼 수 있는 감각이 필요하다. 수퍼바이저는 코치로 하여금 자기인식에 좀 더 초점을 맞추고 더 넓은 코칭 시스템과 그 분야의 일부로서 자기 자신을 성찰할 수 있도록 도와(일곱 눈 모델의 Mode 3, 4, 7,[5] Hawkins and Smith, 2010) 이런 변화를 가능하도록 해야 한다. 수퍼바이저는 또 모델의 Mode 5와 6을 이용하여 수퍼비전 과정 동안 실제로 무슨 일이 일어나고 있는지에 대한 자각을 높여주고 직접적으로 주목하게 한다.

---

[5] 역주 : 7─수퍼비전 코칭 전체를 보는 눈으로 1번부터 6번까지의 모든 관점을 포괄한다.

전략가를 넘어서

개인주의자로의 변혁은 자기성찰을 위한 역량을 크게 향상시키고 고객 개개인과 회사가 가지고 있는 다른 견해들을 상대적으로 인정하는 능력을 기르는 데 있다. 그러나 전략가 또는 연금술사적 행동논리로의 변혁은 현재의 사고체계 전체를 깨뜨릴 수 있는 (기꺼이) 준비되어 있는 자세(readiness)가 요구된다. 이러한 변화를 위해 수퍼바이저가 할 일은 주로 다음과 같다.

- 개인의 변화와 전체적인 시스템 변화를 연관시킨다.
- 코치들이 그들 내면의 모순점을 직면할 수 있도록 돕는 역설적이고 모순적인 개입을 이용한다.
- 이것 아니면 저것이라는 양자택일 딜레마를 깨닫도록 해주고 그것들을 초월할 수 있는 방법을 찾는다.
- 고객과 회사의 변혁을 일으키기에 앞서 고객 자신의 변화를 일으키는 데 필요한 것이 무엇인지 직면하게 한다.

위와 같은 것을 위해 수퍼바이저는 끊임없이 수퍼비전 동안 일어나는 자기 자신의 프로세스를 실시간으로 성찰하고 뒤돌아보며 논평할 수 있어야 한다. 코치들로 하여금 통찰과 깨달음을 넘어 변화해갈 수 있도록 하기 위해서는 '빠른 사전 리허설'을 통해서 코치들이 삶의 방식을 수퍼비전 회기 안에서 가능한 한 생생하게 실험하도록 촉진할 수 있어야 한다(Hawkins and Smith, 2010).

수퍼바이저가 변화를 촉진하기 위해서는 그들이 전략가적 행동논리로 작업할 수 있는 것이 필요하고 '실천적 지혜'라 불리는 Laske의 기준체계로 작업할 필요가 있다. 이는 수퍼바이저의 삶의 수준이 더 높아져야 한다거나, 코치들에게 좋은 것이 무엇인지 더 잘 알고 더 깊이 이해하고 있어야 한다는 뜻이 아니다. 수퍼바이저에게 필요한 것은 효과적인 관계맺기, 윤리적 성숙함, 서로 다른 기준체계를 아우르고 선택할 수 있는 유연성, 그리고 그들의 코칭고객들이 그토록 풍부하게 제공해주고 있는 인생의 도전에 직면하도록 수퍼바이지를 붙들어주는 도덕적 용기와 두려움 없는 연민이다.

Hawkins와 Smith(2006)는 다음과 같이 서술하였다.

Torbert의 리더십 발달 모델은 멘토와 임원 코치들, 그리고 그들의 수퍼바이저들에게 많은 것을 시사한다. 여기서 확실한 것은 변화의 열쇠는 하나의 행동논리에서 그다음 단계로 옮기는 것이다. 이 모델은 우리가 유전적으로 타고난 것들과 습관 패턴에 갇혀 있는 것이 아니라, 우리가 진정으로 필요한 시간과 노력을 들인다면 우리가 행동하는 방식과 세상을 바라보는 방식을 바꿀 수 있다는 것을 전제로 한다. 바로 이 점이 멘토, 코치, 수퍼바이저를 필요로 하는 부분이다. 그들은 이러한 변화가 실제로 일어나도록 지원하고 도전을 제공할 수 있다.

결론

만일 코칭이라는 직업이 리더와 리더십 향상을 가능하게 하는 역할을 점점 더 계속해 나간다면, 21세기에는 보다 큰 요구에 직면하게 될 것이다. 그렇다면 코치들은 그들의 정서적, 개념적, 윤리적 수용력을 지속적으로 늘려나가고 그들의 기준체계를 탈바꿈해 나갈 필요가 있다. 수퍼비전은 이런 성장을 이루어내는 중심적 프로세스이다. 그러나 수퍼바이저들은 성인 발달 과정을 이해하고 그들이 수퍼비전하는 코치들과 그들의 고객들이 스스로 이것을 알아차리게 해야 하고 행동논리를 다른 것으로 변화하도록 촉진하는 기술을 가져야 한다. 수퍼비전 계약과 재계약을 맺을 때 수퍼바이저와 코치는 코치의 수용력을 어떻게 개발하는 것이 가장 좋은 것인지에 초점을 맞추어야 한다. 이것은 코치들의 실천이 어떻게 기준체계와 행동논리의 경계(bound)에 부딪히는지 이해하고, 변화를 일으키는 틀을 다루려고 안에서부터 밀고 올라오는 도전을 지속적으로 처리하기 위한 체계를 제공하는 것을 의미한다.

이 장이 이 과정에 조금이나마 도움이 되었기를 바란다.

참고문헌

Berglas, B (2002) The very real dangers of executive coaching, *Harvard Business Review,* June, 86–92

Broussine, M (1998) *The Society of Local Authority Chief Executives and Senior Managers (SOLACE): A scheme for continuous learning for SOLACE members,* University of the West of England, Bristol

Carroll, M (1996) *Counselling Supervision: Theory, skills and practice,* Cassells, London

Carroll, M (2009) Ethical maturity. Presentation to CSTD and Bath Consultancy Group Graduate groups Bath UK (see **www.bathconsultancygroup.com, www.cstd.co.uk**)

CIPD (2004) *Reorganising for Success – A survey of HR's role in change,* CIPD, London

Covey, S (1989) *The Seven Habits of Highly Effective People,* Simon & Schuster, London

Erikson, E (1968) *Identity, Youth, and Crisis,* Norton, New York

Grant, A M, Passmore, J, Cavanagh, M and Parker, H (2010) The state of play in coaching, *International Review of Industrial & Organizational Psychology,* 25, 125–68

Hawkins, P (2001) Beyond opposites. A series of talks given at the Unitarian Summer School, Great Hucklow, Derbyshire, August

Hawkins, P (2005) *The Wise Fool's Guide to Leadership,* O Books, Winchester

Hawkins, P (2006) Coaching supervision, in (ed) J Passmore, *Excellence in Coaching,* Kogan Page, London

Hawkins, P (2011) *Leadership Team Coaching,* Kogan Page, London

Hawkins, P and Schwenk, G (2006) *Coaching Supervision,* CIPD, London

Hawkins, P and Schwenk, G (2010) The interpersonal relationship in the training and supervision of coaches, in (eds) S Palmer and A McDowell, *The Coaching Relationship: Putting people first,* Routledge, London

Hawkins, P and Smith, N (2006) *Coaching, Mentoring and Organizational Consultancy: Supervision and development,* Open University Press/McGraw Hill, Maidenhead

Hawkins, P and Smith, N (2010) Transformational coaching, in (eds) E Cox, T Bachkirova and D Clutterbuck, *The Complete Handbook of Coaching,* Sage, London

Hawkins, P and Shohet, R (1989, 2006) *Supervision in the Helping Professions,* Open University Press, Milton Keynes

Kohlberg, L (1981) *Essays on Moral Development, Vol I: The philosophy of moral development,* Harper & Row, San Francisco, CA

Kubler-Ross, E (1991) *On Death and Dying,* Macmillan, London

Lachman, M E (2004), Development in midlife, *Annual Review of Psychology,* 55, 305–31

Laske, O (2003) Executive development as adult development, pp 565-584, in (eds) J Demick and C Andreoletti, *Handbook of Adult Development,* Plenum/Kluwer, New York

Laske, O (2006a) From coach training to coach education: teaching coaching within a comprehensively evidence based framework, *International Journal of Evidence Based Coaching and Mentoring,* 4 (1)

Laske, O (2006b) Why does your maturity matter? How developmental theory impacts your coaching competence, *Choice Magazine,* 4 (3) 10–13

Laske, O (2009) *Measuring Hidden Dimensions of Human Systems: Foundations of requisite organization (MHD volume 2),* IDM Press, Medford, MA

Loevinger, J (1976) *Ego Development,* Jossey-Bass, San Francisco, CA

Piaget, J (1955) *The Child's Construction of Reality,* Routledge and Kegan Paul, London

Piaget, J (1977) *The Grasp of Consciousness: Action and concept in the young child,* Routledge and Kegan Paul, London

Rooke, D and Torbert, W (2005) Seven transformations of leadership, *Harvard Business Review,* April, 67–76

Salovey, P and Mayer, J D (1990) Emotional intelligence, *Imagination, Cognition and Personality,* 9, 185–211

Stern, D N (1990) *Diary of a Baby,* Penguin, Harmondsworth

Stoltenberg, C S and Delworth, U (1987) *Supervising Counselors and Therapists: A developmental approach,* Jossey-Bass, San Francisco, CA

Torbert, W and Associates (2004) *Action Inquiry: The secret of timely and transforming leadership,* Berrett-Koehler, San Francisco, CA

van Gennep, A (1960) *The Rites of Passage,* University of Chicago Press, Chicago, IL

제17장

사례연구를 이용하여 성찰적 작업하기

Jonathan Passmore, Gladeana McMahon, Diane Brennan,
Bob Lee, Barbara Christian, Michelle Tenzyk

서론

이 책의 마지막 장에서는 학습과 성장을 위한 도구로 쓸 수 있는 사례연구(case study) 모델을 보여준다. 사례연구를 이용하는 방법은 많은 MBA 프로그램과 교육 분야에서 학습 모델로 이용되는 훌륭한 비즈니스 학습도구로 인정받고 있다. 이 장에서는 전문성의 지속적 개발(continuous professional development, CPD)의 도구로서 사례연구의 예를 검토한 뒤 코치 훈련이나 개인적 학습과 성찰에 이용할 수 있는 여러 가지 사례연구의 예를 소개한다.

사례연구의 역할

사례연구나 시나리오는 학습과 CPD에서 귀중한 도구 역할을 한다. 여기서 코치들이 얻을 수 있는 이점은 다섯 가지가 있으며 간단히 정리하면 다음과 같다.

- 자각, 인식
- 윤리적 의사결정 구조에 대한 개선

- 사례 개념화
- 가치와 신념에 대한 탐색(exploring values and beliefs)
- 학습 플랫폼

첫 번째 역할은 코치의 인식세계를 넓혀주는 것이다. 서로 다른 분야에서 일하고 있는 코치들은 다른 종류의 경험을 가지고 있다. 이러한 경험을 체계적인 방법으로 서로 공유하면 코칭 작업의 깊이와 범위를 자각하고, 간혹 생겨날 수 있는 문제점이나 도전과제를 이해하는 데 도움이 된다.

두 번째 역할은 이 책 제9장에서 다룬 바 있는 윤리적 의사결정 구조를 시험하고 더욱 완전하게 발전시키는 데 사례연구를 사용할 수 있다. 윤리적 의사결정 구조는 코치들이 실천 규범에 언급되어 있는 윤리적 필수요소의 리스트를 넘어 그들이 의사결정에서 어떤 결정을 고려해야 할지 활용하는 데 유용하다. 사례연구를 이용하면 그러한 판단기준을 시험해보거나 더 갈고닦을 수 있다.

셋째는 코치들이 각각의 사례를 검토해보면서 사례 속에 있는 공통 주제를 찾거나 주제의 중요도에 따라 우선순위를 정할 때 사례연구가 쓰일 수 있다. 이것은 사례 개념화(case conceptualization)와 연관된 것으로, 심리치료에서는 널리 쓰이는 방법이지만 코칭에서는 보편화된 방법이 되기에는 아직도 발전의 여지가 있다.

넷째는 우리에게 정보를 해석하는 방법을 배우는 기회를 제공해준다. 이를 통해 우리는 자신의 가치와 신념을 모든 개입에 활용할 수 있게 된다. 사례연구는 해석과 이것에 기초가 되는 가치와 신념에 대해 성찰할 기회를 제공한다. 가치와 신념이 우리에게 도움이 되는가? 우리의 어떤 신념이 코칭의 효과를 줄어들게 만드는가?

마지막으로 사례연구의 역할은 다른 사람과 대화를 유지하게 하는 기반을 제공한다. 예를 들어 코칭 석사학위 과정과 같은 정식 교육 환경뿐 아니라 동료와의 토론 또는 수퍼비전과 같은 비공식적 학습 환경에서도 이런 역할을 할 수 있다.

성찰적 작업의 공헌

우리가 아래에서 보는 사례연구는 대부분 코칭 경험에서 만들어진 것이다. 사례연구를 쓰는 동안 실제로 어떤 일이 일어났는지, 회사 내부 그리고 코칭 관계에서 어떤 일이 일어났는지에 대한 단면을 성찰할 수 있다. 그렇기 때문에 사실에 대한 단순화된 표현이라고 말할 수 있다. 우리는 코치들이 사례연구의 빠진 부분을 채워 넣기를 권한다. 예를 들어 만약 X라는 정보가 빠져 있다면 A를 실행하고 만일 누락된 정보가 Y라면 B를 선택한다. 어떤 요소가 행동을 변화시키는 데 영향을 줄 것인지 알아내고 그렇게 되는 이유가 무엇인지 고려해봄으로써 우리가 활용한 사례연구들로부터 얻는 배움에 한몫할 수 있게 될 것이다.

우리는 당신이 사례연구를 읽을 때 다음과 같이 행동할 것을 권한다.

- 당신이 발견한 이슈를 확인하라.
- 발견한 이슈의 순위를 매기고 왜 어떤 것이 다른 것보다 더 중요한지 생각하라.
- 발표한 사례에 대한 당신 자신의 사례 해석을 공개하고 다른 해석 또한 고려하라.
- 상황에 따른 대처 방안들을 제시하라.
- 각각의 사례연구에 나오는 서로 다른 인물에게 당신의 대처 방식이 가져올 결과들을 예상하라.

사례연구 1_제니퍼

제니퍼는 의료기금(health trust)에서 일하는 업무지원 과장이다. 그녀의 역할은 인사관리와 몇 가지 회사 업무이다. 그녀는 12명이 일하는 팀을 맡고 있다. 제니퍼가 그 일을 하기 시작한 것은 6개월 전으로 성공적으로 임시직무평가(probation appraisal)를 통과했다.

그녀의 코치는 피터인데, 인근의 영리 훈련기관에서 단기 코스를 마치고 새로 코치 자격을 딴 사람이다. 피터는 30년간 소매업계에서 매니저로 일한 경험이 있다. 그는 50대 초반으로 코칭으로 방향을 바꾸기 전에 대규모 팀을 이끌어온 경험이 있고 경영에 대해 잘 알고 있다. 그는 의료 업무에 대한 개인적인 지식이 있지만, 이 분야에서 코칭이나 업무 경험은 없다. 그는 제니퍼를 지역 조찬 인맥 만들기 모임에서 만나 코칭으로 얻을 수 있는 혜택에 대해 제니퍼를 설득했다. 그녀는 6번의 코칭 회기를 계약하게 되었다.

첫 번째 코칭 회기에서 제니퍼는 업무의 어려움에 대해서 이야기했고 회기는 순조롭게 흘러갔다. 제니퍼가 알고 싶어 하는 것은 업무를 성취하는 방법과 일을 못하는 스태프들을 다루는 방법이다. 그녀는 더 좋은 리더가 되고, 효과적으로 의료계 고객들과의 업무를 추진할 방법을 알고 싶어한다. 두 번째 회기에서 제니퍼는 코칭 과정에 대해 좀 더 믿음을 가지고 열린 자세를 취한다. 그녀는 가정에서 남편과의 문제점에 대해 피터에게 이야기하고 그녀의 상사와의 관계에서 발전한 애정관계에 대해서도 언급한다. 그녀의 인사평가는 4개월만에 있을 것인데 월급의 최대 5%에 해당하는 업무성취 보너스를 받게 될 수도 있다. 제니퍼는 최대 보너스를 확실하게 확보할 수 있는 기회를 늘리는 데 초점을 맞춰 코칭받기를 원한다.

질문

- 피터와 제니퍼의 사례연구에서 논의주제는 무엇인가?
- 가장 중요한 주제는 무엇이며 그 이유는 무엇인가?
- 현재 일어나고 있는 일들을 어떻게 해석하는가?
- 당신이 피터라면 어떻게 행동하겠는가? 그 이유는 무엇인가?
- 제니퍼에게 어떤 결과들이 생길 수 있는가?
- 지원실 부장(제니퍼 상사)에게 어떤 결과가 생길 수 있는가?
- 제니퍼의 남편에게는 어떤 결과가 생길 수 있는가?

토론

이 사례연구를 읽을 때 먼저 떠오르는 문제점은 여러 가지가 있다. 먼저 제니퍼가 코치를 비공식 대화를 통해 고른 것이 최선의 방법이 아니었을 수 있다. 비공식적 인맥 만들기 모임에서 섣불리 결정을 내리게 되면 서로 다른 코치들이 제공하는 것들을 비교해볼 기회가 없다. 그녀는 먼저 코치를 구해 놓고 회사의 승인을 받기보다 회사에 코치를 구해달라고 말했어야 했다. 과정 또한 제니퍼가 코치를 구할 필요가 있다고 결정을 내렸다기보다 피터가 그녀에게 자신을 고용하도록 만든 것으로 보인다. 제니퍼는 코치가 왜 필요한지 잘 몰랐을 수도 있다. 회사였다면 이미 고용하고 있는 코치들 중에서 추천하였거나, 아니면 적어도 가격대비 최고의 가치를 보장할 수 있도록 코칭업무를 입찰하는 방법을 썼을 것이다. 그런 결정들을 선택하는 과정에서 그녀는 더 많은 기회를 가질 수 있었을 것이다.

제니퍼는 피터가 해당 분야의 경험이 없다는 사실을 간과하거나, 또는 가치를 두지 않았던 것으로 보인다. 피터가 경험을 가진 분야는 소매업이지 의료계나 인사계열이 아니었다. 첫 번째 미팅에서 그녀는 의료계에서의 리더십 문제를 언급하였다. 피터는 의료계 업무나 의료계 고객들에 관련된 어려움을 이해하는가? 코치가 해당 분야를 잘 알고 있을 때 최고 역량이 발휘된다는 것이 우리의 견해이다. 만일 제니퍼가 좀 더 공식적인 방법으로 코치를 구했더라면 의료서비스 계열 업무 경험이 있는 사람을 찾았을 가능성이 높다. 그랬다면 그녀가 의료계 스태프들과의 관계 개선을 하는 방법을 찾을 때 도움이 될 수 있을 것이다.

더 나아가 문제는 그녀의 상사와의 관계이다. 이것은 코칭의 문제는 아니지만, 조직이 공적인 기관이다 보니 그런 행동은 조직의 평판에 해를 끼칠 위험성이 있다. 이는 슈퍼마켓이나 휴대전화 소매대리점의 경우와는 매우 다른 문제이다. 지방자치기구나 의료기관에서 고위관리자가 이런 일에 연루되어 지역 신문에 나는 일이 더러 있다. 의료기금은 공공기관이므로 이런 문제에 대한 규정이 있을 수도 있다. 인사과(HR)의 총책임자로서 제니퍼의 역할은 특히 민감한 분야이다. 또 제니퍼는 자신의 업무성취 보너스를 줄 위치에 있는 사람과 사귀고 있다는 언급을 했다. 이는 선정 과정에 대한 의심을 일으키고 이런 일이 언론에 폭로되었을 때 회사는 평판이 매우 나빠질 수 있다. 이런 경우는 일반 개인회사의 경우와는 다른 것임을 한 번 더 강조한다. 제니퍼는 상사와의 관계가 비밀에 부쳐질 것이라고 생각할지 모르지만 그런 일을 오랫동안 숨기기는 어려운 법이다. 이미 동료들 간에 뒷소문이 나 있는 것이 아니라면, 조만간 동료들이 눈치를 채게 될 것이다. 제니퍼의 남편과의 관계 문제는 회사 차원의 코칭 범위를 벗어나지만, 이것이 회사 내 업무성취도에 영향을 줄 수 있다는 점을 인식해야 한다.

피터에게도 몇 가지 문제점이 있다. 피터의 코칭 경험은 매우 얕은 것으로 보인다. 그는 제니퍼를 설득하는 데 성공하기는 했지만 그의 경험이 좋은 코칭 작업을 하기에 충분한 것인가? 코칭 임무의 의료/보건 측면을 어떻게 다룰 것인가? 그 자신의 소매업 배경에 비교하여 공공기관에 적용되는 윤리적 기준이 다르다는 것을 이해하고 있는가? 피터는 그가 따낸 계약의 새롭고 어려운 부분을 어떻게 관리해나갈지를 도와줄 수퍼바이저를 이용하는 방법을 생각해볼 필요가 있다.

우리가 생각해야 할 가장 중요한 이슈는 업무성취 보너스라는 주제와 어떻게 제니퍼가 이 과제를 관리해나갈 것인가 하는 점이다. 그리고 그녀의 연애관계이다. 만일 제니퍼가 최대의 보너스를 받고도 사장에게 말하지 않는다면 사기죄로 기소될 수도 있고, 만일 이것을 피터가 알고 있다면 그 역시 같은 문제에 봉착하게 될 것이다. 수퍼바이저로서 나는 피터에게 제니퍼와 그 상사로 하여금 그들의 관계에 대해 사장에게 말하도록 함으로써 그녀의 업무 평가를 다른 사람에게 받도록 할 것이다.

수퍼바이저로서 이 사례를 이해하려 노력하는 동안, 나는 왜 제니퍼가 코치를 원했는지 생각해볼 것이다. 그녀는 이 문제를 의논해주고, 그런 사실을 털어놓게 도와줄 누군가를 원했을까? 그녀는 충동적인 사람, 결과가 어찌되든 상관없이 큰 위험을 무릅쓸 각오가 된 사람일까? 그녀는 섣불리 코치를 고용했고 상사와 그런 관계에 빠져들었다. 이 두 가지 사례 모두에서 그녀가 결과를 고려했다거나 대안을 찾으려 했던 것 같지 않다.

이 사례의 결과들은 관련자 모두에게 해를 끼칠 수 있다. 피터는 의료계와 공공기관

분야에 대한 그의 무경험으로 인해 제니퍼와 의논했어야 할 중요한 문제들을 알지 못했을 수 있다. 그렇지 않다면, 그의 소매업 경험과 의료 분야에 대한 무지로 인해 그가 주목한 부분이 달랐을 수 있다. 이런 문제들은 제니퍼가 그가 이런 문제들을 다룰 능력이 없다고 판단했을 때 조기에 계약 해지를 가져올 수 있다. 그렇게 되면 그의 평판이 낮아지거나, 소비자 불만신고를 할 가능성마저 있다. 나는 코치들이 자신이 충분한 지식과 훈련을 쌓은 분야에서 코칭 활동의 임무만을 매우 신중히 고를 것을 권한다.

제니퍼의 경우 연애관계와 보너스 평가 이슈로 인해 지역 신문에 좋지 않은 뉴스가 나고 의료기금의 평판에 흠집을 낸 뒤 직업을 잃게 될 수 있다. 다른 위험 요소로는 그녀의 연애관계가 안 좋게 끝날 경우, 그 이후 그 상사와의 관계가 매우 껄끄러워진다는 것이다. 지원실 부장은 평판이 나빠질 것이며 그가 업무성취 보너스와 회사 정책에 대해 어떻게 처신하느냐에 따라서 그의 미래가 달려 있다.

사례연구 2_제임스

제임스는 대형 유럽은행의 관리 부장으로 비즈니스 문제들을 분석하고 맡겨진 작업 책임을 완수하는 데 탁월한 성취를 이루었다. 그러나 그의 매니저는 그가 올린 보고서가 지나치게 상세하고, 도전적으로 행동하는 듯하다는 평가를 내렸다. 나아가 그가 고위 간부에게 진행한 프레젠테이션은 전체적인 상황을 못 보는 듯한 경향을 보였다고 덧붙였다. 다른 사람들은 제임스가 군림하듯 행동하고 그의 직속 부하들의 보고와 관련해 실수를 눈감아주지 않는다고 말한다. 그가 코치와 동의한 코칭 목표는 좀 더 전략적으로 집중된 모습을 보일 것, 지적된 공격성을 자기주장으로 변화시킬 것, 좀 더 협조적인 태도를 개발할 것, 그리고 부정적인 평가를 위협적이지 않은 방법으로 제공해 나갈 것이다.

2명의 코치를 만나본 뒤 제임스는 줄리아와 같이 일하기로 결정했다. 줄리아가 상업적으로 코치 활동을 해오기는 했지만 그녀는 코치로 훈련받은 상담사이며 심리학자라는 배경을 가지고 있다. 그녀는 임원코치로 20여 년간 일했다. 줄리아는 의사소통, 자기주장과 효과적인 사고기술 분야에서 행동 변화에 초점을 맞춘 개인작업을 자주 해왔다. 제임스는 이해와 실행을 위한 체계를 보여주는 예비 미팅에서 줄리아가 그의 문제와 연관지을 수 있는 여러 가지 모델을 보여주자 그녀를 믿을 수 있게 되었다. 회기는 90분씩 여덟 번 갖기로 동의하였는데, 제임스의 매니저는 코칭 프로그램의 중간과 마지막에 세 방향 피드백 회기를 갖게 해 달라고 요구하였다.

첫 번째 회기에서 줄리아는 제임스에게 '행동계약(Behavioral contract)'을 소개함으로써 그의 목표와 결과를 이해하고 그의 매니저가 제시한 윤곽에 원하는 것을 덧붙일 수 있도록 하였다. 줄리아는 제임스와 그의 매니저가 모두 이에 동의할 것을 요청함으로써 목표하는 바를 모든 사람이 명확히 알고 있도록 하였다. 그녀는 또한 제임스와 360도 피드백 연습을 수행하여 사람들이 그를 어떻게 받아들이는지 느끼게 하였고 마이어스-브릭스 유형지표 심리검사(Myers Briggs Type Inventory psychometric)도구를 이용하여 제임스가 자신의 성격을 이해할 수 있도록 하였다.